麦 读
MyRead

走向上的路　追求正义与智慧

RICHARD
POSNER

William Domnarski

RICl
POSl

ARD
ER

波斯纳

［美］威廉·唐纳尔斯基 / 著

郑戈 / 译

中国民主法制出版社
全国百佳图书出版单位

『一部分的我
想要成为一个普罗米修斯式的智识英雄。』

目
录

译者导言：

局内的局外人

郑　戈

一、本书的价值

摆在大家面前的这本书是美国退休法官波斯纳的第一部传记。我国法律界对波斯纳并不陌生，在苏力教授的主持下，他的许多重要作品都已经有了中译本。我说许多，而不是全部或者大多数，因为他的作品数量是惊人的。迄今为止他总共出版了70余本书，写了3000多份判决，还有几百篇法学学术论文以及报刊随笔文章。早在2000年，罗纳德·德沃金就在一篇书评中称他是"法律界的奇迹"（the wonder of the legal world）。考虑到这篇书评的严厉批判口吻，奇迹可以替换为奇葩。德沃金写道："他就各种法律问题写了大量的书，即使他没有别的工作，这个数量也是惊人的。"① 而当时还远未达到他的创作高峰，此后十余年的时间里，他以每年超过一本的速度继续出书，而这只是他法官工作之外的业余爱好。到了2013年，另一位作者在评论波斯纳的《司法反思录》时写道："在他联邦第七巡回上诉法院法官的职位上，波斯纳过去十年快速产出（此处用的动词是 churned out）了许多本著作，其数量超过了大多数学者整个学术生涯中的产出。"② 也就是说，波斯纳十年中用业余时间写的书，从数量上就超过了大多数以学术为职业的人一辈子的产出。

对这样一个全部时间都用来工作和写作的人，我们的期待是他不会有生活（甚至有人怀疑他是否睡觉），更不会有浪漫故事和趣事逸闻，而这些是使一部传记作品对普通读者有吸引力的必备要素。如果一部传记里全是履历表、书单和案件目录，我想这样的书是不会有人去读的。实际上，波斯纳为《弗伦德利传》写的序言里对弗伦德利法官的描述在很大程度上也适用于他自己："他不像奥利弗·温德尔·霍姆斯和拜伦·怀特那样有激动人心的早年生活；他不像勒恩德·汉德那样是个'角色'，也不像卡多佐那样是个谜；他也没有像布兰戴斯、法兰克

---

① Ronald Dworkin, "Philosophy and Monica Lewinsky," *New York Review of Books*, March 9, 2000.

② Jason E. Whitehead, "Richard Posner's *Reflections on Judging*," *Law and Society Review*, Vol. 48, Issue 3, 2014, p. 700.

福特和罗伯特·杰克逊那样参与过重大的历史事件。"① 他生活经历简单，求学和职业生涯都一帆风顺，一直在受保护的环境中的成长。正如约翰·斯图亚特·密尔评价边沁时所说的："由于这些局限，边沁对人性的理解是很有限的。这种理解完全是基于经验的，但却是没什么经验的人的经验主义（the empiricism of one who has had little experience）。他既缺乏内在体验又缺乏外部经验；他的波澜不惊的生活和心智健康合谋将他排除在二者之外。他既不知道顺境与逆境，也没体验过激情或餍足；他甚至缺乏疾病所带来的人生体验，从出生到 85 岁，他一直享有男孩般的健康。"② 本书中的许多段落也都是在讲波斯纳的少见多怪，而不是他的多彩人生，比如结论部分写道："在听说一位曾经的同事的一系列桃色新闻（serial philandering）之事后，他写道：'我的熟人圈子里发生的任何事情本来都不应该让我感到震惊，但我被震惊到的能力却毫发无损。我一定是经历了受庇护的童年，这使我很难理解世界上到底发生着什么事情，除了在最缺乏感性认识的纯粹认知意义上'。"

其实，波斯纳本人曾经专门撰文质疑过给法官写传记是否可行以及是否有意义。他表示了几点担忧：首先，最有可能给法官写传记的一般是法律人，但他们的训练中并未包含使他们

---

① David M. Dorsen, *Henry Friendly*: *Greatest Judge of His Era*, The Belknap Press of Harvard University Press, 2012, p. x.

② John Stuart Mill, "Bentham," *The London and Westminster Review*, April-July 1838, p. 483.

能够成为成功的传记作者的因素；其次，大多数法官都过着旁人眼中沉闷乏味的生活，缺乏引人入胜的故事；法官对他们的工作往往三缄其口，很难获知他们审案时到底是怎么想的；正如其他知识工作一样，法官的职业成就与他们的成长经历、个性特征、心路历程和人生经验之间的关联很难被发掘出来，而后者正是传记的当然关注点。① 给一位反对法官传记的法官写传记，这本身是一件尤为困难的事情。

写到这里，有点像是劝退读者了。我们有什么必要来读一本关于一位缺乏故事、少见多怪、人生经验大多来自书本的美国前法官的传记呢？当然，他很有名气，是许多学术领域的开创者和主要代表人物。但如果我们对法和经济学感兴趣，可以去读他的《法律的经济分析》。如果我们想了解法律与文学，可以去读他的《法律与文学》。如果我们对美国司法制度感兴趣，可以去读他的一系列讨论美国联邦法院的书……显然，我不是这个意思。毕竟，我不仅读了，还把这本书翻译成了中文。显然我认为这本书有它独特的价值。

的确，波斯纳是一位知识人，他的生活以写作为主线。智识生活本身也是生活，它有成长轨迹，有跌宕起伏，有辞旧迎新。知识人的传记是思想肖像，而不是奇闻逸事。一位当代杰出法律知识人的思想肖像，对其他同样注重智识生活的法律人

---

① Richard A. Posner, "Judicial Biography," 70 *New York University Law Review* 502（1995）.

自然具有吸引力。学术专著和教科书试图用无人称的、貌似客观的方式把知识呈现在我们面前，而遮蔽了知识本身的多元性和竞争性，隐藏了不同知识在竞争中优胜劣汰的过程。只读教科书和学术专著的读者容易把知识当成教条来接受或反对，而看不到成长的、适应性的、灵活的、动态的、并非全有或全无、全对或全错的活生生的思想。关于人类社会而不是自然的知识尤其需要从这个角度去理解。我们需要同作者一起思考，而不是死记硬背地掌握某些"知识点"。传记作品恰恰可以提供这样一种阅读体验，它的文体形式自然而然地让读者产生一种"代入感"，跟传主一起成长，经历他的生活历程和思想轨迹，了解他的思想是如何形成的，受哪些人的影响，与哪些人有过激烈的交锋，这种交锋是使他修正还是固化了自己原有的观点。当然，这是指好的传记作品。本书恰恰是这样一部作品。

比如，法和经济学的研习者往往会给自己列一个文献目录，去读一系列经典文献，而很少有人能够分辨其间的差异和争议点。本书通过讲述波斯纳的个人经历，让我们知道波斯纳与迪莱克特和斯蒂格勒更加亲近，他的许多观点受他们影响，而与科斯之间一直有嫌隙。对于理查德·艾普斯坦，他则是非常鄙视的。有了这样的背景知识后，我们读文献的时候就会有意识地分辨波斯纳的方法和观点与科斯之间的区别，从而加深我们自己对这个领域的理解。至少对我本人来说，正是在阅读和翻译本书的过程中，才对法和经济学领域的一些重要方法论差异有了十分清晰的认识。

比如，书中提到，波斯纳到芝加哥大学任教后，罗纳德·科斯和乔治·斯蒂格勒都想把他争取到自己的阵营里。但科斯是想用法律中的例子来解决经济学中的问题，而斯蒂格勒则更关注如何用经济学来影响法学，后者对波斯纳更有吸引力。芝加哥大学曾想成立一个以斯蒂格勒的名字来命名的研究中心，从事美国国家经济研究局（NBER）所从事的那种基于大量统计数据的制度经济学研究，因为科斯的阻挠而未果。科斯还对波斯纳说，《法和经济学杂志》不适合你的风格，导致波斯纳另行创办了《法学研究学刊》。这个故事不仅使我明白了芝加哥大学法学院为什么同时有两份法和经济学期刊（目前都是该领域的顶级期刊），而且还让我想到：科斯虽然也搞经验研究，他的"企业的性质"、"联邦通讯委员会"和"社会成本问题"都是基于对经验事实的观察而写出的，但科斯对经验素材并未做细致的、量化的、模型化的处理，而是凭直觉和悟性来分析。科斯的悟性是惊人的，但他的方法无法被其他人模仿。他曾如此嘲讽高度形式化、数学化的经济学："年轻时我听人说，说不清楚的可以唱；长大后我知道，说不清楚的可以用数学来表达。"而波斯纳受斯蒂格勒的影响，更重视统计数据和建模，而不是依靠观察和顿悟。

本书帮助我想清楚的问题不止这一点。另外一个例子和一项多年前的未了文债有关，是下面要谈的重点。

二、波斯纳的告诫

2013 年的时候，我接到《北大法律评论》主编的约稿，为一期叫做"批评波斯纳"的专辑供稿。原来，芝加哥大学法学院举办了个招收中国学者的"法和经济学"暑期班，波斯纳在暑期班上做了一个讲座。面对现场听众，《法律的经济分析》一书的作者问道："各位需要思考一个问题，在中国是否存在能够容纳对法律进行经济分析的制度结构和法律文化?"对这个问题，在场的多数听众给出了肯定的回答。但自承对中国所知甚少的波斯纳法官不以为然，他认为："对其而言，更好的选择是保持抽象和形式主义，而实质上远离实践性和实用主义的考量。"① 要知道，在许多人眼中，波斯纳是法律形式主义（他更喜欢称之为法教义学）的猛烈抨击者。他最常引用的前人警句就是霍姆斯大法官的话，"法律的生命从来不是逻辑，而是经验"。② 远的不说，就在这篇演讲辞中，他仍把以斯卡利亚大法官为当代代表的形式主义作为主要批判对象。在他看来，自己所采取的实用主义方法与形式主义的主要区别就在于：后者出

---

① ［美］理查德·波斯纳：《法律经济学与法律实用主义》，载《北大法律评论》2013 年第 1 辑，第 4–12 页。

② Oliver Wendell Holmes, *The Common Law*, Boston：Little, Brown, 1881, p. 1.

于"拼命寻求确定性"①的意图，试图为法律找到某些不以当下决策者的意志为转移的前提性规则，这些规则往往包含在确定的权威性文本（比如宪法、制定法和判例）之中，它们可以被准确地、合乎逻辑地"适用"到具体案件之中；而前者则出于对风险和不确定性之不可避免性的承认，试图寻求一种审慎的、注重后果的判断标准和行为准则。

我一开始答应了这项约稿，试图回答一下上述问题。但由于自己未能想清楚，所以最后爽约了。而答案竟然在我翻译本书的过程中不知不觉间浮现出来。虽然帮助回答这些问题的文献先于且独立于本书而存在，但通过本书结合波斯纳的司法生涯来讲解他的司法哲学的方式，使我对文献的理解豁然开朗。

读完本书，我注意到了以前阅读波斯纳的著作和论文时未曾留意的许多细节，从而发现：波斯纳的这个建议与他一贯的立场、尤其是最近一段时期的立场是完全一致的。也就是说，即使面对美国法律人，他也主张法教义学（doctrinal legal methods）②在多数情况下是能够带来好的效果的。他认为："好的实

① 这里借用的是一本书的名字，作者是波斯纳的实用主义同道：Daniel A. Farber and Suzanna Sherry, *Desperately Seeking Certainty: the Misguided Quest for Constitutional Foundations*, University of Chicago Press, 2002.

② 我把 legal doctrines 翻译为法律教义，把 doctrinal legal methods 翻译为法律教义学方法，因为国内法律界读者对"法教义学"这个词已经比较熟悉了。值得注意的，美国的 legal doctrines 是由法官在判决书中提出的，而不是学者的体系化工作的结果。它与德国的法教义学（Rechtsdogmatik）有着显著的差异，更加语境化，更具事实依存性，更少抽象性和体系性。

用主义法官，我们知道，都不是短视的实用主义者。他不是哲学实用主义者。……在我们的制度中，法官同时在内在和外在约束下运作。信奉法教义学的法官如此，实用主义的法官也如此。"① 通过提出"受约束的实用主义"这个概念，波斯纳实际上改变了对付法教义学的策略：不再试图打败它，而是宣称它自古以来就是实用主义王国中的一个行省。

此外，波斯纳推荐法教义学还有发展理论方面的考虑。他提到了"法律与发展"文献中对具有"较弱法律基础设施（weak legal infrastructure）的发展中国家"为何应适用规则而不是"标准"的解释："如果法律由精确的规则而不是散漫的标准构成，解释裁量权的范围就能得到限制，司法腐败和司法无能也能得到控制，因为判断法官适用规则是否正确比判断他适用标准是否正确来得容易。"②

这实际上并不违背波斯纳先前的思路。在20世纪80年代初的一篇文章中，他指出：对于判断和行动而言，重要的是"视角（perspective），而不是理论（theory）"。③ 理论在意自己的内部逻辑一致性和体系完整性，而视角只重视情景化、背景化的妥帖性，看重直觉和洞见。一种视角可以同别的视角交叉、

① ［美］理查德·波斯纳：《法官如何思考》，苏力译，北京大学出版社2009年版，第230页。

② 同上，第958页。

③ Richard A. Posner, "The Jurisprudence of Skepticism," 86 *Michigan Law Review* 827 (1987–1988), 829.

重叠，抑或将其他视角吸收、涵盖。正是因为他把"法和经济学"与"法教义学"看成不同的"视角"，所以他认为两者可以交叉与重叠。同时，他认为法律不是一套概念，而只是法官的行为。① 作为一种观察司法行为的视角，法教义学"认为职业主义和意识形态不会影响司法决策"②，从而将这些政治、经济和社会因素排除在考察范围之外。实际上，波斯纳并不反对法教义学本身，而只是反对过于执着于此。他认为，对法律条文的教义分析是而且应当继续是法律学术的核心。③不过，他指出："当教义分析者走出条文辨析的狭隘空间，进入政策分析的领域之后，他们缺乏社会科学训练的背景就会把他们引入误区。"④由于法官必须在短时间内作出判决，所以人为地限定信息量有时是不可避免的选择。波斯纳可能会赞赏德沃金所归纳出来的"联立方程式问题（the problem of simultaneous equation）"⑤，尽管他一定不会同意德沃金解决这个难题的方式。一个方程式中

---

① Richard A. Posner, "The Jurisprudence of Skepticism," 86 *Michigan Law Review* 827 (1987-1988), 891.

② Lee Epstein, William M. Landes, and Richard Posner, *The Behavior of Federal Judges: A Theoretical and Empirical Study of Rational Choice*, Harvard University Press, 2013, p. 2.

③ Richard A. Posner, "The Present Situation in Legal Scholarship," 90 *Yale Law Journal* 1113 (1980-1981), 1113.

④ Richard A. Posner, "The Present Situation in Legal Scholarship," 90 *Yale Law Journal* 1113 (1980-1981), 1115.

⑤ Ronald Dworkin, *Justice for Hedgehogs*, Belknap Press of Harvard University Press, 2011, p. 9.

出现了几个未知数，就需要几个方程式来解。因此，时间和资源约束下的决策者应当尽量限定引入的未知数数量，而不是不断引入新的未知数。法教义学其实为法官不得已的选择提供了一个很好的包装：本来是因为自己无法消化海量的相关信息（算力局限）而被迫只专注于法条，但却可以宣称自己是依照客观的、不以人的意志为转移的规则来行动。波斯纳未曾讨论过人工智能在法律中的应用问题，但他显然会同意：随着计算机算力的不断提升，人类法官在人工智能的辅助下处理海量信息的能力也会不断提升，因此法教义学的市场会越来越小。

尽管在策略上承认了法教义学的可取性，但波斯纳却从未放弃过对德沃金式的"一切法律问题都只有一个正确答案"或斯卡利亚式的"依法判决，不计后果"的质疑。他显然同意杜威的说法："实践活动有一个内在而不能排除的显著特征，那就是与它俱在的不确定性。因而我们不得不说：行动，但须冒着危险行动。"[①] 作为一位法官，波斯纳罕见地热衷于"立言"，但他的言论在许多人看来具有挑衅性，往往掀起巨大的论战波澜。杜威所说"人们之所以喜爱认知甚于喜爱动作，'安全第一'起了巨大的作用，"[②] 显然不能适用于波斯纳的特例。但作为法官的波斯纳与作为公共知识分子的波斯纳有很大区别，在两种角色间游刃有余而又不混淆两者的"角色伦理"，波斯纳的

---

① ［美］约翰·杜威：《确定性的寻求：关于知行关系的研究》，傅统先译，上海人民出版社 2004 年版，第 4 页。

② 同上，第 5 页。

这种能力着实令人叹服。在司法判决中，波斯纳很少提出引发争议的论点。他的判词以中规中矩、紧扣法律规则作细致分析而著称。可以说，波斯纳在他的很多判决书中展现的都是法教义学的论证过程。

司法首先是一种实践过程、行动过程，而不是一个认知过程。司法决策会产生具有外部性的实际后果。虽然一份判决书可能在学术界受到赏析，但其直接后果却是影响当事人的生活，并改变或大或小范围的社会关系格局。一份在法教义学的意义几近完美的判决，其产生的社会后果却可能是极其糟糕的。在一次访谈中，波斯纳说道："判决意见是公共文件而公职人员不能像私人那样直话直说。存在一种既定的司法表达修辞方式，而法官必须依此来写作。他们通过避免过度坦诚来保护司法机构的权威。法学教授则不受这种顾虑的约束。问题在于他们乐于讨论的是法律教义，而不是司法心理学或政治科学。"① 这段话的潜台词是说：法官佯装在所有案件中都是严格依法裁判，这是职责所在，无可厚非；但不受条条框框约束的学者们也不关注现实，一味地研究法条和判决书，这无疑是偷懒的做法。在我看来，波斯纳的这一批评可能忽视了法学教授的两个角色：教学和研究。从教学的角度上看，由于绝大多数案件都是在法

---

① Eric J. Segall, "The Court: A Talk with Judge Richard Posner," *New York Review of Books*, September 29, 2011, pp. 47–49, 47.

律适用上有明确答案的案件①，而美国法学院的培养目标就是能够代理这类常规案件的律师，法教义学的训练方式完全符合这一目的。在美国，法学教授更多的是法律职业共同体的成员，是"学术法律人"（academic lawyer），而不是学术共同体的成员，不是社会科学家。多数法学家教授自我认同于这一角色。他们的学术产品旨在为法律职业提供意见和建议，为法律解释提供背景材料，为"自治"的法律系统修补围墙，防止经济学、社会学等"外来物种"的侵袭。但是，由于波斯纳等精英法学家的不懈努力，法律交叉学科的影响逐渐扩大，基于"实证研究"的论文越来越受到顶尖法学刊物的青睐。迫于发表的压力，有相当一部分中青年法学教授转向法和经济学等交叉学科研究。不过，由于美国法律职业与法律教育的高度耦合性，这种研究仍无法撼动法律共同体的核心利益及其作为其支柱的法教义学知识体系。除了在少数精英法学院（比如"除了法律什么都教"的耶鲁法学院）以外，更多的法学院仍然以传授教义分析（doctrinal analysis）为主。

由此可见，波斯纳对法教义学和社科法学的优劣没有本质主义的评判，因为它们只是不同的视角，其高低优劣之别体现在与不同场景、不同功能、不同语境的适配性上面。在大多数

①　波斯纳本人明确表示："现实主义者并不否认大多数司法判决都是法教义学的，唯最高法院的判决除外。"见 Lee Epstein，William M. Landes，and Richard A. Posner, *The Behavior of Federal Judges: A Theoretical and Empirical Study of Rational Choice*, Harvard University Press, 2013, p.54.

寻常案件中，法教义学是一种在有限时间、有限资源、有限算力的约束下作出决策的有效方法。但他同时认为："在法条适用上不确定的案件形塑着法律"①。尽管这类案件在所有案件中只占很小的比例，但它们挑战着现行法律的边界，推进着法律的发展。他援引爱德华·鲁宾的话说："这［不到10%］的少数案件很可能代表着法律那拓展中的前沿，其中提出的争点决定着法律未来的轮廓。如果两个国家因为共享的边境而开战，我们不能说它们在90%的程度上和平共处；相反，我们会说它们因为只占每个国家不到10%的领土而卷入了100%的战争。"②

　　或许波斯纳与法教义学者们的区别仅仅在于：是关注那90%的常规案件还是那10%的疑难案件？在面对那10%的疑难案件时，是坦诚地宣布法官造法还是假装"依法判决"？波斯纳认为，面对风险和不确定性，法官不能假装自己掌握了绝对真理，用自己的内心确信来取代司法决策无法实现的客观确定性。不计后果追求"正义"的人很可能是机会主义者：他们为了一己之利（内心安宁、名声或其他）而不考虑整个社会的福利增减，正如那些拒绝内化自己行动的成本而只顾享受行动带来的好处的人一样。从这个角度来看，我们便很容易理解：为何貌似冷酷无情，用冷冰冰的行为科学语言而不是温情脉脉的道德

① *The Behavior of Federal Judges*, p. 54.

② Edward Rubin, "The Real Formalists, the Real Realists, and What They Tell Us about Judicial Decision Making and Legal Education," 109 *Michigan Law Review* 863, 873 (2011). 转引自：*The Behavior of Federal Judges*, pp. 56-57.

话语来解析人类行为的霍姆斯和波斯纳，其司法哲学却呈现出"如临深渊，如履薄冰"的审慎特质。

三、法学的认知开放性与法律的系统闭合性

本书对波斯纳的联邦上诉法院法官、严肃学者和公共知识分子三重角色进行了细致的描述，对我们理解波斯纳以及透过波斯纳来观察美国司法制度、美国法学生态以及社会文化潮流很有帮助。实际上，如果不引入一种对应于这三种角色的复合视角，我们便很难理解他学术作品中凸显的行为主义方法与司法判词中时常表现出的"法教义学"取向之间的张力。实际上，这种张力从一种社会科学的角度来看是很容易解释的。首先，正如布莱克斯通所言："经验已经充分证明，如果说我们的诉讼中有100个是关于事实的争议引起的，那么便只有一个是因为法律上的争议而引发。"①在大部分案件中，只要搞清楚了事实，适用法律是很简单的事情。也就是说，在绝大多数案件中，奉行"法教义学"是一位职业法官无可选择的选择，否则他便违反了职业伦理。其次，求新求异是学术场域的制胜法宝，而司法制度则不要求、甚至禁止法官过度发挥自己的智识能力。反过来看，正因为法官职业不要求"原创性"，所以吸引了求稳而

① William Blackstone, *Commentaries on the Laws of England* 3: 330, Oxford University Press, 1765-69.

不求新的从业者。用波斯纳的话来说："因为有太多的普通法官，又因为反智主义（anti-intellectualism）深入美国之魂，法官工作中甚至有一种追求普普通通的'拜普教'（a cult of ordinariness in judging）。"① 美国传统中对法官的尊重完全是一种信念，而不是一种基于事实的理性判断，"我们不应当夸大法官、包括最高法院大法官的素质。法律不是天才的职业。"②

现代社会的功能分化和专业分工所导致的结果之一是参照系的区隔，"实际上大多数法官很方便地认为大多数批评都是出于政治观点相左、嫉妒、对法官工作状况的无知（有时是存心无知）以及自我推销，只对其他法官的批评比较在意"。③ 这一点在司法自治程度比较高的普通法法域体现得最为明显，而在法律职业化程度日渐提高的我国也逐渐表现出来。尽管政治评价和舆情评价仍然发挥着很大的作用，但越来越多的法官更加重视同行评价，尤其是上级法院法官的评价。认知科学的发展使我们看到，人类的任何决策活动（包括司法决策）都离不开直觉、想象和语言。虽然判决书所呈现的是用书面语言表述的解释和推理，但这些都是决策后的论证，而不是决定决策结果的因素。据说曼斯菲尔德法官曾经给一位刚刚被任命为殖民地总督的朋友提出过这样的告诫，审理案件"是一件再容易不过

---

① Richard A. Posner, "What Do Judges and Justices Maximize? (The Same Thing Everybody Else Does)," 3 *Supreme Court Economic Review* 1 (1993), 4.
② NY Books, 48.
③ 同上，23。

的事情：只要耐心听取两造之辞，然后思考一下正义要求你怎么做，并据此来断案。永远不要给出你的判决理由；因为你的判决很可能是正确的，而你给的理由肯定是错的"。① 法律推理的理性有两种，一种是建构性的，一种是生态的。建构性的理性意味着依循一定的推理方法从明确的前提推导出结论，而生态意义的理性意味着判决结果是否取得了好的效果。② 建构性的理性从作为大前提的法律规则出发，从法律规则去涵摄事实，从而得出明确的法律结论；而生态性的理性则采取后果主义的思路，将法律规则视为包含各种解释方案的半开放文本，考虑不同解释方案可能导致的不同社会效果，并选取那种效果最佳的方案。

生态性的理性有助于摆正法律的位置。法治话语使人们相信政治服从于法律，但关注经验事实的研究却使我们看到：在任何社会中，法律都只是一个次生系统，它是在既定秩序的基础上维护这种秩序的工具。正如杰克逊大法官在一个案件的异议中写到的那样，"我不是要在秩序和自由之间作出选择，而是在有序的自由和两者皆无的无政府状态之间作出选择。危险在于，如果法院不用一点点实践智慧来调和它的教义逻辑，它就

---

① John Campbell, *Lives of the Chief Justices of England*, vol. 4, edited by James Cockcroft, Northport: E. Thompson, 1894-99, p. 388.

② Bartosz Brożek, *The Legal Mind: A New Introduction to Legal Epistemology*, Cambridge University Press, 2020, Chap. 5.

会把宪法性的《权利法案》转变为一项自杀协议"。①

在秩序稳定的政治生态下，法律可以成为一个闭合的系统。但这并不是天经地义的，而是服务于一定的功能的。司法活动是在有限时间、有限资源的约束下给出明确结论的活动，不是不计成本地追求"正义"的活动。在这种情况下，"遵循先例通常是一种明智的政策，因为就大多数事项而言，相关的法律规则得到落实比得到正确落实更加重要"。② 无论是严格依照法条还是遵循先例，都是为了在时间和资源有限的情况下给出一个明确的答案。

法律的系统闭合除了是为解决有限时间、有限资源、有限算力条件下作出决策的难题之外，还有一个认知科学所提供的原因，那就是决策者的偷懒（或称努力规避）：行动的成本有多种表现形式，从身体痛苦到金钱耗费到社会排斥等，这些都是行动的外在成本。有一种成本内在于行动本身，那就是付出的努力。赫尔曾经提出过更少劳作定律"（the law of less work）"："如果存在两种或以上的行为序列，每种需要投入不等量的能量消耗或劳作，而每种都得到相同次数相同力度的强化，有机体将逐渐学会选择能够获致强化状态的费力最少的行为序列。"③

---

① Terminiello v. City of Chicago, 337 U.S. 1 (1949) 一案中 Justice Jackson 的异议，at 37。

② Mr. Justice Brandeis, 285 U.S. at p. 406.

③ Hull, C. L. (1943). *Principles of behavior*. New York, NY: Appleton-Century, p. 294.

在经济学中，努力或劳作具有内在的负效益。通过实验将这一定理的适用范围延伸到认知和思维领域，提出了"思想偷懒定律"或"较小认知努力定理"。[①] 法律的系统闭合可以使法律决策者不用考虑系统外的因素，用是否与法律相关这个标准来屏蔽掉许多信息，从而帮助决策者在付出最小努力的情况下完成职业任务。

但司法不是一种个人的认知和判断，它包含四个维度。第一是个人决策维度，它涉及法官的个人偏好、意识形态、生活经历、个性等对其决策的影响；第二是同事及其他群体效应。这涉及合议庭组成、同事影响以及判决书撰写工作的分配，等等；第三是科层效应，它涉及上下级法院之间的关系以及同一法院中法官之间的等级关系；第四是司法机关与其他政府部门之间的关系。不考虑司法活动的组织因素，就无法充分理解其真实运作状况。因此，法学虽然需要为闭合的法律系统提供法教义学的知识，但同时也需要保持认知上的开放，为人们理解法律与它运作于其中的生态以及其他系统之间的关系提供帮助。

桑斯坦和弗缪尔在一篇文章中指出，任何关于可取解释方法的理论都必须注意两个问题：机构能力和动态效果。该理论认为，选择法教义学还是其他的解释方法，取决于对机构能力和动态效果的经验研究，而不是在概念法学或语言学的层面去争论。许多解释理论采用不对称的方法去研究不同机构的机构

---

① KOOL, MCGUIRE, ROSEN, AND BOTVINICK 等人

能力，比如用现实主义的经验研究去考察国会，但却对法院抱有乌托邦式的幻想。法理学长期以来纠结于不同的高阶概念价值的争论，比如民主还是集权、宪政还是德治。"关于民主、宪政以及法律、制定法或语言的性质的前提性预设都致命地抽象。这些主张都太过高高在上；它们通常缺乏快刀斩乱麻的功力，以解决实践层面上关于法官必须遵循何种解释规则的操作性争论。因此，我认为，如果缺乏低端的机制分析的补充，高阶的前提预设是不完整的。实际上，我还将提出一个更大胆的主张：在某些领域，高阶的争论可以被当作与操作性难题无关的因素排除出去，并因此不予考虑。"① 基于经验事实的社会科学研究恰恰可以提供某种中层理论。

四、未尽的人生故事

为生者立传的局限就在于传主还活着，而且波斯纳不仅活着，还开创着新的事业，发生着新的转变。本书对波斯纳的人生只覆盖到2014年，甚至没有写到波斯纳退休。在结语部分，作者指出了波斯纳的一个转变："与七八十岁之后越来越右倾的勒恩德·汉德不一样，波斯纳在若干问题上已经向左转。"但这种转变的详情尚未及展开。

2017年9月2日，理查德·波斯纳从美国联邦巡回上诉法

---

① Adrian Vermeule, *Judging Under Uncertainty*, 63.

院的法官职位上正式退休，至此他已经在该院工作了将近 36 年。联邦法官没有法定退休年龄，理论上讲波斯纳可以工作终生。他说："我退休是因为我的法院未能公平地对待 *pro se* 的上诉申请人（*pro se* 是一个拉丁文术语，意思是"为自己"；在法律上，pro se 是指当事人本人诉讼）。"① 在退休之后不久，波斯纳接连出版了三本书，都是讨论如何改革联邦法院以便更好地为没有聘请律师的当事人提供司法服务。② 不仅如此，波斯纳还专门成立了并亲自管理着一家公司，一开始叫"为本人诉讼的当事人实现正义"（justice for Pro Se's），后来更名为"波斯纳为本人诉讼的当事人实现正义中心"（Posner Center of Justice for Pro Se's）。这项事业的目的是实现司法为民，而不是为律师的利益服务。换句话说，是"从法律人手中拯救法律"。比如，这几本书的附录里都包含一份吉尔曼法官的写作规范（Judge Gilman

① Richard A. Posner, *Justice for Pro Se's*, 2018, p. 1.

② Richard A. Posner, *Reforming the Federal Judiciary：My Former Court Needs to Overhaul Its Staff Attorney Program and Begin Televising Its Oral Arguments*, CreatSpace, 2017；*Improving the Federal Judiciary：Staff Attorney Programs, the Plight of the Pro Se's, and the Televising of the Oral Arguments*, CreatSpace, 2017；以及 *Justice for Pro Se's*, CreatSpace, 2018。这三本书都是由亚马逊的出版平台 CreatSpace 而不是传统的学术出版社出版的。但是从书名就可以看出，这几本书论证的都是同一个观点：七巡的专职法庭律师制度不利于自我代理的当事人在法庭上获得公平对待，应当废止；法庭辩论应当在电视上直播。写三本书来论证同一个观点，一方面可能是因为波斯纳年龄大了比较啰嗦，另一方面则是因为波斯纳认为这事儿非常重要，重要的事情说三遍。不过，波斯纳显然仍未说三遍还不够，在这三本书之后还陆陆续续在出同一主题的书。可以看出，这是在退休后的主要努力方向。

's Writing Rules），教法官、律师和法官助理说人话。这份指南十分细致，比如尽量避免使用双重否定（例如，坏句式：这并不意味着他没有残疾。好句式：这并不排除他是残疾人这一认定）。这让我想起多年前阅读一位著名法学家的著作时读到"并非不无道理"，让我困惑了很久。他是想说有道理，但双重否定是肯定，而三重否定则还是否定。

在他退休前所审理的最后一批案子中，麦克·戴维斯诉唐纳德·莫罗内①一案是促使他退休后为没有律师的当事人提供服务的原因之一。戴维斯是伊利诺伊州庞蒂亚克矫正中心的一名囚犯，而莫罗内是那里的狱警。在一次放风时间，戴维斯和同伴边聊着天便走路，不小心撞到了莫罗内。他立刻说了对不起，但莫罗内没有善罢甘休，把他狠揍了一顿，包括把他的头往墙上撞。美国法律规定囚犯对狱警的投诉必须穷尽了监狱内部的行政救济之后才能起诉到法院。莫罗内先是在监狱内进行了投诉，无果之后起诉到联邦地区法院。联邦地区法院的法官要求戴维斯回答莫罗内提出的一系列问题（质疑指控可诉性的问题）。在戴维斯未能回答之后，联邦地区法院驳回了他的起诉。在上诉审中，波斯纳引入了弗莱什阅读难易程度公式（The Flesch Reading Ease Readability Formula），发现要读懂莫罗内的问题至少需要八年级（相当于我国的初二）水平，而戴维斯的

---

① *Michael Davis v. Donald Moroney*, United States Court of Appeals, Seventh Circuit, No. 16-2471, Decided on May 22, 2017.

文化水平只是小学六年级，而且有严重的精神疾病。而且，莫罗内虽然尝试聘请律师，但没有律师愿意为他提供服务。波斯纳在判决中指出：不能让司法程序的繁文缛节阻碍弱势者寻求救济。狱警有条件接触了监狱内部管理的各种资料，他很清楚戴维斯有没有寻求监狱内的救济途径。他提出的问题不是为了了解真相，而纯粹是为了刁难戴维斯。如果法院还把回答这样的问题作为受理戴维斯提出的诉讼请求的前提条件，就成了与莫罗内合谋欺负戴维斯的帮凶。

由此可见，波斯纳退休后从事的事业，表面上看与他的法官生涯南辕北辙，甚至是在砸法律人的饭碗，但却正是为了解决他在法官任上观察到的超出具体个案的普遍问题。这也与他一贯通过著述和行动来推动的美国联邦司法制度改革一脉相承。这或许也是他"向左转"的一个例子。更重要的是，从这个例子以及本书中所讲述的众多例子中，我们可以看出，波斯纳不是一个让饭碗决定脑袋的人，他在大学任教时批判学术同行，当法官时批评法官和法院，作为公共知识分子也不说大众想听的话。或许，法官、法学家、公知这些标签都无法概括波斯纳这个人。而这本传记则可以帮助我们看到各种标签背后的复杂而完整的波斯纳。

引言

　　在理查德·波斯纳（Richard Posner）的少年时代，没有迹象表明他会投入法律职业，更没有迹象表明他会以超过 3000 份判决意见书来主宰美国法，并且变成自己这一代人中最有影响力（以及被引用次数最多）的上诉法院法官，就像勒恩德·汉德和亨利·弗伦德利在他们各自的那一代一样。同时，也没有迹象表明他会作为学者以五十几部著作、五百多篇论文来影响法学的进程，成为学术引用率最高的法学家。法律职业是他以优异成绩从耶鲁大学英语文学系本科毕业后的默认选择。他此前似乎一直朝着文学生涯迈进。他从此以后展开的生涯仍是以文学为内核的，即使他身处法律职业之中，因此他首先是一位作家，其次才是一名法律人。

　　在本科时代接受人文教育时，他就表现出了卓越的智识禀赋——这些禀赋有着尖锐的棱角，那就是对自己和自己观念之正确性的强烈自信。来到哈佛法学院后，他仍然是一名光彩夺目的学生，在奉行苏格拉底式教学方法的课堂里游刃有余，并以自己深刻而成熟的法律论辩给旁人留下了深刻的印象。在法学院的优异表现使他先后获得了在华盛顿的若干联邦政府职位，首先是给一位联邦最高法院大法官担任助理，然后是在联邦贸易委员会担任法律助理，接着是给美国联邦总检察长担任助理，然后又从这个职位上被借调到一个总统委员会担任总顾问。在这些与他人一起工作并相互学习的过程中，他对经济学在法律中的应用产生了兴趣，随后，尽管他对法律学术职业没有特别的偏好，但还是进入了这个行业。

他对经济学的兴趣得到了可以想象的最伟大的启蒙，首先是在斯坦福大学受到著名经济学家艾伦·迪莱克特的辅导，一年后他又转到芝加哥大学法学院执教，在这个法和经济学的温床，他与罗纳德·科斯和乔治·斯蒂格勒等大师共事。在那里他开始试图说服知识界：法律的经济分析最有道理，法律人必须学习和应用它。在他试图使法学家们改变信仰的战略中，最重要的就是他那本耀眼夺目的《法律的经济分析》。这本书写作于1973年，当时他只有33岁。它的主要论题是：作为法官造法（也就是众所周知的普通法）之基础的那些规范原理（doctrines）都旨在促进经济效率，即使法官们没有意识到自己的判决是在实现这一经济目的。他用"财富最大化"这个术语来表达背后的哲学信念，也就是说，社会应当追求为最大多数人产生最大财富的结果。

法和经济学运动，尤其是其中的反规制内核（波斯纳把反规制作为自己推广法和经济学的策略之一），与前里根政府营造的反规制政治环境高度契合，这使得波斯纳得以在1981年年仅42岁时就任职联邦第七巡回上诉法院法官。从一开始他就把这一任命看成是对法律的经济分析的肯定，一个不仅是为他也是为经济分析提供的机会。在就任前的几个月，他写信给艾伦·迪莱克特，其中写道，这一任命给了他"一个与勒恩德·汉德和亨利·弗伦德利一较高下的机会，这两位都是更好的法律人，但在经济学上有所欠缺"①。当他正式坐上第七巡回上诉法院的法官席之后，他就持之以恒地试图把经济分析方法带入法官处理案件的方式之中，尤其是将勒恩德·汉德对过失责任的成本-收益分析方法（即著名的汉德公式）以汉德本人可能从未想到的方式来加以应用。但是，法律不会轻易接受创新，波斯纳的方法受到他在第七巡回上诉法院的法官同事们的抵制。他往前推进的创新被他的同事们极力驳回，因此他的经济分析方法在第七巡回区的总体效果是受到限制的。

以一种与主流格格不入的方式，波斯纳从一开始就书写着人们以前从未见过的判决意见。至少亨利·弗伦德利在写给波斯纳的信中是这么说的，他在自己生命的最后4年与波斯纳发展起了深厚的友谊。与弗伦德利一样，波斯纳从一开始就把亲自撰写判决意见看成法官的本职工作，他们俩是仅有的不让助理代笔撰写的法官。但是，与更加循规蹈矩的弗伦德利不同，

---

① 理查德·波斯纳致艾伦·迪莱克特的信函草稿（Richard Posner, draft letter to Aaron Director），1981年7月27日。本书所引用的波斯纳信函都存档于芝加哥大学图书馆，经其允许在此引用。

波斯纳按照自己的意愿改变了判决意见的写作风格。他甚至不考虑先例，至少在第一稿里是这样。他令人惊讶地告诉我们，他处理一个案子的方法是"首先自问：在一位外行人看来，此案的合理的、情理之中的结果是怎样的，在回答完这个问题之后，再追问这个结果是否受到明确的宪法或法律条文、有约束力的先例或任何其他限制司法裁量的惯例的阻碍"①。他会首先引用自己的判例作为裁判的权威依据（不点出自己的名字），这使人们看到：在他看来最重要的是，波斯纳理解的法律是什么或他想使法律成为什么。而且，因为他的思维有时会稍微绕开主线去讨论相关问题，我们有时可以看到波斯纳会偏离支持判决结论的推理（即判决理由），去撰写与案件相关甚至补充或支持案件的判决理由但却并非不可或缺的附带意见（dicta）。这样的迂回很像意识流写作，使人们清楚看到波斯纳的判决意见只关乎他如何从事法律事业。或许不足为奇的是，波斯纳在把判决意见写成对自己思考过程的描写方面的大胆，与他独树一帜的散文风格的大胆相辅相成，这种写作风格首先体现的是他自己的个性。在这种散文体文风中，要素包括随意挥洒的语言、典故、格言警句以及穿插其中的对法律行业术语的规避和嘲讽。

然而，不论波斯纳的判决意见书是多么的标新立异乃至激

---

① Richard Posner and Philip B. Heymann, "Tap Dancing: A TNR Online Debate with Philip B. Heymann," *New Republic Online*, January 31, February 2, February 5, 2006, http://www.tnr.com/user/nregi.mhtml? i = wo60130&s = heymann-nposner013106.

进，它们还是在其本人供职的第七巡回上诉法院之外的巡回上诉法院法官之中颇有市场。这些法官指名道姓地援引波斯纳的次数远远超过援引其他法官。作为一种表达敬意的引证惯例的组成部分，这些引证要么提到"波斯纳法官（Judge Posner）"，要么写上"法官波斯纳（Posner, J.）"。由于他被引证的次数远远超过排名第二、第三的竞争者，他成了联邦上诉法院法官队伍中的韦恩·格雷茨基。* 具有讽刺意味的是，市场并没有表现出对波斯纳的经济学分析方法的任何特殊兴趣，反倒是偏爱除此以外他在任何其他方面的观点和分析。作为一个自成一格的市场，美国最高法院在审阅波斯纳的判决意见书时也没有被他的经济分析所打动。他那主要关注立法目的的成文法解释风格也未能说服最高法院。

波斯纳的反叛精神，激励他在刚刚当上法官的 1985 年就出版了一本旨在重塑联邦司法系统的著作。这本尖酸刻薄的批判性著作直指联邦司法机关工作不够卖力，对科学和统计学不够关注。** 然而这只是一个开始。在他此后的漫长法官生涯和写作

---

* Wayne Gretzky，生于 1961 年 1 月 26 日，加拿大职业冰球运动员，在世界冰球界被称为"最伟大的那一位"（The Great One）。他在职业联赛总共得到 2857 分，并在 4 个赛季中取得单一赛季得分超过 200 分的惊人纪录。他迄今保持着北美职业冰球联赛中的 60 项纪录。"韦恩·格雷茨基"这个名字意味着"不只是第一，而且是把第二远远甩在后面的那种第一"。——译者

** 此处是指《联邦法院：挑战与改革》（*Federal Courts: Challenges and Reform*, Harvard University Press, 1985）。由邓海平翻译的中文版于 2002 年由中国政法大学出版社出版。——译者

生涯中，他在判决意见书和最近的一系列著作和文章里更加尖刻地批判了司法绩效，包括最高法院大法官们的表现。除此之外，他也批判律师，认为他们表现不佳，无论在他们的上诉法律理由摘要（briefs）还是在口头辩论中都未能提供多少有益的东西。通过浏览他多年以来的判决书，我们可以看到，如果说存在一种波斯纳的结构化法哲学的话，对糟糕审判和糟糕律师表现的批判在其中显然占有核心地位。

他的学术作品延续着他对联邦司法系统的批判所代表的反潮流风格。在 1988 年出版的一本书里，他把"法律与文学"运动及其在法学教育中的源泉作为靶子，说它们走偏了，过于重视发展"法律与……"之类的学科，而不创造对法院和律师界有用的那种法教义学知识（doctrinal scholarship）。这一场对法学教育的批判只是后面接连不断地对法学教授（尤其是从事法哲学和道德哲学研究）的攻击的第一波。此后，再次以反潮流的风格，他从诺贝尔经济学奖获得者加利·贝克尔对婚姻、家庭问题的经济学分析中得到启发，在 1990 年代开始对一系列社会问题（包括老龄化、性以及艾滋病）进行经济分析。在 1990 年代后期，他又回到法律领域，在若干著作中批评法律理论没有成为其应当成为的那个样子。他指出，法律不能再把自己想像成一个自治和自足的领域。它不能再用早已习惯的基于先例的法律分析方法去解决所有法律问题。这种被称为形式主义的方法或许足以解决大多数案件所提出的法律问题，因为这些问题是直截了当的，但是对于为数不多的疑难案件而言，我们需要更多的方法，这就是实用主义。如果得到应用，实用主义不仅会看手边的案子，还会放眼于更广泛的社会利益，并且提供出一个没有被先例约束起来的、对各种相关利益最合适的结果。实用主义的根源在于现实主义，在于社会科学，在于认识到法官不是旁观者，而是政策制定者，指引他们的是对立法者用他们的立法作品所欲达到的目的的解释。实用主义正是他在法官席上所做的事情，他也希望看到其他人越来越多地践行实用主义，这其实是应对日益复杂的现代世界的唯一方法。在一部以惊人的胆量和激情写就的宣言式作品中，他以同样的方式宣称道德和法律哲学家们于法律无益，道德哲学和法律哲学不应当被认为可以替代实用主义。* 道德和法律哲学家们对这一指控不只是感到怒发冲冠，他们把愤怒化成了一系列的回应。这恰好发生在波斯纳的一个转型期，此时他在学术作品中不再锋芒毕露地坚持以财富最大化原则为取向的经济分析方法。但是，对于道德和法律哲学家们而言，他们以为波斯纳在财富最大化问题上的动摇是他们的胜利，但他对实用主义的主张，并视他们为实用主义的敌人，等于抵销了这些胜利。

对实用主义的鼓吹贯穿在波斯纳的法院工作内外。他的法官工作体现着行动中的实用主义，而在学术著作和论文之中，他采用的方法是，论证实用主义比所有其他方法都更有助于解

---

* 此处应当是指波斯纳的《道德和法律理论的疑问》（*The Problematics of Moral and Legal Theory*, Harvard University Press, 1999）。此书中文版由苏力翻译，中国政法大学出版社 2001 年出版。——译者

决问题。他先后以一本关于克林顿弹劾案*和一本关于 2000 年总统大选**的书来展示实用主义的应用实例。这些书的出版，表明波斯纳正在转型为一位试图把影响力扩大到学术界之外的一般阅读公众之中的公共知识分子。不过，一如既往，他再次以反潮流的方式来扮演这一新角色。在他关于弹劾案和大选的书以及 2002 年的一本专门讨论公共知识分子问题的著作***中，他抨击公知们不学无术，表现欠佳。为了向公知们示范怎样做好他们的工作，他开始在自己知识所及的范围内对美国所面临的最重要的问题，展开立基于清晰阐述的几乎与事件同步的分析和评估。他首先讨论了国家安全和恐怖主义问题****，然后又

---

　* 此处是指波斯纳的《国家事务：对克林顿总统的调查弹劾与审判》（*An Affair of State：The Investigation，Impeachment，and Trial of President Clinton*，Harvard University Press，1999）。此书中文版由彭安、蒋兆康翻译，法律出版社 2001 年出版。——译者

　** 此处是指波斯纳的《打破僵局：2000 年大选、宪法与法院》（*Breaking the Deadlock：The 2000 Election，the Constitution，and the Courts*，Princeton University Press，2001）。——译者

　*** 此处是指波斯纳的《公共知识分子：衰落之研究》（*Public Intellectuals：A Study of Decline*，Harvard University Press，2001）。中文版由徐昕翻译，中国政法大学出版社 2002 年出版。——译者

　**** 波斯纳在国家安全和反恐问题上的著作包括：*Remaking Domestic Intelligence*，Hoover Institution Press，2005；*Preventing Surprise Attacks：Intelligence Reform in the Wake of 9/11*，Rowman & Littlefield，2005；*Uncertain Shield：The U. S. Intelligence System in the Throes of Reform*，Rowman & Littlefield，2006；*Countering Terrorism：Blurring Focus，Halting Steps*，Rowman & Littlefield，2007；*Not a Suicide Pact：The Constitution in a Time of National Emergency*，Oxford University Press，2006（中译本：［美］波斯纳著：《并非自杀契约：国家紧急状态时期的宪法》，苏力译，北京大学出版社 2010 年版）. ——译者

涉猎了经济危机问题*。他作为一个公共知识分子的作品不仅有书，还有论文、博客、书评、辩论和访谈。在新世纪（也是新千年）的头 10 年，他无处不在。他就像这个国家的总评论员（critic at large）那样写个不停（也包括作为法官而书写）。

按着他一贯的风格，他在国家面临的这些紧迫问题上的观点是叛逆性的。他认为政府应对国家安全和恐怖主义问题的方式全是错的。它采取了错误的方式来改革各个相关机构，而且它严重低估了美国所面临的迫近的危险。他指出，只要认识到我们这个新恐怖主义时代所蕴含的危险，我们就必须以新的方式来思考公民自由问题。一方面，对自由和隐私权的信念是我们的核心价值；另一方面，我们又必须认识到，我们所面对的威胁意味着我们需要作出妥协，从而使政府得以运用更多手段（包括获取更多电子信息）来打击恐怖主义。这两者之间需要达致某种平衡。所有这些主张都是应用成本-收益分析所得出的结论。我们需要权衡公民自由受到限制的成本与恐怖主义威胁可能导致的超乎寻常的损害。与此相反，在关于经济危机的论著中，他对基础性的经济学原理进行了反思。他得出结论说，面

---

* 波斯纳反思 2007 - 2008 年全球金融危机的著作包括：*A Failure of Capitalism：The Crisis of '08 and the Descent into Depression*，Harvard University Press，2009（中译本：［美］波斯纳著：《资本主义的失败：〇八危机与经济萧条的降临》，沈明译，北京大学出版社 2009 年版）；*The Crisis of Capitalist Democracy*，Harvard University Press，2011（中译本：［美］波斯纳著：《资本主义民主的危机》，李晟译，北京大学出版社 2014 年版）. ——译者

对经济危机所带来的大恐慌，凯恩斯关于政府有必要介入以应对经济萧条的观点是正确的，而自由市场狂热分子反对政府注入现金并采取其他措施增加消费者开支的立场是错误的。

然而，波斯纳的实用主义无论在政治界还是在司法界都没有得到太多支持。他倡导的更好地化解克林顿弹劾案和 2000 年总统大选争议等政治危机的实用主义方案激发了热烈讨论，但并没有产生太大影响。他对最高法院处理大选危机之方式的批判尤其如此，政治和法律在此过程中夹缠不清。最高法院没有表现出响应波斯纳关于采取司法实用主义立场之呼吁的任何迹象。实际上，它更多时候是在断然拒绝波斯纳的观点，其表现是最高法院在审查波斯纳判过的案子时不仅没有支持他的实用主义，也驳斥了与此相伴随的目的导向的成文法解释方法。斯卡利亚大法官的成文法解释方法似乎胜出了，这种解释方法被他本人称为文本主义（textualism），但其实只是此前的严格解释主义（strict constructionism）和原旨主义（originalism）的某种变体。即便是在索托马约尔大法官这样的自由派法官的判决意见书中，我们也可以看到斯卡利亚解释方法的影子。联邦巡回上诉法院的法官们对实用主义也没有显示出明显的热情，这使得波斯纳像个游离在外而不断寻找内部追随者的人物，尽管他迄今仍是被引用次数最多的法官。

现在波斯纳已经过了 75 岁，他的反应是对最高法院的工作越来越表示不满，并且在法庭内外的司法文本和评论中践行实用主义并引发人们对实用主义的关注。由此而导致的结果是，人们越来越清楚地看到波斯纳正通过他有条不紊的努力，刻画出一条改革法律和司法过程的道路。他继续用他的学术作品来批判司法机构，此外，他也继续用面向大众的时评类写作来批评（如果不是攻击的话）最高法院。他把大法官作为一个群体来批判，但他有时也会定点对首席大法官罗伯茨（Roberts）、此外尤其是斯卡利亚大法官进行毫不留情的批评。要想感受一下他的批评的风味，我们只要看看其中的两条：大法官们工作不够努力，他们在被称为"口头辩论"的小丑秀中问的问题太多。作为一位时评作家，他还在各种报刊上发表评论批评美国的专利制度，称这套制度已经陈旧不堪，要想适应我们这个技术时代的需要就必须被改革，在这个时代，要想实现经济效率，专利的数量应当大大减少。这场针对专利制度的战争始于他作为初审法官处理苹果与摩托罗拉（其实是谷歌）之间的专利权诉讼，他驳回了这起诉讼，因为他认为没有哪一方能够成功向他证明遭受了何种损害。但美国联邦巡回区上诉法院*在复核此案时得出了不同的结论，几乎全面反驳了波斯纳的观点，并指出他在事实判断和法律适用上都是错的。从他的判决书中可以看出，他近年来对那些提出没有事实依据、甚至没有理论依据的

---

    * United States Court of Appeals for the Federal Circuit 是美国13个联邦巡回上诉法院之一，位于首都华盛顿。该法院是根据1982年《联邦法院改进法》设立的，合并了此前的美国关税及专利上诉法院和美国索赔法院的上诉庭。——译者

主张的当事人表现得越来越不耐烦，甚至可以说是怒不可遏。

在法庭内，波斯纳开始采取一系列引人注目的行动，这些行动似乎使他的整个生涯有了聚焦点，通过这些行动，他开始采取攻势来将他心目中的法律应当如何运作的图景付诸实施。首先，波斯纳在近些年经常越出上诉案卷和当事人上诉理由摘要的范围在网上独自研究。他毫不掩饰自己进行的这种研究并且直面批判性的评论来为这种做法辩护。在最近的一个案子中，他更进一步，做了一个试验来验证当事人所主张的事实，这遭到他的一些法官同事的公开谴责。正如他的同事们所指出的那样，以这种方式来越出案卷范围违反了上诉程序中的一项基本规则。其次，我们看到，在偶尔的一些夸张的口头辩论演讲中，他对自己的话没有得到重视感到愤怒，他不仅怒撑律师，还痛斥体制没有选中在他看来的最优表现。这可能是他自己的改革冲动的夸张表达（他很久以来就喜爱舞台剧表演），但这也与他最近一个评论相互印证，他说他希望看到"抗辩制被浇上一盆冷水"。这些口头辩论显示出抗辩制中的律师技艺与波斯纳的实用主义方法之间的冲突。他有一种打碎形式主义并代之以实用主义的冲动。他似乎对律师躲在他们的客户利益背后逃避短兵相接很不满意，这时我们看到，波斯纳可以说是推倒了第四面墙，迫使律师走出他们作为代言人的位置，回答这样的问题：对于一个特定问题，你们律师是怎么看的，不要用客户可能怎么看来搪塞。经过这样一个动作，当事人突然没有了律师，而波斯纳则有了一片开放的竞技场。

如果把我们对波斯纳作为学者、法官和公共知识分子的生涯的了解做一下概括，我们会发现贯穿始终的一个线索是：他从未认为自己适合干法律这一行。在一次访谈中，他说自己没有完全被法律界所接纳。从他的通信中，我们看到他始终严重怀疑一个人能否在法律行业中度过伟大而满足的职业生涯。法律里面有太多东西与像他这样具有文艺情怀的人的旨趣格格不入。让我们想想这件事儿：在就任法官 10 周年之际，他在给一位同事的信中写道，审案在他看来就是好莱坞电影里那种无趣的本职工作。① 再想想这种心态是否有助于解释他在多大程度上感到嵌入法律行业的尴尬。然后我们可以在他的存档通信中找到理解波斯纳的法律生涯的线索——这些并不足以让我们得出某种结论式的主张，但却可以成为我们对他作出评价的背景资料。再考虑一下这个：当他被问到自己与莎士比亚作品中的哪些角色有相似性的时候，他回答说，他在自己身上看到很多哈姆雷特的影子，同时还有一点点麦克白，以及不算少的科里奥兰纳斯。② 这些足够让我们有冲动想要带一位精神病学家一起去探索这种混合体，从而理解波斯纳本人。最后，再想想这个：波斯纳在 53 岁的时候写信给一位同事，说他的一部分想要成为保守派建制中的一员，而另一部分则"想要成为一个普罗米修

① Posner to Larry Kramer, July 12, 1991.

② Posner to Martha Nussbaum, December 9, 1992.

斯式的知识英雄"（他接着说，"我最多只能坦白到这里"）。
这些自白或许已经道出了全部秘密，或许至少可以把我们带上
理解他的正确道路。①

---

① Posner to Martha Nussbaum，June 5，1992.

第一章

头 30 年（1939-1969）

曼哈顿（1939-1948）

　　波斯纳于 1939 年 1 月 11 日出生在纽约市，是布兰奇（她通常使用她的娘家姓霍夫里希特）和马克斯·波斯纳的独生子。[①] 父母给他取名艾伦（Allen），但从一开始他就被唤作迪克（Dick）*。他母亲于 1900 年出生于奥地利，5 岁时随家人来到美国，当时只会说德文，不会说英文。他父亲于 1901 年出生在罗马尼亚，仅仅 3 个月大的时候随家人移民到美国。他们于 1925 年 7 月 1 日成亲。"波斯纳"这个姓氏来源于德国城市名波森（Posen），该市原本是普鲁士的一部分，现在属于波兰，市

　　[①]　除非另外注明，本节中关于波斯纳 9 岁前生活的信息，来自我在 2012 年对波斯纳所做的几次访谈以及他在访谈过程中向我展示的儿时的纪念品。

　　*　迪克是理查德（Richard）的昵称或变体。——译者

名为波兹南（Poznán）。波斯纳一家获得这个姓氏是通过一场交易。波斯纳的曾祖父在19世纪的时候生活在罗马尼亚，他从一个在罗马尼亚军队服完兵役的人那里买下了这个姓氏，这在当时是一种常见的逃避兵役的伎俩。

他的父母作为东欧犹太人于20世纪初在纽约市所经历的世界，正是欧文·豪在他的名著《父辈的世界》（1977）* 中描述的那个世界。对于这些新移民来说，这个世界充满着艰辛，充满疑虑的效忠、同化、野心和成功。

到波斯纳出生时，他的父母已经度过了一段跌宕起伏的人生。他的父亲在纽约东南边的贫寒家庭长大。他是一名共产党员，就读于纽约城市学院**。在俄国革命和布尔什维克执政之后，学院要求所有男学生都加入美国预备役军官训练营（ROTC），波斯纳的父亲拒绝参加并因此被学校开除。此后他在亲戚开的珠宝店里打过一阵子工，并教外国人学英语。在经过了若干年的东走西撞之后，他利用晚上的工余时间读了纽约大学法学院的夜间课程，

---

* 欧文·豪（Irving Howe, 1920-1993）是美国著名犹太文学家和社会评论家。World of Our Fathers: The Journey of the East European Jews to America and the Life They Found and Made (Simon & Schuster, 1976) 是他最重要的作品，被认为是非学院派社会分析的经典之作，一出版即成为排名首位的全美畅销书，并作为历史类作品获得1977年国家图书奖。此书已有中译本：［美］欧文·豪著：《父辈的世界：东欧犹太人移居美国以及他们发现与创造生活的历程》，王海良、赵立行译，上海三联书店1995年版。　　译者

** 纽约城市学院目前是纽约市立大学的一部分，它于1847年由富商唐森德·哈里斯（Townsend Harris）创办，但宗旨是"向所有孩子开放，无论贫富"。该学院被称为"穷人的哈佛"，毕业生里目前已有10人获得诺贝尔奖，最近的是2014年获得诺贝尔医学奖的约翰·奥基夫。——译者

并于 1926 年成为律师。他在一位已经是著名刑辩律师的堂兄的帮助下从代理刑事案件起步，并且干得很成功。由于不喜欢跟自己主要接触的那一类客户打交道，他从刑辩业务转向了商业投资，为纽约市的商业物业提供二次按揭贷款，这一转向使波斯纳的母亲感到很高兴。到 1948 年，当波斯纳一家搬到市郊的斯卡斯戴尔*的时候，他们已经是一个富裕家庭了。

波斯纳的母亲也出生在纽约市东南边的贫困家庭。她毕业于亨特学院**，随后成为高中教师，在学校不顾教育委员会的用人规则坚持使用自己的娘家姓氏霍夫里希特。她积极参与教师工会的活动。在 1934 年因减薪和无薪休假而导致的教师与市政府之间的激烈矛盾中，她是工会课堂教师群体的带头人，她关于这场以及其他劳工争议的评论被《纽约时报》引用过多次。到 1941 年，她成为工会机关刊物《纽约教师》的编委会主任。在 1941 年的一篇关于共产党对工会影响的《纽约时报》文章中，她被描述为该刊物的实际主编，虽然刊头中并未如此显示。① 她曾告诉波斯纳，自己因为 1948 年的《费因伯格法》而被学校开除。她与共产党之间的关联在若干年之后又浮现出来，那时她加入了女权主义的"女性争取和平"组织，并且参与了"以母亲名义进行的激进政

---

① New York Times, March 4, 1941, p. 25.

＊ Scarsdale 是位于纽约市北部郊区的著名富人社区，共有约 17000 多人口，家庭年收入中位数接近 30 万美元。——译者

＊＊ Hunter College 是纽约城市大学这所公立大学的一个学院，它于 1870 年成立，直到波斯纳的母亲就读时仍是一所女子学院，到 1946 年才有第一批男学生入学。——译者

治行动"，比如在 1962 年参加全国性的集会游行，要求肯尼迪总统"终结军备竞赛，而不是终结人类"。* 当众议院"非美活动委员会"于 1962 年** 开始调查"与共产党向和平组织尤其是'女性争取和平'组织及其纽约市、新泽西和康涅狄格州分部渗透的统一战线策略"的时候，她是第一位被传唤的证人。艾米·斯沃德娄的《女性争取和平》① 一书形象生动地描述了这一高度戏剧化的场景：当布兰奇·波斯纳被传唤并勇猛无畏地向她的同志们展示出英雄气度的时候，"女性争取和平"组织的大批成员万众一心地团结在她周围。她完全不理会委员会成员对她发言的干预，而是教育他们要认识到自己的愚蠢。当她被问及女权主义运动与共产党的关联时，她拒绝回答关于她的组织的结构和人员的问题，44 次援引宪法第五修正案赋予的拒绝自证其罪的特权，多年以后，她对斯沃德娄解释说，这不是因为她是共产党员——她的确不是而是因为，她相信，只要她回答了任何关于组织的问题，就会被要求披露组织中其他人的情况。这是她拒绝做的事情。

波斯纳家曾经租住第 104 街和中央公园西路交叉路口的一套公寓，从房间可以俯瞰中央公园。他们家是一个世俗家庭。

---

① Amy Swerdlow, *Women Strike for Peace*, Chicago：University of Chicago Press, 1993, p. 111.

* "End the Arms Race—Not the Human Race"，中文里很难找到对应于 race 的双关语。——译者

** The House Un-American Activities Committee（HUAC）成立于 1938 年，负责调查普通公民、政府雇员以及被怀疑与共产党有关的社会组织活动。该委员会与 1969 年更名为"内部安全委员会"，1975 年被取消，其职能由司法委员会接手。——译者

他的父母想要成为美国人，不想跟欧洲犹太教传统有任何瓜葛。在这个家庭中没有任何宗教气氛，他们也不参加任何传统的犹太教活动，比如受诫礼*。波斯纳小时候从来没有去过犹太教堂。不过，有一种典型的犹太人特质的确可以在他母亲那里看到。她以非常传统的方式来宠溺自己的儿子。关于这件事儿，他是这么说的：“这是非常犹太的事情。或许做得太过了，他们过于护着我。他们让周围的人都感到紧张。”在他的母亲还上班而他还是个婴儿的时候，有一位德国难民做他的第一位保姆。此后又有一系列黑人女性在波斯纳家做过不住家的保姆。

　　波斯纳母亲的激进主义与她过于张扬、近乎戏剧性的个性相得益彰。她十分爱表现，而且有一点儿反犹主义的倾向，这大概和她的共产主义信念有关。她还有一个同样不低调的妹妹，她有时会来波斯纳家，并且令波斯纳印象深刻。他父亲则恰好相反，比较沉默寡言，“开朗但不爱说话”。波斯纳在一封信中说道：她总是“比我父亲更加尖锐地激进（stridently radical）”①。两周后，再给同一位通信者的信中，他补充道：“我父母两人或其中一个实际上是不是共产党员，这个我真不知道。”②

---

　　① Posner to Frank Clancy, December 7, 1992. 本书所引用的波斯纳信函都存档于芝加哥大学图书馆，经其允许在此引用。

　　② Posner to Frank Clancy, December 22, 1992.

　　* bar mitzvah 是犹太教传统的男孩成年礼，女孩成年礼叫 bat mitzvah。bar 是亚拉姆语中的“儿子”，而 bat 是希伯来语中的“女儿”。mitzvah 则是“诫命”或“律法”的意思。根据犹太律法，男孩在 13 岁、女孩在 12 岁（犹太人中的保守派规则）或 13 岁（革新派规则）时，要举行成年礼，表明他/她从此以后要对自己的行为承担责任。——译者

波斯纳的母亲在他的早期教育中发挥了主导作用。当他只有 2 岁左右的时候，她就给他朗读《奥德赛》。不止如此，为了让波斯纳的阅读体验更加顺畅，她还把自己读过的那本《奥德赛》中的独眼巨人插图撕掉了，因为这张图吓到过小波斯纳。此后，她又给波斯纳朗读莎士比亚的作品，并在他 5 岁时带他去电影院看了劳伦斯·奥利弗导演并主演的《亨利五世》*。他喜欢这部电影里的箭雨场景，这给他留下了终生难忘的印象。对《奥德赛》的早期阅读体验令波斯纳产生了对这部传奇史诗的终身兴趣。在一封关于哪些书对他造成了最大影响的信中，他提到了母亲给他朗读《奥德赛》的事情，并且提到自己成年后专门去学了古希腊语（他赶紧补充道：学得并不特别好），以便能够阅读这本书的古希腊原文。他还进一步提到，他最近又"重读了这本书，读的是罗伯特·菲格斯的卓越英译本"。他主动补充说："我不知道《奥德赛》为何对我有如此之大的吸引力，但我的猜测是，它体现了一种个人的职业轨迹或生命轨迹概念，而我本人对此深感认同。"① 在一封给芝加哥大学法学院

---

① Posner to Ronald Schwartz, August 15, 1997.

* Laurence Kerr Olivier（1907-1989），是英国 20 世纪最著名的电影演员、导演和制片人，曾经多次获得奥斯卡奖、金球奖、英国电影和电视学院奖以及艾美奖，并因为在艺术上的杰出成就而于 1970 年被英国女王授予终身-贵族荣誉，成为奥利弗男爵。他是第一个获此殊荣的演员。他和著名女演员费雯·丽的婚姻也在电影史上被传为佳话（虽然以离婚而告终）。《亨利五世》是他执导的第一部电影，也是第一部获得巨大成功的莎士比亚戏剧改编电影，这部电影为他赢得了 1947 年的奥斯卡特殊荣誉奖。——译者

同事玛莎·努斯鲍姆的信中，波斯纳又说："在我的童年和青少年时代，我被宏大作品（荷马、但丁、密尔顿）和冒险故事（布尔沃-利顿、哈格德，等等）所吸引。"①

波斯纳的正式教育始于曼哈顿的一系列私立学校。在2岁零8个月的时候，他被送到中央公园西路与第88街路口的瓦尔登学校去读幼儿教育班，该校以进步性的教学方法而著称。他还在西93街的哥伦比亚文法学校上过学前班*。在一份涉及时间到1943年5月5日为止的学生评价表中，我们看到波斯纳的老师非常详细地描写了波斯纳的表现，其中所包含的洞见与我们在波斯纳迄今为止的一生中所看到的面貌十分吻合，这一点令人感到惊喜："迪克成长得太快，以至于他似乎被自己的能力吓到了。他怯生生地不敢试展自己的新羽翼，或许是在担心失败，但当他发现了一次新的成功的时候，他总是羞怯地露出笑容。他在方方面面都能够自理，这种迹象可能是我们寻找帮助他成长的合适方法时需要考虑的线索，我们可以期待他在成熟的行为和成就方面逐渐取得越来越大的进步，但对他的赞许应

---

① Posner to Martha Nussbaum, October 2, 1996.

* 美国的中小学教育体系与我国有所不同，主流的教育体系是k-12，即幼儿园（kindergarten）加十二年级的中小学教育。美国的幼儿园教育是正式教育的一部分，多数州的义务教育覆盖十三年，即幼儿园+十二年级。儿童通常在5-6岁（相当于我国的幼儿园大班）的时候进入幼儿园，只读一年，然后升入一年级。波斯纳在哥伦比亚文法学校读的班是pre-kindergarten，即幼儿园之前的班，为了和我国的幼前班（即托班）相区别，这里翻译成学前班。而他此前在瓦尔登学校就读的班级相当于我国的幼儿园小班和中班。——译者

当看起来漫不经心，以免令他觉得尴尬。他享受赞许，但能够察觉过度的热情。"

他在中央公园西路 33 号的培德（Ethical Culture）学校上了小学一年级至四年级。50 年之后，因为读到著名的本杰明·卡多佐专家贝雅·乐维在给《纽约时报》的信中对这所学校的评价，波斯纳给乐维写信，其中提供了他对自己在那里经历的教育的批评。他写道："你关于培德学校的评论棒极了。作为一个该校学生——我 1944 到 1948 年在那里上了一年级到四年级——我完全不知道'培德'是指什么。我完全不记得在那里接受过关于伦理的教育；如果有的话，那就说明它至少没有给我造成任何印象。这是一所很沉闷的学校，只专注于一些最基本的东西——阅读（我还能心怀恐惧地回忆起'每周读本'）、写作、算术。不过，我还记得四年级的一位非常好的男老师，他讲纽约州和纽约市的历史，有趣极了。但我从总体上不喜欢这所学校；我在那里也不是一个成功的学生——我害羞、爱梦想、心不在焉。我在学业和社交上都得到发展是在我们家于 1948 年搬到斯卡斯戴尔之后，我被送到一所公立学校，那里有更加欢乐的氛围，孩子们也更加友好和有趣。"①

在他存档于芝加哥大学的私人通信中，波斯纳澄清了他的父母把他的火车模型套装送给罗森伯格（Rosenberg）家孩子的相关事实，《纽约时报》曾对这件事情做过报道。这份报纸错误

---

① Posner to Beryl Levy, July 7, 1993.

地说他的父母强迫他放弃这套火车模型。真实的情况是，他父母问他是否介意他们把这套模型送给罗森伯格家的孩子们。他说当然可以，因为他已经长大了，这套模型不再适合他了。毕竟，他那时已经13岁了。在与同一位通信者的进一步交流中，他还进入一个更大的话题，说自己从大约9岁开始，直到16岁离开家去上大学，一直知道自己的父母"持有带着鲜明左翼色彩的非主流政治观点"。对他们来说，苏联做什么事都是正确的，关于苏联集中营的故事都是美国媒体编造的谎言。用他自己的话来说："他们完全接受共产主义路线。"

在通信中，他还写道，他父母从未尝试把他的政治观点塑造得跟他们一样。他解释说，"他们并没有试图把我塑造成一个革命者"，虽然直到他离开家去读大学、随后又就读法学院并且接触到各种不同的观念和影响，他自己的政治信念一直是"对父母政治观点完全地复制"。当然，他的父母有政治信仰但不打算将其付诸行动。用波斯纳的话来说，他们是"坐在豪华轿车里的激进派（limousine radical）"。一旦离开家以后，他的政治观点就开始离他们越来越远。他的父亲和母亲也有区别，他的父亲对政治问题从来都不是特别关注，而他母亲则会同他争论政治问题。她直到1970年，也就是波斯纳已经40岁的时候仍然继续同他进行这种争论。波斯纳的父亲更关心他的职业发展，而不是政治。当同一位通信人问道，作为一个父亲，你当父亲的方式与你父亲有没有什么大的区别？他指出，他是在20岁出头的时候做父亲的，而他父亲则是在年长得多的时候（38岁），他父亲与他的年龄差距导致父亲有"某种距离感"。他还是他父亲唯一的孩子。在父亲与他的关系当中，有一点是他下意识去模仿的，那就是不给自己的两个儿子追求成功的压力。对他自己而言，在他的成长过程中，这种压力主要来自他的母亲。

斯卡斯戴尔与艾奇蒙特学校 (1948–1955)

波斯纳家于 1948 年搬到了纽约市郊富裕的斯卡斯戴尔社区。在那里，他们在一片邻接自然保护区的土地上盖了一栋牧场风格的现代别墅，这使他们家成为朋友们最喜欢造访的所在。据他家的朋友说，这是一幢宽敞、舒适、上档次的房子，里面有许多藏书。① 波斯纳在 10 岁时曾经写了一篇 400 字的作文来描述全家搬到斯卡斯戴尔的情况，他说："我们在这儿都感到幸福。"从他对宠物（一条狗和一支金丝雀）、集邮以及收集玩具士兵等爱好的描述来看，他确实显得很快乐。即便是因为得了急性肺炎而在家养病也没有使他感到沮丧。他喜欢被关心的感觉，似乎并不想念学校和同学："实际上我并不介意得肺炎。"

艾奇蒙特学校是斯卡斯戴尔的初级中学，覆盖一年级到十年级。波斯纳所在 1954 届毕业班总共有 47 名学生，其中 23 名女生，24 名男生。除波斯纳外，这个班还出了中情局官员汤

---

① 除非另外注明，本节中关于波斯纳高中生涯的信息来自我与他那个阶段的十几位同学之间的访谈和电邮交流、我在 2012 年对波斯纳所做的几次访谈以及芝加哥大学保存的波斯纳档案中的若干文件，经芝加哥大学允许在此使用。

姆·惠普尔（Tom Whipple）、做了多年国会议员的查尔斯·约翰逊（Charles Johnson）以及畅销书作家亚历珊德拉·彭尼（Alexandra Penny）。班上的许多同学在毕业后仍保持联系并且经常聚会。

波斯纳在斯卡斯戴尔的确是如鱼得水。在艾奇蒙特学校，他每年都是全 A 生，只有工艺课和体育课的成绩稍微低一点儿，以及在七年级的科学课上得了一个 85 分。在 1954 年毕业时，他是总成绩排名第一的学生。这还是在一个高分泛滥没有开始的年代。在他的成绩卡上，我们看到这样一句警示：及格分是 D，但"不想止步于高中的学生应当确保每门课的成绩都在 C 以上。"波斯纳的十年级课程成绩包括英语期末考试得的 A，以及数学、科学、拉丁文和法语课的 98 或 100 分。

他在学校的年鉴里被登记为理查德·艾伦·霍夫里希特·波斯纳（Richard Allen Hofrichter Posner）。该年鉴显示他的外号是"大脑"（The Brain），而且他在学校社团和业余活动中表现积极。它是这份题为《再回首》（Respectus）的年鉴的业务主管，还是校报《墨迹》（Ink Spots）的学生顾问。他在十年级的时候成为科学协会的主席，出演了十年级的班级戏剧，还是电影放映协会的成员。他被描述为"心不在焉的几何老师"，并且被大家称为"教授"。在《班级愿望》（Class Will）中，他把"讲授几何学"这个任务留给了下一级的一位同学。他在"歌曲课堂"栏目中推荐的歌曲是《蹑脚》（The Creep）。在班级民意测验中，他被认为是男生中"最足智多谋的"。在年鉴中的"班级未来"栏目，学生们想象若干年之后所有毕业同学聚会在一家晚餐俱乐部的场景，波斯纳被想象为刚在一位同学经营的著名度假村晒得皮肤黝黑的一群人中的一员。他在那儿"休养身心，在修正了爱因斯坦的相对论之后。"他作为二人小组中的一员代表学校参加了当地的一次广播智力竞赛，到纽约市区去录了音。学校的男生和女生们还开展了各种慈善活动。在艾奇蒙特，他们为一位老师筹集医药费。

与班上几乎每一位同学一样，他也到镇上的两家舞蹈工作室之一去报了舞蹈课程，虽然学校只是鼓励、而没有强求学生们去上舞蹈课。他与朋友一道在当地一个射击场练习射击，还跟他们一起打网球。同学们还提到，波斯纳的母亲安排了一种被描述为"约会游戏"的活动，也就是让自己的儿子与不同的女生过家家式地约会。其中一位约会对象就是前面提到的作家亚历珊德拉·彭尼，她解释说，波斯纳的母亲联系她母亲安排好约会，然后她和她母亲在若干个下午造访波斯纳家。母亲们在一家屋里聊天，而她和波斯纳则在另一间屋里玩耍。男同学们也提到去波斯纳家开心玩耍的故事。其中一位提到在波斯纳家宅后面拍电影的故事，波斯纳是导演。另一位提到一两位同学到波斯纳家跟他一起去森林里探险。他们一路上编织出各种各样的鬼故事。波斯纳还参与缔造了一个恶作剧和调皮捣蛋的组织，取名为"骡皮匠"（Mule Skinner），他们经常躲在俯瞰校园的一块巨岩上面，看到走路回家的同学就冲下来吓唬她们。他们选择的受害者都是女生。波斯纳是这个恶作剧组织的头儿，该组织由六七个小伙伴组成，还按部队编制排了军阶，并且对特别成功的突袭者给予通令嘉奖。

在他12岁的时候，他的父母送他去参加了在康涅狄格州的新米尔福德举办的巴克·罗克夏令营，在那里他和其他营员一起活动，并不知道这是一个著名的共产主义夏令营。奥地利教育家欧内斯特·布罗瓦博士（Dr. Ernest Bulova）和伊尔泽·布罗瓦在1942年创办了这个夏令营，他们都曾经是玛利亚·蒙特梭利的学生。这个夏令营提供旨在促进创造性和艺术能力的项目，但这些对波斯纳来说都无关紧要，真正吸引他的是夏令营所在的农场和那里的动物。波斯纳因为这个农场而爱上了这个夏令营。

他在中学多学了一年拉丁文。在学校之外他报了钢琴课，除此以外就认真阅读，博览群书。他在12岁的时候自学了打字。他曾经为完成学校作业手写了两篇长文（一篇80页，还有一篇100页），然后他想，如果将来可以打字而不是手写，那岂不是更有效率？

波斯纳的1954届同学都同样记得波斯纳的才智以及他和同学们的友好关系。同学们从一开始就认识到波斯纳比其他任何人都聪明得多，而且在真正意义上与众不同。他们也都众口一词地说波斯纳从不摆架子，用其中一位同学的话来说，他从不用自己的过人才智来欺压别人。他在同学中是如此深受爱戴和尊敬，以至于他可以拿自己的聪明来开玩笑，并以此自嘲。他发明了"波子知道"（the Poze knows）这个词汇，并且在若干学校年鉴上签上这样一段有趣的话："伟人祝福你，欢迎你成为拜波斯纳教的大祭司。"同学们说，他的聪明才智如和风细雨，而不是盛气凌人。

最广为传颂的故事是，有一次，波斯纳所在的几何学班的老师请了两周病假，校长让波斯纳代课。每一位讲起这个故事的人都会提到，这个故事最精彩的部分、也是最能体现波斯纳特性的部分，不是波斯纳熟悉所要讲授的内容并且圆满完成了教学任务，而是同学们都很服他，并没有利用他是自己同学这一点来兴风作浪。他们尊敬他，把他当成合格的教师来对待。一位同学指出，波斯纳有某种即便是优秀的资深教师也可能缺乏的品质。另一位同学说道："关于他当我们的几何代课老师的表现，我估计其他人能讲出更好的故事。我自己的经历是，尽管我猜他能准确而且机智地讲述课程材料，但我发现他超出了这个预期，他对每个同学的学习状态都能准确把握并作出回应。我当时是一个很麻烦的青春期少年，而我发现他能对我这样一个紧张而又笨拙的孩子体察入微。他那种细腻的感悟力我们通常只能从年长的高学历教师那里看到。"

这位几何课班上的麻烦少年还跟波斯纳一起上过自习，他发现波斯纳对同学们的搞怪行为的忍耐力也是有限的。"在一间自习室里，我用一把藏起来的喷水枪反复喷他。当然，他不喜欢这样，并警告我停止。我没有把他的警告当真，结果他向自习室的老师举报了我，老师没收了我的喷水枪。"

波斯纳参加了1954届毕业班的40周年聚会。他是聚会策划委员会的成员，在委员会材料中被开玩笑地称为委员会的法律顾问。参加完聚会的同学们都作出了同样的评价，说波斯纳没怎么变，还是那么温和而谦逊。他们都知道波斯纳在学术界和司法界的地位。

从波斯纳这边儿来看，他在给一位朋友的信中写道："这次同学聚会十分有趣。在毕业 40 年后重新见到一群你曾经非常熟悉的朋友，仔细打量他们，然后，用普鲁斯特的话来说，你看到囚禁在变老的身体里的年轻人，这种感觉非常奇妙。但我们很容易就重拾起了旧时情谊，到聚会快结束时又变成了彼此最好的朋友，尽管可能是表面现象。对于生活经验乃至社会阶层（毕竟这是一所位于斯卡斯戴尔不太富裕的那个区域的公立学校）迥异的一群人来说，这是难能可贵的。这个学校对我们造成的影响是如此巨大，以至于这次同学聚会就像是一次战友重逢——共同的记忆克服了所有寻常差异。"[1]

他在这个聚会上获得了一个奖项，并且发表了一段简短致辞，讲述了在艾奇蒙特就读的经历对他的今后成长的重要性：

> 我只能代表我自己说话。我在艾奇蒙特读书的 6 年，从 1948 到 1954，从五年级到八年级，无比清晰地蚀刻在我的记忆里。这部分是因为我来这里读书之前居住的纽约市与对我而言充满乡村野趣的斯卡斯戴尔之间的强烈反差；还有我之前在曼哈顿经历的严苛的

---

[1]　Posner to Robert Ferguson, June 27, 1994.

私校教育与我在艾奇蒙特经历的远为快乐和放松、在智识上也更加丰富和有挑战性的学习经历之间的强烈对比。另外一部分原因是我在离开这里之后仅仅又读了一年高中就上大学了，所以艾奇蒙特是我最主要的中学经历。

不是每一个在想起自己的高中生活时都会感到甜蜜，尤其是当他/她还在读高中时。但在 40 年之后，几乎所有事情都笼罩在怀旧的香氛中。但我认为我们的确是特别幸运的，而这种感觉并不完全是被时间扭曲的结果。我们在"二战"之后的斯卡斯戴尔长大，回过头看，这是一个充满社会安宁、单纯、秩序和为祖国感到骄傲的时期，在它之前和之后都充满冲荡和不安；我们就读于一所独一无二的完美公立学校，这种学校在这个国家已经变得非常稀有了，它没有陷入关于课堂祈祷、多元文化主义或政治正确的争吵之中，也没有被毒品或黑帮所缠绕，这是一种极少数美国人曾经拥有或将会拥有的幸运。艾奇蒙特给了我们生得其所的家园感，我们有理由沉醉在对它的记忆里。

两个月之后，在写给这次聚会的主要组织者的信中，波斯纳再次强调了在艾奇蒙特的读书经历对自己的重要意义。他写道："获得同班同学发给我的这个奖项，据说是奖励为班级争得了最多荣誉并将继续如此的人，对此我非常感动。我不认为自己是实至名归，但你们实在对我太好了。我获得过许多其他奖励并希望继续获得，但你们给我的这个奖励是我永远最为珍惜的。"

耶鲁学院* （1955-1959）

斯卡斯戴尔在 1954 年的时候正在建一所高中。与此同时，它把自己的九年级和十年级学生转到两个相邻镇——布朗克斯维尔（Bronxville）和新罗歇尔（New Rochelle）的高中去就读。艾奇蒙特的学生去两所高中的基本各占一半。波斯纳属于前往布朗克斯维尔的学生之一。他的一些同学说，在布朗克斯维尔读完高三后**，波斯纳就消失了，没有跟任何同学讲自己去了哪里。当时，波斯纳的父亲了解到耶鲁是美国很少几所录取刚读完高三尚未获得高中毕业证书的学生的大学之一，另一所是哈佛。波斯纳在父亲的鼓励下申请了耶鲁和哈佛，并且被耶鲁录取。因为他比别的孩子上学早一年，现在又跳过了第十二年级，所以他比大多数大学新生都小 2 岁，进大学时只有 16 岁。

入学时，波斯纳在仅吸收大约 10% 新生的耶鲁名师导读项

---

* Yale College，如今是耶鲁大学的本科生部。耶鲁学院成立于 1701 年，一开始就是整个大学的名称，直到 1887 年，整个学校才改称耶鲁大学，而把耶鲁学院这个名称留给了本科生部。——译者

** junior year at high school，指的是美国学制中的高三，即 k-12 体系中的第十一年级。美国的高中（high school）是四年制，覆盖九至十二年级。波斯纳只读完十一年级就上大学了，属于跳级。——译者

目（Directed Studies Program）中获得了一个位置。① 这个项目始于 10 年之前，旨在回应一种呼声，即学生在大一和大二阶段需要学习一套统一的、融贯的课程，而不是像许多学生那样胡乱选课，学一堆大杂烩。这个项目的目标是一系列侧重艺术史、哲学和文学的课程来提供一种核心教育体验，并且在四五十名被选入该项目的学生中间培育一种核心学习体验。波斯纳回忆道："它们都是全部由正式教师讲授的研讨班规模的课程。从来没有研究生来给我们上过课。这些老师棒极了。"一二年级各有 3 门必修课程。第一年的艺术史 I、哲学 I 和文学 I 都是两学期的课程。第二年的历史 I、哲学 II 和社会研究 I 也是两学期的课程。在社会研究 I 中，波斯纳第一次接触到经济学。在毕业 25 周年时为耶鲁大学的一份纪念出版物所写的文章"不经意间成为法律人"中，他将其称为"浅尝辄止的学习体验，侧重于入门级的经济学知识"。在大三的时候，波斯纳修读了两门一学年的英文课程和一门一学期的课程。耶鲁的英文系当时或许是全

---

① 除非另有说明，本节中关于波斯纳在耶鲁读本科阶段的信息来自我在 2012 年对波斯纳所做的访谈、在这次访谈时他向我展示的耶鲁纪念册、与他的 15 位耶鲁同学之间的访谈和电邮往来以及一本书：Justin Zaremby, *Directed Studies and the Evolution of American General Education* (New Haven: Whitney Humanities Center Yale University, 2006).

国最好的英文系，可谓群星闪耀，比如梅纳德·马克*、罗伯特·佩恩·沃伦**、路易斯·马茨***、威廉·维姆塞特****、奥布雷·威廉姆斯*****、柯林斯·布鲁克斯******以及刚开始任教

---

* Maynard Mack (1909－2001)，享誉世界的亚历山大·蒲柏 (Alexandre Pope) 研究权威。他从 1936 年起便任教于耶鲁大学英文系，1960 年代担任英文系主任和文理学院人文部主任，1965 年成为斯特林讲席教授 (Sterling Professor，耶鲁最尊贵的讲席)。著有：King Lear in Our Time (1965)，The Last and Greatest Art (1984)，Alexander Pope：A Life (1986)，Everybody's Shakespeare：Reflections Chiefly on the Tragedies (1993) .——译者

** Robert Penn Warren (1905－1989)，美国著名诗人、小说家和文学评论家，新批判学派的创始人之一。小说 All the King's Men (1946) 获得 1947 年普利策奖，1958 年因诗集 Promises：Poems 1954-1956 以及 1979 因诗集 Now and Then 年又先后两次而获得普利策奖，是迄今唯一一位因诗歌和小说都获得普利策奖的人。1935 年，与布鲁克斯一起创办了很有影响力的文学杂志《南方评论》(Southern Review)。——译者

*** Louis L. Martz (1913－2001)，曾长期任教于耶鲁大学英文系，1971－1984 年担任斯特林讲席教授。他是"耶鲁版圣托马斯·莫尔全集"的编委会主席，此外还出版了多部英国文学研究著作。——译者

**** William K. Wimsatt (1907-1975)，耶鲁大学英文系教授，美国著名文学评论家。——译者

***** Aubrey L. Williams, Jr. (1922-2009)，一位广受学生爱戴的英文老师，未能在耶鲁获得终身教职 (tenure)，后来任教于莱斯大学和佛罗里达大学。——译者

****** Cleanth Brooks (1906-1994)，美国著名文学评论家和英文教授，因其对新批评学派以及美国高校中的诗歌教育的贡献而闻名。1947-1975 年任教于耶鲁大学英文系。——译者

的哈罗德·布鲁姆*。他还学习了第二年的德语、两门一学期的艺术史课以及两门一学期的哲学课。波斯纳在耶鲁写过的课程论文包括："阿斯克姆**的散文风格"、"文艺复兴心态问题"、"《科利奥兰纳斯》第五幕第三场中伏伦妮娅与科利奥兰纳斯的对话"和"启示录视野:《埃涅阿斯纪》卷十二",这些题目勾勒出了他所受本科教育的轮廓。

波斯纳在耶鲁表现优异。他大一时的平均分是91,大二89,大三92,大四94。在总共8个学期的7个里,他的成绩超过了99%的同学,而在最后一个学期,他的成绩超过98%的同学。大三时他成为美国大学优等生协会(Phi Beta Kappa)***的成员,毕业时获得全优生荣誉(summa cum laude)**** 以及本科生学者

---

* Harold Bloom,生于1930年7月11日,美国著名文学评论家,耶鲁大学斯特林讲席教授,他阐释西方经典作品的多部著作(包括《西方正典》)已被翻译成中文出版。——译者

** Roger Ascham(1515-1568),英国都铎王朝时代的学者和文学家,曾先后担任伊丽莎白一世公主时代的老师和玛丽一世的拉丁文秘书。——译者

*** Phi Beta Kappa Society,简称PBK,是美国历史最悠久的学术荣誉机构,通常翻译为"美国大学优等生协会"。该名称来源于希腊文Φιλοσοφία Βίου Κυβερνήτη,意为"智慧、学习和知识引领生活"。该协会于1776年成立于威廉玛丽学院,以"钟爱学习引领生活"为宗旨倡导文理教育,现有283名会员学校,这些学校是美国本科教育的杰出代表。会员学校通常学业成绩最优秀的10%学生加入该协会,该协会现有超过60万会员。被授予该协会会员资格的毕业生中包括17位美国总统,38位美国最高法院大法官和136位诺贝尔奖获得者。——译者

**** summa cum laude,是拉丁文中"享有最高荣誉"的意思,在美国大学授予毕业生的荣誉中属于最高等级,每届毕业生中只有不到5%可以得到这种荣誉。——译者

项目（Scholar of the House）[*]　杰出表现奖。耶鲁本科学院没有
对毕业生进行最后总排名。据一位与柯林斯·布鲁克斯保持着
长期友好关系的同学透露，布鲁克斯告诉他，波斯纳可能是他
教过的学生中最聪明的一个。

　　波斯纳动起笔来总是自信满满，可能有点儿过于自信。他
的充满自信的写作风格可以用一个例子来展示，这就是他的论
文"马维尔的花园——一个稳定的观察视角"的开篇："我认
为，马维尔独一无二的诗才在于能够表达出一种平心静气的情
感强度。"任课老师对他那篇关于阿斯克姆的散文风格的论文给
出了具有两面性的评价。一方面，任课老师在评语的开端写道：
"我希望，作为一种写作策略，你可以在自己的写作中摒除那些
带有'教皇口气'的元素。我在你的其他文章中似乎并没有注
意到有这种元素，但在这里呈现了，让人感觉你太自以为是。
即使你真的完全正确，你也应当小心，不要给人造成自以为是
的印象。"但紧接着这一段对波斯纳写作风格的批评，任课老师
又展现出了循循善诱的一面："把这篇文章拿去给威廉姆斯先生

　　* Scholar of the House 是耶鲁本科教育中的一个特色项目，该项目创始于
1946 年，最初是为了给退役后重返校园的"二战"老兵学生创造一个在最后一
年自由安排时间探索个人研究兴趣的机会，但因为效果十分突出，所以在校园
里已经没有"二战"老兵之后仍保留下来。根据耶鲁大学的教学计划，该项目
的主要要求是"完成一篇论文或一个项目，其广度和质量必须能够与学校赋予
的相应自由相匹配"，这种自由就是在大学四年级不用修课，自由从事研究或实
验，但可以旁听任何自己感兴趣的课程。对于选择写论文的学生，最后需要提
交一篇不少于 250 页的论文，并通过口头答辩。——译者

看一看或许是个好主意。我想知道他是否同意我关于语气问题的评论。如果你不是这样一位前途无量的学生，我也不会费劲提出这种批评了。但有时我们会给别人造成某种我们自己并没有完全意识到的印象。"

过于自信，以及在旁人看来固执己见地拒绝智识上的成长，这使得波斯纳在他的哲学 II 任课老师那里碰到了麻烦。他为这门课提交了一篇题为"伦理学的位置"的论文，试图对伦理学作品进行"一次冷酷的剖析和全面的再造"，以展示伦理学"是一种与现代理论家和文献学家所推测的状态完全不同的东西"，而且它被"一套过时的词汇和偏狭的自以为是绑住了手脚。"任课老师给这篇论文打了 83 分（然后因为迟交而降到 80 分）并且评论道："你的文笔很好，而且论文写得很有条理，但文章的内容跟 9 个月前你没上这门课时可能写成的样子一模一样。我只能建议你，怀着谦卑和真正理解他们说了些什么的欲望，回到柏拉图、亚里士多德、康德、洛克、黑格尔、克尔凯郭尔和其他许多经典作者那里去。"他继续写道："已经进行到了这个阶段，进一步的论辩是没用的。知道你理解了问题所在，你才能够理解他们提供的答案。你仍然把描述当成解释，就好像它所提出的问题没有它所解决的问题多一样。你仍然在根据未经检验的原则来讨论问题，这种论述方式无法经受住检验。"

波斯纳用不同寻常的 1700 字的答辩回应了这个分数和这个评论。他首先质疑了为迟交论文而扣除 3 分背后的动机，因为这样做对他这种从不偷懒耍滑而只是偶尔迟交作业的学生无法形成威慑。然后，他通过对比这篇文章与他自己在本学期早些时候提交的几篇得到 90 多分的文章的风格和内容，暗示打分不公平。他问：到底有哪些地方不一样了，导致这么低的分数？这篇回应的厉害之处在于质疑任课老师仅仅是因为不同意他对伦理学的批判而故意把分数打这么低。它最后还有一个自信满满而且语意微妙的结论："或许我未能圆滑地把我对传统道德哲学的蔑视伪装起来，这套哲学中充斥着清教徒式的正义观、古老陈旧的词汇、神学偏好以及不可思议地远离生活、艺术和世界的品位。这些都是个人偏见，没有更多意思，而且我很能理解你对我的这些偏见的反感，因为，如果它们是有道理的，它们就会摧毁你作为一个道德哲学家的存在理由。没有人喜欢看到自己毕生的工作被贬低为微不足道。但这里面可能包含着一点儿潜在的真理，如果不是真理，也是有效的论据。我否认你关于伦理学价值的简单假定。我认为可以去论证传统道德哲学中的许多内容是毫无意义的。你拒绝接受这一点，拒绝面对你的研究领域或许建立在流沙之上这一可能性，这和我所主张的那些东西一样是一种偏见。或许我的伦理学态度需要重估，但同理，你对待伦理学的态度或许也需要类似的重估。"多年以后，波斯纳会说那时的自己十分叛逆，是"1950 年代耶鲁学院的一个无礼的小刺头。"①

　　波斯纳有两个由抽签选出来的新生宿舍室友。他们都记得

---

　　①　Posner to Martha Nussbaum, April 17, 1997.

波斯纳入学时带着一个他在高中时代开始整理的日记本。一位室友记得那是一个 3 英寸宽的软皮封面的笔记本，上面记的是许多哲学家的思想精要。这位室友说波斯纳喜欢独来独往，他有耐心，做人谦谨，从不贬低他人，而且在其他聪明人当中也不显得傲慢。用一位室友的话来说，他希望保持低调（under the radar）。这位室友解释说，大家后来才发现，波斯纳和他母亲关系不好。波斯纳抱怨说在高中时她不让他参加体育运动，因为害怕他头部受伤。还有一次，波斯纳在耶鲁喝了太多波多黎各朗姆酒，然后用冲淋浴来解酒，这时他在痛苦状态下宣泄出了自己对母亲爱恨交织的复杂情感。一位室友曾经见到过波斯纳和他母亲在吃晚餐时的互动，他回忆说，波斯纳的母亲很溺爱他，以至于当波斯纳想要牛油碟的时候，他就会看着自己的母亲并且幽幽地叫一声"妈妈"，他母亲就会忙不迭把牛油碟递给他，可以看出来他非常习惯享受他母亲的照顾。当波斯纳收到家里寄来的生活用品包裹并发现里面有若干金枪鱼罐头的时候，他暴露出自己不知道如何使用开罐器。一位后来的室友说波斯纳"有点儿傲慢，是的，但他也在某种意义上很友善。他对智力不及他的人没有多少耐心，而我们都是这种人。"他把波斯纳描述为一个非常正面的人，"他的行为方式带有主导性，但并没有压制性。"

一位大学一年级时住在波斯纳对面宿舍的学生回忆说，关于波斯纳同学们都所知不多。他总是全神贯注地捧着一本书看，但在跟人说话时总是很有礼貌。他有非常可观的古典音乐唱片收藏，人们时常可以听到音乐声从他房间里传出。他不是特别喜欢社交。在有橄榄球赛事的周末，他不会参加宿舍楼对面举办的晚会，顶多就是溜达进来打声招呼。另一位在大学一年级住在波斯纳宿舍附近的学生回忆道："我曾经在宿舍楼里四处转悠，看到理查德正忙着打一篇什么文章，打字机旁摆着几本参考书。他在不停地打字，并且不时抓过一本参考书。他的速度给我留下了深刻印象。"罗伯特·普伦蒂斯·沃尔顿，一位住在楼上的学生，也对波斯纳有类似的印象，他在毕业 25 周年文集中写道："我碰到的另一个问题是我此前甚至不知道世上存在着像我的某些同学那么聪明的人类。其中一个这样的人，理查德·波斯纳，就住在我楼下。当我花费好几个小时在图书馆查阅文献，然后一笔一画写出一遍作业论文的时候，他只是坐在他的打字机前面，手边有一两本书，然后花半个小时就把文章写出来了。"

波斯纳也活跃地参与学生社团和活动。他是伊丽莎白俱乐部的会员，但没有加入以定向邀请方式入会的善本俱乐部。他活跃地参与了"政治联盟"的活动，他参与了作为"政治联盟"社团活动的许多辩论，同一位室友认为这个社团带有强烈的马克思主义倾向。一次辩论所设定的辩题是一份建议美国支持匈牙利革命的联合国提案，波斯纳投票支持该提案，后来才知道这一票进入了联邦调查局（FBI）档案。他还积极参与了塞布鲁克剧团的活动，并且担任过该社团的主席。他在好几部剧中担任过角色，还参与编写了恶搞版的《窈窕淑女》。大三时他在《吸血僵尸》（Dracula）中扮演了配角伦菲尔德。这部剧的导演是迪克·卡维特，当时是耶鲁戏剧学院的学生。他还是本科生文学杂志《耶鲁文学》的编委会成员。

他经常和朋友以及室友一起外出。他的一位大一室友已经到了可以租车的年龄，他们两人一起开车到瓦萨学院*，与那里的学生来了一场两男两女的约会。后来波斯纳有了自己的车。一位室友回忆说是波斯纳的母亲希望他在校园里有自己的车。随后他被同学们描述为喜欢开着车四处兜风，这使他成为事实上的圈子领袖，各种朋友或同学社交组合的关键节点。但他也并不总是讨同学们喜欢。一位本科生学者项目的同学说波斯纳是一个独行侠，他缺乏"很好的人际沟通技巧"。另一位同学说他开不起玩笑。理查德·罗兹**，这位日后写了原子弹研发权威著作以及其他重要作品的历史学家回忆道，在一次"政治联盟"辩论中，波斯纳把罗兹在一次私人聊天中透露给他的一点私人信息当成武器来攻击罗兹，这暴露了波斯纳人格中丑陋的一面。还有几位同学提到波斯纳当时被看成是校园中的现象级人物。大四时有一则关于他的流言蜚语，说他替室友写了论文，这位

---

* Vassar，此处指 Vassar College，是位于美国纽约州波基普西市（Pough-keepsie）的一所教育品质卓越的文理学院，属于"小常春藤"名校。——译者

** Richard Rhodes，出生于 1937 年 7 月 4 日，美国著名历史学家和新闻记者，耶鲁大学校友。1988 年因《制造原子弹》（The Making of the Atom Bomb）而获得普利策奖。此外，他还出版了讲述氢弹史的《暗阳：制造氢弹》（Dark Sun：The Making of the Hydrogen Bomb）以及最新作品《能源：一部人类史》（Energy：A Human History，2018）等其他 25 本书。——译者

室友也是本科生学者项目的成员。

　　从《耶鲁每日新闻》当时各期的话题来看，波斯纳在大三和大四时已经获得了反传统斗士和激进主义者的名声。他的读者来信以及他发表在另一份叫作《标准》（Critirion）的学生文学杂志上的文章清楚地表明，与他的反传统和激进主义立场相匹配，他发展出了一种刻薄有力的文风和一种对论敌毫不留情予以抨击的毒舌趣味，伴以骄矜倨傲的姿态。他是一个叫作乔治·奥威尔论坛的六人小组的成员，这个小组参与了支持邀请苏联作家鲍利斯·帕斯捷尔纳克到耶鲁演讲的校园示威。除了参与校园示威，该小组还写了一封致编辑的信，抨击耶鲁学生在谴责出于政治动机而侵犯智识自由的事件方面不够积极主动。该小组在信中提出了"非报复不合作"（nonconformity without retaliation）原则，但从编辑部发表出来的那篇漫不经心、冷嘲热讽的回复来看，这个原则并未引起共鸣。① 他还是全国学生支持理性核政策委员会的成员和在《耶鲁每日新闻》上发表的一封整版公开信的 6 位学生签名者之一，这封公开信呼吁学生们加入阿尔伯特·施韦泽和埃莉诺·罗斯福等社会名流的行列，在一份请愿书上签名，呼吁即将召开的日内瓦会议上的各国代表们考虑缔结一份公约来终止核试验。

　　一份校园报纸上一篇披露政治科学系鼓噪乏味的教学的文章，促使波斯纳在大三时出手敲打了这份报纸和它的主编罗伯

---

① 　Yale Daily News, November 5, 1958, p. 2.

特·桑波（他后来成为《纽约时报》社论版编辑，当时也是一名大三学生）。桑波根据这篇关于政治科学系教育质量低下的报道写了一篇编者按，被波斯纳嘲笑为迈向"学术上更好的耶鲁"的檄文。波斯纳指出，问题并不在于政治科学系，虽然他本人也不禁想要追问政治科学是不是一个值得就读的有智识含量的本科专业，考虑到它是如此紧密地派生于历史，以至于"我们会好奇，一位经过两年学习已经具备了足够的历史学知识背景的平均水平的耶鲁本科生是否还能从这个专业中获益。"① 但是，如果按照桑波的建议，让政治科学课程变得更加生动有趣，不啻是在迎合智识上的庸常趣味。他指出，唯一重要的是政治科学专业的老师们具备学术能力并且撰写自己专业领域内的著作，因为在他看来"教育的关键在于书籍而不是课堂讲授。""但只要负责任的学者们写了书并讲了课，一位勤勉的学生就应当能够从中汲取丰富的教益。"② 桑波，一位对"训练有素的思维"无感的编辑，应该虚心求学而不是指手画脚。这是一项辛辣的指责。波斯纳称桑波好管闲事且不学无术，讽刺他的编者按"自我膨胀"、"傲慢无礼"且"好为人师"，且不说他那"含混不清的句法和矫揉造作的词汇（偶尔被夸张的新闻写作俗套所点亮，我不得不补充这一点）。"其结果就是一篇无聊的夸夸其谈。③

---

① Yale Daily News, March 3, 1958, p. 2.
② 同上。
③ 同上。

波斯纳自己也写过一篇关于耶鲁本身品性的 2000 字辛辣讽刺文，发表在学生文学刊物《标准》上，题目是"耶鲁，价值观的混淆"。他挑战了耶鲁的教学哲学，他认为这与处理校友关系的方式有关。校友们希望耶鲁继续成为他们的特权世界的镜像，这导致对他们的子女的更低录取标准、更容易消化的课程以及录取犹太人的限额。特权世界的明显体现就是兄弟会，尤其是耶鲁那些著名的秘密社团。学校变得越来越蠢，因为这才是校友们所认同的那种耶鲁，这些都使严肃认真的学生日子越来越难过，他们同时也是更聪明的学生。他写道："聪明学生时常感到被一大群平庸之辈的敌意所孤立，这些平庸之辈集中在上层社会的核心，同时他们也感受到了一味讨好校友的学校管理层的冷漠。"① 批评的目的在于分析耶鲁的教育理念，并让读者认识到这样的教育理念减损了耶鲁的教育质量，使它无法培养出国家最需要的受过专业训练的知识分子领军人物。

大三时，波斯纳成为入选本科生学者项目的 10 位学生之一。本科生学者在大四时不用修课，而必须撰写一篇至少 250页的达到发表质量的论文，这篇论文"的视野和质量必须能够配得起项目所赋予的自由，"此项目的成员必须在学年末通过一场口试。② 这个项目始于 1946 年，在选择能够成功应对大四时

---

① Richard Posner, "Yale, a Confusion of Values," 3 *Criterion* 14, 16 (1958).

② 关于这个项目的详情，可以参阅：Walter Goldfrank, "The Scholars of the House Program at Yale: Praise from the Faculty, Student Criticism," *Harvard Crimson*, November 22, 1958.

的完全自由所带来的挑战的学生方面颇为成功。到波斯纳进入这个项目的 1958–1959 学年，耶鲁总共已有 115 位本科生学者，其中只有 4 位未能满足项目要求。按照其格调甚高的传统，本年度的"学者"和指导老师在学年每两周的周三聚会一次，聚会是在晚上，先是酒会，然后是晚餐，接着是几位"学者"就其正在进行的研究所做的报告，之后是批评。

在柯林斯·布鲁克斯的指导下，波斯纳撰写了一篇长达 321 页的论文，题目是"叶芝晚年诗作：一项批判性研究"。柯林斯·布鲁克斯是美国文学批评界的领军人物之一，践行的是他自己参与创立并传播的新批判主义。这种方法强调文本本身的重要性，在理解文本的含义时淡化（如果不是避免）对作者传记信息的关注。就好像作者与他所写下的文本之间的关联已经断裂，因此作者对于文本并不享有其他读者所没有的独特洞见。这种方法将文学视为自足的、自我指涉的系统。它试图理解文学的美学品质。其目标在于揭示文本是如何被建构出来的，利用的是哪些材料，这些材料被这种方法的阐释者称为文本的形式属性，比如语气、讽刺、悖论、多义、复杂性，以及最重要的隐喻。作为新批评主义者，布鲁克斯尤其对隐喻、象征和悖论感兴趣。对这种方法的应用带来的是对一个文本的美学赏析。阅读文学作品不是为了它的伦理、道德或哲学价值。这些旨趣留给文献学或文学史去追求。它们都是外在于文本的旨趣，与内在于文本的形式属性无关。这种方法首先而且或许最著名的应用领域是 17 世纪英文诗歌，比如令马维尔和邓恩重新声誉鹊起，但也被应用到戏剧和小说领域。有人或许会指出，布鲁克斯新批判风格的最佳论文是"裸婴与男子气的披风"，收录于他的《精致的瓮》（1947），其中不仅阐释了《麦克白》中所有的服饰意象，还证明了这是整部剧的关键。

波斯纳的论文以威廉·巴特勒·叶芝的晚年诗作为研究对象。尽管叶芝是他所处时代最伟大的诗人之一，他的晚年诗作作为一个整体尚未被认真研究过。个别的诗作得到过讨论和赞美，但这些个别诗作所在的诗集还没有被当成书籍来加以研究，尤其是缺乏对这些晚期书籍作为一个集群的研究。波斯纳仔细阅读了单个的诗篇，但他把研究触角延伸进了收录这些晚年诗篇的书，并且把它们看成是一个相互关联的群体，这就是波斯纳对新批评主义方法的应用。研究叶芝晚年诗作不只是研究他最著名的那几首，比如"驶向拜占庭"和"长腿蚊"，虽然波斯纳也写过关于这些诗作的长篇解读。他有时候会跑到这种方法之外去，采用他后来所称的折衷式的新批评主义方法，借助传记、自传以及叶芝的其他散文作品来支持自己的主张，即他从叶芝的书中辨析出的相互关联性得到叶芝本人的默默支持。这就是波斯纳的切入角度，主张一种内在聚合性，构建和深化对非宗教玄思——即诗性想象——的探寻，所有这些都导向一种论点，即隐喻是诗性想象的核心。他最终主张，隐喻作为连接于想象的部分帮助诗人以及我们这些读者通过在主观与客观之间斡旋而生活于这个世界。隐喻成为一道大门，通向他所称的"客观世界的可理解性。"

本科生学者论文至少有两个原因值得重视。一个是它展示出波斯纳作为一个读者、写作者和研究者的深度。不仅是因为他对文本的精微解读通常十分微妙，富有想象力和原创性，而且因为他对一流文学评论家的批判性评论的处理也表明，他对这些文献的理解足够深刻，以至于读者完全有理由相信他是这些评论家的同道。另一个是，尽管波斯纳在论文中展现的解读和写作技巧已经足够令人叹服，最值得注意的还是他对新批评主义方法的把握和训练有素的应用。他在论文的导论部分写道，采用通常的方法来研究叶芝的诗作，"借助他的传记、书信和其他公开发表的意见，仅仅具有有限的价值。这或许会给我们提供线索；但它不会揭示出基本的范式。反之，如果评论者在研究叶芝诗作时首先着眼于文本本身，通过体察入微和坚持不懈地阅读文本，并且抱着发现形式与秩序、反复重现的范式与连续性的目的去考察相关的大量诗作，那么，我相信，他就比别人占据了更有利的位置去了解叶芝诗作中发生的事情。"

在给他们班的毕业25周年纪念特辑写的文章中，波斯纳将自己在哈佛法学院取得的优异成绩归功于在耶鲁的文学训练。他进一步将新批评主义的文本阐释方法同自己作为一位法官的工作联系起来，说这种方法"将一件文学作品作为一件或多或少具有自身完备性的手工制品来对待，而不是作为一种心理学、传记、历史或政治意义的展现或投射。这意味着文本精读的关键性，这种精读要求摒除对传记和历史——换句话说，也就是文学作品创造过程的社会背景——因素的依赖。而富有想象力的精读几乎就是法律推理的定义，因为我们法官总是致力于理解复杂的成文法和艰深的（无论这种艰深是来自夸夸其谈、含混不清、神秘莫测还是模棱两可）司法意见。"

波斯纳对叶芝和新批评主义的兴趣贯穿于他此后的整个职业生涯。他变成了一个叶芝粉。本科毕业 30 年后一位大学时代的朋友来信祝贺他的《法律与文学》出版，他在回信中写道，他仍然每年都会重读叶芝，而《法律与文学》这本书其实早在他在耶鲁读文学时就萌生了。他甚至重新翻出了一篇自己在大一时写的讨论《奥德赛》第三章中的假传说的文章。[1] 1994 年的一封信解释了自己本科阶段对叶芝的兴趣，以及后来如何变成一个习惯用经济学思维方式考虑问题的思想者，其中也提供了一些很有趣的线索。他写道，大三的暑假第一次出游到欧洲的时候，他已经知道自己将要写一篇关于叶芝的论文，但他从未想过要将爱尔兰纳入自己的旅行计划，去看看叶芝的诗中那些反复出现的地方。他说："我根本没想过要去爱尔兰。我的兴趣是那么非自然，我的好奇心是那么有限。回想当时的情形，我根本没想过，看看托尔巴利（Thor Ballylee）、利萨德尔（Lissadell）、本布尔本（Ben Bulben）、斯莱戈（Sligo）、高威（Galway）和库勒庄园等这些在叶芝诗作中反复出现，但对我来说毫无意义的神秘地名所表示的实际地方，或许能深化我对这些诗作的理解。"最后的结论似乎是脱口而出："我在当时一点儿也

---

[1]　Posner to Steven Umin, March 6, 1989.

不经验主义。"①

哈佛法学院和《哈佛法律评论》（1959-1962）

虽然曾经考虑过继续读英国文学专业的研究生，但波斯纳在大四时还是申请了法学院。他在给耶鲁1959届毕业班50周年重聚纪念册写的文章里提道："我选择了哈佛法学院而不是耶鲁法学院，是因为每个人都说哈佛更具挑战性，而我不想在挑战面前退缩"，这显然不是一个很好的说辞。在2012年的一次访谈中，他又补充了一点儿内容："我只申请了耶鲁和哈佛两所法学院，并且收到了两份录取通知书。我参加了耶鲁的面试，但哈佛看起来更有挑战性。耶鲁似乎过于放松对学生的要求了。在我看来我应当去哈佛，去那个更难过关的地方，而不是去一个更让人放松的地方。"②

波斯纳上过许多著名教授的课，比如亨利·哈特（Henry Hart）的《联邦法院》、阿尔伯特·萨克斯（Albert Sacks）的《法律程序》（多年以后他在一次通信中说这门课毫无意义）以及奥斯汀·斯科特（Austin Scott）的《信托法》。但只有少数几个是好老师。最好的课程几乎都在第一学年。巴顿·利奇

---

① Posner to Martha Nussbaum, June 17, 1994.

② 除非另有注明，本节中关于波斯纳在哈佛法学院就读阶段的信息来自我对波斯纳的访谈、我与他的十几位法学院同学的面谈和邮件往来、对哈佛法学院教师的访谈，以及访谈期间波斯纳向我展示的纪念册。

（Barton Leach）的《财产法》和约翰·道森（John Dawson）的《合同法》就是两个例子。对大多数人来说，道森的课太有挑战性而且太伤害人的自信心了。一个当时的同学说道，同学们把这门中午12点开始的课程称为"正午的黑暗"，借用的是亚瑟·库斯勒（Arthur Koestler）的小说名字。这则轶闻继续道，直到二月或三月，理解的阳光才照射进来。

任课教师们采用苏格拉底式教学法，但不是像今天这种用法，而是更加残忍。冷不丁点名回答问题是当时的常态。或许因为自己能够很好应对，波斯纳成为这种方法的热切鼓吹者。在《法官反思录》中，波斯纳写道，他喜欢自己在哈佛法学院度过的第一年，"包括它全部的残酷性。"[1] 一年级的老师们"非常棒，虽然也很冷酷、严厉，有时还会恶作剧。"[2] 他写道，经过一年的法学院训练，自己"有了一种奇怪的感觉，觉得比一年以前更聪明了。"[3] 在一次访谈他作出了进一步的解释。他说，耶鲁的学习氛围比较放松，那里没有采用任何一种真正的方法。相反，哈佛给了他一生最重要的受教育经历。"这是一种真正的苏格拉底式教学法，他们真的会把球藏起来。他们一开始就告诉我们不要看二手的东西；这些东西不会给你带来任何好处。教学用的案例汇编里很少插播二手评论；间或有一点点，

---

[1] Richard Posner, R *eflections on Judging* （Cambridge：Harvard University Press，2013），p. 20.

[2] 同上。

[3] 同上。

但主要内容只是案例，而教授们不会给你任何答案。他们只会不时点一个学生的名字，然后问与一个案例相关的问题。这个学生回答完这些问题，然后另一个学生又会被点名。"作为苏格拉底式教学法的忠实拥护者，他反驳了一位刚去斯坦福学习过并且对那里的苏格拉底式教学法印象深刻的通信者："苏格拉底式教学法已经死了——在斯坦福比在其他地方死得更彻底。"他在回信中写道："不要相信任何不同意我这个说法的人。苏格拉底式的法学院教学方法必然包括随机点名提问（cold calling），对学生狠狠追问，不告诉他们答案——为了这种事情，苏格拉底不是还被执行死刑了吗？我相信斯坦福没有哪个老师会叫没有举手的学生起来回答问题。许多新派（nouveau-style）法学教授根本不具备使用苏格拉底式教学法的能力。"① 接着，在这段话的结尾处，波斯纳又回到哈佛和他在那里的经历。他写道："这是法学对教育的唯一贡献。我在它的巅峰时代经历过它的洗礼。"②

　　从耶鲁学院过渡到哈佛法学院，波斯纳作为学生的态度并没有改变。正如他自己所说的，一方面，他"非常专注于学习——就像老师的宠物，非常非常在意成绩。"但另一方面也非常叛逆。但是，虽然耶鲁的教授们不曾被波斯纳的叛逆行为所惹恼，但是，"在哈佛他们对此非常敏感。哈佛的教授们对此很

① Posner to Martha Nussbaum, January 21, 1993.

② 同上。

不开心，虽然并不都这样。"德里克·伯克（Derek Bok）在提
到自己仍然记得波斯纳在他的课堂上坐在什么位置之后，说他
对波斯纳留有美好的记忆，那是一个"自负的年轻人"。但还有
一些教授则被他们眼中看到的无礼给触怒了。当他后来在副总
检察长办公室为欧文·格里斯沃德（Erwin Griswold）工作的时
候，格里斯沃德向他抱怨说他在哈佛上税法课时表现得非常倨
傲无礼。波斯纳回忆说，是的，有时还冷笑。他承认自己的确
是倨傲无礼，还解释说之所以会这样是因为格里斯沃德是个很
糟糕的老师，而自己对他既无恶意也不敌视。

　　波斯纳至少给几位同学留下了深刻的印象。哈佛法学院的
该届学生分成 4 个班，每班 140 人，南茜·艾斯涵·雅克布奇是
他的同班同学，她回忆道：波斯纳一开始就显得出类拔萃："经
过几个星期的老师提问和学生作答，我们便很清楚地看到，我
们班上至少有一位非常聪明的同学。与我们中的许多人不一样，
迪克从不羞于主动回答问题，而且他总是应答巧妙，常常给出
令人记忆深刻的答案。在令人心惊胆战的法学院一年级，他的
一个比喻令我记忆深刻：他将一个当事人承受的长期持续的
（好像是基于合同的）义务比作'缠绕在他脖子上的信天翁
（albatross）'——这是一个与众不同的生动用语，可能和他在
耶鲁读的英文专业有关。"她补充道："我们都知道，当他发言
的时候，我们应该仔细倾听并记笔记。"另一位同班同学桑迪·
维纳讲述了类似的故事并增添了一点儿戏剧效应。当波斯纳被
点名回答问题的时候，教室里的每一个人都安静下来。他解释

说："他的发言具有书面文章的品质，具备完整的段落结构。"
联邦第二巡回上诉法院法官皮埃尔·勒瓦尔比波斯纳低一个年
级，也是《哈佛法律评论》编委会成员。他跟波斯纳一起上过
课，在 2005 年的一篇向波斯纳致敬的文章中，他用一整段值得
引用的文字描述了波斯纳课堂发言的景况："当迪克在课堂上发
言的时候，所有含糊不清、令人困惑的东西都瞬间变得清晰起
来。令人惊叹的是，只要迪克一举手发言，整个教室的学生，
其中很多本来在打瞌睡，都迅速翻开他们的笔记本，提笔凝神，
准备记下他说的每一句话。哈佛法学院的教授们那个时候普遍
自视甚高。看着一位原本自鸣得意的教授在迪克举手发言时无
法隐藏自己的惊慌，这是一件奇妙的事情。因何惊慌？一位习
惯于被人尊重的教授听到本院最优秀的一位学生用他特有的温
和流畅的声调说：'我很难理解有人会合理地持有这种观点'，
然后看到整个教室的学生认真记下他对自己的解释论证所做的
有条不紊的驳斥，难免会十分懊恼。"① 西奥多尔·柯林斯同学
回忆起类似的事情，他提到道森教授在四月或五月在他的《合
同法》课堂上如此进行阶段小结："作为总结，我只想重复一下
波斯纳先生二月说过的话。"柯林斯在一年级的《侵权法》课上
坐在波斯纳的旁边，讲台左侧的第二排。他回忆道："这是一个
极好的座位，因为波斯纳总是举手回答任何正在讨论的问题。

---

① Pierre N. Leval, Tribute to Judge Richard A. Posner, 61 *New York University Annual Survey of American Law* 9（2005）.

结果是，如果我稍微往后靠一下，我就永远不会被点名，因为教授完全看不到我。"

波斯纳在第一年刚开始的时候并不知道如何应对第二学期末将会到来的考试。但他的确知道同样来自耶鲁的两位比他高一年级的学长的考试情况。未来的联邦上诉法院法官理查德·阿诺德在第一学年结束时名列全年级第一。但他拥有波斯纳认为自己并不拥有的灵活大脑。第二位学长，罗伯特·睿夫坎德，在波斯纳看来也是绝顶聪明，但他在第一学年结束时未能进入全年级的前 25 名，因此痛失了进入《哈佛法律评论》编委团队的机会。

最先到来的成绩不符合波斯纳的希望或预期。道森教授的《合同法》课程在期终考试之前安排了一次模拟考试，波斯纳得了个 B。这促使他赶紧设法改进。认识到自己考试技艺生疏，因为耶鲁更偏爱课堂讨论和论文，他开始每晚去图书馆做所有能找到的往年考试题。他做完了所有这些考试题，不仅是合同法的，还有第一年所学的其他课程的。他相信，这使他获得了相较于其他同学的巨大优势。其次，平时积极参加课堂讨论所打下的基础、对全年学过的判例的熟悉以及遵循老师建议准备的复习纲要和组建的学习小组都为他准备年终考试创造了条件。他是一个四人学习小组的成员。

这些努力最终都获得了回报。在第一年结束时，波斯纳获得了希尔斯奖，这是一年级第一名的学生专享的奖项。1960 年的时候，该奖项的奖励金额是 500 美元，而当时一年的学费仅为 1250 美元。他第一年的平均分是 81。得 A 所需要的分数是 75 分。更重要的是，排名第一使他向实现自己的抱负迈进了一步。正如他在一次访谈中所说的那样，他"非常想成为《哈佛法律评论》的主编。"

《哈佛法律评论》编委的遴选乃是基于由班级排名来衡量的学术表现。排名第一使波斯纳有资格进入编辑团队，其成员必须是第一学年结束时年级排名前 25 名的学生。他们与上一年级选出的编辑一起工作。有些三年级的学生成为编委会成员，其余的都是编辑部工作人员。所有的二年级学生都是工作人员。编委会以主编为首，其人选由即将离任的编委会确定。

编辑部的二年级工作人员的第一项任务是做研究并写出一篇初步评注。波斯纳作为二年级工作人员时的法律评论主编詹姆斯·斯普林哲解释道："我们有一套编写我们所说的初步评注（prelims）的程序，首先由某位编辑部成员对评注（note）编辑们想到的值得研究的主题进行一番初步调查，然后安排一位二年级的编辑部成员就指定的某一主题进行研究并撰写一篇初步评注。"波斯纳分到的主题是"太空法"。斯普林哲解释说："在 1961 年，这可是个没多少人涉足的奇异领域，而他只有两周左右的时间去做研究。通常情况下，接受任务的人会交上一份 5 到 10 页的材料，说说他们自己的想法。而迪克却显然读完了该领域所有的文献，交来一篇 30 到 40 页的报告，差不多是关于当时太空法发展现状的一部教科书了。我记得我们所有人都表示惊叹。我是说，就我们所知，此前还没有任何人做过这样的事情。"

最终定稿的评注也导致了类似的回应。汤姆·法雷尔是当时的评注编辑之一，他回忆道："那是一件令人惊叹的作品。它让编辑无事可做。一般来说编辑一篇文章需要花好几个星期，每天花 6 个、7 个或 8 个小时，直到我们做出了第二稿，有时还有第三稿。就波斯纳而言，他的第一稿看起来就像是别人的最终稿，编辑不需要做进一步的加工。"评注编辑伯纳德·纳斯鲍姆 40 年后成了克林顿总统的白宫法律顾问，他当时是波斯纳所写评注的责任编辑，他回忆说当时召开过直到深夜和凌晨的编务会议，在几乎每一个争议点上，最后获胜的都是波斯纳。他开玩笑地说，波斯纳是通过让他不胜其烦来逼他就范。另一位当时的编委会成员评论道，这篇评注最有意思的一点是，波斯纳似乎不费吹灰之力就写完了它。汤姆·法雷尔认为："这是因为波斯纳那时已经是一位训练有素的职业法律人了。"

不过，波斯纳要想成为法律评论的编委会主席还是困难重重。原因之一是波斯纳有一次犯了一个引证查实上的错误，这个错误被法律评论的财务主管（又称编辑主任）彼得·埃德尔曼抓住不放。近 50 年之后，波斯纳在一篇文章里回忆道："他对我的批评十分严苛。我担心他的批评会使我完全失去担任编委会主席的机会，虽然这种担心后来被证明是不必要的。"① 其

---

① Richard Posner, "The Bluebook Blues," 120 *Yale Law Journal* 850, 858 fn. 9 (2011).

二是编委会的一位二年级成员向当时的编委会主席告状，说自己看见波斯纳在哈佛广场从一个水果摊上拿了一个苹果而没有给钱。这位编辑部同仁采取了一种道德主义的立场，主张这件事理应使波斯纳被排除出主席人选的考虑范围。波斯纳马上就否认了这一指控，而且，没有人佐证该指控，所以这事儿也就不了了之了。

作为主管遴选程序的时任法律评论主编，斯普林格认为根本不存在竞争，波斯纳比其他人强太多了。波斯纳远比其他人聪明，这使得由他担任主编几乎成了当然的事情。判例编辑杰克·列文（Jack Levin）同意"强太多了"这个评价并补充道：波斯纳"极富才干，非常聪明，文笔极佳，并且有很宽的知识面。他显而易见是个鹤立鸡群的家伙，我们选他担任法律评论主编，正是因为他是这样一个鹤立鸡群的家伙"。努斯鲍姆认为波斯纳是一个知识上的巨人，但指出他的人格有些不同寻常。编委会的其他成员也提到过波斯纳人格的某些特质。斯普林格说波斯纳知道自己很聪明。"因为找不到更好的形容词，我不得不说他有点儿骄傲"。法雷尔认为波斯纳"是暖男的反面。他是一个冷冰冰的家伙"。在法雷尔看来，波斯纳很高冷，"与大家保持距离，不是那种很容易与活生生的人打成一片的人。跟他一起就像面对着电脑一样。想想你的 GPS 语音吧，它会指引你从一个地方到另一个地方。这就是我眼中的理查德。"

那些在波斯纳担任主编期间与他联系密切的人显然都对他颇有好感。斯普林格与法律评论当时的秘书珍妮·莱特一直是朋友，据他说，多年以来她常常说起"跟他一起工作是一件很美好的事情。她在个人层面上非常喜欢迪克"。罗伯特·格尔曼是评论的财务主管，他在评论的办公场所甘尼特楼（Gannett House）有一间办公室，紧挨着波斯纳的办公室。他说波斯纳"很文静，不外向，但是温和而友善""在担任法律评论的编辑部成员的那一年里，我们每天都在相邻的办公室里一起工作。他很安静、淡定，有温和的幽默感，从不炫耀自己是一屋子人中最聪明的那个。评论上发表的任何东西他都会过目。我们十几人组成的编辑团队都很兢兢业业，也都很聪明，但我相信理查德是毫无争议的领袖。"最新进展栏目的编辑迈克尔·霍恩说自己与波斯纳相处融洽。毕业 3 年后波斯纳参加了他的婚礼。就工作本身而言，他说波斯纳在编务上一丝不苟，参与编辑了发表在评论上的每一篇文字。对于讨论最高法院判例最新进展的评注而言，编辑工作涉及"大量的重写"，霍恩记得波斯纳是在一台老式电动打字机上重写。他说，波斯纳"想让评论更有可读性，他把这种要求贯彻到他做最后编辑的所有文字上面"。

法律评论编辑部的其他人对波斯纳有不同的评价。有一位编辑部职员回忆说，波斯纳是个"非常不寻常的家伙"。他在处理人际关系时不带个人感情色彩而不是很容易亲近，虽然他把主编这份工作做得"非常非常好"。而且"他非常公事公办，做事情有条不紊。"为了给自己对波斯纳个性的描述提供一个语境，这位职员解释道，虽然波斯纳很难相处，同样的描述也适用于评论编委会的其他成员："他们都是非常聪明的家伙，而且非常野心勃勃，精力充沛。"

波斯纳做主编的这一年是大事不断的一年。发生了好几件没能妥善处理的事情。在这几件事中看到这一点并不需要后见之明。第一件事是波斯纳推翻了书评编辑的意见，不同意发表书评编辑约稿的一篇正面评价的书评，这篇书评是查尔斯·麦考密克写的，评论的是哈佛法学院教授詹姆斯·麦克诺顿编辑的《威格莫尔论普通法审判中的证据》。波斯纳更喜欢弗里德里克·贝尔奈斯·维纳（Frederick Bernays Wiener）投来的一篇对同一本书的书评。维纳是一位夸张而古怪的上诉审律师，他长期在政府部门工作，刚刚以上校军衔退伍。这篇书评对麦克诺顿的修订版提出了尖锐的批评。最终达成的妥协是两篇书评都予以发表，维纳的放在前面，麦考密克的放在后面。波斯纳发表维纳书评的决定带来了余波，因为在很多人看来发表一篇对本院教授如此批判的书评是失礼的表现。同时波斯纳发表这篇书评的决定也在编委会内部印发了矛盾。他被认为插手过度，通过干预而侮辱了书评编辑。在 2012 年的一次访谈中，他提到这一事件，并承认在处理与书评编辑的分歧时做得不太得体。

《哈佛法律评论》时值创刊 75 周年，哈佛法学院决定把这一年的年度宴会办得比往年更风光一些。很多名流收到邀请，包括菲利克斯·法兰克福特（Felix Frankfurter）大法官。哈佛法学院的保罗·弗洛恩德（Paul Freund）教授希望法拉克福特在宴会上致辞，但是，按照弗洛恩德的说法，法兰克福特不想被看成是宴会上的主角，所以弗洛恩德想了个办法来解决这个问题。他让自己成为庆典活动的主持人，并打算邀请其他几位演讲者和法拉克福特一起致辞。这些演讲者应当能够代表《法律评论》的不同时代。波斯纳也在受邀的演讲者之列，此外还有荣休教授埃德蒙·M·摩根（Edmund M. Morgan）、艾略特·理查德森（Elliot Richardson）、法学院院长欧文·格里斯沃尔德以及几年前曾在《评论》做事的韦恩·巴内特（Wayne Barnett）。不幸的是，法兰克福特因病无法出席。波斯纳建议弗洛恩德邀请维纳来致辞。他记得自己对弗洛恩德说："维纳上校怎么样？他似乎是个很有意思的人"。这一描述对维纳并不贴切，而且未能准确预测宴会上将会发生的事情。弗洛恩德的确邀请了维纳，并且单挑阿尔杰·希斯。对希斯这位曾经的《评论》编辑这样做被认为是很不礼貌的行为，虽然他被认为是叛徒。波斯纳在法律评论上开了个自己的专栏，这是以前的主编都没干过的事情，在此过程中惹恼了摩根教授。根据波斯纳在2012年的访谈中的回忆，摩根借着在宴会上致辞的时机教训了波斯纳，说这个专栏体现着他所说的劣质写作。可以这么说，波斯纳在这个重要的舞台上出洋相了。在2012年访谈中，波斯纳痛苦地说，建议邀请维纳并非出于任何恶意。但是，考虑到此前对麦克诺顿修订版的尖刻书评，包括格里斯沃尔德院长在内的参会者可能已经把账算到他头上，这是不难想象的。

　　作为哈佛法学院院长，欧文·格里斯沃尔德对法律评论有着特殊的兴趣。当他还是哈佛法学院学生的时候，他也担任过法律评论的编委，而且在构思和执行引用规范蓝皮书的过程中

发挥了关键作用，蓝皮书在随后的数十年为《哈佛法律评论》
赢得了巨大的声誉。作为一种传统，法律评论的主编会亲手把
最新的一期评论交到格里斯沃尔德手里，以这种方式来表明评
论的出版没有超过预定的期限。评论的出版从未逾期，这让格
里斯沃尔德感到自豪。格里斯沃尔德是一个古怪且难以相处的
人，这在一定程度上导致了波斯纳与他之间的不愉快，但波斯
纳本人显然也为恶化这种紧张关系做了贡献，比如说在上格里
斯沃尔德的税法课时表现出了不尊重。

　　使问题变得更加复杂的是格里斯沃尔德讨厌喝酒、社交之
类的事情。一位长期任教于哈佛法学院的教授回忆道，有些老
师在应邀去格里斯沃尔德家参加聚会之前会先到一个酒吧或酒
行提前喝个够。对喝酒的厌恶之所以会导致格里斯沃尔德与波
斯纳之间关系紧张，是因为波斯纳当主编后的创新之一就是每
周五下午举办编辑部成员参加的鸡尾酒会。编辑部的有些人认
为格里斯沃尔德之所以生气，是因为法律评论的经费花在买饮
料上面，但真相藏在更深处。格里斯沃尔德显然认为编辑部成
员打劫了给教授们储备零食的冰箱。他向一个委员会表达了自
己的抱怨，这个委员会偶尔开会讨论以法律评论的名义进行的
金融投资。作为现任主编，波斯纳照例参加这个委员会的会议，
他回想起格里斯沃尔德将偷窃零食这一严重问题告诉了委员会。
在这个看起来像奇格舰长和他的草莓的故事场合，波斯纳试图
保持应景的严肃脸，但他没能做到。他当时的表情可能让格里
斯沃尔德想起了税法课上的嘲讽。

波斯纳在法律评论的问题，尤其是他与格里斯沃尔德的不和，或许影响了他未来的职业。许多受访者都提到过这件怪事：波斯纳最终没有在哈佛任教，甚至从未接到过哈佛的任教邀约。这过去是、现在也是哈佛从别的法学院吸引甚至挖走学术之星的惯用手法。但这招没对波斯纳使用过。哈佛法学院教授唐纳德·特纳（Donald Turner）从学生时代开始就是波斯纳的朋友，他给了波斯纳一个内部人士的解释：波斯纳与哈佛法学院不搭。特纳告诉波斯纳，他曾经跟其他人谈起过哈佛为何从未向享有极高学术声誉的波斯纳伸出橄榄枝的问题，用他的话说，大家都觉得主要是因为"个人因素"。他说波斯纳曾经得罪过哈佛法学院的教授。波斯纳在1979年曾经收到过、并且拒绝了哈佛法学院的一次邀请，但那是一个一学期的访问教授岗位。

格里斯沃尔德可能有意跟波斯纳作对，这在格里斯沃尔德采取的另一次阻碍他职业发展的行动中得到证实，那是在斯坦福大学法学院考虑聘请波斯纳从1968-1969学年开始到该院任教的时候，格里斯沃尔德写信给斯坦福，劝其不要聘用波斯纳。[1] 到1990年，格里斯沃尔德对波斯纳的态度发生了明显转变，他写信给波斯纳称赞他发表的一篇关于罗伯特·博克（Robert Bork）的文章。[2] 在结尾处他问波斯纳如何有时间和精

---

[1]　这则信息来自3位参与招聘过程的斯坦福老师的访谈。

[2]　Richard Posner, "Bork and Beethoven," 42 *Stanford Law Review* 1365 (1990).

力写那么多东西，并且说："我只能说我是你的忠实读者和崇拜者"。①

　　波斯纳于 1962 年以全年级第一名的成绩从哈佛法学院毕业。他在那里的经历与此后发生的许多事情息息相关。其中包括被哈佛封杀这样的负面关联。但其中当然也包含曾经担任《哈佛法律评论》主编并以年级第一的成绩毕业这样的光辉履历必然带来的好结果，比如被替威廉·布伦南大法官物色助理的弗洛恩德教授询问是否愿意给这位大法官当助理。在他的整个职业生涯中，部分因为他在哈佛法学院的成绩，许多大门纷纷为他打开。这些都不足为奇，但还不止这些。波斯纳关于太空法的评注使他的第一篇署名学术作品得以发表在 1964 年的《哈佛法律评论》上，那是一篇书评。② 他依靠自己二年级的时候做过引注查证的一篇文章，即德里克·伯克发表在《哈佛法律评论》上的论银行兼并的论文，草拟了一份涉及同一主题的重要判决意见书，这是他担任布伦南大法官的助理时的事情。③ 他在法律评论的工作还导致他后来批判蓝皮书那种吹毛求疵的敏感性，并且致力于提出一种体现在褐皮书（Maroon Book）当中的不那么难懂的新注释系统，那是在他任教于芝加哥大学法学院

---

① Erwin Griswold to Posner, October 17, 1990.
② Richard Posner, review of Myres McDougal et al., Law and Public Order in Space, 77 *Harvard Law Review* 1370 (1964).
③ *United States v. Philadelphia National Bank*, 374 U. S. 321, 83 S. Ct. 1715 (1963).

的时候。总体而言，他的法律评论经历还导致他在 1995 年、2004 年、2006 年和 2009 年写了一系列文章来抨击学生编辑的法律评论本身的性质。① 他对唐纳德·特纳关于反托拉斯法的文章的熟悉促生了他的第一篇在法律评论上发表的论文*，在其中，他通过针锋相对地驳斥特纳对卖方寡头垄断（oligopolies）的分析而展开了对反托拉斯法的哈佛学派的系统攻击。② 吊诡的是，这篇文章也成就了波斯纳和特纳的友谊以及对经济分析的兴趣。

就读于哈佛法学院的经历还以另一种方式影响了波斯纳的未来。他在哈佛遇到了未来的妻子夏琳。夏琳毕业于拉德克利夫学院**，但后来又回到麻省剑桥，并和法学院二年级的波斯纳住在同一幢宿舍楼。波斯纳半开玩笑地说，遇见夏琳并和她

---

① Richard Posner, "The Future of the Student-Edited Law Review," 47 *Stanford Law Review* 1131 (1995); Richard Posner, "Against the Law Reviews," Legal Affairs, November - December 2004, p. 57; Richard Posner, "Law Reviews," 46 *Washburn Law Journal* 155 (2006); "The Peer Review Experiment," 60 *South Carolina Law Review* 821 (2009).

② Richard Posner, "Oligopoly and the Antitrust Laws: A Suggested Approach," 21 *Stanford Law Review* 1562 (1969).

* 美国法学院学生编辑的法律评论上对文章类型有明确界分，一般分为论文（article）、散论（essay）、书评（book review）和评注（notes）。波斯纳关于空间法的评注是他在法律评论上发表的第一篇文章，但这种文章是由学生编辑撰写的不署名的综述。他 1964 年在《哈佛法律评论》上发表的第一篇署名文章是一篇书评。这里说的论文（article），是波斯纳发表的第一篇严格意义上的论文。

** Radcliffe College，曾是位于马萨诸塞州剑桥的一所女子文理学院，创办于 1879 年，是美国的"七姐妹学院"之一。早先，它的毕业生多以嫁给哈佛毕业生为人生归宿。1977 年，该校与哈佛大学签署了合并协议。1999 年全面整合进哈佛大学，变成了拉德克利夫高等研究院。

共度美好时光导致他的成绩从一年级的全年级第一名跌落到二年级的第四名。他努力找回失去的平衡，在三年级重新回到全年级第一名的位置。他以 79.9 分的平均分毕业，离获得最优异成绩（summa cum laude）荣誉只差 0.1 分，因此获得了优异成绩（magna cum laude）荣誉。由于在三年级找到了学业、法律评论和个人生活之间的更好的平衡，波斯纳还利用他剩余的自由时间在哈佛本科学院讲授一年级作文课。

他的宿舍非常方便地位于法律评论的办公室所在的甘尼特楼对面的街上。朋友们回忆起到他宿舍去吃饭以及至少一次在某个特殊时刻去看电视的情形。罗伯特·格尔曼（Robert Gorman）想起曾经到他的宿舍去看 1960 年的尼克松-肯尼迪辩论。其他人回想起曾经去过他宿舍并且被他几乎完全不会做家务震惊到了。一位同学回忆起自己打开波斯纳的冰箱，只找到一个柠檬。南希·埃斯罕·雅克布奇（Nancy Eastham Iacobucci）是编辑部唯一的女性，她说波斯纳养了两只暹罗猫，而它们明显不是那种让人想抱抱的类型。

布伦南大法官的助理（1962-1963）

波斯纳在 1962 年 10 月开始的司法年度*担任最高法院布伦

---

* 美国最高法院的每个年度（term）从 10 月初正式开始，到第二年的 6 月底结束。每个年度都简称为 OT（October Term）。比如说现在所处的年度叫作 OT19，意思是 2019 年 10 月开始的年度。下一个年度叫作 OT20。

南大法官的助理，助理的任期从一年的暑期到下一年的暑期。
布伦南大法官不是沃伦法院的智识领袖或其他方面的领袖，但
用波斯纳的话来说，他的办公室是"革命的驾驶舱"。①

与当时其他许多大法官一样，布伦南大法官在1962年开始
的年度聘用了两位助理。现在的每位大法官每年雇佣4名助理。
跟波斯纳同时担任布伦南大法官助理的是罗伯特·奥尼尔
（Robert O' Neil），他后来成了法学教授，还担任过弗吉尼亚大
学的校长。他于1961年毕业于哈佛法学院，比波斯纳大几岁。
这两位助理通常每周工作6天，忙碌的时节偶尔也会在星期天
加班。波斯纳把法官助理工作形容为朝九晚五的工作，并说这
是他干过的最轻松的工作。这种工作安排使他享有大量的空闲
时间，他打发这些时间的方式是阅读文学作品，尤其是小说。
他在耶鲁读英文专业的时候侧重方向是诗歌和戏剧，这是新批
判学派的最爱。现在他阅读的主要是英美经典小说，从狄更斯
到福克纳。按照波斯纳的说法，布伦南是值得拥有的好老板。
"他非常和蔼，是一位真正的好人，一位好老板。"布伦南鼓励
波斯纳在感恩节和圣诞节假期外出旅游，当波斯纳有一天到办
公室迟到并解释说自己刚刚结婚的时候，布伦南让他休假一周
去度蜜月。从布伦南与波斯纳之间的通信可以看出他们之间有
真挚的感情。当布伦南在1990年宣布退休的时候，波斯纳写

① 除非另有注明，本节中关于波斯纳在最高法院当大法官助理这段生涯的
信息，来自我对波斯纳、同期担任布伦南大法官助理的罗伯特·奥尼尔，以及
同期（1962年度）担任其他大法官助理的其他几位法律人所做的访谈。

道："这个休息的机会是您应得的；自从您获得任命以来，没有哪位大法官比您在工作上更加优秀、产生了更大的影响、或具有更善良的坚韧。随着您的退休，您加入了一个由法律史和美国史上的伟大人物组成的万神殿".[1] 布伦南回信说波斯纳在这个特殊时刻的来信意味着某种对他而言非常特别的东西。[2]

这两位助理一开始以非常随意的方式来分配他们之间的工作任务，但某种固定的方式很快浮现出来。例如，奥尼尔倾向于处理与第一修正案相关的案子，而波斯纳的领域是刑事诉讼和人身保护令。他们只平分调卷令申请（petitions for certiorari）方面的工作，调卷令申请就是请求最高法院复核案件的申请。所有未支付案件受理费的申请（也就是那些由没有钱来支付受理费的当事人提出的申请）都由首席大法官沃伦来处理，他比别的大法官多一名助理，而其余的大法官处理已支付受理费的申请。调卷令申请方面的工作平均耗费每周当中的一天。其余的时间用来草拟布伦南大法官负责撰写的判决意见书。在 1962 年度，布伦南大法官贡献了 13 份多数意见书。他不喜欢写同判意见书（也就是同意多数派的判决但出于不同于多数派意见的理由），只有当他认为传阅的多数派意见看起来未能达到他心目中的合格标准时才会这么做。布伦南仅仅表达了 5 次异议，这是他深感自豪的事实。当大法官们协商判决意见书中的措辞或

---

① Posner to William Brennan, July 24, 1990.

② William Brennan to Posner, August 6, 1990.

试图改变某位大法官的投票时，助理们还要准备法官间转发的备忘录。此外，助理们还要为布伦南撰写演讲稿。

两位助理认为自己不宜给布伦南的决定提供建议。波斯纳的政治立场在那个时候是自由派，大体上与布伦南的立场一致。正如他在 1990 年发表在《哈佛法律评论》上的向布伦南致敬的文章中所写的那样，他"在 1960 年代早期的时候是政治上自由派，因此充满热情甚至带着喜悦地协助布伦南大法官"。在后来的谈到布伦南的文章中，波斯纳说自己的政治立场在结束法官助理生涯后几年里发生了重大转变，但这一向右转（有时甚至转到极右）并没有妨碍他与布伦南之间的友谊。不过，他们的观点那时大体上一致这一事实并不是波斯纳不试图影响他的大法官的原因。首要规则是为布伦南大法官的工作提供便利。根据波斯纳本人的描述，他做"布伦南大法官想做的任何事情。我想我是在为他工作"。他补充道，为不同大法官工作的助理们也没有按照意识形态来站队。大法官助理中没有政治阴谋小团伙。他们会跟其他助理聊天，有些助理比其他助理更友善。道格拉斯大法官与其他大法官不同，他每年只聘用一名助理，他的助理一般来说对别的大法官的助理不是特别友善。那位助理告诉我，这体现了道格拉斯大法官本人的敏感性。

与此同时，一旦一个案件被分派给一位大法官去写多数派意见，助理们在表述意见上就有了相当大的自由度。布伦南把法学上的精细活都留给他们去做，虽然他也会研读助理们写出的判决意见书草稿并且可以就其中的细微之处与他的同事们进行讨论。他很少在助理们提交的草稿上进行改动，当然部分原因是助理们有意识地尝试用他喜欢的语言来写挂着他名号的判决意见书。助理们变成了肆无忌惮的布伦南模仿者，经常使用布伦南最喜欢的词或词组，比如"清楚明白地"（plainly）或"清楚的"（plain）。

波斯纳的确曾经劝说布伦南在一个案子中作出某一特定的选择，但其结果是偶然的，不是故意的。有一次，布伦南刚刚出席会议回来，就被首席大法官沃伦指定撰写桑德斯诉美国（*Sanders v. United States*）一案的多数派意见，这个意见的结论是支持下级法院的判决，不赋予申请联邦人身保护令的申诉方以听证机会。① 布伦南让波斯纳来撰写这份意见，但波斯纳误解了布伦南的指令，把多数派意见写成了驳回下级法院的判决，发回重审，并在重审中给予申诉者他所要的听证。布伦南通读完这份意见后被完全说服了，从而改变了自己的立场。他传阅了这份意见，然后发现其他大法官也同样被说服，想要改变他们的投票。原本支持下级法院判决的多数派意见，现在变成了驳回下级法院判决的 7 比 2 多数意见。

布伦南的两位助理起草自己负责的意见书的方式迥然不同。奥尼尔会数易其稿。与此相反，波斯纳会把第一稿写得尽可能无须修改。波斯纳承认自己只写一稿，并补充说自己可能不够负责。之所以会采取这种方式，是因为布伦南的秘书（后来成

---

① 　373 U. S. 1, 83 S. Ct. 1068（1963）.

为了他的妻子）不喜欢为两位助理打字。奥尼尔的适应方式是自己打好几稿，而波斯纳的态度是：既然秘书不喜欢打好几稿，那就请她只打一稿。

波斯纳撰写了 1962 年度最重要的几份判决意见书，其中最值得注意的是费依诉诺亚（Fay v. Noia），[①] 一个人身保护令案子，最高法院判定一名囚犯不具备必要的智力和理解力来放弃上诉权；全国有色人种促进会诉巴顿（NAACP v. Button），[②] 判定全国有色人种促进会及其分支机构的活动属于第一和第十四修正案保护的言论形式；以及美国诉费城国民银行（United States v. Philadelphia National Bank），[③] 判定一项拟议中的兼并违反了《克莱顿法》并且应当被禁止。他很懊恼地事后得知，布伦南大法官在认可了他为全国有色人种促进会诉巴顿案撰写的意见之后，应布莱克大法官的请求删除了其中的一大块内容，扰乱了行文的流畅性，而没有及早告诉他，让他没有机会来补救。

两位助理都同样得到布伦南大法官的喜爱。每天的一个固定仪式是三个人在布伦南的办公室碰面讨论一天的工作。布伦南的办公套间是一个忙碌的地方，的确像一场革命的驾驶舱。布伦南是沃伦法院带来的急剧变迁中的共识塑造者，他用一套笼络人心的人际沟通技巧来团结其他自由派倾向的法官，从而

---

① 372 U. S. 391, 83 S. Ct. 822（1963）.

② 371 U. S. 415, 83 S. Ct. 328（1963）.

③ 374 U. S. 321, 83 S. Ct. 1715（1963）.

改变最高法院的走向。首席大法官沃伦经常到布伦南大法官的办公室串门儿，此外还有汤姆·克拉克大法官。在 1962 年度，当他们各自的办公室里为某一特定意见而争论不休的时候，沃伦和克拉克时而会到布伦南这里来问计。例如，首席大法官沃伦曾就汤森德诉赛因（Townsend v. Sain）案征求布伦南的意见，并解释说自己对这个案子有不解之处。① 布伦南告诉波斯纳，沃伦正在纠结如何写这个案子的多数派意见，并问波斯纳能不能帮着写点儿什么。沃伦后来收到了波斯纳撰写的意见，这个意见后来挂着沃伦的名字收录进了《美国判例汇编》。

助理工作经历的一项内容是认识其他大法官和其他助理。一年当中会安排许多次午餐聚会，让 18 位助理有机会相互交流。当然，助理们时不时也会遇到自己的大法官以外的其他大法官，或许还有机会给他们聊上几句。但午餐会的场合使得所有人，包括大法官，都能聚在一起。波斯纳说最有趣的共进午餐的大法官是那些"经常可以碰到而且人格很丰满者"，比如布莱克和道格拉斯。道格拉斯英俊且高冷。波斯纳解释说，他非常聪明，是一位优秀的学者，写过非常棒的文章。他的问题在于他认为最高法院非常无聊，"这一点很令人伤感，因为他是一个真正有能力的人，而且，虽然他整天绷着脸，但却具有非凡的人格魅力。他是那种我认为具有巨大领袖潜质的人。我说不清那是什么。他有着闪闪发亮的眼睛。在所有我那时认识的大

---

① 372 U. S. 293, 83 S. Ct. 745 (1963).

法官当中，他给我留下了最深刻的个人印象，虽然他并不是个讨喜的人"。

波斯纳第一次就布伦南大法官写点儿什么是在 1981 年，他描写了布伦南"完全没有高高在上的职位带给其许多占有者的自以为是，他不仅对我而且对我的家人表达的不尽的个人关心，他的谦逊与和蔼，以及他低调的友善"。① 在 1990 年的《哈佛法律评论》致敬文章中，他又回到布伦南的人格特征描述。他在布伦南的个性与他的政治自由主义之间建立起关联，认为这种关联绕过了教条。他写道："我确信，作为布伦南大法官司法意见之显著特征的政治自由主义不是效忠于某种教条的结果。它是一位和蔼、慷慨、善良的人散发出的气息"。② 他主张，布伦南并没有假装沃伦法院所带来的变迁得到宪法文本或制宪者意图的支持，因为这一点，他把布伦南归入美国实用主义传统。不过，在一篇 1990 年的致敬文章中，判断沃伦领导下由布伦南充当急先锋的那场最高法院自由主义试验所带来的变化是否改善了美国生活，还为时过早。到波斯纳下一次评价布伦南的时候，也就是悼念布伦南的场合，波斯纳开始敞开心扉给出一些初步的判断，这让一些人很吃惊。

波斯纳知道自己在《哈佛法律评论》上发表的悼念文章可

---

① Richard Posner, "Tribute to Mr. Justice Brennan," 1981 *New York University Annual Survey of American Law*, no. 4, at xi.

② Richard Posner, "A Tribute to Justice William J. Brennan, Jr.," 104 *Harvard Law Review* 13 (1990).

能会让布伦南的崇拜者感到难以置信。当法律评论的主编在来信中，直言波斯纳在寥寥数页咄咄逼人而又系统全面地冲击了布伦南在人们心中的通常形象的时候，波斯纳回信说他"理解这篇文章给你和你和同道们带来的冲击"，但他随后写道，引起震动并不是他的目的。① 波斯纳更担心这篇文章的"或许有失礼数的或不妥当的语气"。② 他从 1990 年开始写法理学方面的论文和著作，他在这篇悼念文章里将 1962 年度为布伦南工作的经历视为自己的法理学思考的基础，这段经历使他将实用主义与结果联系起来，通过追问一种理论造成的结果是否成功这一冷酷无情的问题来检验其有效性。布伦南在法律上的成就需要由"他的影响是好的还是坏的"来决定。③ 他举例来说，的确，刑法的宪法化导致一个无辜的人被定罪的可能性降低，但与此同时新体制下的量刑比以前更重了。自由派的沃伦法院影响之下的被推定为好的那些变化如今正受到质疑，比如那些涉及色情内容以及教育和就业领域的矫枉行动的判例。这份成绩单并不是那么令人赞叹。"沃伦法院确立的宪法基本原则就好像是作为意料外后果的法律。"④ 声誉和影响是法院判决的"长期社会和政治后果"的一个函数，在这个意义上，历史可能会对布伦南

---

① Posner to Kenneth Bamburger, September 3, 1997.

② Posner to Cass Sunstein, August 11, 1997.

③ Richard Posner, "In Memoriam: William J. Brennan," 111 *Harvard Law Review* 9, 13 (1990).

④ 同上，第13页。

作出不利的裁判。

菲利普·埃尔曼与联邦贸易委员会 (1963-1965)

无论是大法官助理还是法律本身都未能让波斯纳兴奋起来，他发现自己对当律师并没有太大兴趣，[①] 虽然他在法官助理任上的那个春季成功申请到了华尔街律所宝维斯 (Paul, Weiss) 的职位。[②] 他曾经想过去读英文专业的研究生，但很快放弃了这个想法。不过，他对约翰·弗伦奇 (John French) 提到的一个职位很感兴趣。弗伦奇也曾经担任过《哈佛法律评论》的主编，他当时是联邦贸易委员会委员菲利普·埃尔曼 (Philip Elman) 的助理，并正要离开这个岗位，他说这份工作对自己而言是非常有意义的经历，并建议波斯纳跟艾尔曼谈谈为他工作的可能性。弗伦奇解释说，埃尔曼非常聪明，跟他共事非常愉快。弗伦奇从哈佛毕业后给法兰克福特大法官当过助理，他之所以去埃尔曼那里工作，是因为法兰克福特盛赞同样在 1942 和 1943 年度担任过他的助理的埃尔曼。波斯纳听取了弗伦奇的建议，跟埃尔曼谈了，并且留下了非常好的印象。波斯纳致函宝维斯，解释说因为埃尔曼

---

① Richard Posner, *Reflections on Judging* (Cambridge: Harvard University Press, 2013), p. 21.

② 除非另有说明，本节关于波斯纳在联邦贸易委员会工作阶段的信息来自我对波斯纳所做访谈，以及我对大约同一段时间也在那里工作的几位律师所做的访谈。

那里的工作，他无法去宝维斯上班了。律所回了一封尖酸刻薄的信，挖苦地说愿他在政府工作岗位上一帆风顺。波斯纳去埃尔曼那里上班了，并因此获得了一位人生导师。

作为美国联邦政府首席律师办公室（Office of the Solicitor General）曾经的明星，埃尔曼争取过白宫法律顾问的工作但失败了，最后落脚在约翰逊政府所能提供的唯一岗位上。他带给联邦贸易委员会一场抵抗运动，并招募助理参与其中，这是一场反对联邦贸易委员会中的墨守成规和"最小惊讶原则"（POLS）的运动。

波斯纳在埃尔曼那里的主要工作内容是起草意见书，而且，因为埃尔曼是这样一位经常性的异议者，波斯纳写了很多异议。埃尔曼认为公布异议是让别的委员听取其意见的唯一方法。让这些委员不爽和生气的是，埃尔曼会在他的异议中抨击委员们的心胸狭隘以及委员会所做工作的庸俗化，这本来不是联邦贸易委员会工作应有的样子。乔尔·达维多（Joel Davidow）有一年多是埃尔曼的另一位助理，他解释说，埃尔曼对他的委员同事们的愤怒和失望与波斯纳快准狠的写作相结合，使得埃尔曼在表达异议前不需要等几天看看会不会冷静下来。用达维多的话来说，在愤怒和失望的当口顺手就能拿到一把上了膛的枪，对埃尔曼来说不见得是件好事。自从波斯纳加入团队后，埃尔曼发布了一些特别具有攻击性和树敌可能性的异议。

从一个例子可以看出波斯纳又快又好的写作能力：有一次达维多为埃尔曼起草一篇晚宴上的演讲稿。他写了一个星期。

到了埃尔曼即将发表演讲的那一天的中午，埃尔曼让波斯纳仔细看看稿子写得怎么样。波斯纳汇报说其中没有足够的经济学理论以强化说服力。埃尔曼问波斯纳能不能试试修改一下。达维多和波斯纳在一间房里，他眼睁睁地看着波斯纳花了三个半小时的时间从头开始写出了一篇 30 页的演讲稿，没有依赖任何笔记或二手材料。据达维多说，这篇演讲稿打字准确无误，语言和思想精准。埃尔曼按照波斯纳的稿子发表了演讲，后来又把稿子投给《耶鲁法律学刊》，后来发表在第 74 卷上，题目是"行政审判略论"。①

达维多认为埃尔曼和波斯纳是非常相似的两个人。他们都不能容忍傻瓜，也都不善于社交。两个人都缺乏达维多所说的"社会温度"和"社会技巧"。波斯纳的性格比较温和，但在批判性的回应中毫不留情。他从不耗费精力来软化自己的批评。他不会提高自己的音量，但在发表自己刻薄的批评时从不讲求策略。他的风格是一发现错误（比如词汇选择方面的错误）就提出批评。

埃尔曼将联邦贸易委员会成功制定出规则要求香烟包装上加印健康警告归功于波斯纳。美国卫生局局长于 1964 年发布了人们期待已久的一份报告，这份关于吸烟对健康的影响的报告导致联邦贸易委员会的委员们相信，他们应当要求每包香烟的烟盒上印上吸烟有害健康的警告。在一周之内联邦贸易委员会

---

① 74 *Yale Law Journal* 652（1965）.

就发布了规则制定听证的通知，宣布听证会将在两个月之内召开。委员们召集了为期数天的听证会，广泛听取了医学专家、产业专家和消费者的意见。然后波斯纳"起草了一份关于规则草案的报告，其中总结了听证笔录当中的所有要点，得出了结论，陈述了调研结论，并论证了规则的法律基础"。① 埃尔曼在回忆录中写道，在这样做的时候，波斯纳依赖的是"他快速产出第一流作品的能力。他有巨大的能力消化海量事实并在脑海里对它们进行整理，然后有条不紊地把它们理出头绪并表述出来。他的初稿就像是别人的终稿，只是更好"。② 波斯纳记得"除了正当化我们的规则制定权以外，在联邦贸易委员会的一位经济学家和一位统计学家的帮助下，我整理了大量关于吸烟以及香烟广告的经验数据"。波斯纳与联邦贸易委员会的首席经济学家"弗里茨"威拉德·穆勒成了好朋友，他在这个项目上的工作满足了他对经济学日益增长的兴趣。不过，联邦贸易委员会制定出来的《与吸烟的健康危害相关的禁止不公允或欺骗性广告及香烟标示规则》从未生效。约翰逊总统不想让一个行政机关走在前面，在上述规则的生效日期之前，国会插手进来，通过了《联邦香烟标示和广告法》，用力度远远不够的警示语"吸烟或许（MAY BE）有害健康"取代了联邦贸易委员会规则的警告："吸烟对你的健康是（IS）危险的并且可能导致因癌症

---

① Norman I. Silber, ed., *With All Deliberate Speed*: *The Life of Philip Elman* (Ann Arbor: University of Michigan Press, 2004), p. 344.

② 同上，第342页。

或其他疾病的死亡"。

埃尔曼还将美国宝洁兼并案审批意见的起草归功于波斯纳，这份意见吸引了广泛的关注和大量的赞许。① 这个兼并案在推进的过程中提出了一个非常令人困惑的企业并购法上的问题。埃尔曼在他的回忆录中解释道，企业并购法中有现成的分析流程来分析既非严格横向亦非严格纵向兼并的情况，但人们既未决定亦未理清如何处理不同行业的企业之间的合并，而这正是宝洁兼并案中的情况。埃尔曼在他的回忆录中告诉我们，他在本案中的意见对此类情况中应当适用的分析流程做出了巨大贡献，然后非常慷慨地解释：这份意见基本上是波斯纳写的。他进一步援引了这个领域的智识领袖瑟曼·阿诺德在 1965 年写给他的一封信，在这封信里，阿诺德将这份意见描述为"迄今为止，无论是在任何法院的意见还是在任何关于反托拉斯法的文献中可见的对企业兼并问题的最清晰阐述"。

波斯纳在联邦贸易委员会的工作促进了他对法和经济学的兴趣。在个人层面上，埃尔曼对波斯纳产生过重要的影响。在一次访谈中，他说埃尔曼"是一股巨大的力量。我从他那里学到了很多。他也是一位很好的编辑。我向他学习了很多写作技巧，这是非常重要的"。埃尔曼的回忆录里也引用了这样一段波斯纳说的话：他说他在联邦贸易委员会与埃尔曼一起工作的经

---

① *Federal Trade Commission v. Procter & Gamble*, 63 FTC 1465 (1963).

历改变了他的人生，他从埃尔曼那里学会了妥协。①

　　埃尔曼还帮助波斯纳获得了他在华盛顿的下一份工作，那是在波斯纳为联邦贸易委员会工作两年之后。联邦贸易委员会希望波斯纳留下来做本机构的法务官，也就是它的首席出庭律师。而埃尔曼希望波斯纳去联邦政府首席律师那里工作。埃尔曼打电话给自己多年的老同事们。政府首席律师办公室让波斯纳过去谈谈，然后给了他一份工作。

美国联邦政府首席律师＊办公室 （1965–1967）

　　当时的美国联邦政府首席律师办公室是一个活力四射的九人办公室，由阿奇博尔德·考克斯领导。考克斯是哈佛法学院教授，他在 1961 年被任命为政府首席律师，因此从哈佛请假前

---

　　① Norman I. Silber, ed., *With All Deliberate Speed：The Life of Philip Elman* (Ann Arbor：University of Michigan Press，2004)，p. 4.

　　＊ Solicitor General，是美国司法部中地位仅次于司法部部长（总检察长，Attorney General）的官员，也有译为司法部副部长或副总检察长的。其任命程序与美国联邦法院法官一样，是由总统提名、参议院通过后任命。其主要职责是在涉及美国国家利益的案件中代表联邦政府出庭（尤其是在美国最高法院），决定联邦政府对哪些案件应提起上诉，制衡最高法院办理涉及联邦政府的案件时行使的权力，等等。这里译为美国政府首席律师，是为了避免与我国读者通常理解的司法行政官员（司法部副部长）或检察官（副总检察长）相区别，突出其作为美国政府负责诉讼（包括在联邦政府作为被告时代表政府应诉）的律师的职能。——译者

去任职，并且在波斯纳刚到之后不久回哈佛任教去了。① 这是波斯纳第一次自己当律师，而不是作为别人的助理。在一份口述史中，考克斯解释说：他的办公室的律师"都是在顶尖法学院做过顶尖法律评论的编辑并且在私人执业或政府工作中证明过自己才干的人"。② 他们都是最好和最聪明的，这样才配得上一位肯尼迪任命的联邦政府首席律师。

波斯纳只在考克斯手下工作了几个月，瑟古德·马歇尔就接替了考克斯的位置。在马歇尔担任政府首席律师的整个任期内，波斯纳都在他手下工作。马歇尔担任这个职务两年之后，便被任命为最高法院大法官，接替汤姆·克拉克，而欧文·格里斯沃尔德在 1967 年 10 月接替了他的政府首席律师职位。波斯纳在格里斯沃尔德手下工作了几个月，就被调去担任总统的通讯政策工作小组的总顾问，他在这个职位上干了一年，然后就一路向西去斯坦福大学任教了。这三位政府首席律师都很容易相处，也就是说他们都让助手放开手去对案件作出自己的判断。他们的工作由首席律师的副手做初步把关，这位副手被称为第一助理首席律师。拉尔夫·斯皮策（Ralph Spitzer）就是这位第一助理。他会仔细审阅案情简报，但一般不会做实质性的修改。

---

① 除非另有说明，本节关于波斯纳在政府首席律师办公室工作阶段的信息，来自我对波斯纳所做的访谈，以及我对同一段时间或前后相差不远时间在该机构工作的十几位律师的访谈。

② Archibald Cox Oral History, Columbia University Libraries Oral History Research Office, part 1, p. 90.

丹·弗里德曼（Dan Friedman）是第二助理，而路易·克莱伯恩（Louis Claiborne）是第三助理。斯皮策被认为是远远超过同行的最好的出庭律师，总是表达流畅且令人信服。克莱伯恩是最有风度的出庭律师，无论是在出庭还是写作上。他毕生的职业就是在最高法院出庭辩论，其中包括分成两段的任职于联邦政府首席律师的经历。《耶鲁美国法律人物辞典》中有关他的词条写道："如果说他是'因为在口头辩论中藐视对手的滔滔雄辩而出名'的话，他那书面表达的天赋只能说是更加罕见……他在格里芬诉马里兰（Griffin v. Maryland）案的口头辩论中代表政府做的开场陈词让人想起林肯的演讲"。① 丹·弗里德曼在1977年当过代理首席律师，后来成为联邦巡回上诉法院的法官。

任职于首席律师办公室期间，波斯纳总共在最高法院出过6次庭。同事们回忆说，波斯纳的优势在于撰写律师辩词而不是口头辩论，虽然他也是一位合格的出庭律师。他不属于拉尔夫·斯皮策或路易·克莱伯恩那种把法庭当成舞台的表演者。知情者说他在法庭上非常自信，但缺乏闪光点。他非常靠谱，是法院的好帮手。他能够非常清楚地解释他所站的立场。一位他的前同事告诉我，从总体上说，波斯纳不会让法官失去控制，他会很好地回答问题。"他会表现得非常低调。你知道，他根本不是一个容易激动的人。他不会咆哮、提高声音或做任何类似

① Roger Newman, ed., *The Yale Biographical Dictionary of American Law* (New Haven: Yale University Press, 2009), p. 106.

的事情"。罗伯特·利夫坎德（Robert Rifkind）讲了一个有趣的
细节：波斯纳承认自己会在自己的猫面前排练法庭辩论，他没
说猫有什么反应。不过，这些辩论对大法官的影响很可能跟对
猫的影响差不多，因为波斯纳后来写道，他在两年后离开首席
律师办公室的原因之一是，他不认为"政府的律师辩论意见书
或口头辩论能影响判决——无论是什么因素在驱动最高法院的
决策，那肯定不是律帅的辩词"。①

　　人们想象中的首席律师办公室的律师通常都是在最高法院
辩论案件，但首席律师的助手们所做的主要工作是审阅政府各
部门送来的案件，并就政府是否应当上诉提供建议。只有在首
席律师办公室同意上诉的情况下，上诉才会发生。波斯纳在这
方面的工作上有着无与伦比的才干。保罗·本德（Paul Bender）
描述了波斯纳工作的情况："迪克非常非常聪明。你可以跟他讨
论任何事情。而且他是一个干活儿非常快的人，我是说惊人地
快。他可以在两三个小时内干完我要花好几天才能干完的活儿。
你知道，他会很快读完一份表达反对意见的辩词草稿，消化它，
发现它错在哪里，对它进行修改，然后说'再给我一份'。他能
干很多工作而且都干得很好，这种能力着实令人惊叹。办公室
有他真是太棒了，因为我们总是有太多工作要做，而他会主动
承担任务并很快解决它们"。罗伯特·利夫坎德也有类似的评

---

① Richard Posner, *Reflections on Judging* (Cambridge: Harvard University Press, 2013), p. 23.

论："我在本科和法学院时期都了解波斯纳，而他在首席律师办公室工作这个阶段让我记忆最深刻的是：每周一办公室秘书都会穿过走廊往我们的办公桌上扔下成堆的辩护意见书、案卷、申诉和其他各种文件，这就是我们一周的工作。我会看看桌面上堆积如上的文件，然后开始慢慢阅读它们。当我连第一份判决书都还没有读完的时候，就会听到附近迪克的办公间里开始响起打字机的声音。到这一周的周末，也就是周五的早上，我仍然望着一大堆文件并且意识到这个周末又要加班干完这一周的工作了，这时迪克穿过走廊来到你的面前并且说：'伙计，你有没写完的意见书给我来写吗'？"

波斯纳的几位这个时期的同事谈论了波斯纳的人格、脾气和心态。其中一位认为波斯纳"具有一种比大多数人高明得多的意识形态视野以汇聚自己的思想。他对政府和法律的问题思考得很多。他对反托拉斯法应该干些什么有自己的见解。在这个意义上他具有更强的智识严谨性，而且确实更有思想，更有哲学气质。就此而言我认为他不是一个自诩聪明的人（smart alec）"。另一位同事说波斯纳只是想要说出自己认为正确的做事方式，并不强求别人按照这种方式去行事，"我从来没有觉得迪克有强烈的愿望想要证明自己的优秀。我认为他从来都认为没这个必要。我觉得他只是在以自己的方式做事情，不仅是他没必要证明自己是屋里最聪明的那个人，而且他就是屋里最聪明的那个人。我从未感到他特别傲慢，除了比较自信。他有时会对人很挑剔，但不是以自吹的方式"。据同一位同事说，波斯纳的复杂性格中还包含一些刻薄的因素："在我看来，这种刻薄表现在他对别人表现出的心肠软十分轻蔑"，不过，这位后来一直是波斯纳的朋友的同事说，随着年龄的增长，波斯纳性格中的这个因素越来越弱了。尽管如此，他还是担心有一种愤世嫉俗的气质潜藏在波斯纳的外表之下。

波斯纳在政府首席律师办公室工作了两年多一点儿的时间。随后他接受了斯坦福大学的聘书去那里任教。在《司法反思录》一书中，他谈到了离开这个岗位的两个原因。一个原因是他不想继续为别人打工。另一个原因是他不想被迫捍卫不是他自己立场的立场，无论这种立场是他的老板的（比如在首席律师办公室和联邦贸易委员会工作时那样），还是客户的。两种情况下的义务对他都没有吸引力。① 在一次访谈中，波斯纳谈到欧文·格里斯沃尔德认为自己是波斯纳离开的原因，因为这发生在他就任首席律师之后不久，这让他想起波斯纳在哈佛的时候对他的态度。波斯纳向格里斯沃尔德保证自己对他没有任何反感，他选择离开纯粹是因为想要追求别的兴趣。当我在 1990 年代初找到一个机会跟格里斯沃尔德聊天的时候，他解释说，波斯纳在他就任首席律师后几个月就离开了，他"总是怀疑波斯纳自己想要首席律师这个职位"，说完他就笑了。②

但在前往斯坦福大学之前，波斯纳在接下来的一年里并没

---

① 同上。
② 作者在 1993 年 12 月 30 日与埃尔文·格里斯沃尔德之间的交谈。

有离开华盛顿，他担任了总统通讯政策工作小组的总顾问。

总统通讯政策工作小组

艾伦·诺瓦克作为这个工作小组的负责人，在 1967 年聘用波斯纳到他的只有 10 位全职工作人员的小组工作，这个小组隶属于总统电信政策委员会。① 波斯纳的总顾问头衔没有什么意义。这个工作小组受主管政治事务的国务次卿尤金·罗斯托的领导；毕业于耶鲁法学院的诺瓦克是罗斯托的个人助理。罗斯托是耶鲁法学院的前院长。工作小组的使命被界定得很宽泛：在新兴科技的背景下以及在私营部门规制的语境中研究通讯政策问题。这个工作小组是约翰逊总统 1967 年 8 月 14 日发表的"关于通讯政策的讲话"的产物，② 约翰逊在这个讲话中宣布自己将会"任命一个由杰出的政府官员组成的工作小组来通盘研讨通讯政策"。

诺瓦克从完全放手的尤金·罗斯托那里获得充分的自由去挑选他的职员。更重要的是，他可以从联邦政府的各个部门借调干部，波斯纳就是从首席律师办公室借调过来的。他得以招募好

---

① 除非另有说明，本节中关于波斯纳在工作小组任职阶段的信息来自我 2012 年对波斯纳所做的访谈，以及我与波斯纳这个阶段的 5 位同事之间的面谈和电邮往来。

② Message from President Lyndon B. Johnson to Congress, Communications Policy, 3 *Weekly Compilation of Presidential Documents*, No. 33, 1135, 1146 (August 14, 1967), also available at http: // www. presidency. ucsb. edu/ ws/? pid = 28390.

几位以前的最高法院大法官助理，要么是全职加入，比如波斯纳，要么是兼职给他打工。诺瓦克还从产业界和学术界成功招募到一些人才，比如经济学家勒兰德·约翰逊（Leland Johnson）和罗杰·诺尔（Roger Noll）。正如诺瓦克在一次访谈中所说："这个工作小组汇集一批聪明绝顶的人"。业界领袖们也非常迫切地想要提供他们的观点，于是公司总裁们排队会晤工作小组成员，试图为他们想要的规制方式而游说。

小组的工作人员采取不同的方式来尝试解决问题。按照诺瓦克的说法，波斯纳的方法是用经济学来解决所有问题。原因之一是波斯纳整天跟勒兰德·约翰逊一起工作，约翰逊是一位非常好的价格理论家。波斯纳后来写道："他非常优秀，我从他那里学到很多"。① 另一个原因或许是，在工作小组上班期间，波斯纳第一次读到罗纳德·科斯的论文。② 波斯纳是最终报告的主要执笔人，虽然其他人也参与了写作。这份最终报告中反复出现的主题是放松规制（deregulation），它发布于约翰逊总统任期即将结束之时，并很快被尼克松政府否弃了，这届政府明确表示"绝不支持该工作小组的建议以及它对问题的分析"。③

---

① Richard Posner, "The Decline and Fall of AT&T: A Personal Recollection," 61 *Federal Communications Bar Journal* 11, 12 (2008).

② Edmund Kitch, "The Fire of Truth: A Remembrance of Law and Economics at Chicago, 1932 – 1970," 26 *Journal of Law and Economics* 163, 226 (1981).

③ Letter from Richard M. Nixon to James Broyhill of the Subcommittee on Communications and Power of the House Committee on Interstate and Foreign Commerce, May 20, 1969.

虽然工作小组获得的授权并未延伸到讨论美国电话电报公司（AT&T）涉嫌违反《反托拉斯法》的问题，但波斯纳有一天突然对这个问题产生兴趣，写了一份40页的备忘录，指出该公司违反了关于纵向整合的反托拉斯规则并建议对其进行拆分。诺瓦克回忆道，这份备忘录在24小时之内就通过某种方式到了AT&T的总部，并放到该公司总裁的桌上。总裁读完后非常不开心，于是打电话给约翰逊总统表达抱怨。约翰逊总统随后打电话给尤金·罗斯托的弟弟瓦尔特·罗斯托（他当时是总统的国家安全事务特别助理），指示他设法雪藏这份备忘录。瓦尔特接着打电话给尤金并转达了这个信息，尤金又转达给诺瓦克，结果是这份备忘录既没有成为最终报告的一部分，也没有作为补充最终报告的工作论文。罗杰·诺尔在一次访谈中也讲述了同样的故事。

斯坦福大学法学院（1968-1969）

波斯纳曾经想过结束在华盛顿的工作后从事学术工作，但直到见到斯坦福大学法学院院长贝利斯·曼宁（Bayless Manning）后才打定主意。在波斯纳任职于政府首席律师办公室的第二年春天，曼宁联系他，6月份曼宁到华盛顿出差，与波斯纳见面。① 波斯纳担心自己不适合从事学术职业，因为自己没写过学术性的论文，为了打消他的这个顾虑，曼宁说教授们除了写学术作品外还有其他做贡献的方式。

斯坦福大学的人事招聘程序要求整个法学院的教师（当时有 20 位左右）面试波斯纳。然后全体教师（不只是长聘教师）投票表决。在那个时代，个人推荐信远比已发表的作品更起作用，人事聘用委员会就波斯纳是否合适担任斯坦福的教职征求欧文·格里斯沃尔德的意见。一位斯坦福法学院的教授说，格里斯沃尔德回了一封不同寻常的信，劝说斯坦福不要聘用波斯纳。他列举了波斯纳担任《哈佛法律评论》主编时执意刊登的麦克诺顿书评和第 75 届《哈佛法律评论》年度晚宴的细节。他还提到波斯纳在课堂上对他的轻蔑态度，并指出波斯纳的这种行为表明他缺乏对老师的尊重。

在全体教师面前进行面试的时候，波斯纳被问到格里斯沃尔德以及导致他如此生气的那些事情。教师中的保守派势力对波斯纳做过的那些事情感到不安，主张不聘用波斯纳，不过他们当时是少数派。其余的教师致力于提升法学院的学术地位，将格里斯沃尔德的抱怨朝着有利于波斯纳的方向解释。他们赞赏波斯纳不畏权威的独立品格，以贝利斯·曼宁的强烈支持为依托，他们投票支持波斯纳。

---

① 除非另外注明，本节中关于波斯纳在斯坦福大学法学院任教阶段的信息来自我对波斯纳的访谈，我对当时选修过波斯纳的各种课程的十几位当时的学生所做的访谈，以及我对当时也任教于斯坦福的五六位波斯纳的前同事所做的访谈。

波斯纳在斯坦福的一位同事形容他是一个带着使命来到帕洛阿尔托的。波斯纳那个时候已经知道自己的兴趣在于将经济分析适用于法律。他以前所做的所有事情，包括给布伦南大法官做助理时草拟的费城国民银行案判决意见书，在联邦贸易委员会工作时与经济学家弗里茨·穆勒的合作，在政府首席律师办公室工作时对反托拉斯法业务的专门投入，在总统电信政策委员会工作时与经济学家勒兰德·约翰逊的合作，都导致他想要探寻和解释法学与经济学之间的关系。

斯坦福法学院有两位教授对一般意义上的法和经济学以及专业化的反托拉斯法有特别的兴趣，他们就是比尔·巴克斯特（Bill Baxter）和埃德温·齐默曼（Edwin Zimmerman）。齐默曼曾经担任约翰逊政府主管司法部反托拉斯业务司的助理部长，而巴克斯特后来在里根政府时期担任过同一职务。更重要的是两位与芝加哥大学有关联的经济学家，乔治·斯蒂格勒（George Stigler）和艾伦·迪莱克特（Aaron Director），他们也与斯坦福大学有联系。在 1982 年获得诺贝尔经济学奖的斯蒂格勒每年冬季学期都会访问斯坦福大学。迪莱克特已经从芝加哥大学的全职教授岗位上退休，于 1965 年搬到帕洛阿尔托。斯坦福大学为他提供了一间位于法学院的办公室以示敬意，使他得以在他的专业领域继续保持活跃。波斯纳到斯坦福不久就认识了他们两位，比尔·巴克斯特把波斯纳介绍给斯蒂格勒，而波斯纳自己发现了迪莱克特。对于如何与迪莱克特相识，波斯纳写道："我刚到斯坦福的时候，有天去办公室，看到一间办公室的门上写着迪莱克特的名字，于是我走进去做了自我介绍。很快我就意识到这是个聪明的家伙，非常聪明，非常非常聪明……迪莱克特很棒。我从他那儿学到了很多。"

斯蒂格勒和迪莱克特都是成功的经济学家，但他们成功的方式并不相同。斯蒂格勒代表着传统的方式，主要通过写书和论文来影响思想。与此相反，迪莱克特发表很少，主要通过作为老师教育学生和同事来赢得影响。有时候他的思想只是作为别人写的东西而见刊，波斯纳认为在适当的场合应当说明思想的来源，比如当科斯送给他一份自己为《新帕尔格雷夫经济学辞典》写的迪莱克特词条的时候。虽然波斯纳总体上认为这个词条写得很好，但他替迪莱克特鸣了不平，他告诉科斯："您并没有提到迪莱克特产出的任何思想，对此他有权获得承认，尽管这些思想最后是由别人写出来的。您还有必要在什么地方补充些内容"，他接下来提到了迪莱克特的其他对自己产生影响的个人品质，"艾伦的个人影响在很大程度上在于他在谈话中的诚实端正性。我们大多数人都听过并重复过许多我们并不相信或从来也没想过去检验的东西，只是出于礼貌或取乐。艾伦有一种令人尴尬的习惯，他不允许他的对话者说完一些未经深思熟虑的话就走开。但是因为您提到过的那种旧世界的礼貌，他并没有引起冒犯。"[1]

迪莱克特和波斯纳可谓完美的一对老师和学生。一位办公

---

① Posner to Ronald Coase, April 11, 1997.

室在波斯纳隔壁的同事说这两个人经常连续数小时讨论法和经济学，迪莱克特像是在讲课，波斯纳像知识的海绵一样全部吸收。迪莱克特至少每周、很多时候是每天都会来到波斯纳的办公室，两个人每次都会讨论好几个小时。波斯纳通常坐在桌前，迪莱克特坐在一排文件柜上，他一说话，波斯纳的电动打字机就会飞快地"咔哒"作响。波斯纳偶尔也会提问，但在持续好几个小时的大部分时间里，都是迪莱克特在解释，而波斯纳在打字。

在斯坦福的两个学期，波斯纳的教学日程一直排得满满的。他讲授的课程包括电信法、产业规制、一门反托拉斯法研讨课和一门分配正义研讨课。反托拉斯法研讨课对选课的 6 个学生来说肯定是一种额外的收获，或者至少是一种全新的体验。斯蒂格勒和迪莱克特每周都会过来，齐默曼和巴克斯特经常也会来到课堂，因此学生们可以听到 5 位不同路数的反托拉斯法专家对反托拉斯规制的自由讨论。上过这门课的詹姆斯·阿特伍德（James Atwood）告诉我，学生们只需要乖乖坐着听讲就可以了。另一位当时的学生詹姆斯·麦金托什（James McIntosh）说，"自由讨论"（free-for-alls）这种教学方法很有趣，有点像米尔顿·弗里德曼的自由选择（Free to Choose），巴克斯特扮演弗里德曼的角色，我们所有人都可以自由插话。不同意巴克斯特的观点是十分危险的，至少对法学院的学生来说是这样，不是因为他对反对者不友善，而是因为他会把你的论辩拆解得七零八碎，让你无法反驳。波斯纳比较温和，但很有说服力。班上的另一位同学威廉·霍夫曼（William Hoffman）说巴克斯特具有"生动的知识人格"。

波斯纳的产业规制课非常成功，如果我们相信上过这门课的沃恩·华克（Vaughn Walker）的话（他后来成为位于旧金山的加利福尼亚北区联邦地区法院法官）。他告诉我："走进波斯纳的产业规制研讨课就像是走进一间黑屋子，然后有人给你点亮了灯。"1970 届的詹姆斯·塞尔纳（James Selna）也上过这门课，他后来也成了一位联邦法官，任职于加利福尼亚中区联邦地区法院。他说这门课以解决执业律师在实践中碰到的问题为导向，以至于后来他作为一名年轻律师可以非常自信地借助这门课上讨论过的内容来解答客户的问题。上过波斯纳的各种课程的其他前学生们说，选课的学生越少，波斯纳的授课效果就越好。上过波斯纳的三门课的詹姆斯·阿特伍德说，在一个小的研讨班上，波斯纳会和同学们平等地坐在一起。而在大班上，波斯纳会显得有些枯燥无味，费很大的劲去维持学生的注意力。但是，在一个小班上，他会显得低调、谦逊和令人信服。

尽管波斯纳曾经对贝利斯·曼宁说自己没写过学术论文，但他一到斯坦福就开始在这方面努力。他的最初两篇大论文都发表在《斯坦福法律评论》上。后来成为一位杰出的反托拉斯法诉讼律师的詹姆斯·阿特伍德，当时是《斯坦福法律评论》的论文编辑。他说波斯纳的两篇文章送到他的办公室时已经是完美的形态，不用编辑就可以发表。那位说波斯纳是带着使命来到斯坦福的同事回忆道，对于其他人如何看待他正在做的事情，波斯纳缺乏幽默感。因为他们的办公室隔得不是太远，波斯纳有一天问他年轻老师要获得长聘教职（tenure）需要做些什么。这位波斯纳的前同事在给我的信里写道："我回答说，人们期待非长聘教师发表学术论文，但我补充道，没人期待他们像你一样一直写写写。当时他没有什么幽默感，我想起他听到这句话后表情冷漠。几年前，我和他在同一个场合演讲，我再次提到这则轶事，他再次无动于衷"。

波斯纳发表的第一篇论文是"自然垄断及其规制",① 它根植于波斯纳作为总统通讯政策工作小组总顾问参与规制事务的经验。他写道，这一经验使他怀疑这样一个推定的前提：规制是"基本上难以避免的，明智的，以及必要的"。他对自然垄断及其规制的研究使他相信，"实际上，公用事业规制可能不是有益地行使政府权力的方式；其收益无法被证明为大于其成本；即使是在效率必然导致垄断的市场中，或许我们也最好是让自然的经济力量在反托拉斯政策的约束下去决定商业行为和业绩"。② 这回答了论文结论部分的第一段所提出的问题：自然垄断是否为施加规制性控制提供了充分的正当化理由？这篇论文是对规制的基础性原理的考察，也是对规制的根本可靠性的反思，这是以前没人做的事情。不足为奇的是，波斯纳在论文中向迪莱克特表达了感谢，说他在澄清和扩展自己的思想方面

---

① "Natural Monopoly and Its Regulation," 21 *Stanford Law Review* 548 (1969).
② 同上，第549页。

扮演了重要角色。同样得到感谢的还有威廉·巴克斯特和勒兰德·约翰逊。

波斯纳的第二篇论文是"寡头垄断与反托拉斯法：提议一种方法"。① 它从根本上质疑了支持主流的寡头垄断定价理论的那些假定，这种主流理论将两种类型的共谋，即明示共谋和默示共谋，视为所谓"相互依赖性"中的二分法的组成部分。在波斯纳看来，解决之道不在于新的立法，也就是制定《谢尔曼法》之外的立法。主流观点中缺失的是对这两种阻碍竞争的形态之间相似之处的认识。他认为，一旦理解了这一点，人们就很容易看到除了目前已经有的执法手段外并不需要添加别的东西。为了论证自己的主张，波斯纳不得不先去驳倒由哈佛大学的唐纳德·特纳（Donald Turner）提出的主流观点，特纳在1960 年代也做过司法部反托拉斯业务司的负责人。波斯纳关于明示共谋与默示共谋的相似之处大于它们之间的差异的洞见来自艾伦·迪莱克特的帮助，对此波斯纳在论文的第一个脚注中明确加以承认："这里建议的方法是与艾伦·迪莱克特合作的产物，除此以外，他还首次提出了本文加以演绎的许多观点"。他在一次访谈中进一步解释了这项致谢："我对迪莱克特说这其实是你的观点，所以我们应当共同署名。我来写，但观点是你的。他强烈反对这样做，所以我只能在注释里表达感谢。他实在是

---

① "Oligopoly and the Antitrust Laws: A Suggested Approach," 21 *Stanford Law Review* 1562 (1969).

太谦逊了。"

迪莱克特也是要为波斯纳在 1968－1969 这一学年结束后离开斯坦福加入芝加哥大学法学院这件事负责的主要人物。迪莱克特此前已经瞒着波斯纳给芝加哥大学法学院的菲尔·尼尔打过电话，告诉他有必要把波斯纳纳入旗下。即便没有迪莱克特的介绍，尼尔对波斯纳也已经有所了解，因为波斯纳曾经到芝大法学院参加过一个产业组织工作坊的会议，并且在这个会上做了报告，报告内容就是"寡头垄断与反托拉斯法：提议一种方法"一文的初稿。

尼尔主动向波斯纳提出了远高于斯坦福的薪酬水平以及正教授职称，而波斯纳在斯坦福只是副教授。斯坦福法学院的贝利斯·曼宁院长并没有提出相应的条件来挽留波斯纳。一位当时的同事说，曼宁认为自己无法提供能够与芝加哥大学给出的条件相接近的待遇。除了职称晋升和更高的薪酬外，芝加哥大学的重要经济学家们也促使波斯纳作出了决定。波斯纳和他的家庭与西海岸没有很强的联系，而到芝加哥安家使他们离波斯纳妻子在俄亥俄州代顿市的家人更近。乔治·斯蒂格勒在芝加哥，此外还有罗纳德·科斯和米尔顿·弗里德曼。弗里德曼碰巧是艾伦·迪莱克特的妹夫，[*] 他已经退休，但还会经常回到芝加哥大学讲课，很多时候是与波斯纳合上一门课。

---

* 英语当中的 brother, sister, brother-in-law, sister-in-law 以及其他一些亲属称谓让人很难判断长幼之序，在碰到这些词的时候，译者不得不去查找相关资料以帮助判断。经查证，米尔顿·弗里德曼的妻子是经济学家罗斯·迪莱克特·弗里德曼（Rose Director Friedman, 1910-2009）。知道她的出生时间后，便可判断她是艾伦·迪莱克特（Aaron Director, 1901-2004）的妹妹。——译者

第二章

芝加哥大学法学院教授（1969-1981）

　　波斯纳于 1969 年来到芝加哥大学，彼时艾伦·迪利克特在法和经济学中的影响正炽，而波斯纳则有意用一种迪利克特和芝加哥大学的其他人从未想过的方式来为法和经济学赢得更多的信众。当时流行的影响模式，即一次说服一个人改宗，不是波斯纳的方式。[①] 刚到芝加哥，他就目的明确地采取各种战略——或者可以说是由几个部分组成的一个大战略——来推进法律的经济分析。当他提到自己"不屈不挠地为经济学方法在法学中应用而传教"[②] 以及 "宣扬法和经济学"[③] 的时候，他不是在开玩笑。波斯纳将自己传教士般的热忱与包括出版专著、

---

　　① 关于这种模式，可以参阅：Edmund Kitch, "The Fire of Truth: A Remembrance of Law and Economics at Chicago, 1932 – 1970," 26 *Journal of Law and Economics* 163（1981）.

　　② Posner to Gareth Jones, April 13, 1976. 除非另有说明，本章所援引的所有通信和其他文件均来自芝加哥大学图书馆的波斯纳档案，经允许在此使用。

　　③ Posner to Arthur Leff, February 6, 1976.

发表论文、举办讲座、组织会议在内的战略结合起来，主张法律的经济分析应当进入法学院的课程体系，因为这种方法可以通过识别和解释效率在法律中的作用而提供真知灼见。他在芝加哥的12年所做的每一件事情都旨在传播法律的经济分析之名。在1970年代初，他在《法律的经济分析》这本经典著作中系统提出了法律的经济分析的语言，并且将这十几年中的其余时间用于帮助其他人学会使用这套语言。

在不同时候被波斯纳承认为法和经济学的创始人的那些人物，斯蒂格勒、科斯、迪利克特和贝克尔，在波斯纳来到芝加哥的1969年都在不同程度上是芝加哥大学的同事。只有耶鲁的圭多·卡拉布雷西是个例外。迪利克特仍然主要在帕洛阿尔托，但从1960年代初开始他每年都有四分之一时间会在芝加哥大学。与此相反，斯蒂格勒主要在芝加哥，但每年的冬季会去斯坦福大学。科斯任教于芝加哥大学法学院，主编《法和经济学学刊》，而贝克尔则任教于芝大经济学系。同时还有其他在这个领域做出过重大贡献的同事，比如商学院和经济学系双聘的哈罗德·德姆塞茨。他和波斯纳同时在芝大的时间只有两年，之后便于1971年去了加州大学洛杉矶分校。就在波斯纳来到芝加哥后不久，贝克尔劝他参与国民经济研究局（NBER）的研究项目，这是对波斯纳的整个职业生涯影响深远的一步。在NBER的1971年纽约会议上，波斯纳碰到了贝克尔的得意门生威廉·兰德斯，兰德斯在两年后离开NBER加入芝加哥法学院，成为所谓的"驻院经济学家"（economist in residence）。由此开始波斯纳和兰德斯的长期合作。在 1970 年代，芝大法学院有几位老教授，比如艾利森·邓纳姆、菲尔·柯兰德、哈利·凯尔文、罗纳德·科斯、伯纳德·梅尔泽和菲尔·尼尔，还有几位 40 多岁的中年教授，但大多数是不到 40 岁的年轻老师，其中包括格哈德·卡思柏、艾德蒙·奇驰、兰博约、杰弗里·斯通、斯坦利·卡茨、富兰克林·齐姆林、肯尼斯·卡尔普·戴维斯、罗伯特·伯特、欧文·费斯、肯尼斯·丹姆、威廉·兰德斯和理查德·艾普斯坦。波斯纳是 30 岁的时候加入芝大法学院，直接获聘为正教授。

波斯纳在接下来的 12 年里教过各种各样的课程。在最初的几年里，他和艾伦·迪利克特合上一门《反垄断法》研讨课，课程在迪利克特住在芝加哥的每个学期开设。他讲授过的其他课程包括但不限于《法律的经济分析》以及规制、侵权法、民事诉讼法、合同法、法律思想史。有一年他开设了一门关于布莱克斯通、边沁和斯密的研讨课。他采用苏格拉底式教学方法，认为这种方法非常适合于让学生学会法律的运作方式，并使他们准备好在法庭上应对法官以及在律师事务所里应对客户的必备技能。在一篇发表于《芝加哥大学法学院院报》的访谈中，到芝加哥大学第二年的波斯纳说，法学院传授学生两种基本技能，即"识别出法律问题的技能，以及预测法院如何回答一个此前 100 个案子中都未出现过的问题的技能。"① 在他看来这就是法律教育的本质。当被问及二年级和三年级的法学教育需要做何改变的时候，他说他想让法学院变得"更具实践性、现实性和具体性"。② 增加更加系统性地传授社会科学方法的课程是做到这一点的方法之一。他自己在教学的时候始终贯彻着他所表达出来的这种法律教育理念，在到芝加哥大学的第一年就开始把经济分析方法引入课程（比如侵权法）教学当中，而这些课程过去很少同经济学方法关联起来。③ 道格拉斯·雷考克是当时波斯纳教过的学生，后来成为优秀的法学教授，他回想起1970 年作为法学院一年级学生上波斯纳的侵权法课程的情形：波斯纳随意地靠在黑板上用苏格拉底式的诘问方法引导班上的180 名学生，每堂课持续 65 分钟。雷考克对波斯纳总是能够提出恰当的假设性问题感到十分惊讶。波斯纳在课堂上表现出一种平淡随性的风格，这与他讲课内容的不同凡响形成鲜明对照。一位恼怒的学生抱怨说，课堂上应该多讲些关于白纸黑字的法律的知识，以帮助学生通过法律执业资格考试，而不是不断提出基于经济分析内核的激发思考的假设。波斯纳对此有些生气，对该学生作出反击，称他们这是在芝加哥大学，一所伟大的学校，将来作为律师，他们需要解决复杂的问题，这些问题可不

---

① "Some Thoughts on Legal Education," *University of Chicago Law School Record*, winter 1972, p. 19.

② 同上，第 20 页。

③ 本段其余部分的信息来自 2014 年 7 月 2 日对道格拉斯·雷考克的访谈。

是简单的非黑即白的案例所体现的那类问题。波斯纳解释说，这位学生或许没有学到他认为应当学到的那些规则，但他学到了经济分析的方法和理念，而经济分析正是帮助律师解决复杂问题并预测法院将如何对这些问题作出回应的有力工具。对于当时最权威的侵权法判例和教义综述书（hornbook）及其作者威廉·普罗瑟，波斯纳说："那是艰苦而乏味的工作"。

波斯纳以各种方式推动法和经济学在法学院的扩张。他提议在法学和经济学两个学科间建立正式的联系，建议法学院征询经济学系的意见，看看能否设立法律-经济学双学位项目，[1]这个建议是在与加利·贝克尔讨论后提出的。他推动了一项人事动议，为法学院的教师队伍增加了另一位经济学家。[2] 他在一份备忘录中指出，法学院开设了这么多的法和经济学课程，因此有必要延揽第二位经济学家。他尝试说服斯坦福大学法学院的查尔斯·梅耶尔斯（Charles Meyers）跳槽到芝加哥大学来当院长。[3] 他曾经与这位法和经济学学者合作从事过一项关于用水权的研究。他还试图让法学院向1970年代中期决定离开耶鲁法学院的罗伯特·伯克发出邀约。[4] 波斯纳论证到，芝加哥大学法学院的学术声誉越来越与它强大的法和经济学项目和教师队伍关联在一起，但其他学校正在奋起直追，要维持自己的优势地

---

① Posner memorandum to Arnold Harberger, May 17, 1977.

② Posner to Richard Epstein, November 5, 1979.

③ Posner to Charles Meyer, February 24, 1975.

④ Posner to Stanley Katz, November 4, 1974.

位，就应当采取聘用伯克这样坚决果断的措施。他鼓励自己已经毕业、当时在美国司法部副部长办公室工作的学生弗兰克·伊斯特布鲁克（Frank Easterbrook）考虑从事学术职业，并且总是在寻找有学术潜质的新人加入教师队伍。① 在与哈佛法学院的菲利普·阿瑞达的一次交流中，阿瑞达问波斯纳有没有合适的芝加哥大学毕业生可以推荐到哈佛法学院来任教，波斯纳提供了非常坦率的评估建议，并在最后反问道："作为回报，您能否也想想有没有合适的哈佛法学院毕业生可以推荐给芝加哥大学法学院？"②每当他遇见一位特别出色的年轻法律人，比如他在斯坦福大学法学院教过的学生詹姆斯·艾特伍德，波斯纳都会鼓励他们考虑来芝加哥大学任教。③ 他总是要求法学院启动新的法和经济学项目，并且试图让斯蒂格勒在法学院扮演更稳定的、更大的角色。④ 他想方设法为法学院争取更多的经济资助，并试图推进到律师事务所开办法和经济学项目的设想，以便训练律师掌握经济分析方法。⑤ 他写了一份详细的备忘录，提出了一套全面增加经费的战略，⑥ 另外还有一份专门针对面向企业的筹款活动的备忘录。⑦

---

① Posner to Frank Easterbrook, March 7, 1975.
② Posner to Phillip Areeda, February 25, 1974.
③ Posner to James Atwood, November 26, 1979.
④ Posner memorandum to faculty, May 25, 1976.
⑤ Posner memorandum to Harris Weinstein, February 6, 1978.
⑥ Posner memorandum to Frank Ellsworth, January 6, 1976.
⑦ Posner memorandum to Ed Kitch, June 9, 1980.

他总是直抒胸臆，口无遮拦地做出批评。这是他加入芝加哥大学法学院时的院风，这种院风在他离开那里时一直得到保持。无论是在院务会议上，还是当同事们在教师俱乐部参加圆桌午餐聚会时，都会有人扮演狠角色。波斯纳当然对芝大法学院的这种对抗式风格毫不介意。在 2002 年发在石板（Slate）博客上的一篇博文中，波斯纳回顾了乔治·斯蒂格勒这位法学院最凶悍的悍将组织的产业组织工作坊，这个工作坊是圆桌午餐会的姊妹活动："乔治（为工作坊）定下了基调，这就是冷酷无情、坦诚率真的批判，有一次，当我报告完自己的一篇论文之后，他把我批得体无完肤，以至于另一位教授让他无论如何要给我打个电话赔礼道歉，他很不情愿地这样做了。实际上，他完全不必在意，因为这种氛围让我兴奋异常。"①

耶鲁法学院的罗伯特·伯特（Robert Burt）1970 年的时候是波斯纳的芝加哥大学同事，他讲述了一个关于波斯纳的日常故事，当然故事中带有经济分析的弦外之音和体现个人特质的因素。他首先解释说，波斯纳经常参加圆桌午餐会，然后回忆道："有一次他来了，并向在场的同事讲了自己在来俱乐部的路上碰到的一件事。一位陌生人拦住波斯纳，问他现在几点。迪克说自己是这样回答的：'没问题，给我一枚硬币'。迪克继续说：'那人似乎被我的回答搞糊涂了，于是我向他解释说：你本来应该自己戴上手表但却没有，现在你试图搭我的便车。我愿

---

① Posner, "Diary," *Slate*, January 17, 2002.

意让你借用一下我的手表，但你需要给我一个硬币。这是合理的价格。'迪克说，那人听了这话就走开了，他没有得到自己想知道的时间。"①

旁观者说，他在芝加哥大学的教师活动中总是表现得淡定自若，比如在访问教授报告自己的论文的时候，这通常是表达自己想要加入芝加哥大学教师队伍之雄心的场合，但在表面的平静之下潜藏的是他快刀斩乱麻的刚猛之劲。他提问的方式不带有任何怨怼、敌意或挑衅性，但这些问题总是直击报告人观点的核心，旨在驳斥或瓦解这些观点。一位前同事解释说，波斯纳不是一位语速很快的人，他有时会停顿下来用心挑选恰当的形容词或副词，从而使评论的锋芒更加锐利。② 他不是唯一的攻击者，然而波斯纳的表现每每使来做报告的人落荒而逃，希望消除这段记忆。当法学院想要报告人再来的时候，尤其是想邀请报告人加盟本院的时候，这就带来了麻烦。格哈德·凯斯珀（Gerhard Casper）院长说不止一次被迫打电话给报告人，试图解释波斯纳并不是真的那么坏，他的批评并不针对个人，以及波斯纳下次会表现得好些。③ 院长承认，有时他不得不把波斯纳叫到一边，劝他把问题表达得委婉一些。他会问："您就不能在表达观点的时候稍微克制一点儿吗？"④ 他说，这是一个真问

---

① Email from Robert Frank to author, July 31, 2014.
② Author interview, Franklin Zimring, February 27, 2014.
③ Author interview with Gerhard Casper, July 24, 2012.
④ 同上。

题。波斯纳从不妥协。在院长的记忆里，波斯纳从来不需要证明自己是屋里最聪明的那个人，"我从来都不理解他为何有如此强烈的欲望要介入讨论。这只是出于他不可思议的个人倾向，想要引起争议并且迅速切入一位讲者或一篇论文最薄弱的那一点。"① 法学院的其他同事对此有不同的理解。另一位 1970 年代的同事注意到，在出席工作坊的场合中，波斯纳的提问给人的印象是粗野无礼。他认为波斯纳对自己认为的对错误观点执迷不悟的态度缺乏耐心，一旦被惹恼，他会把轻蔑写到脸上。其他一些同事，比如弗兰克·伊斯特曼，在发出自己高人一等的信号时会显得盛气凌人和居高临下，而波斯纳会交叉讯问报告人。这位同事注意到，在凯斯珀院长把波斯纳叫去劝诫几次之后，情况有所改善。②

所有这些情况背后的真正原因可能是，波斯纳只要见到自己不喜欢的人或事就会发声评论，这些批评无一例外是批判性的，但不一定是有敌意的。例如，他认为自己在 1976 年夏天参加的为期 6 周的萨尔茨堡研讨班没有体现理应做到的妥善规划和执行，尤其是在教师遴选和课程安排上。这导致他给研讨班的组织者写了一封 3 页的信，其中指出了问题，提出了解决方案，以及一份他认为可以更好地与研讨班学员互动的推荐教师名单。③ 还有一次，因为芝加哥大学未能在一次冬季暴风雪之

---

① 同上。

② Author interview with Geoffrey Stone, April 9, 2014.

③ Posner to Thomas H. Elliot, August 30, 1976.

后，及时采取措施清理那条他去法学院上班必经的著名的"中道"（Midway），他连续给校方写了两封表达愤怒的信。① 之所以写第二封，是因为第一封没有得到及时回应。在学校作出回应并同意清理道路之后，波斯纳向法学院同事传阅了一份展示自己的投诉成果的备忘录。②

在评论法学教授们发给他征求意见的论文时，他会给出体现典型的芝加哥风格的尖锐批评，但不带有人身攻击的色彩。他会指出自己不同意的论点以及缺失或理解不正确之处，但都是以事实陈述的口吻。例如，他给邓肯·肯尼迪（Duncan Kennedy）的一篇关于罗纳德·科斯的论文写了 2 页的尖刻评论，但是，尽管是批判性的评价，其表述方式却是力求客观。他写道："当然，你不是第一个试图反驳科斯定理的人。这是一项堪与过去人们试图化圆为方的执迷相提并论的让人痴迷的工作。怀着尊重并将你的最大利益放在心上，我认为你的尝试是冗长乏味的、吃力不讨好的，在技术上和概念上有很大瑕疵。"③ 提到尊重和肯尼迪的最大利益，或许是拔掉了这一判断当中伤人的刺。他的评论总是带有一种不容置疑的确定性语气，比如他在给詹姆斯·博伊德·怀特（James Boyd White）写的评论中说

---

① Posner to Dean Casper, February 27, 1980; Posner to William Cannon, April 15, 1980.

② Posner memorandum to faculty, April 30, 1980.

③ Posner to Duncan Kennedy, March 28, 1978.

道，他"发现第一段的最后一句修饰过度而含糊其辞"。[1] 这种语气在结论部分再次出现："我认为这篇文章过于冗长，而且风格过于堆砌。"[2]

在阅读完布鲁斯·阿克曼（Bruce Ackerman）关于社会正义的书稿的第一章后，他抨击了阿克曼的行文风格，说阿克曼的风格在两个方面令人不快。"其一是试图追求所谓'性别中立'，因此使表达变得十分别扭。'他'和'她'的持续交替使用极其分散读者的注意力。"然后他解释说："我想你可能没有意识到，英语中的阳性代词（他）是没有性别标示的，而阴性代词（她）是有性别标示的。也就是说，阳性代词用在性别不成其为问题的场合。使用阴性代词意味着人们的注意力会被引到性别上去。这就是为什么你的性别替换是如此的使读者分心，简单地说，这是语法错误。"[3]（波斯纳这是在逆历史潮流而动，因为阳性代词正在日益变得有标示性。）但这还没完，他接着写道："其二是你过于喜欢使用萌萌的词汇（cute phrases），实际上是陈词滥调，比如'体内跳动的心脏''认知冲击''思想实验'以及其他很多诸如此类的词汇。你给人的印象是你试图写得能够引人入胜、动人心弦。好吧，引人入胜、扣人心弦的文笔是极好的，但你要是让人看出你试图达致这样一种境界，就

---

① Posner to James White, May 23, 1978.

② 同上。

③ Richard Posner to Bruce Ackerman, October 18, 1978.

说明你失败了。不具备生花妙笔之天赋的人，比如你我，最好还是以老老实实的、平铺直叙的方式写作。（罗尔斯就是这样写作的。）第一章的风格明显用力过猛了。"①

　　名声显赫的学者们（阿克曼当时还没到这个阶段）也难以幸免。例如，罗纳德·科斯把自己后来发表在《美国经济评论》上的论文"商品市场和观念市场"② 拿给波斯纳征求意见，波斯纳的评论一开始就写道："我对这篇文章有一些具体的评论，下面会——道来，这里先说一下总体评论：文章的语气过于严厉，有些地方甚至可以说是尖酸刻薄。我认为，如果能把语气改得更温和一些，整个文章会变得更有说服力。"③ 最终见刊的论文并没有波斯纳所抱怨的那种语气。

　　波斯纳的尖刻评论偶尔也会被发表出来，但只是当他的论文受到批评而他被邀请作出回应的时候。发生这种情况的一个例子是：理查德·马科维茨（Richard Markovits）在《斯坦福法律评论》上发表了 4 篇关于卖方寡头垄断（oligopolies）的连载论文，其中明确挑战了波斯纳在 1969 年发表的一篇同主题论文。杂志编辑邀请波斯纳作出回应。在回应文章中，波斯纳首先对寡头定价的法律控制进行了一番历史概括，并详细总结了马科维茨的具体观点。他狡猾、机智且充满挑衅意味地说，之所以需要进行这种总结，不仅是因为这 4 篇论文的篇幅太长

---

① 　同上。

② 　64 *American Economic Review* 384（1974）.

③ 　Posner memorandum to Ronald Coase, November 28, 1973.

（总共有 152 页），还因为他们晦涩难懂的行文风格，这种风格
"让我产生了一位读者对边沁的行文风格的那种反应：'我感觉
就好像被迫咀嚼一头鱼龙'（masticate an ichthyosaurus）"。① 在
相应的脚注中，他解释说，他之所以反对马科维茨的风格，不
是因为他的文章里过多使用了经济学行话或几何、代数公式。
"马科维茨的问题不同。他的文章里充斥着各种新造的、人们不
熟悉的术语或缩写（比如 POP*、SOP**、CA***、CCA****、
BCA***** 等），各种抽象的表述，冗长的句子以及缺乏条理的结
构。他的风格甚至让熟悉经济学的读者读起来也非常困难。这
种困难是毫无必要的，因为他的观点其实非常简单，就像我在
对他的文章所做概括中试图表明的那样"。②

法律的经济分析

波斯纳一到芝加哥，就在他写的论文中提到斯蒂格勒、迪
莱克特、德姆塞茨和其他芝加哥经济学家对他的影响，随着

---

① Richard Posner, "Oligopolistic Pricing Suits, the Sherman Act, and Economic
Welfare (Symposium): A Reply to Professor Markovits," 28 *Stanford Law Review* 903,
907 (1976).

② 同①，注 15.

* primary oligopolistic price（一级寡头垄断价格）的缩写。——译者

** secondary oligopolistic price（二级寡头垄断价格）的缩写。——译者

*** competitive advantage（竞争优势）的缩写。——译者

**** contextual cost advantage（背景成本优势）的缩写。——译者

***** basic competitive advantage（基本竞争优势）的缩写。——译者

1970 年代进度条的不断前移，提到迪莱克特的次数逐渐减少，但斯蒂格勒一直保持稳定。德姆塞茨也曾在波斯纳的作品中得到热情洋溢的致谢，特别是在《法律的经济分析》中，但在德姆塞茨逃离芝加哥的寒冬跑去享受洛杉矶的暖阳后，被提及的次数就减少了。得到越来越多致谢的人变成了加利·贝克尔（Gary Becker）、比尔·兰德斯（Bill Landes）和伯纳德·梅尔策（一位老一辈的教授）。罗纳德·科斯被提到的次数要少一些。

科斯和斯蒂格勒曾经相互竞争想要得到波斯纳的知识灵魂。斯蒂格勒胜出了，而科斯很不开心。两位经济学家都拥有第一流的智识（斯蒂格勒是 1982 年诺贝尔经济学奖得主，而科斯于 1991 年获得诺奖），两个人代表着法和经济学的不同流派。科斯想用法和经济学来探索经济学的奥妙，而斯蒂格勒的经验研究兴趣使他更关注经济学对法律的影响。① 斯蒂格勒的关注点也正是波斯纳的兴趣所在。波斯纳说过斯蒂格勒是他见过的最聪明的人，这种欣赏使他和斯蒂格勒在一起的时间更长，让科斯很失望。科斯虽然在《法和经济学杂志》上发表了波斯纳关于法律的经济分析的论文，但他不认为这份杂志是发表这些论文的合适地方，因为它们推进着一种与自己的方法相竞争的方法。科斯建议波斯纳创办自己的杂志，作为他试图发展的那种法和经济学的阵地。于是，具有讽刺意味的是，科斯让波斯纳产生了创办《法学研究学刊》（Journal of Legal Studies）的念头。

---

① 理查德·波斯纳致作者的电邮，2014 年 5 月 13 日、14 日。

芝加哥大学想让弗里德曼、斯蒂格勒和波斯纳牵头，在法学院创办一个以斯蒂格勒的名字命名的研究中心，来推动斯蒂格勒（以及波斯纳）式的法和经济学研究，科斯对此也十分敏感，这个中心打算做美国国家经济研究局做的那种经验研究。中心一旦成立，便会被认为是法律的经济分析的胜利，而不是科斯更偏爱的法和经济学的胜利。简言之，波斯纳可能被看成了某股势力的发动机，这股势力正试图取代科斯努力打造的学术流派。1970 年代中期，科斯在一次院务会议上有力且成功地瓦解了设立这个中心的计划，但损害已经造成了。① 科斯曾经至少两次劝法学院的老师不要跟波斯纳合作。一次是他告诉威廉·兰德斯，如果跟波斯纳合写论文，由于波斯纳更有名，所有的贡献都会被记到他的名下。这一建议或许并无恶意。② 但科斯给另一位法学院同事的建议就不是这样了。据这位同事回忆："有一次罗纳德用导师的口吻对我说，与迪克分享观点时要小心。他担心的是，如果你跟迪克讨论一个有理论前景但还没有完全成型的观点，他会很快吞下这个观点并且把它吸收到自己洪流般的产出当中。罗纳德说，问题在于迪克会把这个观点的细节搞错，而他表述的这个观点将汇入文献之中，之后就很难再纠正它了。而且，因为观点表述上的瑕疵，这个观点最终不会产生持久的影响力。"③

---

① 理查德·波斯纳致作者的电邮，2014 年 5 月 13 日、14 日。
② 作者 2014 年 4 月 11 日对威廉·兰德斯的访谈。
③ 要求匿名的人士 2014 年 5 月 11 日致作者的电邮。

多年以后，在 1993 年，科斯和波斯纳在一次新制度经济学会议上发生了不愉快的争论，引发这场争论的是波斯纳报告的一篇论文，其中指出科斯对经济学理论缺乏兴趣，对立基于经验性社会科学方法和人类行为的理性模型的法和经济学运动不予理会。① 科斯在自己的回应中对波斯纳关于他的描述不以为然。② 在发表出来的回应说，科斯明确地说自己不是像波斯纳所写的那样。他并不反对抽象，也不反对计量经济学研究。而且，他强调，自己并不想回到波斯纳所说的那种"更早的、更简单的、更不严谨的亚当·斯密理论"。除了具体的反驳意见外，无论是在会议上还是在发表出来的回应中，科斯都明确表达了对波斯纳放肆的评论的不满。波斯纳对此当然也不是无动于衷。他后来写信给艾伦·迪莱克特，附上了一份会议论文，说"科斯一点儿也不喜欢它"。③

两个人之间这次不愉快的交锋一定让波斯纳始终耿耿于怀，因为在大约 20 年以后，他在 2011 年的一个向科斯致敬并庆祝他的百岁生辰的会议上，他提交了一篇论凯恩斯和科斯的文章，

---

① Richard A. Posner, "The New Institutional Economics Meets Law and Economics," 149 *Journal of Institutional and Theoretical Economics* 73（1993）. See also Richard A. Posner, "Nobel Laureate: Ronald Coase and Methodology," 7 *Journal of Economic Perspectives* 195（1993）.

② Ronald H. Coase, "Coase on Posner on Coase: Comment," 149 *Journal of Institutional and Theoretical Economics* 96（1993）.

③ Posner to Aaron Director, January 5, 1994.

又回到了这个问题。① 在这个场合，他撤回了自己 1993 年对科斯的某些批评。但这一撤回的表示被另一方面的内容抵消了，他重复了最主要的指控：科斯对理论不感兴趣，他没有追踪经济理性最大化这一经济学基石的前沿进展。波斯纳重新评估了 2008 年经济危机后凯恩斯理论复兴这一背景下科斯经济学方法的重要性。他在引人注目的结论部分表达一种具有两面性的评价，既有批评也有对此前批评的撤销。"他得出的看似不可动摇的结论似乎不是基于一种政府理论，而是体现了某种自信，出于这种自信，他排斥形式理论和正规的经验研究方法，顽固地坚持一种可以被称作常识经济学的显赫传统，这就是亚当·斯密、约翰·梅纳德·凯恩斯和罗纳德·科斯的经济学，他们都是经济学天才，我们当下的经济困境使我们比以往更加尊重他们。"②

之所以会出现这种针锋相对的不友好交流，原因之一可能在于波斯纳不满意科斯将驱动法律的经济分析发展的那个洞见——即法官在他们的判决中用普通法来促进效率——纳入自己名下。波斯纳认为这个洞见在某种有限定的意义上是自己原创的。他在 2001 年的一次访谈中被问及这个洞见，并且回答说："它是非常原创的"。他进一步解释道；"科斯论社会成本的

① Richard A. Posner, Keynes and Coase, 54 *Journal of Law and Economics* 31 (2011).

② 同上，第 39 页。

论文对此有某种暗示。他对此并不是很清楚，而我从他的文章中得出的推论是，他认为英国法官曾经试图造出经济上合理的保险法。而且，现在任教于加州大学洛杉矶分校的芝加哥经济学家哈罗德·德姆塞茨也写过暗含这一洞见的论文"。① 因为对这一洞见的原创性有这样的理解，波斯纳可能对科斯在一次演讲中将这一洞见完全归入自己名下感到吃惊，这次关于芝加哥大学法学院法和经济学研究的历史的演讲是 1992 年 4 月 7 日在该院做的，② 发表于次年，在上文提到的那场交锋激烈的会议之前。

《法学研究学刊》

波斯纳于 1971 年创办了《法学研究学刊》。该刊第一次于 1972 年 1 月问世，波斯纳一直担任主编，知道他就任法官。它的宗旨不是成为艾伦·迪莱克特于 1958 年创办并在此后由科斯担任主编的《法和经济学杂志》的竞争对手。波斯纳用这份刊物来区分这两派法和经济学。在 1978 年的一封为学刊筹款的信件草稿中，他解释说，《法和经济学杂志》强调"法律和制度因素对于理解和改进经济系统运作的相关性"，而《法学研究学刊》强调"经济学在理解和改进法律系统方面的应用"。③学刊

① Interview with Richard A. Posner, Reason, April 2001, at p. 39.

② Ronald Coase, "Law and Economics at Chicago," 36 *Journal of Law and Economics*, 239 (1993).

③ 档案中保存的未写日期和收信人的信件草稿。

旨在应用社会科学、尤其是经济学的理论和经验研究方法来研究法律系统中的问题。在创刊号的编后记中，他写道：本刊的目的在于"鼓励应用科学方法来研究法律系统"。① 根据他的理解，这一版本的法学研究，也就是法律的经济分析，旨在"对法律系统实际上如何运作做出准确、客观和系统的观察，并发现和解释这种观察中反复出现的模式，也就是法律系统的规律"。② 那些过于技术化并吓到法律评论编辑的论文可以在这份学刊找到发表机会。这份学刊为来自不同学科的对这种法学研究感兴趣的学者提供了互相学习和参照的机会。这份学刊为这一新兴的研究范式创造了一种身份认同。在一封没有写日期但可能写于 1977 年的学刊筹款信函草稿中，他透露了一些在编后记中未曾透露的信息，他写道："因为法律在美国人的生活中已经成为一种无所不在的、甚至是威胁性的力量，用理性的、科学的方法去研究它已经变成一件十分紧迫的事情，而不只是为了满足智识上的好奇心"。③

《法学研究学刊》在很大程度上是波斯纳的杂志。在最初的几年，学刊有一个由 8 位法学院老师组成的顾问委员会，但到后来就只有波斯纳的名字出现在标题页了。这份杂志没有把自己标榜为同行评审刊物，而且在严格意义上讲确实也不是。根

---

① Richard Posner, "Volume One of the Journal of Legal Studies—An Afterword," 1 *Journal of Legal Studies* 437 (1972).

② 同上。

③ 档案中保存的未写日期和收信人的信件草稿。

据一些熟悉 1970 年代法律经济分析的人士的说法，当时没有足
够多的专家来对这份杂志收到的稿件进行同行评审。① 波斯纳可
能是这个领域可见的最有学识的人，尤其是在把经济分析应用
到法律领域内范围广泛的部门和论题方面。再说，所有的杂志，
甚至是同行评审的杂志，都会在必要时给它们的编辑一定的自
由裁量权。而法律的经济分析这个发展中的法学研究领域对编
辑自由裁量权有持续的需求。波斯纳选择发表在他的杂志上的
文章帮助开启了法律的经济分析的奠基工程。"经济学方法"、
"有效率"、"经济分析"、"经济基础"、"……的经济学"、"经
济学理论"、"经验"、"法和经济学"以及"统计学分析"等词
汇经常出现在这份杂志头 10 年的总目录中。这些文章覆盖了法
律和法律系统中各个领域范围广泛的论题，包括司法。在他做
主编的 10 年里，波斯纳本人或者与合作者一起总共在这份刊物
上发表了 15 篇论文。

理论基础

波斯纳关于法律的经济分析的第一篇论文，"以杀害或伤害
的方式来保护一种财产权利益"发表在科斯主编的《法和经济
学杂志》上。② 第二篇论文发表在《法学研究学刊》的创刊号

---

① Emails of William Landes and Isaac Ehrlich to author, April 27, 2014.

② Richard Posner, "Killing or Wounding to Protect a Property Interest," 14
Journal of Law and Economics 201（1971）.

上，题目是"一种过失理论"。① 这两篇论文在说明法律的经济
分析可以做什么、它的基础是什么以及为什么需要这种分析方
面都非常重要。"以杀害或伤害的方式来保护一种财产权利益"
讨论了一个看起来非常简单的案例，它涉及两种很容易辨识的
利益之间的冲突，一种是保护你拥有的财产的权利，另一种是
在事实上没有必要的情况下免受致命伤害的权利。当时有一个
媒体广泛报道的案子，涉及一位俄亥俄州农民安装了一把弹簧
枪来保护他农舍里的财产。一个入室窃贼触发了弹簧枪，受了
伤。他向农舍主人提起了损害赔偿之诉并且胜诉了。促使波斯
纳写这篇文章的因素是，当他试图整理出适用于本案的法律的
时候，他发现法律是一团乱麻，这让他非常失望。案例汇编里
基本上找不到关于使用致命暴力保护财产应适用何种规范的判
决意见书，美国法律协会公布的总结侵权法的普通法原则的
《侵权法重述》在他看来也是令人困惑、缺乏一致性以及前后矛
盾。学者们无法成功地详细总结关于致命暴力规范之法律的原
因，在于"一种特定类型的学术固有的局限性以及以法典形式
重述普通法的企图"。② 那些试图用法典形式来重述普通法的人，
有一种"分割问题并且孤立地看待被分割后的每一个部分的倾
向；一种用修辞（比如关于人命的超验价值的修辞）来消解困

---

① Richard Posner, "A Theory of Negligence," 1 *Journal of Legal Studies* 29
(1972).

② Richard Posner, "Killing or Wounding to Protect a Property Interest," 14
Journal of Law and Economics 201, 208 (1971).

难问题的倾向；以及与前一种倾向相关的不愿意认真思考一种
法律旨在实现的实际目的的倾向"。① 他继续道："实际上，法
典化自然具有的对完整性、简明性和准确语词表达的执迷，会
不可避免地取代对基本问题的思考，并且会搅乱作为普通法方
法之特性的灵活性与实用性。"② 他强调，司法是关乎实践的。
法官们在对案件作出判决之前是用高度实践导向的方式来考量
案件的，因为"他们考虑的是不同的判决方式将会对适用于本
案的法律原则背后的实际关注点产生何种影响"。③ 随后他援引
了作为一个实用主义者的霍姆斯在他的"公共承运人与普通法"
中表达的观点，认为霍姆斯在写下如下段落的时候肯定也是这
么想的："法院极少提到而且在提到时总是表示抱歉的那些考量
因素，才是法律从中汲取生命养分的秘密根源。当然，我们这
里说的考量因素是指：对案件涉及的共同体而言，什么是最便
利的。"④ 霍姆斯很可能也会同意波斯纳的下一个评论：为什么
法官们在已经作出了一个实用的决定之后，要用"浮夸的、生
硬的、结论性的、被普通人揶揄为法条主义的行文风格"把它
写出来。⑤ 他继续用宣言式的语言写道："法学的任务在于透过
这种行文去看问题，并且回到导致这一决定的实际考量因素。

---

① 同上。
② 同上。
③ 同上。
④ 同上，引用的霍姆斯的话出自：O. W. Holmes, "Common Carriers and
the Common Law," 13 American Law Review 608, 630 (1879).
⑤ 同上，第 209 页。

但学者们似乎每每被判决意见书的风格、术语和概念所吸引，将它们的功能与司法的功能混为一谈。"① 至于要怎么做，波斯纳指向经济分析。他写道："一条避免此种危险的可能道路是用经济学方法来解决法律解释的问题。"② 要做到这一点就需要跳出作为法律文本的判决意见书，直面文本表象之下的事实和经济因素，并以此为起点展开分析。

波斯纳的第二篇关于法律的经济分析的文章，"一种过失理论"，是受这样一个发现的刺激而写就的：波斯纳认为，对于侵权法领域19世纪发生的从严格责任标准向过失标准转型这一历史过程，存在一种错误且固执的认识。③ 人们找出的常见原因包括：过失标准充当着对不断扩张的工业的补贴；事故民事责任的首要目的在于补偿受害人；过失是一个道德概念，这些都经不起认真的推敲。我们需要一种更好的解释，不过这种解释早已存在，那就是汉德过失公式，这是一种有鲜明经济学色彩的理论。其中包含的思想早在19世纪就被法官加以应用了，只不过要等到汉德来让它拥有一个名字以及一个让人容易记住的代数方程式，这个方程式让预防事故的成本、事故发生时损失的大小、发生事故的概率以及采取预防措施的责任都得到了量化表达。如果汉德关于过失的经济意涵的理论真的起源于19世

① 同上。

② 同上。

③ Richard Posner, "A Theory of Negligence," 1 *Journal of Legal Studies* 29 (1972).

纪，那么对 19 世纪那场从严格责任向过失责任标准转型的解释就是：当时的法官们已经采纳了一种侵权法的经济理论，尽管这种采纳从来都不是明示的，也没有在判决书中明确表述出来。波斯纳试图在这篇文章里证明：虽然 19 世纪的法官们没有明确说自己是在应用经济学理论，但他们实际上的确是在这样做。为了证明这一点，他回到当时案例本身，阅读了 1875 至 1905 年之间美国上诉法院作出的 1528 份关于事故的判决书。这是一种取样方法，在其中波斯纳阅读了 1875 年第一季度、1885 年、1895 年和 1905 年的每一份公布判决意见书，据他估计这构成"这个期间发表的全部事故案件上诉审判决意见书的三十分之一"。① 有了这些样本在手，他做了前人没有想过要做的事情：从这些判决意见书中摘取出关于过失的教义（doctrines），然后他发现这些案件都是基于经济因素来作出判决的。事实证明，经济分析比传统的基于判决意见书语言的方法更贴近普通法的可预测性内核。这种语言必须给一种理解经济因素间相互关系的方法让路。

《法律的经济分析》

如今已经出到第九版并且扩充到 1056 页的《法律的经济分析》，在 1972 年第一版时只有 395 页。这部书的各个版本总共

---

① 同上，第 34 页。

售出了 10 万册左右。① 波斯纳在 1972 年夏天的几个月里写了这本书并把书稿送给 11 位同行学者寻求评论。他单单挑出经济学家哈罗德·德姆塞茨来特别致谢，原因是他在与波斯纳的交谈中以及在 1970 年芝加哥大学财产权研讨课上贡献的思想。以类似的方式，波斯纳感谢了迪莱克特对反托拉斯法那一章的分析的影响。按照此书序言的说法，他所欠最多的是"那些通过他们的作品和交谈丰富了我对经济理论的一般理解以及对经济学与法学之间关系的理解的那些学者们：加利·S. 贝克尔，罗纳德·H. 科斯，艾伦·迪莱克特和乔治·J. 斯蒂格勒"。② 这本书探讨了经济理论在法律系统中的应用，讨论了非常广泛的主题，比如财产权和责任规则、合同法、反托拉斯法和公用事业规制、价格控制、公司法、资本市场规制、税法、减贫战略、种族歧视、言论自由、刑事制裁、法律程序以及行政程序。它的方法是就每一个主题问两个问题。第一个问题是经济学理论是否能够解释相关的法律规则或实践。第二个问题是经济学理论是否有助于提议法律中值得进行的改革。这本书试图带领读者去思考法律，思考赋予法律以生命的那些因素。序言指出，他想要强迫读者（他们中大多数是法学院学生）"去面对经济学，不是把它当成一套抽象理论，而是把它当成一种具有异常

---

① 波斯纳 2012 年 12 月 8 日致作者的电邮。

② Richard Posner, *Economic Analysis of Law* (Boston: Little, Brown, 1973).

广泛适用性的实用分析工具，可以用来分析法律系统中的各种问题"。① 他在一封信里解释说，这本书的教科书体例比一本阅读材料汇编式的书更适合用来讲授法律的经济分析，因为，除了这个领域本身尚未发育完全外，"文献中最好的部分对法学院学生来说很难读懂"。② 他说他在这本书里尝试去做的事情"是通过尝试性地填补已有文献中的某些显而易见的空白（当然这种尝试很多时候是很肤浅的）来赋予这个研究领域一种融贯性和视角感"。最后，他补充道，"借助阅读材料汇编来讲课非常容易从讨论问题走神到谈论作者"。③ 他在序言中宣称，相反，他的书试图"把对有关经济学原理的阐释融入对法律系统中的规则和制度的系统化的（尽管必然不完整的）考察之中"。④

波斯纳在他的序言中承认法律的经济分析有其局限性。在一个建议老师们在课堂上应当如何使用这本书的段落里，他解释说，因为这本书的内容本身可能已经足够清楚了，老师们不需要在上课时间把其中的知识点翻译成更简单的词汇，而是可以把时间用来考察学生的理解。任课老师"也可以用上课时间来讨论经济分析作为一种解释工具和规范工具的局限性"。⑤ 在

---

① Richard Posner, *Economic Analysis of Law*（Boston：Little，Brown，1973），第ix - x页。

② Posner to James Krier, January 20, 1975.

③ 同上。

④ Richard Posner, *Economic Analysis of Law*（Boston：Little，Brown，1973），p. x.

⑤ 同上。

一封写给斯坦福大学的前同事查尔斯·梅耶斯的信中，他进一步解释了他所说的局限性意味着什么，激发对这种局限性的思考正是这本书试图达到的目的之一。他期待"大部分的课堂时间将被用来让学生提出挑战，有时候也可以由老师发动，质疑使用经济分析方法是否有效、是否得体等，并批判本书当中随意作为例子提出的那些政策建议的合理性。这本书的目的就是刺激思考，而且我预料很多学生都会发现它真的很刺激。我故意对经济分析的局限性轻描淡写（虽然我承认它有很多局限性），以便给学生以及/或者老师提供一个课堂讨论中的攻击目标"。① 不过，这本书不仅仅是面向只有很少或没有经济学知识的法学院学生来写作的，波斯纳期待的读者还包括律师和经济学家，因为他的书不仅是总结概括了已有的法律的经济分析文献，在有些地方还补充了文献。

评论这本书的书评出现在很多期刊上。② 经济学教授彼得·戴尔蒙德（Peter Diamond）批评这本书里经济学的内容太少

① 72. Posner to Charles J. Meyers, November 6, 1972.

② 除了这里提到的这些书评外，其他的书评还包括：James M. Buchanan, "Good Economics. Bad Law," 60 *Virginia Law Review* 483 (1974)；James E. Krier, 122 *University of Pennsylvania Law Review* 1664 (1974)；John Palmer, "Book Review," 1 *Canadian Public Policy* 268 (1975)；"Book Review," 26 *Stanford Law Review* 711 (1974)；D. N. Dewees, "Book Review," University of Toronto Law Journal 320 (1974)；and Donald H. J. Hermann, "Book Review," 1974 *Washington University Law Quarterly* 354 (1974).

了。① 戈登·塔洛克（Gordon Tullock）自己也写过一本将经济学应用于法律的书，他抱怨说在索引中找不到自己的名字，但是他承认他那本试图应用福利经济学来"演绎出一部理想的法典的基本原则"的书对波斯纳可能没有太大帮助。② 马尔科姆·菲利指出："普通法法官在他们的法律分析中以效率为追求"这一主张忽视了法官的局限性，他们并不具备相应的能力来进行成本-收益分析。③ 经济学家 A. 米切尔·波林斯基（A. Mitchell Polinsky）指出波斯纳未能有效处理对他的有效率的理性人前提有影响的那些交易成本，而且他忽视了再分配成本。他写道，波斯纳带入他的竞争性市场范式之中的那些假定很可能是站不住脚的，用这本书当教材的教师们应当小心使用，以免让读者相信波斯纳声称构成效率理论的全部内容。出于这种考虑，波林斯基给自己的书评起了一个很不友善的题目："经济分析作为一种有潜在瑕疵的产品：波斯纳《法律的经济分析》用户指南"。④ 这本书的前提性假定，即人是自我利益的理性最大化者，对亚瑟·米勒（Arthur Miller）来说太夸张了，同样，波斯纳似乎完全相信激活他的那些分析的假定，这在米勒看来也不可思议。他写道："法学院世界里的波斯纳们想要把生动活泼而又乱

①　Peter A. Diamond, "Posner's Economic Analysis of Law," 5 *Bell Journal of Economics and Management Science* 294（1974）; 15 *Jurimetrics Journal* 60（1974）.

②　Gordon Tullock, "Book Review," 17 *Public Choice* 122（1974）.

③　Malcolm Feeley, 71 *Political Science Review* 422（1977）.

④　87 *Harvard Law Review* 1655（1974）.

七八糟的生活世界塞进他们叫作经济类型的小口袋里，这肯定经不起推敲"。① 最后，米勒注意到波斯纳在短短两页的结论篇里提出了这样一个想法："从经济学理论中演绎出法律本身最基本的形式特征，这是可能实现的"，并评论道："他可真敢写啊"。②

亚瑟·莱夫（Arthur Leff）在他的书评里也像米勒一样嘲笑了波斯纳两页纸的最后一章，并挖苦道："那可真幸福啊"。但莱夫的书评中提供的也不全是挖苦，他将波斯纳漫游法律奇境的故事类比于一部流浪小说，在其中，波斯纳跟着他的英雄——经济分析穿过一个个城镇，从一次经济分析冒险到下一次经济分析冒险。虽然没有挑明，对本书结构的这一洞见让莱夫得以将他在波斯纳这本书的深处看到的绝望，与一部流浪小说（比如亨利·菲尔丁的《汤姆·琼斯》）欢快、喜感的基调相对照。虽然莱夫在某种程度上似乎欣赏波斯纳所做的事情，但波斯纳试图推进的事业招致了列夫的嘲讽，乃至带有个人色彩的攻击。他抱怨波斯纳只看经验性的经济数据，而忽视了包括人类学、心理学和社会学在内的其他学科。这导致了莱夫所说的"四百页的一孔之见"。③ 他认为在波斯纳试图推销的价值

① Arthur Miller, "Economic Analysis of Law by Richard A. Posner," 10 *Journal of Economic Issues* 179, 180 (1976).

② 同上，第 179 页。

③ Arthur A. Leff, "Economic Analysis of Law: Some Realism about Nominalism," 60 *Virginia Law Review* 451, 452 (1974).

系统当中存在循环论证："人们做的事情就是好的，它之所以好，是因为人们正在做"。莱夫驳斥了效率或财富最大化的理性人假设，用他的话来说，"我们都知道并非所有价值都是由人们的支付意愿来决定"。波斯纳的最大错误就在于"总体论调上让人们以为它是（而用词上又否定它是）"。① 他写道："如果经济效率是普通法的组成部分，'实现正义，哪怕天崩地裂'（*fiat Justitia，ruat coeleum*）也是"。②

波斯纳没有从莱夫的书评里读到其他人或许读到了的恶意，或者即使他读到了也不以为意。一位朋友来信表示认同莱夫的负面评价，波斯纳回信说那篇书评看起来是在奉承。③ 他写道："我很高兴地看到这本书引起的震动以及人们对它的批评。这些批评，无论是发表出来的还是在交流中表达出来的，都不是那种会让作者受到困扰的批评"。④

策略

要让芝加哥大学以外的学者皈依法律的经济分析，需要放话出去，书面和口头的都很必要。波斯纳除了采取创办《法学研究学刊》以及写作和推广《法律的经济分析》这样的策略外，

---

① 同上，第 481 页。
② 同上。
③ Posner to Victor Ferrall, August 5, 1974.
④ Posner to Victor Ferrall, November 11, 1974.

似乎还有一套完整的发表策略。这个策略的一个组成部分是尽可能避开法律评论而尽可能在学者编辑的学术期刊（尤其是芝加哥大学的学者编辑的刊物，包括他自己的《法学研究学刊》）上发表论文。例如，他拒绝了辛辛那提大学法学院 1980 年的马克思讲座（Marx Lectures）邀请，因为演讲稿会发表在该院的法律评论上。他写信给该院院长解释道，这并不是一个有利条件，因为"我的作品不只是给法律人看的，也是给经济学家看的，而经济学家们一般无法看到法律评论，少数几个最出名的法学院出版的法律评论除外。这是一个事实，尽管很令人遗憾。虽然我过去曾经做过几次'绑定的'演讲，也就是演讲稿会发表在邀请演讲的法学院的法律评论上，但我现在已经决定不再这样做，因为这至少对我来说不是一种明智的发表策略"。① 这个拒绝法律评论的规则只有一个例外，那就是芝加哥大学法律评论，1969–1981 年波斯纳在那上面发表了 9 篇论文。同一时期，他总共在芝加哥大学范围内的学者编辑刊物上发表了 42 篇文章。他最喜欢的非芝加哥大学教师编辑的刊物是保罗·麦克沃伊（Paul McAvoy）主编的《贝尔期刊》（*Bell Journal*），他在上面发表了 6 篇文章。波斯纳的策略中还包括为他自己的咨询公司 Lexecon 做的经济分析。为两家客户做的研究具备足够的学术

① Posner to Dean Gordon Christenson, April 4, 1980.

含量，他们的修订稿分别发表在《贝尔期刊》① 和《哈佛法律评论》② 上。

论文

在芝加哥大学有很多要写的论文。首先波斯纳需要完成他关于反托拉斯法和规制问题的工作，这项工作始于他在斯坦福大学时写的关于卖方寡头和自然垄断的 2 篇文章。1969 年，波斯纳加入了美国律师协会一个研究联邦贸易委员会的课题组，该课题组得出的结论是联邦贸易委员会的内部管理十分混乱（没有足够的规划、委员之间的琐碎内斗太多、职员的能力不足以应付工作的挑战），但它的结构和法定目标是合理的。然而这种批评在波斯纳看来远远不够，所以他个人在课题组报告中加了一份单独的声明，说自己"对联邦贸易委员会没有什么好话要说"。③ 课题组的一些成员不想让他的声明进入报告。波斯纳

---

① 　Dennis Carlton, William Landes, and Richard Posner, "Benefits and Costs of Airline Mergers: A Case Study," 11 *Bell Journal of Economics and Management Science* 65 (1980).

② 　William Landes and Richard Posner, "Market Power in Antitrust Cases," 94 *Harvard Law Review* 937 (1981).

③ 　Richard Posner, "The Federal Trade Commission: A Retrospective," 72 *Antitrust Law Journal* 761 (2005).

后来在此基础上写了一篇论文，发表在《芝加哥大学法律评论》上。① 这篇论文指出：联邦贸易委员会很久以来就是批判的对象，但这些批判都忽视了最根本的问题：联邦贸易委员会所做的工作（或者说它所提供的公共物品）是否超过它的成本。波斯纳考察了联邦贸易委员会一年处理的全部案子的价值，指出在反托拉斯法和贸易限制业务上司法部是更合适的政府执法部门，而在欺诈行为案件上联邦贸易委员会所做的事情没有哪件是法院不能做的，如果需要做些什么的话。他总结道："如果本文呈现的分析是正确的话，联邦贸易委员会没有什么值得称道的作用。必要的改革不是重新定位，而是裁减"。② 他继续写道："我呼吁人们把更多的注意力放到依靠市场过程以及为市场交易提供框架的法律权利和司法救济上面，以此来替代联邦贸易委员会"。③ 依靠市场和司法部而不是联邦贸易委员会并不会消除所有的贸易限制或所有的欺诈。市场和司法部不能保证完全的成功，并不是用一个行政机关来作为替代物的理由，特别是考虑到已有的关于联邦贸易委员会绩效的证据。"基于我们获得的证据，拥有一个联邦贸易委员会的成本似乎超过了收益"。④ 2005 年，他再次讨论了联邦贸易委员会以及美国律师协会的课

---

① Richard Posner, "The Federal Trade Commission," 37 *University of Chicago Law Review* 47 (1969).

② 同上，第88页。

③ 同上。

④ 同上，第89页。

题组报告和他自己的论文，并欣喜地注意到这份报告产生了明显的效果，使具有更高素质的人被任命为联邦贸易委员会委员，更高素质的职员得到聘用，甚至带来了意识形态上的某种变化：使联邦贸易委员会更喜欢自由市场了。① 他的评价是联邦贸易委员会可以继续存在，只要它没有"变得自鸣得意并停止为国家的繁荣富强而努力"。

他在规制问题上的研究也在继续，1970 年，他在一篇 35 页的工作论文中考察了有线电视和地方规制，评估了地方规制的成本和收益，并探讨了完全取消规制是否可行的问题。② 他向卫生、教育和福利部提供了一份咨询报告并在此基础上写了一篇论该部的成本与需求的论文，经修改后发表在一份法律评论上，其中分析了国会即将审议关于国民健康保险方案的 13 部法律草案中的 5 部。③ 另一篇与斯坦福大学的查尔斯·梅耶（Charles Meyer）合写的论文，是一项国家水资源委员会资助的研究美国西部水权转让问题的课题的结果。一点儿也不出人意料，这篇文章主张水资源分配应当由市场力量及其对效率的兴趣来决定，

---

① Richard Posner, "The Federal Trade Commission: A Retrospective," 72 *Antitrust Law Journal* 761, 764 (2005).

② Richard Posner, *Cable Television: The Problem of Local Monopoly* (Rand Memorandum RM- 6309- FF, at iii, May 1970).

③ Richard Posner, "Regulatory Aspects of National Health Insurance Plans," 39 *University of Chicago Law Review* 1 (1971).

而不是由行政系统来决定。①

他在 1971 年和 1974 年都在《贝尔期刊》上发表了文章。②
后一篇文章以前一篇文章为基础，讨论了很有发展潜力的规制
经济学中经验研究的进展。与所谓的公共利益理论和捕获理论
不同，规制经济学的有效性取决于对不同行业及支撑它们的规
制的经验研究。规制必须被解释为"供求力量的结果。无法被
如此解释的结果被视为不利于这种理论的证据"。乔治·斯蒂格
勒在 1971 年首次提出了规制的经济学理论，用波斯纳的话来
说，斯蒂格勒主张规制应当被理解为"一种按照供求关系的基
本原理来配置的产品。"③ 在整理经验研究的过程中，波斯纳发
现有理由认为经济学上的规制理论可以走得更远，需要做更多
的研究。一个有趣的插曲是，编辑给波斯纳写了一封信，抱怨
他的论文中自引过多。波斯纳回道，他不得不引用自己的写过
的论文，因为大多数的二次文献都是自己写的。他说，他把自
己放到了脚注里，而把斯蒂格勒和其他人放到正文里讨论。不

---

① Charles J. Meyers and Richard Posner, *Market Transfers of Water Rights*: *Toward an Improved Market in Water Resources*, National Water Commission, Legal Study No. 4, Final Report, July 1, 1972, published by National Technical Information Service.

② Richard Posner, "Taxation by Regulation," 2 *Bell Journal of Economics and Management Science* (1971); Richard Posner, "Theories of Economic Regulation," 5 *Bell Journal of Economics and Management Science* 335 (1974).

③ Richard Posner, "Theories of Economic Regulation," 5 *Bell Journal of Economics and Management Science* 344 (1974).

过，他也承认自己理解编辑的意思，并承诺在将来的写作中尽量减少引用自己的次数。①

1971 年，他在一次关于新兴的计算机产业及其对电信业的影响之规制应对的研讨会做了报告，提出了无须规制的观点，这让其他与会者深感震惊。② 他对规制的直接挑战以及鲜明的经济学论证使其他学者认为他傲慢自大而且不知礼数。

在 1972 年的一次关于"规制医疗卫生设施建设"的会议上，情况也大体相同。这次会议的论文后来以同样的标题发表。③ 这里的关键问题是修建新医院时必须取得的州政府签发的所谓需求证书，这在当时颇为盛行。不出意料的是，波斯纳提出了反对意见。他指出，把医疗卫生服务作为公用事业来规制是不合理的。公用事业规制本身就是失败的，没有任何理由在医疗卫生服务业重复这种失败。更重要的是，医疗卫生服务业与公用事业有足够多的不同点，这使得同样的规制方法注定会失败。这次会议的基本假定是医院建设必须受到控制。波斯纳指出，没有人专门为建设控制或一般性地为其他规制手段提出

①　Posner to Paul MacAvoy, March 17, 1975.

②　Panel Discussion, in Martin Greenberger, ed. , *Computers*, *Communications*, *and the Public Interest* (Baltimore: Johns Hopkins University Press, 1971), pp. 242 - 56.

③　Richard Posner, "Certificates of Need for Health Care Facilities: A Dissenting View," in Clark C. Havighurst, ed. , *Regulating Health Facilities Construction* (Washington, D. C. : American Enterprise Institute for Public Policy Research 1974), p. 113.

合理性论证，因此这个问题应当终结于此，让市场力量继续发挥它的作用。正像在计算机产业规制会议上一样，波斯纳在讨论阶段毫不留情地指出别人论证中的弱点，比如，针对一位与会者的发言，他说，如果你去掉其中"卖乖的、幽默的修辞，剩下的是些没有任何逻辑或事实内核的东西"。①

最后两次对规制问题的介入是两份美国企业研究所（AEI）出版的小册子，是该机构出版的政府规制评价性研究系列的一部分。罗纳德·科斯和米尔顿·弗里德曼都是美国企业研究所顾问委员会的成员。波斯纳在1973年出版了《联邦贸易委员会的广告规制》，正像在其他场合一样，他指出：具体就广告业务而言，联邦贸易委员会并不是完成规制任务的合适机构，广告作为一种原生业务并不需要规制。② 在1976年出版的小册子中，他讨论了罗宾逊-帕特曼法案中的旨在遏制通货紧缩的联邦价差规制，该法案是1935年通过的一部在最高法院宣布《国家产业复兴法》无效之后打击价格下行弹性的法律。③ 波斯纳分析了这部法律的效用，得出结论说：它要么应当因为没有效果而被废除，要么可以在纸面上继续保留但不被实施。波斯纳主张废除这部法律的依据是他对这部法律实际效果的评估，即便是没有多少关于这部法律及其执行效果的硬数据。他的观点是：差别

① 同上，第123页。

② *Regulation of Advertising by the FTC* (American Enterprise Institute, 1973).

③ Richard Posner, *The Robinson - Patman Act: Federal Regulation of Price Differences* (American Enterprise Institute, 1976).

定价问题属于《谢尔曼法》的管辖范围，"废除此法可以让差别定价问题通过循序渐进的方式在法院对《谢尔曼法》的解释中得到处理。"①

在反托拉斯法领域，他的一篇文章对反托拉斯法的执法情况做了统计学分析，这项研究是依迪莱克特和斯蒂格勒的建议进行的。② 论文考察了由商业结算出版集团＊出版的系列判例集中收录的 1890 年以来司法部提起的所有反托拉斯法案件。波斯纳从多个角度分析了这些案件，考虑了案件数量、胜诉和败诉比率、民事或刑事救济的选择、以及司法程序所耗费的时间长度，然后对司法部反托拉斯业务司的工作提出了严厉的批评，认为它缺乏效率并忽视了认真规划必备的先决条件，尤其是前期统计工作。他的结论是该部门本来应当像一个企业那样来经营，但却没有。

波斯纳在 1969 年对联邦贸易委员会所做的批判差不多就是主张它应当被解散，而这种批判一年之后又疾风骤雨般地落到了司法部反托拉斯业务司头上。在"反托拉斯业务司改革方案"一文中，波斯纳提出了内部清理和任务调整的方案。② 他想要按

---

① 同上，第 52 页。

② Richard Posner, "A Statistical Study of Antitrust Enforcement," 13 *Journal of Law and Economics* 365（1970）.

＊ Commerce Clearing House 是荷兰和美国大型出版集团 Wolters Kluwer 旗下的一家软件开发和图书出版公司，始创于 1913 年。——译者

② Richard Posner, "A Program for the Antitrust Division," 38 *University of Chicago Law Review* 500（1971）.

照一家适用成本-收益分析的企业的模式来重组反托拉斯业务司，这种方法"可以被看作是试图通过发现和执行那些净社会产出最大的政策来最大化反托拉斯执法行动的效率。"① 与他关于联邦贸易委员会的研究一样，这项对反托拉斯业务司的分析体现了一种"本文作者最懂"的口吻。正如波斯纳自己承认的那样，它的前提假定是作者本人的主观判断，这一评价在本文罗列可能的改革方案的那一节的一个脚注中得到支持，其中写道：此处的讨论严重依赖于作者在政府工作时的个人感受，那段经历中的各种任务安排，为他"提供了机会从各个不同的角度去观察反托拉斯业务司，在进行这种观察时，作者保持了一定程度的超然性"。②

波斯纳将自己定位为一名最高法院分析师的角色，在 1975 年至 1981 年的 6 篇文章里审视了该院的反托拉斯法判例。所有这些文章都对法院在反托拉斯法案件中的表现进行了评估，其中 3 篇明确如此，还有 3 篇把这种评估嵌入更大的议题当中。1975 年的 2 篇文章篇幅比较长，其中一篇是演讲稿，另一篇是在演讲稿的基础上扩充而成。③ 他追踪了反托拉斯法领域法律教义的发展，并批评法院的工作没有受到理论的激励，也没有给

① 同上，第 501 页。
② 同上，第 530 页，注 97。
③ Richard Posner, "Antitrust Policy and the Supreme Court: An Analysis of the Restricted Distribution, Horizontal Merger and Potential Competition Decisions," 75 *Columbia Law Review* 282 (1975); Richard Posner, "The Supreme Court and Antitrust Policy: A New Direction?," 44 *Antitrust Law Journal* 141 (1975).

律师提供准确意见所带来的指导。从主持人对他的发言表示感谢的用语来看，波斯纳的坦率评论似乎让听众感到惊讶，他认为法官们似乎在反托拉斯法案件中力不从心，他们让助理来撰写挂着自己名字的意见，这加剧了他们的无知，并使得律师很难知道每一位法官对反垄断的真实想法。沃伦法院偏向原告的判决使事情变得更糟，只有一个例外，那就是布伦南大法官在费城国民银行案中的意见。[1] 这一意见是建立在对寡头垄断和经济理论的理解基础上的，并提出了禁止集中的量化措施来为律师提供指引：“我们必须有明确的规则，而这些规则必然包含量化的尺度。”[2] 他尖锐地批评了最高法院在“美国诉冯氏杂货公司”案[3]中无视政府主张并作出与政府的建议毫不相关的判决的做法（此案中政府一方的出庭律师恰好是他）。[4] 他说，这个结果超出了政府所要求的，但这并不能证明它是正确的。在 1978 年反托拉斯法分会主办的一次讨论伯格法院与反托马斯法的会议上，[5] 波斯纳赞扬了伯格法院在审理反托拉斯案件方面有所改进的司法技艺，也肯定了它承认反托拉斯与杰斐逊主义的民主

---

[1]　*United States v. Philadelphia National Bank*, 374 U. S. 321, 83 S. Ct. 1715 (1963).

[2]　Richard Posner, "The Supreme Court and Antitrust Policy: A New Direction?," 44 *Antitrust Law Journal* 141, 145 (1975).

[3]　384 U. S. 270, 88 S. Ct. 1478 (1966).

[4]　Richard Posner, "The Supreme Court and Antitrust Policy: A New Direction?," 44 *Antitrust Law Journal* 141, 146 (1975).

[5]　Richard Posner, "The Antitrust Decisions of the Burger Court," 47 *Antitrust Law Journal* 819 (1979).

无关。他解释说，伯格法院面临的问题是，它没有太多的反垄断案件可以推翻沃伦法院那些偏向原告的先例。尽管没能做到更多，伯格法院至少尝试给了律师他们想要看到的那种司法意见："一以贯之，坦率，对先例和立法历史的适当尊重，以及对司法部门局限性的认识。"①

如果让人知道费城国民银行案的判决是波斯纳起草的，而他又把该判决作为反垄断法正确思路的最高标准，这或许会让人皱眉头。他宣称，法院在国民银行案中对反托拉斯法作出了正确的解释，而这一判决本应成为法院处理反垄断法案件的一个范本，这显然表明他认定自己找到了正确的道路。除了作出这个评价，他还对法院在冯氏杂货公司案中的判决进行了评论，对法院没有采纳负责制定联邦政府反垄断政策的政府首席律师办公室的意见表达了恼怒的困惑（irritated bewilderment），而该办公室的意见也正是波斯纳本人在提交给法院的意见书和口头辩论中表达的，波斯纳认为该办公室在分析反垄断问题方面比法院更有专业优势。这些因素加在一起，使我们看到：在1970年代中期发表的几篇反垄断法论文中，波斯纳似乎是在说，只要法院遵循了他在费城国民银行案判决中写下的意见，此后又听从了他在冯氏杂货公司案中向法院提供的意见，那么后来出现的这些反垄断法领域的问题就都可以避免了。用他自己的话

---

① 同上，第825页。

来说，他很高兴"惹恼"最高法院①，这暴露了他的意图。值得一提的是，波斯纳的下一篇关于反托拉斯的文章保持了这种个人化的风格，这篇文章对席尔瓦尼亚（Sylvania）案中法院关于实质性纵向非价格限制的意见进行了反思，此案推翻了施温（Schwinn）案的判决，②而施温案中代表政府出具意见和进行口头辩论的也正是他本人。这一案件，他也向政府作了简报并为其辩护。不过，参与过施温案只是他的个人关联的一部分。在施温案之后的一年里，他改变了自己的观点，认为将对经销商竞争的非价格限制作为销售合同的一部分，这本身不一定是非法的，他很高兴地报告说，最高法院在席尔瓦尼亚案判决中已经遵循了他的指引，引用了他的学术著作，并得出了非常接近于他的新观点的结论，即这种限制不是必然非法。③

更多的而且有些不同的经济分析

从 1975 年开始，波斯纳又回到经济分析的主题和论辩，其

---

① Richard Posner, "The Supreme Court and Antitrust Policy: A New Direction?," 44 *Antitrust Law Journal* 141, 143 (1975).

② Richard Posner, "The Rule of Reason and the Economic Approach: Reflections on the Sylvania Decision," 45 *University of Chicago Law Review* 1 (1977); *Continental T. V., Inc. v. G. T. E. Sylvania Inc.*, 433 U.S. 36, 97 S. Ct. 2549 (1977); *United States v. Arnold, Schwinn & Co.*, 388 U.S. 365, 87 S. Ct. 1856 (1967).

③ Richard Posner, " The Rule of Reason and the Economic Approach: Reflections on the Sylvania Decision," 45 *University of Chicago Law Review* 1, 2 (1977).

标志就是一篇论证法律的经济分析的好处，并提出若干把它更充分地融入法学院教学结构的方式的论文。① 他回顾了经济分析的历史，描述了它的一些基本见解，提议了若干未来的领域方向，论证了它在法学院教育中的位置，并回应了经济方法遭到的主要批评。他在这篇文章中没有使用"财富最大化"一词。尽管如此，他还是认识到，经济分析可能是法律人难以接受的东西，"法律的逻辑实际上就是经济学，这一观点对许多法学学者而言是难以接受的，他们认为这是一种外来学科的从业者试图从他们那里抢走地盘。"②

波斯纳在"功利主义、经济学与法律理论"一文中使用了"财富最大化"这个术语，用来主张或解释法律的经济分析与备受责难的功利主义之间的区别。③ 这篇论文是提交给《法学研究学刊》在1979年主办的"普通法的变迁：法学和经济学视角"研讨会的。经济分析的目标，即财富最大化，不同于功利主义的唯一目标，即促进幸福。"财富是社会上所有事物的货币价值或货币价值等价物。其度量方法是人们愿意为得到某物付出多少钱；或者是当他们已经拥有某物时，让他们放弃该物时他们会要求赔偿多少钱。因此，在一个财富最大化系统中，唯一一

---

① Richard Posner, "The Economic Approach to Law," 53 *Texas Law Review* 758 (1975).

② 同上，第764页。

③ "Utilitarianism, Economics, and Legal Theory," 8 *Journal of Legal Studies* 103 (1979).

种会被计算进去的偏好就是可以用货币表示的偏好——换句话说，就是被市场机制记录在案的那种偏好。"① 罗纳德·德沃金也参加了这个研讨会，他反对波斯纳的方法，将自己的论文定名为"财富是一种价值吗"，并回答说"不是"。他指出：只有那些认为钱最多的人就最幸福的人才会提出这种主张。② 那些参加过这次会议的人把德沃金和波斯纳的这次交锋称为赌注很高的史诗性战役。有人说德沃金得心应手地赢得了这场即兴辩论，用他流畅、优雅、从容不迫的辩论技巧把与会者搞得目眩神迷。理查德·艾普斯坦与波斯纳素有罅隙，他可能当时就为德沃金狠批波斯纳喝彩了。他在 2013 年德沃金去世的时候写了一篇悼念文章，其中就提到自己也参加了 1979 年的那次会议，"彼时这两位巨人在［财富最大化］问题上针锋相对。我认为，德沃金的论辩技巧和胆识胜过对手一筹，让我们享受到了一场我在其他场合很少见过能与之等量齐观者的修辞盛宴。"③ 德沃金善于使用恰当的比喻，哪怕这种比喻已经是人们耳熟能详的。现在是哥伦比亚特区联邦巡回上诉法院资深法官的史蒂芬·威廉姆斯（Stephen Williams）当时也在会场，他记得德沃金说"波

---

①　同上，第 119 页。

②　Ronald Dworkin, "Is Wealth a Value?," 9 *Journal of Legal Studies* 191, 194 (1980).

③　Richard Epstein, "Ronald Dworkin: A Tribute from the Other Side of the Political Spectrum," *Ricochet*, found at http://richot.com/profile/1480, posted February 19, 2013.

斯纳就像那个在路灯杆下找钥匙的人，因为那里最亮"。[①] 法学教授兰迪·巴内特（Randy Barnett）是另一位与会者，他注意到波斯纳并没有意识到自己已经输了，他不断冲着德沃金出拳。

次年，这两位斗士再次相聚于一个研讨会，用荷马的话来说，他们的头盔闪闪发亮，又一次展开了关于财富最大化的辩论。波斯纳引用自己芝加哥研讨会上的论文作为开场白："在一篇最近的文章里，我主张：与一个旨在最大化效用（幸福）的社会不同，一个旨在最大化财富的社会将产生一种道德上有吸引力的组合，其中结合了幸福、权利（包括自由和财产权）以及与社会上最不幸成员的分享。"[②] 紧接着是一句藐视对手的话："显然，我没有充分解释这种组合为什么是在道德上有吸引力的。"[③] 他似乎既厌倦又恼怒于要再次就此进行辩论，但却不得不这样做。而他的批判者们却仍然没有被说服。

波斯纳曾经在《法律的经济分析》序言以及在当时围绕这本书而进行的通信讨论中论证过，经济分析尽管有其局限性但仍是有用的，但这次的战斗却不是针对这个更具一般性的问题，而是具体针对财富最大化。在这个战线上，波斯纳被迫撤退了，或者说被迫在一定程度上修正了自己的主张。在《法理学问题》中，他承认自己曾经犯过错，并打算重新思考自己曾经错误对

---

① 史蒂芬·威廉姆斯（Stephen Williams）2014 年 7 月 4 日致作者的电邮。

② Richard Posner, "The Ethical and Political Basis of the Efficiency Norm in Common Law Adjudication," 8 *Hofstra Law Review* 487 (1980).

③ 同上。

待的那些维度。他以"规范理论本身就具有很强的争议性"这一观点开篇，然后对他的反对者给予充分的肯定，他写道"这场讨论的大多数参与者认为财富最大化是一个糟糕的理论，虽然许多批评可以得到回答，但有几个无法得到回答，我将集中精力讨论这些无法回答的问题。"①

在承认德沃金在财富最大化辩论中非常令人信服方面，波斯纳更加开诚布公。詹姆斯·哈克尼（Jamcs Hackney）曾经对10位美国法学家做过系列访谈，在2012年作为一本书出版*，其中波斯纳在访谈中被问及他关于权利理论的观点从他的早期作品到成为实用主义者之后有何变化，他回答道，在一开始的时候，他曾经"十分教条化地想要以非常纯粹的形式来应用经济学"，但后来他修正了自己的观点，"部分原因是我从德沃金那里得到了很好的批评，主要是他的'财富是一种价值吗'一文。那是相当令人信服的。"他接着说："如今，在担任法官25年之后，我已经去掉了我的思想上的坚硬棱角。"②

---

① Richard Posner, *The Problems of Jurisprudence* (Cambridge：Harvard University Press，1990），p. 375.

② James Hackney, *Legal Intellectuals in Conversation* (New York：New York U-niversity Press，2012），p. 52.

* 这本书已有中译本：［美］詹姆斯·哈克尼编：《非凡的时光：重返美国法学的巅峰时代》，榆风（田雷、左亦鲁、戴昕、阎天、丁晓东和刘晗的集体笔名）译，北京大学出版社2016年版。

书

在《法律的经济分析》之后，波斯纳又出版了更多的书，采取了更多的出书策略。其中之一是在 1977 年出版了经过修订扩充的《法律的经济分析》第二版。这是在第一版出版仅仅 4 年之后的一个新版，但其中有一个非常明显的变化，就是波斯纳关于边沁的功利主义（即将道德同最大多数人的最大幸福关联起来的学说）的观点改变了，这或许是第一版与第二版之间的最大区别。波斯纳在第一版中写道："边沁的功利主义，就其作为人类行为的实证理论这一点而言，是经济学理论的另一个名称。"① 这句话在第二版中被删掉了，使波斯纳得以将自己的财富最大化理论与边沁的功利主义区分开来。第二个策略是在出版过《法律的经济分析》的利特尔和布朗出版社（Little, Brown and Company）出版了《合同法的经济学》，这是一本文集，收录了多位作者写的论述各种合同法原理的论文，也收录了几篇讨论合同法的经济学基础的论文，旨在作为法学院学生使用的合同法案例汇编的补充读本。② 波斯纳自己也为这本文集贡献了几篇自己写的以及与他人合写的论文，分别讨论了无因

---

① Richard Posner, *Economic Analysis of Law* (Boston: Little, Brown, 1973), p. 357.

② Anthony T. Kronman and Richard A. Posner, eds., *The Economics of Contract Law* (Boston: Little, Brown, 1979).

允诺、单方面合同与暗示合同以及履约不能。最后但或许最重要的传播经济分析话语的策略是出书，他在 1976 年出版了《反托拉斯法：一个经济学视角》①，在 1981 年出版了《正义的经济学》②。在这两个场合，波斯纳采取的策略都是把已经发表过的论文归拢起来，在一定程度上加以修改，并且把它们包装成有统一主题的书。

《反托拉斯法：一个经济学视角》*

这是波斯纳的很多部重新整理、有时也修改或重写已经发表过的论文而汇编成的文集之一。波斯纳在他 7 年时间里发表的一系列反托拉斯法论文中，已经承认自己"对法托拉斯法的现状有一种彻底的不满"，而这本书提出的是"一份相当详尽的大修蓝图"。③他主张，反托拉斯法的正确目的是促进竞争，而这里的竞争是指经济学所定义的竞争。他的这本书是关于经济学及其与反托拉斯法以及它的执行之间的相关性的。他表明了对反托拉斯法进行经济分析会引出的一些时而让人感到惊讶的观点，由此导致的改革建议涉及一些根本性的改变，此种改变

①　Richard Posner, *Antitrust Law : An Economic Perspective* (Chicago : University of Chicago Press, 1976).

②　Richard Posner, *The Economics of Justice* (Cambridge : Harvard University Press, 1981).

③　Richard Posner, *Antitrust Law : An Economic Perspective* (Chicago : University of Chicago Press, 1976), p. vii.

＊　此书第二版已有中译本：［美］波斯纳著：《反托拉斯法》，孙秋宁译，中国政法大学出版社 2003 年版。——译者

涉及"关于串通、并购、竞争对手之间的信息交流、产品分销竞争限制、垄断、抵制以及其他反垄断法学的传统领域的基本原理。"① 不说别的，这些建议至少需要被认真对待。他明确表示自己想要赢得更多读者，不只是读到过他的那些论文的学术界读者，为此他对这些文章进行了修改，使其更加易懂。这一事实被几乎所有的评论注意到了，尽管至少存在一种保留意见。"我们必须承认，与这个领域的其他人不同，他知道如何写作，"1972 年至 1976 年担任司法部反托拉斯业务司负责人的托马斯·考珀（Thomas Kauper），在发表于《密歇根法律评论》（Michigan Law Review）上的一篇长达 36 页的书评的第一段中指出："尽管他的写作风格不时透露出一种传教气息。"② 另一位发表评论的反托拉斯法领域重要人物是比尔·巴克斯特，在里根就任总统后，他将成为司法部反托拉斯业务司的负责人，他的评论强调了这本书的可读性以及它对法学和经济学两种立场的精细阐述。③

　　这本书是一系列关于反托拉斯法的论文经修订后的合集，这对一些读者来说是个问题，而另一些读者则毫不在意。特里·卡拉维尼（Terry Calavini）的书评一开始便哀叹说这本书收集了若干已经发表过的论文，但他随后又承认此书是波斯纳在

---

① 同上，第 ix 页。

② Thomas Kauper, "Review of Antitrust Law: An Economic Perspective by Richard Posner," 75 *Michigan Law Review* 768（1977）.

③ William Baxter, "Review of Antitrust Law: An Economic Perspective by Richard Posner," 8 *Bell Journal of Economics and Management Science* 609（1977）.

反托拉斯法方面的学术成果集成，他认为这正是它的主要价值
所在。① 另外一些人持更加批判性的态度。考珀指出，这本书对
其各个论题的处理是参差不齐的，但读者值得读到一本各个论
题都得到充分展开的书。根据考珀的说法，这一缺陷源于波斯
纳选择以论文的形式推演某些观点，而其他观点则在书中得到
草率处理。② 彼得·施泰纳（Peter Steiner）写道，这本书并不
像波斯纳希望我们认为的那样是聚焦的讨论，而是"大胆、不
均衡和风格独特的"。③ 他指责波斯纳的高产，认为他是一个
"不知疲倦的作者，同时，不太值得称赞的是，他也是一个把自
己写的东西不断推广的书商。"④

《正义经济学》

《正义经济学》收录了波斯纳以前发表过的 14 篇论文，其
中一些有修订，但大多数没有。他将财富最大化观点适用于更
广阔的范围，除了收录了几篇关于财富最大化的会议论文以及
对德沃金的财富最大化评论的回应外，还收录了一篇关于边沁
和布莱克斯通的长篇论文，讨论了人作为理性最大化者在其所

---

① Terry Calvani, "Mr. Posner's Blueprint for Reforming the Antitrust Laws," 29 *Stanford Law Review* 1311, 1312 - 13 (1977). .

② Thomas Kauper, "Book Review," 75 *Michigan Law Review* 768, 804 (1977).

③ Peter O. Steiner, "Book Review," 44 *University of Chicago Law Review* 873, 875 (1977).

④ 同上，第 877 页。

从事的所有活动中追求满足最大化的问题。第二部分从历史的角度拓宽了经济分析的范围，并将其应用于原始和古代文化，借此展示经济学理论的应用。古希腊社会的运行事实是从荷马史诗中筛选出来的，然后用经济分析的方法来处理，从而展示其应用。对隐私权以及最高法院的隐私权判例进行经济分析的几篇文章构成第三部分。第四也就是最后一部分则收录了关于贝克（Bakke）和德福尼斯（DeFunis）案的论文，以及《法律的经济分析》中关于歧视的经济学的那一章。

这本书得到了广泛的评论，① 许多评论者纠结于此书的篇章结构以及波斯纳的财富最大化观点。波斯纳认为"正义的含义、国家的起源、原始社会的法律、复仇、隐私权、诽谤、种族歧视和平权行动"都是适合用经济学方法来分析的问题，经济学方法不应该被限定在对市场及其概念与活动的研究之中。② 然

① 除了正文中提到的这些书评外，还有其他一些书评：Jules Coleman, "The Normative Basis of Economic Analysis," 34 *Stanford Law Review* 1105 (1982); Michael McPherson, "Book Review," 2 *Law and Philosophy* 129 (1983); Alexander J. Field, "Book Review," 20 *Journal of Economic Literature* 73 (1982); Derek Morgan, "Book Review," 41 *Cambridge Law Journal* 206 (1982); Thomas Sharpe, "Book Review," 93 *Economic Journal* 248 (1983); Eli M. Noam, "Book Review," 7 *American Bar Foundation Research Journal* 269 (1982); Peter J. Hammond, "Book Review," 91 *Yale Law Journal* 1493 (1982); Donald H. J. Hermann, "Book Review," 33 *Hastings Law Journal* 1285 (1982); M. Neil Browne, John H. Hoag, and S. M. Ashiquzzaman, "Book Review," 16 *Georgia Law Review* 767 (1982); and Thomas D. Barton, "Book Review," 80 *Northwestern University Law Review* 476 (1985).

② Richard Posner, *The Economics of Justice* (Cambridge: Harvard University Press, 1981), p. 1.

而，评论者对此表示怀疑。他们没有被导言中的论点所说服，即"经济学家用来研究市场的基本分析工具，将表明有可能更广泛地使用经济学来研究其他问题"足以将不同的文章组合成一本有内在凝聚力的书。[①] 还有一些评论者认为，尽管这本书的文集性质削弱了它的聚焦性和论题统一性，但它也有其优势。并不是所有的评论者都认为波斯纳将经济学方法用到其他学科的尝试是令人满意的。一位评论者批评了波斯纳对荷马时代希腊社会和政治秩序的解释，更不用说他对原始社会和古代社会的一般解释了，评论道：这样的解释显示出"令人惊讶的学术狂妄"。[②]

　　大多数评论者的实质性批评都是追随德沃金的路数，指出波斯纳的方法中包含的财富最大化观点的瑕疵。但评论者们抓住的攻击点却多种多样。有些批评会让胆小怯懦者感到不适。一位评论者总结道："模仿总是有点不公平。但波斯纳毫无疑问欢迎它，用他活力四射的、粗犷的论述。这一点是毫无疑问的，他的方法的解释和描述的能力会被一些人毫不犹豫地加以模仿。这是一本给真正的信徒写的书。"[③] 另一位评论者指出，波斯纳"对实质性批评表现出轻率的态度"，他认为这是因为波斯纳

　　① 同上。

　　② Bradley Honoroff, "Reflections of Richard Posner," 18 *Harvard Civil Rights-Civil Liberties Law Review* 287, 295 (1983).

　　③ Peter Reuter, "A Just Use or Just Use Economics," 70 *California Law Review* 850, 869 (1982).

"对经济学的深信不疑，不仅是作为一种方法，而且是作为对世界的描述"。① 该书的感受力也成了一个问题。伊扎克·恩格拉德（Izhak England）在《哈佛法律评论》上发表的书评中指出，"波斯纳的书因其令人悲伤的无灵魂而让人感到不适。它对人类的情感、欢笑或泪水、欢乐或悲伤一无所知。它用冷酷的理智向微妙的人类关系纽带散发出阵阵寒意。"② 意识到这种反应，一位评论者提到了对波斯纳关于财富最大化的文章及其收录在《正义经济学》中的版本的"恶毒反应"，指出这种反应是"有趣的"。③ 波斯纳是一个"有吸引力的目标"，这位评论者指出，因为他"明显故意冷淡地去评估他自己的理论有时会产生的令人望而生畏的后果"，④ 比如他否认"存在一种宽泛的社会责任去支持那些无法养活自己的人。因此，在一个以财富最大化为指导原则的制度下，一些缺乏生产能力的人可能会挨饿。"⑤ 一位评论者写道，波斯纳"乐于扮演挑衅者的角色"⑥，并确信他

---

① Bradley Honoroff, "Reflections of Richard Posner," 18 *Harvard Civil Rights-Civil Liberties Law Review* 287, 292（1983）.

② Izhak England, "The Failure of Economic Justice," 95 *Harvard Law Review* 1162, 1176（1982）.

③ Richard Schmalbeck, "The Justice of Economics," 83 *Columbia Law Review* 488, 489（1983）.

④ 同上。

⑤ 同上。引用的波斯纳原话来自：Richard Posner, "A Reply to Some Recent Criticisms of Efficiency Theory of the Common Law," 9 *Hofstra Law Review* 775, 791（1981）.

⑥ Bradley Honoroff, "Reflections of Richard Posner," 18 *Harvard Civil Rights - Civil Liberties Law Review* 287, 288（1983）.

所提出的主张值得这种挑衅。波斯纳在一段话中声称，"财富最大化方法的一个含义是……缺乏足够的赚钱能力来支持最低体面生活水平的人在资源分配方面没有发言权，除非他们是有财富的人的效用函数的一部分"，并且"如果［一个人］碰巧生来弱智，他的净社会产出便是负的，他没有权利获得社会的供养，即使他缺乏自食其力的能力并不是由于他自己的错。"①

亲自传教

波斯纳作为一位经济分析的传教士的总体战略的另一个方面在 1970 年代开始全面展开了，那就是发表演讲、参加会议、教学以及有时候跟人闲聊。口头传教之后往往紧随着书面稿的发表。除了前面顺带提及的若干事件外，波斯纳在 1971 年参加了在华盛顿举行的美国律师协会（ABA）反托拉斯法分会的年会。1972 年他去加州大学洛杉矶分校做了一次演讲，讲的内容是《法律的经济分析》中关于宪法的一章的初稿，并且得到哈罗德·德姆塞茨的很有价值的评论。他还参加了由罗彻斯特大学研究生管理学院和亨利·曼（Henry Manne）举办的关于政府政策与消费者保护的会议。② 1973 年，他在哈佛大学肯尼迪政

---

① 同上，第 295 页注 26。引用的波斯纳原话来自：Richard Posner, The E-conomics of Justice（Cambridge：Harvard University Press，1981），p. 76.

② Richard Posner, "Reflections on Consumerism," *University of Chicago Law School Record*, spring 1973, p. 19.

府学院做了关于行政规制的经济理论的演讲。1974 年，他在斯坦福大学的研讨会上提交了一篇论文。他还在哥伦比亚大学的一个关于政策去集中化的会议上提交了一篇论文。① 他在纽约碰到了欧文·克里斯托（Irving Kristol），在克里斯托的劝说下，波斯纳同意加入美国企业研究所的顾问委员会。他给伊利诺伊州律师协会做了一场关于约定限价（price-fixing）案中的责任证明问题的讲座，参加了在哈佛大学举办的美国法学院协会会议，参加了一次诺林音乐公司（Norlin Music）主办的反托拉斯法合规问题研讨会。

波斯纳在 1975 年变得更忙。他在贡萨格大学（Gonzaga University）法学院做了一场演讲，还给费城学会（Philadelphia Society）做了一次讲座。他参加了在华盛顿举办的美国企业研究所关于平权行动（affirmative action）的圆桌会议。② 他去德克萨斯大学法学院做了一场关于经济分析的讲座。③ 他去纽约参加了美国电话电报公司主办的研讨会，并且在美国律师协会的反托

---

① Richard Posner, "Problems of a Policy of Deconcentration," in Harvey J. Goldschmid et al. , eds. , *Industrial Concentration : The New Learning* (Boston : Little, Brown, 1974), p. 393.

② Richard Posner, *Affirmative Action : The Answer to Discrimination?* (American Enterprise Institute Round Table, 1975) (with Ralph K. Winter Jr. , Owen Fiss, Vera Glaser, William Raspberry, and Paul Seabury).

③ Richard Posner, "The Economic Approach to Law," 53 *Texas Law Review* 758 (1975).

拉斯法会议上发表了演讲。① 他去华盛顿与美国企业研究所顾问委员会的其他成员会谈。他在哈佛法学院做了一场演讲。他在亨利·曼主持的一个在迈阿密大学举办的暑期班上讲授法和经济学。他参加了哥伦比亚大学的法和经济学研究会议并提交了一篇论文。② 1977 年，他再次来到迈阿密大学，在迈阿密法和经济学中心讲授课程。他在加州大学伯克利分校博尔特法学院的法和经济学工作坊，就一篇关于合同法上的履约不能问题的文章做了报告。③ 他去华盛顿参加了司法部反托拉斯业务司的系列研讨会，还参加了联邦律师协会（Federal Bar Association）*主办的反托拉斯法简报会。④ 1978 年，他在佐治亚大学做了约翰·A. 西布雷（John A. Sibley）讲座。⑤ 他赴瑞典参加了一个

---

① Richard Posner, "The Supreme Court and Antitrust Policy: A New Direction?," 44 *Antitrust Law Journal* 141 (1975).

② Richard Posner, "The Federal Trade Commission's Mandated - Disclosure Program: A Critical Analysis," in Harvey J. Goldschmid, ed., *Business Disclosure: Government's Need to Know* (New York: McGraw - Hill, 1979), p. 331.

③ Richard Posner and Andrew Rosenfield, "Impossibility and Related Doctrines in Contract Law: An Economic Analysis," 6 *Journal of Legal Studies* 83 (1977).

④ Richard Posner, "The Rule of Reason and the Economic Approach: Reflections on the Sylvania Decision," 45 *University of Chicago Law Review* 1 (1977).

⑤ Richard Posner, "The Right of Privacy," 12 *Georgia Law Review* 393 (1978).

* 与美国律师协会（ABA）和各州律师协会不同，联邦律师协会不是律师的行业自治机构，而是自愿加入的专业协会，参加者是从事联邦法律业务的律师以及联邦法院法官，其目的在于促进联邦法律业务从业者之间的交流。该协会创办于 1920 年，其固定出版物包括《联邦律师》（*The Federal Lawyer*）。——译者

法学学术会议。他在布法罗大学做了一次讲座。[1] 他再次到迈阿密大学法学院法和经济学中心为暑期班授课。在宾夕法尼亚大学举办的一个反托拉斯法会议上，他提交了一篇论文。[2] 1979年，他在美国法学院协会的法理学分会做了一场关于法律中经济学的讲座。[3] 他参加胡佛研究所的一次关于规制的会议，他还给纽约律师协会的反托拉斯法分会做过一次讲座。[4]

咨询/律师业务

随着他的著作、文章、演讲和会议发言的成功，波斯纳发展出了一条忙碌的律师和咨询服务副业。这也是他传播经济分析方法的策略的一部分。[5] 作为顾问，他会应某家律所的请求为之提供咨询，确保它走在正确的道路上，并且避开法律上的雷区。作为一位上诉审诉讼律师，他在最高法院审理的全国肉鸡

---

[1] Richard Posner, "Privacy, Secrecy, and Reputation," 28 Buffalo Law Review 1 (1979).

[2] Richard Posner, "The Chicago School of Antitrust Analysis," 127 University of Pennsylvania Law Review 925 (1979).

[3] Richard Posner, "Some Uses and Abuses of Economics in Law," 46 University of Chicago Law Review 281 (1979).

[4] Richard Posner, "Information and Antitrust: Reflections on the Gypsum and Engineers Decisions," 67 Georgia Law Journal 1187 (1979).

[5] 本段中关于波斯纳的各种活动和业务的信息来自波斯纳档案中的一个标签为"实务"的文件夹。

市场协会案中撰写了答辩状并出了庭。① 他为韦尔斯·富国基金顾问公司（Wells Fargo Fund Advisory Group）撰写了一份备忘录，解释说审慎人（prudent-man）规则不应被视为构成受托人投资于该基金的障碍。他为美国航空公司撰写了一份关于容量限制协议的备忘录，主张规制机构不应当将此种协议视为不合理而加以取消，这是他动摇交通部对自己的经济推理的自信的更大战略的一部分。美国电话电报公司是他服务得最多的客户，他在1975年为该公司写了一份详细的备忘录，题为"政府针对美国电话电报公司采取法律措施的理由：一项扮演魔鬼辩护人的演练"。还为美国电话电报公司撰写过关于管辖权问题的法律备忘录。1976年，他又为美国电话电报公司撰写了一份29页的庭审备忘录，穷尽自己在反托拉斯法方面的知识来为该公司辩护。他为美国电话电报公司工作到法经公司成立之后。

从发票上看，从1974年到1978年的头几个月，波斯纳为20多家客户提供过咨询服务和法律服务，总计收费时数超过2500小时。② 他在1974年工作了363小时，1975年为1056小时，1977年为429小时（这一年是法经公司始创的一年，这里的时数未包括公司成立后的时数）。他的收费标准一开始是每小时75美元，在1977年涨到100美元。在他工作最努力的月份，

① *National Broiler Marketing Association v. United States*，436 U. S. 816（1978）.

② 这则关于工作时间和计费的信息也来自"实务"文件夹。

波斯纳平均每月从事计时收费工作的时间超过 200 小时，在 1975 年的 6 月、7 月和 10 月分别是 188、197 和 267 小时，1976 年 12 月则是 230 小时。全部算下来，波斯纳从大学工作以外的咨询和法律服务中赚取的收入是：1974 年为 35930 美元，1975 年为 99821 美元，1976 年为 79189 美元，1977 年为 42950 美元。1976 年的数字还没有包括代表一家客户在国会作证收取的 1 万美元。

法经咨询公司

在 1977 年的时候，波斯纳和兰德斯都在 AT&T 与联邦政府之间的反托拉斯法诉讼中为该公司做过咨询，尽管两人是分别被咨询的。波斯纳提议他们可以和安德鲁·罗森菲尔德 （Andrew Rosenfield）一起搞一个咨询公司，罗森菲尔德是芝加哥大学法学院最近毕业的学生，他也曾在芝大经济系读过研究生。[1] 波斯纳和兰德斯与美国电话电报公司的首席诉讼律师乔治·桑德斯（George Saunders）在一家酒吧碰面，核实设立这家咨询公司是否会威胁到波斯纳和兰德斯分别签订的咨询合同。得到桑德斯"完全没问题"的确认后，这三位合伙人在 1977 年夏天的一个晚上聚到波斯纳家里，每个人开了一张 700 美元的

---

[1]　本段中所包含的信息来自 2014 年 3 月 18 日对 Andrew Rosenfield、William Landes、George Saunders、Christopher DeMuth、Mark Klamer 和 Greg Sidak 的访谈。

支票。兰德斯想出了公司的名字。他们在伊利诺伊州注册了名为法经（Lexecon）的公司。注册公司这一法律任务是交给米尔顿·萨杜尔（Milton Shadur）去办的，后来成为联邦地区法院法官的萨杜尔当时是芝加哥律所德弗-萨杜尔-克鲁普（Devoe, Shadur & Krupp）的合伙人，波斯纳曾经为这家律所做过几年咨询。一开始这几位合伙人在家里或法学院的办公室里工作，但是，当咨询公司的业务繁忙起来之后，他们就搬进了一间面积不大的、不起眼的办公室，与罗森菲尔德的父亲在芝加哥市中心从事律师业务的办公室相邻。他们曾经讨论过要在海德公园租一间办公室，但后来形成了共识：公司需要一个位于市中心的门面。

法经是第一批为客户提供反托拉斯法和规制事务方面的经济分析的公司。合伙人们将他们的服务对象确定为办理反托拉斯法和规制方面的诉讼的律师事务所，为它们提供在别的地方得不到的帮助，而不是瞄准公司。正如威廉·兰德斯在一篇自传性的文章所解释的那样："我们试图弄清楚何种经济学研究是应当去做的，有效地引导和促成此种研究，并且在有需要的时候邀请其他学院派经济学家来参与我们的项目，如果他们在诉讼所涉及的领域有专业而具体的知识。"① 那些为法经工作过的经济学家可以按他们认为合适的计时费率来要求报酬，并且可

---

① 　William Landes, "The Art of Law and Economics: An Autobiographical Essay," 41 *American Economist* 31, 39 (1997).

以保留除交给法经的一定比例的收费外的所有报酬。例如，在一份1978年的协议中，法经向某一特定项目中的外聘专家支付的每小时费用和红包是25美元。波斯纳利用自己在法学院和政府部门工作时建立起的关系为法经开拓用户市场，这家初创的咨询公司到东北部、华盛顿和芝加哥的大型律所里去做报告，不仅解释它所提供的服务是如何独一无二，而且还介绍这种服务如何有助于诉讼。从那些接受此种业务推销的律所的角度来看，法经最大的卖点是它对律所毫无威胁。法经不是一家试图抢走客户的律所。它提供的律所可以与其发展持续合作关系的咨询顾问，当这家公司的绩效表现出来之后，这种关系就更加重要了。作为法经的客户，律所知道它们得到的是波斯纳。波斯纳和法经提供的一种无可替代的服务——用波斯纳所代言的经济分析的力量来解锁一个案子的核心，利用波斯纳清晰阐述的天赋来帮助陪审团理解原本难以理解的专家之间充斥着专业术语的争论。

法经很快就开始雇佣全职的经济学家和其他领域的专家来处理不断增加的需要分析的项目。除了偶尔为法经工作的专家外，一个特定的项目可能由一位雇员、一位老板、抑或是像斯蒂格勒这样有巨大声望的临时参与的学者来负责。例如，对彭尼船坞这家客户，在一起反垄断法案件中，法经进行了一项研究，针对排他性行为指控提出了所需要的经济学辩解理由。另一个例子是，法经为客户巴约克烟草公司做了一项研究，从应

对规制机构的角度支持该公司与奥特曼烟草公司的合并。法经
有时会从事分析或研究，为客户提供一份报告或备忘录。例如，
法经为一家区域性航空公司准备了一份提交给美国民用航空局
的报告，对该公司即将展开的并购进行了成本收益分析，考察
了全国性的航空业去规制化改革后民航产业的重组趋势。另一
个例子是，法经为一家快递公司准备了一份对该公司的主要竞
争对手——美国邮政局的快邮服务——的反竞争性质的经济学
研究。这份备忘录考察了邮政服务进入新的地理市场后会发生
什么，它具有的优势是不必遵从法经的客户必须遵从的那些规
制条款。法经分析了这种优势会给邮政服务带来多大的好处。
波斯纳和兰德斯为美国电话电报公司写了一份长达41页的关于
捆绑销售问题的备忘录，针对的是政府对该公司提起的反托拉
斯诉讼。所谓捆绑销售，就是卖方以顾客同意购买第二种产品
或服务为条件向其出售或出租一种产品或服务。波斯纳还就
AT&T案中对该公司不利的因素撰写了一份详细的解释，他和在
此案中代表AT&T的盛德律师事务所（Sidley Austin）的克里斯
托弗·德慕斯（Christopher DeMuth）一起把这份解释备忘录提
交给盛德负责诉讼业务的律师，但没起到效果。正是德慕
斯——波斯纳在芝加哥大学法学院教过的前学生——聘请波斯
纳作为AT&T顾问。他们一致同意美国电话电报公司在此案中
不像诉讼律师认为的那样胜券在握，和解是最好的选择，但这
一建议未被采纳。此后波斯纳辞去了美国电话电报公司顾问的

工作。

从 1977 年到 1981 年，作为法经的老板之一，波斯纳以不同的方式提供专家证言为客户提供支持。有时候他代表客户提供宣誓证词，支持客户在联邦法院提供出的动议。不过，更多时候，他自己或者公司的其他同事是作为客户的代表，到国会的专门委员会或规制机构提供立场陈述或证词。

由于三位老板以及需要这家公司所提供的那种服务的市场的巨大成功，法经给波斯纳带来一些麻烦。法经有时会雇佣芝加哥大学的学生干一些临时工作，而这些学生可能同时作为芝大老师的研究助理在从事学校的一些项目。对于波斯纳和兰德斯来说，法学院是否在出钱帮法经干活儿？这个问题在一个时段浮出了水面。波斯纳档案中的通信和佐证文件表明这件事情后来得到了妥善处理，其解决方式是一个让所有人都满意的会计方案。另一种问题是由法经的成功本身带来的，这种成功带来了巨大的金钱利益。这在法学院同事中导致了某种紧张，有些人认为通过提供咨询赚这么多钱是不对的。① 一位法学院同事记得在 1970 年代末有一次与曾经当过法学院院长和芝大校长、最近又在福特总统任内做过联邦政府首席律师的爱德华·列维（Edward Levi）共进午餐。列维对波斯纳参与法经的生意以及他和伊丽莎白·兰德斯（Elizabeth Landes）合写的一篇对婴儿收

---

① 这是 3 位接受我访谈的波斯纳在芝加哥大学法学院的前同事告诉我的。

养市场进行经济分析的文章①深表愤怒。

　　与法学院之间的矛盾在法经搬到市中心写字楼之前表现为一种不同的形式。那时候，法经先是溢出几位创始合伙人的家，然后又溢出了波斯纳在法学院的办公室，这引起了院方的注意。几位副院长找波斯纳一起开了一个会，告诉他不能再用法学院的办公室来做法经的生意了。② 对波斯纳来说这是小事儿一桩，唯一的不利后果是某些同事的不满，他们可能是出于嫉妒或怨恨（这种情绪在学术圈传播得尤其快）。

　　在创办法经之后几年，波斯纳就离开了全职教学工作进入第七巡回上诉法院。在担任法官之前，他需要与公司切割开来，这一点他做到了，为此其他两位合伙人用 40 万美元买下了他的份额。③ 当波斯纳在 1981 年底离开法经的时候，该公司已经有30 名员工和 500 万美元的年营业额。④

法官提名

　　在法经赚到的"一大笔钱"（波斯纳本人的话）对波斯纳

---

①　作者在 2014 年 3 月 4 日对斯坦利·卡茨（Stanley Katz）所做的访谈；Elisabeth Landes and Richard Posner, "The Economics of the Baby Shortage," *The Journal of Legal Studies* 323（1978）.

②　作者在 2014 年 3 月 4 日对斯坦利·卡茨（Stanley Katz）所做的访谈。

③　作者在 2014 年 4 月 11 日对威廉·兰德斯所做的访谈。

④　波斯纳 1997 年 12 月 11 日在信中告诉作者。

之后的选择具有重大意义。1981 年夏天，里根政府向他发出了提名他为联邦巡回上诉法院法官的邀约，这意味着他的收入会比从事咨询业务时大大减少。他之所以会接受一份收入大为减少的工作，还有一部分原因是他可以继续教书来补充当法官的收入。而且，到 1981 年中的时候，他已经厌倦了咨询工作，把大多数时间花在发掘案源而不是参与项目上，这使得他接受法官职位变得相对容易。这份邀约是通过刚刚被里根任命为司法部反托拉斯业务司司长的比尔·巴克斯特向波斯纳转达的，巴克斯特此时肩负着为里根物色年富力强的保守派人士进入法院以贯彻总统对法院之构想的使命。巴克斯特对政府首席律师威廉·弗伦奇（William French）说波斯纳是一位自由至上主义者（libertarian），一位"19 世纪的自由派"。我们知道，波斯纳和巴克斯特的交情至少可以追溯到十几年前，也就是他们一起在斯坦福大学法学院任教的那一年。巴克斯特曾经参与过波斯纳的反托拉斯法研讨课，可能是在那时他看到波斯纳有某种特殊的才干。他们一直保持着联系，甚至在波斯纳到芝加哥之后又再次合作过。巴克斯特给波斯纳的《反托拉斯法：一个经济学视角》写过书评。他们互相交换论文请对方提意见，一起参与过一个咨询项目，在另一个场合还曾竞争过同一个职位，那次是巴克斯特胜出了。当巴克斯特被任命为反托拉斯业务司负责人的时候，波斯纳在 1980 年 2 月去信表示祝贺，说"得知你即将就任反托拉斯业务司负责人，我感到高兴——或者可以说是欣喜若狂，真的。里根不可能有更好的选择了。"然后，在1981年6月，巴克斯特同意到芝加哥在波斯纳的反托拉斯法课上做一场讲座。到同年7月，波斯纳就接到巴克斯特的电话，问他是否有兴趣到第七巡回上诉法院当法官。

波斯纳在斯坦福认识的另一个人此时也进入画面，使我们看到接受法官提名的决定不只是出于收入上的考虑。1968–1969学年，波斯纳在斯坦福认识了艾伦·迪莱克特，此后两人在法和经济学运动中一直并肩作战。波斯纳把这场战斗带到了芝加哥，采取了新的策略，并且表现出传教士般的热忱。1981年7月底，他写信给迪莱克特，说自己已经被提名为第七巡回上诉法院的法官，而这个提名很可能获得参议院确认。在一个展现出他的野心的关键段落中，他说自己"被这样一个念头所吸引：自己有可能成为一名联邦巡回上诉法院法官，并且以勒恩德·汉德和亨利·弗伦德利的标准来衡量自己，他们是更好的法律人，但不具备那么多经济学知识。"波斯纳然后写道，他希望迪莱克特不要把自己看成逃兵。我们可以推定这里指的是法和经济学运动的逃兵。① 在等待参议院确认的那段时间，波斯纳阅读了奥利弗·温德尔·霍姆斯、勒恩德·汉德和罗伯特·杰克逊的判词。② 他在1981年12月1日正式到第七巡回上诉法院走马

① 波斯纳写给艾伦·迪莱克特的一封信的草稿，注明的日期是1981年7月27日。

② 作者在2012年6月12日对波斯纳所做的访谈。

上任。

波斯纳相信自己掌握了一种能让法律运转得更好的方法，对他而言，能当法官是非常幸运的。他会得到所有可能世界中最好的那个。他可以继续发出自己的学术声音，著书撰文，因为司法工作不会占据他的全部时间。更重要的是，他可以扮演积极参与者的角色，通过投票和撰写判决意见书在法律形成的过程中对它产生影响。而且，因为他希望整个世界都能像他那样理解经济分析的重要性，他可以努力说服自己的法官同事来追随他，从而进一步按照自己的设想来塑造他眼中的法律。

第三章

铸就作为法官的声誉并挑战其他人（1982-1989）

　　1981 年 12 月，当波斯纳加入联邦第七巡回上诉法院的时候，这个有 9 个法官席位（现在有 12 个）的法院并不是一个特别出色的法院。它还在从一件不光彩的事情中慢慢恢复过来：1974 年，该法院的一位法官、前伊利诺伊州州长奥托·科尔纳（Otto Kerner）被判决腐败罪名成立，进了监狱。这个法院在很多方面都与其他巡回上诉法院并无二致：所有还能正常工作的法官的平均年龄是 63 岁；在被任命为巡回上诉法院法官之前曾经担任联邦地区法院法官的人数比例为三分之一到二分之一；毕业于哈佛和耶鲁等精英法学院的法官占 30% 左右。波斯纳加入时的联邦第七巡回上诉法院在另外一点上也跟其他巡回上诉法院（除了一个例外）一样：其中所有正常工作的法官都是男性。

　　波斯纳当时是全院最年轻的法官，而且是唯一一个既没有律所工作经验也没有当过联邦地区法院法官的成员。他还是该法院唯一一个学者出身的法官。由卡特总统任命到第七巡回上诉法院的理查德·卡达希（Richard Cudahy）在近 10 年的时间里充当着波斯纳在意识形态上的首要敌人，排名第二的是 1961 年由肯尼迪总统任命的卢瑟·斯威格特（Luther Swygert）。在其他的法官中，比波斯纳晚一年获得任命的约珥·弗劳姆（Joel Flaum）极力抵制波斯纳把第七巡回上诉法院变成以经济分析为特色的司法机构的企图，而在 1985 年获得任命的弗兰克·伊斯特布鲁克（Frank Easterbrook）曾经是波斯纳在芝加哥大学的学生，在风格和实质上都一直追随着波斯纳。如今，该法院与波斯纳刚加入时的状况相比已经经历了许多变化，法官基本分成两大阵营：有大学任教经历的法官和在联邦地区法院工作过的法官。

起步

波斯纳的第一批助理讲述了他的办公室里的工作处理方式。[①] 在很多年里波斯纳只有 2 名助理，每个聘期 1 年，虽然巡回上诉法院的法官可以聘用 3 名助理。他直到 2003 年才开始聘用 3 名助理，虽然巡回上诉法院的法官现在可以聘用 4 名助理。他的助理会阅读随机分配给波斯纳的案件的案情摘要，这些案

---

① 除非另外注明，本节所包含的信息都来自作者 2013 年和 2014 年与波斯纳法官的 8 位 1980 年代的助理的访谈和电邮交流。

件会被安排在由 3 位法官组成的上诉庭前进行口头辩论，只有极少数案件会采取全席（en banc）庭审的方式，也就是由该巡回上诉法院全体正常工作的法官组成的法庭来听审。当助理增加到 3 名后，这个惯例仍然保留下来。助理们并不为波斯纳撰写备忘录，这种备忘录会在陈述完一个案件的事实和争点后总结双方律师的论点，并提议在口头辩论时可以追问的问题。波斯纳也会阅读摘要和其他补充材料，同他的助理们一样，他也不写法官备忘录。助理们彼此不讨论案情摘要，直到他们与波斯纳会面一起讨论案件。这种讨论在每个案子的口头辩论之前一般每周进行一次。每位助理会就该案应当如何判决提出自己的意见，然后波斯纳给出自己的立场。随后三人会对案件涉及的问题进行辩论，辩论时波斯纳坚持"不留余地"的原则。助理们说波斯纳有时会被他们的主张说服并改变立场。一位最早期的助理说，波斯纳"绝对欢迎自由思想"。波斯纳坚持让他的助理叫他"迪克"，这有助于促进自由思想价值。在案件得到充分讨论之后，波斯纳和他的助理们会阅读别的法官的办公室起草的法官备忘录。

助理们也会出席口头辩论，他们提供了一些关于波斯纳如何与其他法官相处的信息。波斯纳有时会受到共同听审的有些法官同事的反对，而其他一些法官会被他吓到。在口头辩论时，他提的问题时常令共同听审的其他两位法官感到惊讶。其他法官给波斯纳起了个外号，叫"第一印象法官"，因为他经常在自己的判决书中使用第一印象（first impression）这个词。担任法官的第一年，他向首席法官申请承担更多的工作，但被拒绝了。

1980年代的一位助理描述了波斯纳在键盘上写判决意见书时的视觉和听觉效果，写判决书的任务是紧接着口头辩论的法官合议会上分配的：

> 口头辩论的次日他会来到办公室，穿过我们的办公室时他会挥手打招呼，进自己的办公室后会挂上外套和帽子。然后我会听到他在座位上坐下并启动他的文字处理器。一分钟之后我会听到他开始打字，敲击键盘的声音稳定而速度极快，制造出一种持续的嗒嗒声。然后他会有停顿。我会听到他从移动书架上取下一本案例书，这些案例书是我们堆在他桌子周围的，他会在上面标注判例和关键段落。安静一会儿之后，我会听到他把书放回书架，然后取下另一本，然后是另一段安静，然后是把书放回书架的声音，这个过程会持续到我们按重要程度顺序摆放在书架上的书都被翻完为止。然后我会听到椅子嘎吱作响，这时他正把转椅转回文字处理器前面，然后稳定的键盘敲击声又会响起。他把工作时间分成各自独立的、专注于一件事的小块。他会持续专注于一项任务，直到这项任务完成。因此早上的时间可能花在撰写一份判决意见书上，然后再把一段长度相似的时间用在撰写另一份分派给他的判决意见书起草任务上，然后他会花时间补

充和编辑有些已经写好初稿的判决意见书。

拉里·莱西格（Larry Lessig）在 1980 年代末给波斯纳当过助理，他透露了波斯纳在划分司法和学术生活之间界限上的立场。在一次公共有限电视网 C-SPAN 的访谈中，莱西格说波斯纳对不同任务做出明确时间区隔的能力"实际上很能说明他的个性，因为你知道他是法和经济学运动的奠基人。我记得我给他当司法助理的时候，有好几次出现这样的情况：对于一个问题，存在一个法和经济学理论上的答案，而他会把那个答案抛诸脑后并且说：'对我来说问题在于法律要求什么，而不是法和经济学要求什么'。"① 波斯纳这时的习惯是在口头辩论的当晚在家写判决意见书。莱西格说："于是他回家，第二天带来两份 30 页的引证完整的判决书。他把它们交给你，而你的工作是写一份批判性的备忘录。你猜怎么着？我会写一份炮火猛烈的批判性备忘录，逐页、逐行地批评他写下的话。他会认真阅读备忘录，考虑你的意见，对初稿进行相应的修改，我们通常会重复4次、5次甚至6次这种操作。"②

---

① C-SPAN interview, October 18, 2011.

② 同上。

亨利·弗伦德利

1982 年，波斯纳开始与亨利·弗伦德利通信，二人之间开始形成深厚的友谊，这时离他们第一次见面已经过去 20 年了。波斯纳就读于哈佛法学院并担任《哈佛法律评论》主编的时候，弗伦德利曾应邀到法学院做霍姆斯讲座，讲稿后来就发表在《哈佛法律评论》上。[①] 在就任法官到开始与波斯纳通信的 25 年里，弗伦德利已经成为联邦上诉法院法官的标杆，他和勒恩德·汉德是波斯纳用来衡量自己作为上诉法院法官的工作成绩的标准。此时已经 80 多岁的他是一个法律和智识上的巨人。波斯纳后来在发表于《哈佛法律评论》的一篇向弗伦德利致敬的文章中写道："他是自己所处时代最伟大的上诉法院法官——他的分析能力、记忆力和适用能力或许在任何时代都算首屈一指。与他同时代的任何联邦上诉法院法官相比，他的司法意见具有更为持久的影响力"。[②]

波斯纳从一开始就给弗伦德利留下了深刻的印象，随着通信交流的不断深入，他对波斯纳的好感也与日俱增。当他收到

---

① 在哈佛大学法学院档案中藏有大约 106 页的弗伦德利和波斯纳的通信，总计有 15000 字左右。Henry Jacob Friendly Papers, Harvard Law School Library, Harvard University, Series VI Correspondence Files, 1965 – 1986, Subseries B, 221- 7, Friendly- Posner Correspondence 1982 – 1986. 这个通信档案中一共有 62 封信。

② Richard A. Posner, "In Memoriam: Henry J. Friendly," 99 *Harvard Law Review* 1724 (1986).

波斯纳发给他的第一份判决意见书的时候，他的回应是很有节制的："在我看来这份判决书十分稳健，说理充分，文笔优美"。① 两个月后弗伦德利开始表示波斯纳的判决书非常与众不同，他写道："你刚刚发给我的两份判决书十分精彩，特别是因为它们处理的问题正是我长期以来所关注的……请继续发给我这样精彩的判决书"。②

再过两个月之后，弗伦德利开始纠结如何准确地形容波斯纳的风格了。他写道，这种风格不是轻松易读和口语化的，"无论如何，它是独特的"。③ 到 1983 年终的时候，他给出了一个从未收回的总体评价："每一份判决书都是分析、学术以及文风上的杰作。一年前我说过你已经是这个国家最好的法官了；既然已经用了这个最高级形容词，我非常为难如何更进一步。如果我可以找到一个比'最好'更好的形容词，我会用它"。④ 他问到："如果没有像你这样的对这些问题有理解的法官，我们如何应付局面？"⑤ 在去世前 5 个月，弗伦德利给了波斯纳一个判决

---

①　弗伦德利致波斯纳的信，1982 年 5 月 12 日，见：Henry Jacob Friendly Papers, Harvard Law School Library, Harvard University, Series Correspondence Files, 1965－1986, Subseries B, 221－7, Friendly-Posner Correspondence 1982－1986（以下简称"通信"）.

②　弗伦德利致波斯纳的信，1982 年 6 月 14 日，引自 William Domnarski, "The Correspondence of Henry Friendly and Richard A. Posner, 1982－86," 51 American Journal of Legal History 395, 399（2012）. 以下简称"通信"。

③　弗伦德利致波斯纳的信，1983 年 8 月 28 日，引自"通信"，at 400.

④　弗伦德利致波斯纳的信，1984 年 9 月 19 日，引自"通信"，at 400.

⑤　弗伦德利致波斯纳的信，1984 年 9 月 9 日，引自"通信"，at 400.

书写作者可能获得的最高赞誉，尤其是考虑到弗伦德利的鉴赏力，这个赞誉非比寻常。他写道："一如既往，当我收到你的来信以及随信寄来的判决书的时候，我会专门留出一个晚上来细品之，以疏解阅读法律周刊和第二巡回上诉法院那些大多缺乏严谨性的判决所带来的烦闷"，这里拿自己的同事们最近写下的那些不够严谨的判决来做参照。

通信所形成的友谊在几个月之后就变得十分浓厚，于是他们开始每隔几个月就聚一次，或者是每当波斯纳到纽约时就见面，波斯纳在纽约有家人。到 1985 年 5 月，见面交谈的愿望变得更加强烈，以至于弗伦德利认为一顿午餐远远不够，他写道："你的 5 月 9 日来信以及随信寄来的作品不是一封信能够回应的。我们应当不只是一起吃顿午餐，而是应该一起待一两天"。① 每隔几个月他们就会在一起吃午餐，有时候是晚餐。他们的最后一次午餐聚会是在 1985 年 11 月 15 日。在这次聚会之后的信中，波斯纳写道："我希望你一切都好。我明年 3 月会再去纽约，期待那时能再聚"。②

波斯纳在弗伦德利于 1986 年 3 月 11 日自杀之前见了他最后一面。弗伦德利在 1985 年失去了陪伴他 55 年的老伴儿，他的健康持续恶化，到 1986 年他担心视力减弱使他无法继续他的司法工作。他的精神状态陷入低迷，与波斯纳见面的期待让他振作

---

① 弗伦德利致波斯纳的信，1985 年 5 月 13 日，引自"通信"，at 412.

② 弗伦德利致波斯纳的信，1985 年 12 月 9 日，引自"通信"，at 413.

起来。他写给波斯纳的最后一封信不是他本人执笔的，而是由他的助理汤姆·戴格（Tom Dagger）代笔。弗伦德利此时已经只能在家里办公，这使得他与波斯纳见面的愿望更加强烈。"弗伦德利法官让我把他最近的这几份判决书发给您，他还说自己十分担心您会驳斥其中的一份。[1] 他目前还是在家，等待眼疾康复。如果您3月到纽约时他仍然在家养病，他十分期待您给他打个电话。"[2]

　　波斯纳可能是弗伦德利生前见的最后一个人。波斯纳回忆道，"因为他患上了眼干燥症，基本上无法阅读，而且因为视力受限所以不想出门"，波斯纳去弗伦德利的公寓看他。[3] 当波斯纳要离开的时候，弗伦德利或许给了他一点儿想要自杀的暗示。波斯纳后来回忆道："弗伦德利那里发生了两件让我陷入思考的事情。首先，我注意到一张奇怪的照片，上面有一对男女，女的抱着一只黑猩猩。我开玩笑地问，那是他们的孩子吗？弗伦德利没有对这个玩笑作出回应，他说他们是自己的老朋友，已经一起自杀了（我想他说过因为他们当中一个人得了重病，还是两个都得了，我记不清了），还说这'不是个坏主意'。另一件事情是，当我打算离开的时候，我说期待下次来纽约的时候

---

① 鉴于波斯纳在 *NLRB v. Browning-Ferris Industries*，700 *F. 2d* 385（7th *Cir.* 1983）一案中的司法意见，弗伦德利担心波斯纳会驳斥他在 *Business Services by Manpower, Inc. v. NLRB*，785 *F. 2d* 442（2*d. Cir.* 1986）一案中的意见。

② 汤姆·戴格致波斯纳的信，1986年2月27日，引自"通信"，at 413。

③ 波斯纳致本书作者，2010年4月25日。

再和他见面，他说他不确定自己是不是还在，或者他甚至可能说的是他不可能在"。波斯纳继续说："我反复想着他说的话，然后开始想到他或许想要自杀。在前思后想几天之后，我正打算打电话给他的女婿弗兰克·古德曼（Frank Goodman），我认识他，这时我接到弗伦德利的助理打来的电话，说他已经去世了"。弗伦德利的传记作者戴维·多尔森称，弗伦德利早就计划好自杀了，而且实际上把自己的计划告诉了家人。①

波斯纳的判决书所呈现出的风格和方法

年轻时的波斯纳作为教授、律师和顾问写下的文字，为读者理解出现在联邦案例汇编中的像风一样忙碌的波斯纳的文字提供了热身准备。他的学术作品基本上遵循着其他法学教授在法律评论或学术期刊上发表文章的常规。但在判决书中他无视法官们习以为常的分段结构，这种结构一般包含 5 个部分，从第一部分提出问题到第五部分的结论。司法常规还要求判决书采用不带感情色彩的（如果不是客观的）语气，这被认为是确保司法权威的必要条件。此外还要求有注释，以显示学术性。他在判决书中从未使用过注释。对波斯纳来说，判决书所体现的是他与法律之间的约定——个人化的约定，而法律是通过事

---

① David Dorsen, *Henry Friendly: Greatest Judge of His Era* (Cambridge: Harvard University Press, 2012), pp. 339–345.

实、争点以及分配给他来裁断的案件而呈现在他面前的。从风格到语气再到他对曲直的判断，波斯纳的判决书全方位地体现着他的个性。

波斯纳的判决书展现了使用非正式语言、甚至俚语的天赋。我们可以在里面看到"瞎蒙"（a shot in the dark）①、"吊儿郎当"（goof-offs）②、"吉凶难卜的因素"（the joker in the deck）③、"［纳税人］自作自受"（having made his bed,［the taxpayer］must lie in it）④、"把面包切得奇薄"（slice the bread awfully thin）⑤、"以命相搏"（fought tooth and nail）⑥、"不劳而获"（reap where he has not sown）⑦、"进退两难"（a Mexican stand-off）⑧、"曝光"（smoke out）⑨、"天花板被捅破了"（the roof caved in）⑩、

---

① *Edgewater Nursing Center, Inc. v. Miller*, 678 F. 2d 716, 718（7th Cir. 1982）.

② *N. L. R. B. v. Loy Food Stores, Inc.*, 697 F. 2d 798, 800（7th Cir. 1983）.

③ *N. L. R. B. v. Res-Care, Inc.*, 705 F. 2d 1461, 1469（7th Cir. 1983）.

④ *Johnson v. C. I. R.*, 720 F. 2d 963, 964（7th Cir. 1983）.

⑤ *A/S Apothekernes Laboratorium for Specialpraeparater v. I. M. C. Chemical Group, Inc.*, 725 F. 2d 1140, 1143（7th Cir. 1984）.

⑥ *McDonald v. Schweiker*, 726 F. 2d 311, 316（7th Cir. 1983）.

⑦ *General Leaseways, Inc. v. National Truck Leasing Ass'n*, 744 F. 2d 588, 592（7th Cir. 1984）.

⑧ *Matterhorn, Inc. v. NCR Corp.*, 763 F. 2d 866, 871（7th Cir. 1985）.

⑨ *American Nurses' Ass'n v. State of Ill.*, 783 F. 2d 716, 730（7th Cir. 1986）.

⑩ *Olympia Equipment Leasing Co. v. Western Union Telegraph Co.*, 797 F. 2d 370, 373（7th Cir. 1986）.

"毫无影响"（*cuts little ice*）①、"挫败计谋"（scotch the tactic）②、"布丁的证明确实在于吃"（the proof of the pudding was indeed in the eating）③、一个"单人乐队"（a "one‐man band"）④、勾结（in cahoots）⑤以及"一派胡言"（mumbo‐jumbo）⑥，而这只是随便举的少量例子。

使用非正式语言的天赋在经常使用动物比喻方面也得到体现，所以我们会看到"一个大型多方反托拉斯之驴的尾巴"⑦、一种"在司法异议中喊狼来了的倾向"⑧、一方当事人"刚刚吞了只骆驼却还斤斤计较"⑨"在一只到手的鸟和两只躲在远处灌木丛中的鸟之间作出选择"⑩"衡平尾巴摇动着法律狗"（the

---

① *International Union, United Auto., Aerospace and Agricultural Implement Workers of America v. N. L. R. B.*, 802 F. 2d 969, 974（7th Cir. 1986）.

② *Matter of Lindsey*, 823 F. 2d 189, 192（7th Cir. 1987）.

③ *Mars Steel Corp. v. Continental Illinois Nat. Bank and Trust Co. of Chicago*, 834 F. 2d 677, 684（7th Cir. 1987）.

④ *Crowley Cutlery Co. v. United States*, 849 F. 2d 273, 275（7th Cir. 1988）.

⑤ *State of Illinois ex rel. Hartigan v. Panhandle Eastern Pipe Line Co.*, 852 F. 2d 891, 894（7th Cir. 1988）.

⑥ *McLaughlin v. Union Oil Co. of California*, 869 F. 2d 1039, 1043（7th Cir. 1989）.

⑦ *By‐ Prod Corp. v. Armen‐ Berry Co.*, 668 F. 2d 956, 961（7th Cir. 1982）.

⑧ *Sur v. Glidden‐Durkee, a Div. of S. C. M. Corp.*, 681 F. 2d 490, 501（7th Cir. 1982）.

⑨ *Lloyd v. Loeffler*, 694 F. 2d 489, 496（7th Cir. 1982）.

⑩ *Matter of Chicago, Milwaukee, St. Paul and Pacific R. Co.*, 713 F. 2d 274, 278（7th Cir. 1983）.

equity tail wagging the legal dog）①、一只"已经跳出袋子一年多的猫"②"另一种剥猫皮的方法"③ 以及一个"被扔给狗"④ 的当事人。

波斯纳使用各种各样的典故，文学的、历史的、影视的、哲学的和流行的，但他最喜欢文学典故。他为了色彩、权威、甚至炫酷而使用它们。他用它们来支撑一个笑话、组成一个明喻、作为一个夸张的例子或者作为一种简略的表达方式（如果该典故已经获得了广为人知的确定含义）。他偶尔也会用它们来说明生活模仿艺术（life imitating art）。他用玛丽·麦卡锡的小说《校园林荫路》中学术战争的典故来说明，一个大学人事聘用案件中，教授们在针对其他教授们的宿怨中如何利用学生，⑤他还引用过格特鲁德·斯泰因，在一个联邦异籍管辖权分析中套用她的话说：一个公司就是一个公司。⑥ 他用坦塔罗斯的葡萄这一典故来解释为什么人身保护令的扩张可以帮助因犯，但无害错误规则会夺走已经取得的好处；⑦ 他还用赫拉克利特的河流（"永远在改变，但又总是一样"）来帮助解释虽然队员阵容每

---

① *Medtronic, Inc. v. Intermedics*, 725 F. 2d 440, 443 (7th Cir. 1984).

② *Matter of Special March 1981 Grand Jury*, 753 F. 2d 575, 577 (7th Cir. 1985).

③ *Tarkowski v. Lake County*, 775 F. 2d 173, 175 (7th Cir. 1985).

④ *Swietlik v. United States*, 779 F. 2d 1306, 1310 (7th Cir. 1985).

⑤ *Tagatz v. Marquette University*, 861 F. 2d 1040, 1043 (7th Cir. 1988).

⑥ *Cote v. Wadel*, 796 F. 2d 981, 983 (7th Cir. 1986).

⑦ *United States v. Pallais*, 921 F. 2d 684, 692 (7th Cir. 1990).

年都在改变，但职业运动队保持着它们最基本的可识别性。①

然后就是莎士比亚。一个很有代表性的例子是，在一个反托拉斯案件中，他机智地引用了《哈姆雷特》中众所周知的一句话，以说明反托拉斯法旨在维持何种程度的竞争。② 他解释说，竞争的定义不是让所有竞争者都活着，而是让足够数量的竞争者活着，以服务于消费者的最大利益。一个竞争者（典故中的麻雀）消殒了，迎接了它的命运，并且离开了竞争舞台，这不是反垄断法所关注的事情。换句话说，"'一只麻雀的死生，都是命数所定'（《哈姆雷特》第五幕第二场，第232行）并不是当代的反托拉斯哲学"。在一个涉及雇凶杀人情节的案件中，他又援引《奥赛罗》来启发读者。此案中雇凶杀妻的丈夫指示杀手要让弹孔在脖子以下，这样才能举行体面的开棺葬礼。③ 波斯纳写道："于是生活模仿了艺术；因为奥赛罗对睡着的苔丝狄蒙娜说：'愿你死了都是这样，我要杀死你，然后再爱你'。"在一个伊利诺伊州居民起诉一位警官的公民权利案件中，波斯纳也使用了一个莎士比亚典故来增添论证的色彩。此案的争点是错误监禁侵权这个诉由能否适用于本案，因为原告的取保条件要求他在案件了结之前不能离开伊利诺伊州。波斯纳通过援引

---

① *Indianapolis Colts, Inc. v. Metropolitan Baltimore Football Club Limited Partnership*, 34 F. 3d 410, 413 (7th Cir. 1994).

② *University Life Ins. Co. of America v. Unimarc*, 699 F. 2d 846, 853 (7th Cir. 1983).

③ *Barkauskas v. Lane*, 878 F. 2d 1031, 1032 (7th Cir. 1989).

《哈姆雷特》来表述这个争点，他解释说，由于伊利诺伊州的错误监禁侵权并不以关押为前提，因此不能离开本州的限制，也可能将伊利诺伊州变成被告的某种监狱。"如果丹麦是哈姆雷特的牢笼（如哈姆雷特所宣称的那样），我们可以猜测伊利诺伊州可能构成原告的监狱。"① 但是，因为原告本来可以通过申请法院允许而离开本州，这就意味着他自己有打开牢门的钥匙，这样看来，他并没有被完全限制自由，因此无法触发错误监禁侵权的适用。

他时常会写下一些警句，② 比如"虽然通往司法审查之路布满荆棘，但它并不是政府想让它变成的那种不可逾越的灌木丛"，③ 以及"团结感并不赋予起诉资格"。④ 其他的例子包括"普鲁士王国的格言——凡是不被允许的都是被禁止的——不是有助于成文法解释的原则""为对手留下的眼泪是鳄鱼的眼泪"⑤"相关性不是因果性"。⑥ 他还告诉我们："第四修正案并不像手

---

① *Albright v. Oliver*, 975 F. 2d 343, 346 (7th Cir. 1992).

② 更多的例子见：Robert F. Blomquist, ed., *The Quotable Judge Posner：Selections from Twenty-Five Years of Judicial Opinions* (Albany：State University of New York Press, 2010).

③ *Attorney Registration and Disciplinary Com' n of the Supreme Court of Illinois v. Schweiker*, 715 F. 2d 282, 286 (7th Cir. 1983).

④ *Minority Police Officers Ass' n of South Bend v. City of South Bend, Indiana*, 721 F. 2d 197, 202 (7th Cir. 1983).

⑤ *United States v. Torres*, 751 F. 2d 875, 880 (7th Cir. 1984)；*Bash v. Firstmark Standard Life Ins. Co.*, 861 F. 2d 159, 162 (7th Cir. 1988).

⑥ *Tagatz v. Marquette University*, 861 F. 2d 1040, 1044 (7th Cir. 1988).

风琴那样会膨胀起来以填补一个国家的隐私法中的空隙"。①

波斯纳所写的判词中还会出现在司法文件中少见的那种唤起人们情感的形容性语言。例如，他在一个刑事案件中写道"对现代监狱暴徒帮派那污秽而致命的世界的可怕一瞥"。② 在形容一个久拖不决的案子时，他写下了"法官审理此案时的休闲步调"。③ 当他写道一位初审法官"与辩护律师时交流时时而表现出的不耐烦"时，这位法官的形象栩栩如生地出现在我们面前；④ "对于一个破产法案件来说，本案的事实过于惊悚了，"这样一句开场白让本来会打哈欠的读者顿时兴味盎然。⑤ 在一个侵权法案子中，他一下子就把场景鲜活地表达出来：这是一起"可怕的事故，原告踩进了一台联合收割机的玉米头"。⑥ 同样，在一个刑事案件中，波斯纳说该案的事实展现了"芝加哥西郊环境中腐败与谋杀的可怕结合"。⑦ 在一个城市规划案件中，脱衣舞夜总会（strip joints）被描述为"下流的企业"（tawdry en-

---

① *Greenwalt v. Indiana Dept. of Corrections*, 397 F. 3d 587, 591 (7th Cir. 2005).

② 54. United States v. Silverstein, 732 F. 2d 1338, 1341 (7th Cir. 1984).

③ *Afram Export Corp. v. Metallurgiki, S. A.*, 772 F. 2d 1358, 1366 (7th Cir. 1985).

④ *United States v. LeFevour*, 798 F. 2d 977, 985 (7th Cir. 1986).

⑤ *Matter of Wagner*, 808 F. 2d 542, 544 (7th Cir. 1986).

⑥ *Pomer v. Schoolman*, 875 F. 2d 1262, 1263 (7th Cir. 1989).

⑦ *United States v. Masters*, 924 F. 2d 1362, 1365 (7th Cir. 1991).

terprises）。① 在一个《残障人士教育法》案子中，一个有严惩行为障碍的无法自控的学生被描写为"这个不幸的孩子"。② 他在一个因犯公民权利案件中，他说这个因犯拒绝吃饭而且有的行为"非常让人恶心"。③ 一个被告被描述为有着"令人发指的犯罪记录"。④ 而一份啰哩啰唆、诉求太多的起诉书被描述为有"252 段，爬满了 66 页"。⑤

　　像一位散文家一样，波斯纳会停顿下来解释或界定他正在写的判决书中所讨论的某些概念、学说或原则，使讨论更加有理有据。这些解释和界定会带有他对法律和经济学之间关系的理解的痕迹，当然并非总是如此。例如，他在 1980 年代的判决中把放弃管辖权（abstention）解释为"通过避免联邦法院与州和地方立法机关之间的冲突来促进更加和谐的联邦制"，⑥ 把间接禁反言（collateral estoppel）和既判力原则（res judicata）之间的区别解释为"是为了减少所有相关方的诉讼成本，其方式

---

　　① *Blue Canary Corp. v. City of Milwaukee*，251 F. 3d 1121，1124（7th Cir. 2001）．

　　② *School Dist. of Wisconsin Dells v. Z. S. ex rel. Littlegeorge*，295 F. 3d 671，676（7th Cir. 2002）．

　　③ *Freeman v. Berge*，441 F. 3d 543，544（7th Cir. 2006）．

　　④ *United States v. Bullion*，466 F. 3d 574，575（7th Cir. 2006）．

　　⑤ *Jay E. Hayden Foundation v. First Neighbor Bank*，*N. A.*，610 F. 3d 382，384（7th Cir. 2010）．

　　⑥ *Waldron v. McAtee*，723 F. 2d 1348，1351（7th Cir. 1983）．

是迫使紧密关联的诉求被整合进一次单一的诉讼中"。① 他典型的方法是到历史、目的和语境中去寻找线索，从而让读者学习到法律是一套相互关联的因素互相作用的效应。

同时，以散文家的口吻，波斯纳会为读者写下一些评论，以突出他所寻求的直观感受以及他试图追踪自己的思想轨迹。这不是一种意识流写作方法，可能也不是元评论（metacommentary）；这是判决书中紧扣案件的阐述和分析之外的题外话。有些评论给人漫不经心的感觉，比如，当案件中涉及的问题是监狱处理囚犯姓名变更时采用的有缺陷的方式时，他在括号里评论道："但所有的人类制度，实际上所有的人类活动，都是不完美的。"② 在指出法官给陪审团的指导意见是一种交流而不是命令，以及陪审员的自发性可以使指导意见变得更有效的时候，他评论道："任何听讲座的人都知道听讲者逐字逐句地照本宣科是一件多么糟糕的事情。"③ 在一个著作权案件中，地图的相似性这个问题促使他评论道：描绘同一区域的现代地图看起来都大同小异，"如果它们像中世纪地图那样每张都不一样，那才让人担心呢！"④ 当问题涉及一份在证据开示阶段要出示的信件草稿的时候，波斯纳写道："许多草稿，就像人们头脑中未经编辑

---

① *Grip-Pak, Inc. v. Illinois Tool Works, Inc.*, 694 F. 2d 466, 469 – 70 (7th Cir. 1982).

② *Azeez v. Fairman*, 795 F. 2d 1296, 1299 (7th Cir. 1986).

③ *Joseph v. Brierton*, 739 F. 2d 1244, 1249 (7th Cir. 1984).

④ *Taylor v. Meirick*, 712 F. 2d 1112, 1118 (7th Cir. 1983).

的思绪那样，都是非常奇怪的。"① 在描述了一份书面证词的交叉质证过程是多么让人难受之后，他评论说"书面证词的记录稿通常是非常丑陋的文件"。②

他还时常自由发挥式地对法律做出很有启发性的评论。他的最一般性的评论包括：法律"与政治一样是可能性的艺术（art of the possible），并时常要求不完美的妥协""英美审判制度的妙处在于让一般原则在具体争议的熔炉里得到检验。"③ 在大多数时候，他会批判美国法的实践状态。他谈论法律职业的理想，就是使法律变得明确，并促进作为一种重要法律价值的稳定。④ 他在批判时从不遮遮掩掩，比如抨击"现代美国刑事司法程序的混乱品性"。⑤ 他重复最多的抱怨是说美国法过于复杂，"应当尽可能简化"，⑥ 但法律的简洁性"在美国恐怕是没有希望的事情"。⑦ 我们读到美国刑事诉讼程序是一种"巴洛克结构"。⑧ 作为具体的例子，我们了解到第四修正案的法理"变得

① *United States v. Tucker*, 773 F. 2d 136, 140 (7th Cir. 1985).

② *DF Activities Corp. v. Brown*, 851 F. 2d 920, 923 (7th Cir. 1988).

③ *Edmond v. Goldsmith*, 183 F. 3d 659, 665 (7th Cir. 1999); *Malhotra v. Cotter & Co.*, 885 F. 2d 1305, 1312 (7th Cir. 1989).

④ *Malhotra v. Cotter & Co.*, 885 F. 2d 1305, 1312 (7th Cir. 1989).

⑤ *Reimnitz v. State's Attorney of Cook County*, 761 F. 2d 405, 407 (7th Cir. 1985).

⑥ *Rodi Yachts, Inc. v. National Marine, Inc.*, 984 F. 2d 880, 886 (7th Cir. 1993).

⑦ *Wolin v. Smith Barney Inc.*, 83 F. 3d 847, 853 (7th Cir. 1996).

⑧ *United States v. Cranley*, 350 F. 3d 617, 621 (7th Cir. 2003).

日益丰富，包含许多精致的区分，可能多得超过必要"，① 而
"人身保护令方面的法律非常微妙难测，让人琢磨不定"，② 宪
法视野下的刑法法理则令人困惑。③ 当一位老妇人因为轻微犯罪
行为而依法被送进监狱的时候，波斯纳写道："考虑到美国监狱
人满为患，我们可以大胆指出：一种把所有被逮捕的人自动送
进监狱的做法"，无论具体情形如何，都是既浪费资源又很不文
明的。④

　　他有时甚至直接面向读者而写作。当他陷入繁琐的分析时，
他能够意识到这一点，并且意识到读者的不耐烦，因此为自己
文字的繁琐而致歉。⑤ 例如，他对作者与读者之间互动关系的自
我意识在一个涉及公平收费和衡平禁反言的案例中得到展示：
"我们说涉及时效问题的法律是令人费解的，这下你们相信了
吧！而我们的分析还没完呢。"⑥ 更进一步，在一个因为滑倒摔
伤而提起的侵权之诉中，被告沃尔玛在地区法院试图阻止判决
公开，以防止其他潜在的原告律师考虑起诉，波斯纳在上诉审
判决书中直接针对该公司严厉地驳斥道："喂，沃尔玛，本判决
是一个列入联邦判例汇编的上诉法院判决，与地区法院的判决

---

① *Sodal v. County of Cook*, 942 F. 2d 1073, 1078 (7th Cir. 1991).
② *Fagan v. Washington*, 942 F. 2d 1155, 1157 (7th Cir. 1991).
③ *Eaglin v. Welborn*, 57 F. 3d 496, 501 (7th Cir. 1995).
④ *Boyve v. Fernandes*, 77 F. 3d 946, 950 (7th Cir. 1996).
⑤ *Miller v. Taylor Insulation Co.*, 39 F. 3d 755, 761 (7th Cir. 1994).
⑥ *Wolin v. Smith Barney Inc.*, 83 F. 3d 847, 852 (7th Cir. 1996).

不同，它具有作为先例的权威"。①

口头辩论是上诉程序的重要组成部分，波斯纳对口头辩论的评论表明：不管律师说什么或忘记说什么，大多数时候都没什么用，而且不管起没起作用都可能惹恼法官，偶尔也会让法官震惊。波斯纳称赞那些坦诚的律师，建议律师最好对审判庭以诚相待，而不是不计后果地维护他们的客户。当律师如实回答问题——即使答案不利于他们的主张——的时候，波斯纳会说他们是有用的。② 一位拒绝承认于己方不利的要点的律师，被等同于一位对案情了解不充分因此回答不出案卷之外的事实问题的律师。一位对自己的案子缺乏全面了解的律师在公布的判决中读到："律师到本院来进行口头辩论之前应当准备好提供所有与案件有关的信息资料，以供我们考量该上诉案件"。③ 试图误导法院的律师被抓现行后经常出现在波斯纳的评论中。这种批评有时候是非常温和的，比如，判决书中只是说律师的某一特定主张未能得到案情摘要或案卷中出现的事实的支持。在另外一些时候，波斯纳会自己查阅案卷，找出上诉律师试图掩饰的信息。律师们为其不佳表现给出的没有事实根据的辩解也难以幸免。有些评论指向某种可以被称之为气氛（atmospherics）

---

① *Howard v. Wal-Mart Stores, Inc.*, 160 F. 3d 358, 360 - 61（7th Cir. 1998）.

② *Jack Walters & Sons Corp. v. Morton Building, Inc.*, 737 F. 2d 698, 704（7ᵗʰ Cir. 1984）.

③ *United States v. Herrera-Medina*, 853 F. 2d 564, 567（7th Cir. 1988）.

的因素，比如，针对一家公司的"家长"资格规则歧视女性这一主张，一位律师将这种有效偏差类比于这样一个事实：秃顶的男人多于秃顶的女人。判决书中对此做出了这样的形容：在做出这一比方时原告律师是在"盯着本审判庭的法官们"。① 不用提的是，审判庭的成员们，包括波斯纳，都是秃顶部队里的士兵。表现出明智的诚实的律师会得到由衷的赞扬。我们读到一位律师以"令人耳目一新并值得称赞的坦诚"承认了某一点，② 另一位律师以"迷人的坦诚"违背自己的利益，承认法官给陪审团的指导意见中有一项本来不应该给出。③ 不情愿地承认某些要点的律师也受到表扬，因为愿意让步。④ 但我们也看到一些律师回答问题时前后矛盾、顾左右而言他或者不知所云。这个时期最大的亮点可能是一位破产法律师，当被问到如果有新的款项出现时破产程序中的哪个债权人应当优先获得支付，"他回答说不知道（他可是一个破产法律师啊）！"波斯纳写道。⑤

① 87. Colby v. J. C. Penney Co., Inc., 811 F. 2d 1119, 1122 (7ᵗʰ Cir. 1987).

② *Autotrol Corp. v. Continental Water Systems Corp.*, 918 F. 2d 689, 695 (7ᵗʰ Cir. 1990).

③ *Avitia v. Metropolitan Club of Chicago, Inc.*, 49 F. 3d 1219, 1225 (7ᵗʰ Cir. 1995).

④ *Warner/Elektra/Atlantic Corp. v. County of DuPage*, 991 F. 2d 1280, 1287 (7ᵗʰ Cir. 1993).

⑤ *Boer v. Crown Stock Distribution, Inc.*, 587 F. 3d 787, 797 (7ᵗʰ Cir. 2009).

波斯纳在自己审理的案件中处理法律问题的方式带有"如果我统治世界"的敏感性，他要么直接指出自己认为法律应当如何，要么质疑把法律引向某一特定发展道路的推理方式，所有这些都用这样一个几乎成为他的术语的句式来引出："让我们回到事情的本源"（as an original matter）。例如，在一组案件中，他在"让我们回到事情的本源"这一引导性句式下与监狱囚犯的好讼及其给联邦法院造成的负担作斗争。在一个言论自由案件中，一名囚犯宣称，他所在监狱的典狱长拒绝把他转到一间低安保监狱，原因是为了报复他以前写信投诉这位典狱长在决定采取惩戒措施时有种族歧视行为，波斯纳的分析首先从事情的本源出发，质疑在监狱的高墙内是否应当存在很多的言论自由（如果有的话），但是他承认最高法院似乎有不同的观点。①在 1987 年的一个涉及一位囚犯被关禁闭的性质的公民权利诉讼中，他写道："从事情的本源出发，我们应当质疑囚犯是否应当被允许针对其所受到的狱中惩戒以及他们关禁闭时的处境提起诉讼"。②他承认，对狱警实际上享有的几乎不受限制的自由裁量权应当有某种控制，而这种控制应当与联邦法院受理监狱囚犯提起的海量诉讼的负荷达致平衡，他注意到仅仅在前一年（1986 年），联邦地区法院就受理了将近两万一千件囚犯公民权

---

①　*Ustrak v. Fairman*, 781 F. 2d 573, 577（7th Cir. 1986）.

②　*Del Raine v. Carlson*, 826 F. 2d 698, 702（7th Cir. 1987）. *Del Raine v. Carlson*, 826 F. 2d 698, 702（7th Cir. 1987）.

利案件。在他以"回到事情的本源"的方式提出的问题中已经隐含了他的答案，即囚犯们的抱怨不属于联邦法院该管的事情。不过他接下来又回到了尊重权威的立场，写道："但是，除非而且直到国会或最高法院改变了针对此类诉讼而发展出来的基本规则，本巡回上诉管辖区的所有法官都必须以自觉遵守这些基础规则的方式来处理囚犯公民权案件，不论这些规则已经变得多么复杂"。① 在另一个案件中，他质疑被依法定罪的囚犯们是否应当被允许针对他所称的"关押场所的生活便利设施"而提起诉讼。② 在第三个案子中，他在异议里表达了自己对这样一种现象的惊讶：法院受理了这么多囚犯提起的诉讼，政府为他们指定律师，而这是一件非常奇怪的事情。回到事情的本源，"允许被依法定罪量刑的囚犯针对看守他们的人提起损害赔偿之诉，这已经导致我们的囚犯们不是花时间去反省自己对社会犯下的罪行，而是化悔恨为义愤，向社会提出无休无止的、大多出于异想天开的诉求。"不过，在表达了这个疑问之后，波斯纳又回到必要妥协的立场上，承认联邦法院对这种类型的囚犯权利诉讼的管辖权已经根深蒂固，很难推翻重来。③

不难想象的是，出于他长期以来给别人指一条明路的兴趣，他会给责任方提出建议。在一个案子中，他处理了他认为需要

---

① 同上。

② *McCollum v. Miller*, 695 F. 2d 1044, 1046 (7ᵗʰ Cir. 1982).

③ *McKeever v. Israel*, 689 F. 2d 1315, 1323 (7ᵗʰ Cir. 1982) (Posner, J., dissenting).

考虑的问题——虽然办理当下这个案子并不需要这样做，以便使最高法院能够在考量是否受理这样一个案件时有更好的判断基础。① 如果最高法院受理了这个案件，他的分析就能够为最高法院提供指引。在一个反托拉斯法案件中，他认为政府应当投入更多努力来研究医疗行业的集中定价问题。② 他也时常给国会提供建议。例如，他建议国会填补破产法中的一个漏洞，这个漏洞会导致作为商业手段的留置权规避条款与同一事项上的国家豁免发生交互作用时产生不良后果。③ 他建议国会修改税法，以填补避税规则上的一个漏洞。④ 他建议国会或者一个联邦规则委员会澄清量刑指南中涉及多重刑罚、零散刑罚（piecemeal sentences），以及这些刑罚是否必然同时执行等问题的不够明晰的条款。正如我们已经看到的那样，他对根据《联邦侵权索赔法》提起的数量众多的囚犯诉讼感到不满，所以他向国会建议修改这部法律，使诉讼前必经的行政复议程序变成某些囚犯诉求的唯一救济途径，如果他们提起的诉讼应当由某种小额诉讼法院来受理的话。⑤ 当然，国会并没有采取任何行动，此类案件仍然不断进入法院。一个索赔 50 美元的案件来到波斯纳面前，

---

① *People of State of Ill. v. General Electric Co.*, 683 F. 2d 206, 214 (7th Cir. 1982).

② *United States v. Rockford Memorial Corp.*, 898 F. 2d 1278, 1286 (7th Cir. 1990).

③ *Johnson v. C. I. R.*, 720 F. 2d 963, 964 – 65 (7th Cir. 1983).

④ *United States v. Patel*, 835 F. 2d 708, 709 (7th Cir. 1987).

⑤ *Tinker- Bey v. Meyers*, 800 F. 2d 710 (7th Cir. 1986).

原告要求赔偿一只网球鞋和一些个人卫生用品（包括牙刷和婴儿爽身粉）的价值，这次，波斯纳提高了抱怨的声调，告诉国会它"应当严肃考虑"他先前提到过的以行政复议作为唯一救济途径的建议。当波斯纳再一次不得不处理一个标的金额为39.20美元的案件时，他评论道："没有任何理性的政府系统会让它的高级法院受累于一系列琐碎案件，这些案件通常是由手上有大把时间的人为了蝇头小利而提起的。"[1]

波斯纳时常抓住机会来提供具体的指导，以帮助他人改善绩效。当然，这是上诉法院的惯常做法，比如当它把一个案件发回初审法院重审的时候，自然会就可能会出现问题的方面提供指导意见，[2] 但波斯纳走得更远，他愿意为了帮助初审法院法官进步而做更多的事情，比如，他会指出上诉中并没有提出但有可能会出现的问题，或者指出初审法官需要考虑的一个最高法院判例。[3] 他就各种各样的问题向联邦地区法院法官提供一般性的指导。他建议他们在以政府为被告的侵权法诉讼中处理声称的臆想症问题时，"要抱着健康的怀疑态度，以避免过度的和没有根据的损害赔偿。"[4] 在一个发回地区法院重审的律师费案件中，他发表了一番不仅针对该案中律师和法官，而且面向所

---

[1]　*Savage v. C. I. A.*, 826 F. 2d 561, 563-64 (7th Cir. 1987).

[2]　*Omega Satellite Products Co. v. City of Indianapolis*, 694 F. 2d 119, 124 (7th Cir. 1982).

[3]　*McCollum v. Miller*, 695 F. 2d 1044, 1049 (7th Cir. 1982).

[4]　*Stoleson v. United States*, 708 F. 2d 1217, 1222 (7th Cir. 1983).

有法官和律师的司法意见。① 也是在律师费案件中，波斯纳就如何确定集团诉讼中的律师费问题给地区法院法官提供了指导意见，指出：如果所涉及的律师费不是计时费，而是律师提供的"整个法律服务"，那么计算方法应当尽可能简化。② 在一个案件中，法官给陪审团的指示（jury instruction）成为争议点，波斯纳详细解释了正确的陪审团指示应当是怎样的，就差亲自撰写一份陪审团指示了。③ 当一个就业歧视案被发回重审并需要就差别对待的影响提供指引的时候，波斯纳为地区法院法官提供了一份可供选择使用的完整指引。④ 波斯纳在一个收债案中走得更远，此案涉及一份催缴函中被称为"安全港"措辞的语句，它可以使收债人根据联邦成文法得以避免法律责任，他的司法意见中包含一份可供收债人直接采纳的催缴函，包括抬头和结尾。这封催缴函不能确保收债人不违反该联邦法律中的其他条款，但就安全港条款而言它可以让收债人感到放心了。⑤

　　波斯纳在撰写判决书时常常离开主线去长篇大论地解释相关联的问题，然后再返回主线，这是他的一个具有高度可辨识

---

① *Matter of Continental Illinois Securities Litigation*, 962 F. 2d 566, 572（7th Cir. 1992）.

② *Matter of Continental Illinois Securities Litigation*, 962 F. 2d 566, 572（7th Cir. 1992）.

③ *W. T. Rogers Co. , Inc. v. Keene*, 778 F. 2d 334, 346; *Omega Satellite Products Co. v. City of Indianapolis*, 694 F. 2d 119, 124（7th Cir. 1982）.

④ *Village of Bellwood v. Dwivedi*, 895 F. 2d 1521, 1534（7th Cir. 1990）.

⑤ *Bartlett v. Heibl*, 128 F. 3d 497, 501（7th Cir. 1997）.

性的（如果不是标志性的）特征。这些对相关问题的解释是判决书中的附带意见，并不影响判决结果，但它们或许也可以被称为解释性话语、意识流独白或脑筋急转弯。它们与我们在波斯纳的判决书中看到的许多解释的例子分享着同样的 DNA，并且依附在他判决书结构的论文式骨架上。

他上百次写下这样的解释，丝毫也不掩饰这些附带意见中的冒险的本来面目。他经常通过提示正在表述的观点的替代方案或延伸方案来表明自己在此处已偏离与判决结果相关的论证。我们时常也可以看到把我们带回主线的明显路标。波斯纳往往会条件反射式地强迫自己言归正传。"关于懈怠（laches）的神话，我已经说得够多了，"在一份判决书中，他被自己眼中的神话吸引着偏离了主线，然后这样说。* 在另一个案件中，他写道："关于这个问题的讨论就到此为止吧，在这一诉讼中，没有人质疑优化原则的有效性。"① 还有一次，他在判决书中吼道："够了！损害赔偿金额在这里并不是问题"②，我们可以推定他是在冲自己吼。

波斯纳的"够了！"提醒我们，用来表达一位法官的情绪的感叹号在判决书中是极少出现的。我们在《联邦案例汇编》中

① *N. L. R. B. v. Kemmerer Village, Inc.*, 907 F. 2d 661, 663（7ᵗʰ Cir. 1990）.

② *Nicolet Instrument Corp. v. Lindquist & Vennum*, 34 F. 3d 453, 456（7ᵗʰ Cir. 1994）.

* 作者在此处未注明出处。此处涉及的案件应该是：*NLRB v. P * I * E Nationwide, Inc.*, 894 F. 2d 887, 894（7ᵗʰ Cir. 1990）.—译者

还是经常可以看到感叹号，但不外乎是在两种情况下：一种情况是引用笔录的时候，另一种情况是感叹号作为一个实体的名称的一部分，比如 E! 电视台。表达一位法官的情绪的感叹号之所以罕见，是因为法官不想显露出自己的情绪，尤其是激动的情绪。但波斯纳正是在这个意义上使用感叹号的，虽然其中透露出的情绪并不强烈，只是扬眉表情的文字表达。感叹号有助于我们理解他在撰写判决书时的思维过程。透过感叹号，我们可以看到他对正在处理的问题的反应。在担任法官的这些年里，他不下 300 次使用感叹号来表达自己的情绪。其他法官终其整个司法职业生涯使用感叹号的次数也不会达到两位数。亨利·弗伦德利用过一次。勒恩德·汉德从来没有用过。除波斯纳外唯一的经常使用感叹号的法官是弗兰克·伊斯特布鲁克，他在很多方面都在模仿波斯纳的写作方式。他经常模仿波斯纳的风格来撰写判决书，而没有加脚注来承认这一点。他也因使用带有感情色彩的和非正式的语言来撰写判决书而知名。伊斯特布鲁克比波斯纳晚 3 年加入第七巡回上诉法院，但他使用感叹号的次数也超过了 300 次。

　　就引证惯例而言，我们知道《蓝皮书》或其他引用规范手册并不是全部，而且法官在判决书中引用的权威十分重要。正如学术著作中的脚注可以让见多识广的读者了解一位作者在该书中呈现的一项研究的深度、水平和质量，一位法官的引证习惯也可以透露出这位法官的品味、价值观和对于法律的更宽广的法理学思考。如果一位法官在判决书中提到了某些法官的名字，或者不仅提到名字还引用了他们的话，那就说明这位法官认为被提及的法官有特殊的地位，并且为自己的某一特定观点提供了额外的支持。换句话说，法官的名气也有一种棒球卡式的表现方式，这使得一个霍姆斯比一个塔尼更有价值。这种名气卡可以进行交易，被引用的法官反映出引用法官心目中认为谁更伟大。

如果我们考察一下波斯纳在2014年的引用记录，就会发现少数几位法官获得了格外多的引用，他们都是司法史上的巨人。汉德被引用115次（其中24次引用了原话），霍姆斯被引用135次（其中61次引用了原话），弗伦德利被引用47次（其中16次引用了原话）。波斯纳指示自己的助理在做研究时要特别留意这些法官怎么说。汉德被引用最多的是他那著名的过失判断公式（24次），但他也在其他方面获得引用，包括刑法（主要是在帮助犯、教唆犯和共谋方面）、著作权法、商标法、专利法、制定法解释和反垄断法。弗伦德利主要在管辖权和审查标准问题上得到引用，而霍姆斯被引用得最多的是他对法律的总体性论述，引用范围包括他的司法意见、司法外作品以及通信。最受波斯纳喜爱的霍姆斯警句包括"一般性的表述无法裁断具体案件"[1]、"合同所施加的唯一义务是履行或支付违约金"[2] 以及"法律不过是对法院将要做什么的预测"[3]。

---

[1]　*United States v. Costello*, 666 F. 3d 1040, 1050 (7th Cir. 2012).

[2]　*F. T. C. v. Think Achievement Corp.*, 312 F. 3d 259, 261 (7th Cir. 2002).

[3]　*Reich v. Continental Gas Co.*, 33 F. 3d 754 (7th Cir. 1994).

　　波斯纳还不时引用 19 世纪以来最著名的英国判例来解释各种基础性的法律教义，比如他 19 次引用莱佛士诉威奇豪斯①（Raffles v. Wichelhaus，涉及合同法中的非固有歧义），12 次引用戈里斯诉斯科特②（Gorris v. Scott，只有当一部制定法的目的在于防止案件中所发生的那种损害时，违反该制定法或其他法律义务来源而导致的损害才是可起诉的侵权法案由），8 次引用"拦路抢劫者案"③（Highwayman，如果诉讼双方都有同等的过错，因此任何一方针对另一方都没有靠谱的请求权，法院将拒绝裁断他们之间的纠纷），以及伯恩诉波德尔案④（事实不证自明原则）。他在引用这些案例时为它们赋予新的含义，从而将过去与现在连接起来。这些案例在阐释相关法学原理时做得非常好；比如，波斯纳写道："侵权法中常出现的情况是，一个古老的案例将原理解释得最清楚"。⑤

　　不过，他引用自己的次数超过引用其他任何法官的次数，虽然并没有提到自己的名字，这让我们想起霍姆斯，他曾半开玩笑地说，权威的重要性排序是：他自己的最高法院判决书，他的麻省最高法院判决书，最后是他的最高法院同事们的判决

---

① 2 H. & C. 906, 159 Eng. Rep. 375 (Ex. 1864).

② 9 L. R. Exch. 215 (1874).

③ 9 L. Q. Rev. 197 (1893).

④ 2 H. & C. 722, 159 Eng. Rep. 299 (Ex. 1863).

⑤ *Aguirre v. Turner Const. Co.*, 582 F. 3d 808, 811 (7th Cir. 2009).

书。① 如果碰到一个他曾经处理过的问题，波斯纳通常会首先引用自己的观点。只有当最高法院有一个先例严丝合缝地覆盖了手头的问题时，波斯纳才会首先引用最高法院的判例。考虑到第七巡回上诉法院管辖权的广泛性，如今这些自引已经涉及每一种部门法。波斯纳很少引用自己的学术作品，即使在涉及经济分析时，他也倾向于引用其他人的学术作品，比如乔治·斯蒂格勒、罗纳德·科斯和加利·贝克尔的作品。

法律解释

担任法官的头几年，波斯纳便确立了自己的制定法解释方法，并对它与理解语言的方法之间的关系有了自己的思考，在随后的几十年间，他一直深化着这种方法。他的方法是一种目的论的而不是规则限定论的方法，后者的特征包括自由主义、字面含义论（plain meaning），以及用以理解立法者未能提前预想到情势变更或未能尽可能精准使用语言时制定法条文究竟是何含义的解释法则。波斯纳的方法被称为想象式解释（imaginative interpretation）。② 他的出发点不是紧扣法律语词或条款，而是追问制定法的目的这一更大的问题。他认识到立法的

① Francis Biddle, *Justice Holmes, Natural Law and the Supreme Court* (New York: Macmillan, 1961), p. 422.

② *McMunn v. Hertz Equipment Rental Corp.*, 791 F. 2d 88, 93 (7th Cir. 1993).

"过于反映人性"（all too human）的侧面，因此从未抱有全知全能的立法者这种幻觉，认为制定法就其语言和含义而言永远不可能做到绝对精准。他写道："制定法往往是仓促草就的，有时甚至是粗心大意的产物，它们的起草者是忙碌的立法者，这些人不仅关心某一特定问题，还操心不能把他们的法律起草得过窄，以助于起草出的法律会故意留下巨大的漏洞。"① 考虑到这点，立法史便失去了它的相关性。不过，更加关键的是，波斯纳的前提性主张是：法官在他们的内心深处知道"字面含义"并不像听起来那么简单。他们知道"当他们称一部制定法的含义'很明显'的时候，他们所指提到的表面明晰性其实是为法律解释找到的具有欺骗性的立足点。他们知道制定法是有目的的语言表达，而语言是承载目的的圆滑载体。"② 这并不是一个新问题。波斯纳告诉我们，自从亚里士多德注意到这个问题以来，它一直伴随着我们。波斯纳的关注点是目的和语境。求助于定义和词典，并不能取代对一部制定法的目的以及一个法律语句乃至一个语词的语境的理解。在他看来，与其追问一个语词的定义，我们更需要"追问一个定义涉及何种利益得失。"③ 我们知道，诉诸于字面含义或文本主义即使在最简单的例子中也不足以帮我们解决问题，比如"请勿践踏草坪"，如果拘泥于

---

① 同上。

② *Friedrich v. City of Chicago*, 888 F. 2d 511, 514（7ᵗʰ Cir. 1989）.

③ *United States v. Crawley*, 837 F. 2d 291, 292（7ᵗʰ Cir. 1988）.

字面含义，便意味着即使是园艺工人也不能踏上草坪去清理杂草。①

他指出，自己的这种解释方法获得认可的时间已经至少有150年了，并且援引弗朗西斯·利伯尔（Francis Lieber）来支持自己的立场："一个文本只是一条线索，尽管是一条非常重要的线索，把我们引向一次交流的意义；这种意义可以从文本及其语境中推导出来，而不是在某种简单的意义上存在于文本之'内'"。②内在于解释的是避免荒谬结果的愿望，就像"请勿践踏草地"这个例子所显示的那样。他从心底里认同他所援引的那些法官，他们知道字面含义远比他们表达出来的意思更加复杂，他写道：制定法解释中的字面含义论者清楚地知道字面解释或严格解释"错误地描述了［语言的］交流功能"。他解释道，他们意在"政治，而不是认识论或阐释学"，这是他们用来控制司法解释的一种方法。正如他所言："字面含义论这个招牌无法让人们接受悖谬和荒唐的法律解释；这样的解释只会让我们看到字面含义论作为一种解释方法的局限性。"③

语法和标点符号对于解释而言也只有有限的作用。如果那些起草法律或合同的人是语法学家，那又是另外一回事儿，但

---

① *Marozsan v. United States*, 852 F. 2d 1469, 1482（7ᵗʰ Cir. 1988）.

② *Crawford v. Indiana Dept. of Corrections*, 115 F. 3d 481, 485 – 86（7th Cir. 1997）.

③ *Twisdale v. Snow*, 325 F. 3d 950, 953（7th Cir. 2003）.

他们并不是，所以在解释法律时参考语法书是无济于事的。① 当然，目的论、语境论的制定法解释方法的适用范围并不局限于制定法，它也适用于合同和法院判决。无论是何种文本，只有当"言者与听者或读者共享着隐含的对语境的理解，而这种理解丰富到足以架通为了节省交流成本而做出的明确表达不可避免地留下的空白"的时候，语言才能起到交流工具的作用。② 这种方法跳出了字面含义论方法的窠臼，他解释道，当你在餐厅里点一杯咖啡的时候，服务员不会递给你一杯咖啡豆，也不会在杯子里滴上几滴咖啡递给你。我们无需明言的假定超出了文本的范围。

推进经济分析在司法中的应用

波斯纳从一开始就打定主意要让第七巡回上诉法院接受自己的经济分析理念。对他的方法的抗拒会遭到他的有力回击，这显示出波斯纳将经济分析带入法律的信念是多么执着。例如，我们在罗伯茨诉西尔斯和罗巴克公司案（Roberts v. Sears, Roebuck and Company）中，我们可以完整地看到波斯纳的力推、法院同事的抵制以及波斯纳的回击。③ 这是波斯纳法官职业生涯早

---

① *Miller v. McCalla, Raymer, Padrick, Cobb, Nichols, and Clark, L. L. C.*, 214 F. 3d 872, 875（7th Cir. 2000）.

② *United States v. Mannava*, 565 F. 3d 412, 417（7th Cir. 2009）.

③ 697 F. 2d 796（7th Cir. 1983）.

期的一个专利案，涉及一种不起眼的快卸套筒扳手的专利，波斯纳撰写了代表法院多数派意见的判决书，判定该项专利因为无法通过显著性*检测而无效。波斯纳采用经济分析方法来解释显著性标准的原理，指出专利施加了一种经济阻力，因为它赋予了被授予专利的设计理念一种垄断权，这带来了一系列后果，"包括导致专利产品的产量下降，因此减损了消费者福利。"①因此，为了避免让专利对经济产生不必要的阻力，它们不应当被授予给无论有没有专利都会出现的那些发明，因为这样一种专利"不会带来足以抵消垄断成本的收益。"授予一项垄断的理由之一是垄断的允诺将促使发明者投入必要的时间和资源做出某项发明，这将问题转变为相关发明是否为那种需要投入一定时间和资源才能研发出来的类型。本案所涉及的套筒扳手不是这样一种发明，因为此前的专利发明已经把此案中的发明者引到了此项发明的门口，所以，如果他未能做出此项发明，自会有其他人做出。正因如此，此项发明由于其显著性而不需要专利保护，所以该专利无效。用经济学的术语来表述，"专利保护在此种情况下可能会过分补偿发明者，这样做可能一方面会导致过多的资源被投入做出微小的改进上面，另一方面会让社会

---

① 同上，at 797。

* 与商标法上的显著性不同，专利法上的显著性（obviousness）是不利于获得专利的反条件，是对新颖性和创造性的否定。如果一项申请专利的发明具有"显著性"，就说明此前的发明已经使这项发明呼之欲出，其出现具有毫不令人惊讶的显著性，因此不应授予专利。——译者

承受不必要的垄断成本。"①

　　第七巡回上诉法院随后把这个案子作为全体法官共审的案子，而没有采纳波斯纳撰写的合议庭意见，并且把案件发回初审法院就专利问题进行重审。这让波斯纳很失望，尤其是因为全体法官的多数派意见在他看来并没有讲清楚判断显著性的标准。在他看来，这份多数派意见中充斥着笼统之词，让人看不清楚是否采纳了他的检验标准（哪怕是在表述上有所不同），但可以肯定的是它无论如何也没有把这种检验标准使用到案件的具体事实上。他感觉到法院中的多数同事对他使用经济学语言感到不安，并直接跟他们对着干，再次强调经济学方法在整个法律中的一般性用途以及在涉及显著性问题的专利法案件中的特定用途。他写道："我知道许多律师和法官对经济学语言十分排斥。但影响专利法条文的那些政策就是典型的经济学，因此经济学语言就是清楚表达显著性标准的自然语言。"② 况且，多数派似乎并没有提出一种好的替代方案。这是一个惊人之举。在这里，作为法院的新成员，波斯纳针对同事们智识上的怯懦给他们上了一课。他也对全体出席的法院意见不愿意承认显著性是一个法律问题而感到失望，在这里，法院只是宣布该发明是显著的，然后就完事儿了。波斯纳在自己的意见中写道，法

---

① 同上，at 798。

② *Roberts v. Sears, Roebuck and Company*, 723 F. 2d 1324, 1347（7th Cir. 1983）.

院不应该在没有价值的冗长诉讼上花时间。①

汉德公式

在这个 10 年（如果不是在他的整个法官生涯中），波斯纳的主要法教义学努力是在撰写多数派意见时一有机会就适用汉德公式，这意味着他不仅把汉德公式适用于该公式原本用来解决的那种侵权法问题，而且把它用到其中隐含的成本收益分析原先未曾涉足的各种类型的法律领域。在卡罗尔拖船公司案（汉德法官著名的海事案件）中，一艘没有拴牢的驳船从码头上漂走，给邻近的船只造成了损害，促使汉德法官将船主稳妥停泊驳船的义务，作为 3 个相关因素影响下的变量而加以考察：（1）驳船脱锚的可能性；（2）驳船造成的任何人身伤害或财产损失的严重程度；（3）应当让驳船船主承担多重的负担才能激励他采取足够的预防措施来避免伤害或损坏。不过，这一司法意见的独特之处还是在于汉德用一个算术公式来表达了他对这些因素的权衡，这个公式就是 $B < PL$，其中 B 表示采取预防措施的负担，L 表示发生事故时的损失，P 表示没有采取预防措施的情况下发生事故的概率。汉德仅仅在 1938 年到 1947 年间 11 次使用了这个公式，这表明他本人并没有把它太当成一回事儿。但波斯纳并非如此。

---

① 同上，at 1348。

这个公式做到了波斯纳非常想要做到的事情，也就是把需要分析的问题转译成经济学术语。到 2014 年，他总共 24 次使用汉德公式，其中有 9 次发生在他担任法官的头 10 年，即 1982-1989 年。在这个 10 年里，波斯纳首先在自己的司法意见中引入了这个公式，然后把它应用到一个海事案件中，进而再把它用到更多类型的案件中，最引人瞩目的是涉及禁制令的案件。他的第一个适用汉德公式的重要案子是美国富达担保公司诉普罗维达（United States Fidelity & Guaranty Co. v. Plovidba）[1] 这个海事案件，此案争点在于船主是否有过失，并且应当对一位从敞开的舱口跌入水中的码头工人的意外死亡负责。随后，在美国医院用品诉医院产品公司（American Hospital Supply Corp. v. Hospital Products Ltd）[2] 这个禁制令案中，波斯纳借助汉德公式来理解一位地区法院法官在裁决一个禁制令案时可能犯的错误，并考虑如何最小化此类错误的成本。他使用了一个受汉德公式启发的简单代数公式，即 $P \times H_p > (1-P) \times H_d$，用自然语言来表述就是，只有在下述情况下才应当授予禁制令："拒绝授予禁制令对原告造成的损害乘以这一拒绝是一个错误的概率（也就是原告胜诉的概率），大于授予禁制令对被告造成的损害乘以授予禁制令的裁判是一个错误的概率。这个概率就是 1 减去原告最终胜诉的概率"。这个公式是"汉德过失计算公式的程序法上的

---

[1] 683 F. 2d 1022 (7th Cir. 1982).

[2] 780 F. 2d 589 (7th Cir. 1986).

对等公式"，而不是一个新的标准。它只是经济分析的数学表达形式。波斯纳写道："这个公式是新的，但它所包含的分析却是平常的"。①

宪法侵权

从他刚进法院一直到第一个 10 年结束，波斯纳坚持不懈地抨击了一种宪法化趋势，即将本可以在州法院起诉的针对州、县或市政府的诉讼带到联邦法院，导致这种趋势的法律原因是 1871 年《民权法案》第一条确立的联邦保护，规定任何以州法之名剥夺一个人的联邦公民权利或导致其被剥夺的主体都必须承担法律责任。这些权利涉及重大的生活或自由利益。波斯纳主张，应当禁止将本来可以由州法院受理的侵权诉讼在正当程序条款和 1871 年《民权法案》（42 U. S. C. sec. 1983）的掩护下进入联邦法院，以免过度扩张的联邦管辖权扭曲正当程序条款的意义，并且在某些情况下迫使联邦法院承担它们没有足够的专长和资源去承担的监督义务。他积极推动限制 1871 年《民权法案》赋予的权利（这是他的第二项法教义学创新）的努力可以说是在最高法院的眼皮底下发生的，该院支持了他对 1987 年德尚尼诉温尼巴戈县社会服务局（DeShaney v. Winnebago County

---

① *American Hospital Supply Cor. v. Hospital Products*, *Ltd* ., 780 F. 2d 589, 594 (7th Cir. 1986).

Department of Social Services）案的判决①，但在接下来的 10 年期间，最高法院又在索达尔诉伊利诺伊州库克县（Sodal v. Cook County, Ill.）② 一案中重新审查了波斯纳的判决，并认为他在反对 1871 年《民权法案》之扩张方面走得太远，撤销了他的意见的效力，并且指名道姓地驳斥了他的观点。

　　在德尚尼案之前，波斯纳便在另一个案子中表达了自己这方面的意见。促使波斯纳表述自己关于 1871 年《民权法案》之适用范围的理论的是这样一个法律问题：正当程序条款是禁止州及州以下政府针对某人采取某些特定行动，还是令它们承担不让某些事情发生到某人身上的义务。在 1982 年的鲍尔斯诉德维托（Bowers v. DeVito）案③中，这个问题被更加具体地表述为：州政府是否有义务保护一个人免受一个精神病人（同时也是曾被定罪的杀人犯）之害，这个精神病人从一个精神病院出来之后又开始杀人。原告主张该精神病院和其中的医护人员在决定释放这名杀人犯时，罔顾这一决定的后果。

　　法律上非常清楚的是，人们有权不被某个代表政府的人杀害，但这并不等于说，如果一个人被杀害了，政府就违反了它的保护义务。正如波斯纳所言："不存在受政府保护免于被犯罪分子或疯子杀害的宪法权利。"④ 他还写道："如果一个州政府

①　812 F. 2d 298（7th Cir. 1987）.
②　506 U. S. 56, 113 S. Ct. 538（1992）.
③　686 F. 2d 616（7th Cir. 1982）.
④　同上，at 618。

未能保护其居民免于被这样的凶徒杀害，这是一件可怕的事情。但它并未违反第十四修正案中的正当程序条款，而且，我们也可以合理推测，它也没有违反宪法中的任何条款。"之所以会得出这样一个看似冷酷无情的结论，是因为宪法"是一部消极自由的宪章：它告诉政府别去管人民；它并没有要求联邦政府或州政府去提供服务，哪怕是维护法律与秩序这样一种最基本的服务。"换句话说，如果有一项关于州政府没有做什么的诉讼请求，适用的法律（如果有任何适用的法律的话）是该州的侵权法，而不是联邦法律。

德尚尼案的事实是非常令人揪心的。① 4 岁的约书亚·德尚尼（Joshua DeShaney）被他的父亲殴打成植物人，而此前威斯康星州的社会工作者已经多次接到虐待儿童的举报并介入此事，但却未能采取有效措施跟踪检查他的情况。德尚尼的律师主张州政府有积极义务保护他免受他那有暴力倾向的父亲的伤害，尤其是考虑到州政府自愿承担起保护他的义务之后在约书亚和州政府之间形成的"特殊关系"。波斯纳很快打发了这个保护义务主张，根据就是他的已经被第七巡回上诉法院采纳的"消极权利宪章"理论，他写道："州政府并没有一种可以由联邦法院强制实施的义务去维持警察力量或消防队，或者保护儿童免受其父母的伤害。"他解释道，对于这方面的失败，存在政治上的救济手段，而且各州当然也可以通过它们自己的法院来提供救

① 812 F. 2d 298（7th Cir. 1987）.

济。针对"特殊关系"论，他反驳了第三巡回上诉法院在最近一个案子中的结论，即：一旦州政府知道了某一特定儿童可能被虐待，一种特殊关系便形成了，这种关系创生出一项保护该儿童免受虐待的宪法义务。无论是正当程序条款的语言，还是整部宪法的文本，都无法支持这样一个结论。法律可以创造特殊关系，比如在囚犯和负责照管他们的狱警之间，但州政府与一个已知处于危险之中的儿童之间的联系是如此微弱，以至于无法创生出一种特殊关系。而且，波斯纳解释道，创造出这样一种特殊关系会使州政府提供保护服务的成本更高，因为服务上出了问题会导致诉讼。

第三巡回上诉法院和第七巡回上诉法院之间在保护义务问题上的分歧导致了最高法院的介入。首席大法官伦奎斯特代表最高法院撰写的意见肯定了德尚尼案的判决，其中几乎每一步论证都采纳了波斯纳的意见，结论是威斯康星州在接到虐童举报后没有宪法义务保护小约书亚免受其父的伤害。[1] 最高法院也采纳了波斯纳驳斥第三巡回上诉法院"特殊关系"论的分析。从总体上看，最高法院几乎全盘借用了波斯纳处理1871年《民权法案》适用范围案件的方法。伦奎斯特没有对波斯纳的"消极权利宪章"一词表示认可，这是其中唯一的不和谐音，使人不禁猜测伦奎斯特在这方面为何那么小心谨慎。

---

[1]　489 U. S. 189, 109 S. Ct. 998 (1989).

抵制

在 1982 至 1989 年期间，波斯纳撰写的判决书遭遇异议的次数超过他所在的巡回上诉法院中的任何其他法官，达到 61 次，比排名第二的法官多出 26 次。但异议的次数当然无法告诉我们全部。我们需要具体地看看他的同事们在异议中究竟在反对什么，才能更好地理解波斯纳与第七巡回上诉法院其他法官的差异所在。

波斯纳有时在实质性的法律问题上，有时在写作风格方面，还有时在两者之间的灰色地带遭遇其他法官的抵制。有时，异议的语气似乎表明其他法官想迫使他撤退。维尔诉帕里斯市 教育委员会联盟学校第 95 学区（Vail v. Board of Educ. of Paris Union School Dist. No. 95）案①是一个公营部门就业正当程序案，波斯纳在此案中表达了异议，合议庭中表达附议意见的法官表示支持多数派的意见，并且向波斯纳发起了挑战，指责波斯纳罔顾适用于本案的先例而在异议中"从基本原则出发进行推理"，从而得出结论说本院对此案没有管辖权。进而，此案中多数派根据的是最高法院的先例，这使得联邦巡回上诉法院没有空间对其上级法院处理此问题的方式是否正确，进行上诉程序

---

① 706 F. 2d 1435, 1441 (7th Cir. 1983).

* 这里的 Paris 是指美国伊利诺伊州的帕里斯市，在芝加哥以南 266 公里。——译者

中的重新考量。表达附议的法官写道："无论此案在某种终极的法理学或哲学意义上是否得到了正确判决，这不是我作为中级上诉法院的法官应该考虑的问题，我需要做的只是判断它是否在遵循先例的意义上得到了妥善判决。我的同事波斯纳说这种判案方法是'把责任推卸给最高法院'，我把它称为信守遵循先例原则并尊重上级法院的权威。"在马雷泽诉美国骨科医师协会（Marrese v. American Academy of Orthopaedic Surgeons）案①中，最高法院退休大法官波特·斯图尔特（Potter Stewart）获委任在第七巡回上诉法院参审，他猛烈批评了波斯纳执笔撰写的多数派意见。这是一个反托拉斯法案件，一个职业协会拒绝授予原告成员资格。斯图尔特说波斯纳的意见挑战了涉及既判力原则和《谢尔曼法》之适用的"难题"，并且"打造出新的标准，不顾此案中缺乏充分的事实记录，也不顾别的巡回上诉法院已有的与此相反的先例。"② 在斯特尔特看来，波斯纳的多数派意见"表述了既判力原则的前所未有的扩张"，并且得出了"一种关于藐视法庭裁决有效性的新颖分析"，这使得法院能够"就此案所涉及的反托拉斯问题本身表达自己的观点"。③ 当这份合议庭意见被否决之后，波斯纳重新撰写了一份在论证上缩小范围的意见，省去了让斯图尔特感到无法接受的部分。

　　有时候，合议庭成员会认为波斯纳撰写的多数派意见超出

---

①　692 F. 2d 1083（7th Cir. 1982）.

②　同上，at 1096。

③　同上，at 1100。

了得出判决结果所必要的论证范围，因而表示反对。在布伦瑞克公司诉瑞格尔纺织公司（Brunswick Corp. v. Riegel Textile Corp.）案①中，地区法院本来已经驳回了主张被告专利欺诈及有违反《谢尔曼法》第 2 节的垄断行为的起诉，驳回起诉的理由是：该起诉未能提出反托拉斯法上的诉由；此诉为反托拉斯法上的时效规则所禁止。波斯纳将此案的上诉视为一个很好的机会来"考察专利法与反托拉斯法之间关系的几个方面"，然后他用了好几页的篇幅，在现代反托拉斯的目的"在于维护竞争过程的良好秩序"的背景中详尽分析这种关系。② 然而，这几页诠释在哈林顿·伍德（Harlington Wood）法官看来毫无必要，以至于他另写了一份意见作为附议。因为此案中的诉由被时效条款所阻拦，伍德法官认为没有理由去分析专利法与反托拉斯法之间的关系。他非常直接地写道："因此，虽然它们非常具有启发性，但我看不到波斯纳法官的意见中这些反托拉斯法-经济学-专利法讨论的必要性。"③ 而斯威格特法官则更加大胆地表明了伍德法官只是很隐晦地表达的批评。在另一个反托拉斯法案件杰克·沃尔特斯父子公司诉莫顿大厦公司（Jack Walters & Sons Corp. v. Morton Building, Inc.）案④中，斯威格特法官抓住了波斯纳的一个典型例子，说他追究争点的旁枝末节，将其置

① 752 F. 2d 261（7th Cir. 1984）。
② 同上，at 266。
③ 同上，at 272。
④ 737 F. 2d 698, 713 - 714（7th Cir. 1984）.

于反托拉斯法诠释以及高等法院判例潜在问题的语境中，并警告说，这些段落必须被明确标示为与本案无关，以削弱其当下和未来的影响。他之所以只能以附议的形式支持判决，不是因为他认为波斯纳在他的探险中可能把法律搞错了，而是因为他认为这种探险构成附带意见，"这种附带意见可能会影响和带偏目前尚未出现但将来可能由本院审理的案件之判决。人们可能会说对本次上诉中并未实际提出的问题的讨论有某种边缘性的相关性，但这种相关性，即使存在，对理解和处理本案也无必要。当然，一个不证自明的公理是，我们应当将讨论限定于适用于本案的法律原则。覆盖范围超过某一特定案件之事实的阴影会让初审法官感到困惑，并且会缠绕着我们自己这个上诉法院，妨碍我们根据所理解的那时的相关法律来裁断未来案件的自由"。

波斯纳的罗盘指向经济学语言和概念，这一点也时不时地被一些合议庭成员注意到并且抵制。在达文波特诉德罗伯茨（Davenport v. DeRoberts）这个涉及监狱囚犯的案件①中，争点在于，诸如5小时的囚室外锻炼时间之类的生活条件和其他因素，对于隔离监禁达90天以上的囚犯是否足够（上诉审合议庭认为初审法官对这个问题的肯定回答并没有明显错误），以及这类囚犯是否有权每周洗3次淋浴（回答是否定的，毕竟美国以外的许多国家并不把淋浴看成一件重要的事情）。波斯纳在他撰

---

① 844 F. 3d 1310 (7th Cir. 1988).

写的多数派意见中借用了用起来很顺手的经济学术语"负效用"（disutility），并把让人承受这种负效用视为刑罚的目的之一。库达希法官在其部分异议中不同意多数派的每周冲一次淋浴就足够了这一结论，认为多数派以某些外国的洗澡习惯为根据来正当化一周一洗，可能是在恶意调侃日本人和他们对经常洗澡的热忱。但他最接受不了的是把让人承受"负效用"作为一种可接受的刑罚目的。他写道："这在我听来有些不祥（ominous）——假设我理解这个词的意思的话。从这个不可靠的前提出发，我也对此谨表不同意"。①

一个表面上看是关于囚犯提起的民事诉讼中聘请律师问题的案件，引来了卡达希法官对于首先考虑经济分析方法这一思维倾向而不是经济分析之具体应用的敌意。梅里特诉福克纳（Merritt v. Faulkner）案②首次上诉到第七巡回上诉法院时，针对的问题是地区法院法官不为原告指定律师是不是一个错误。原告提起了一个以监狱官员为被告的诉讼，称他们应对自己的视力丧失负责，并在初审中败诉了。多数派认为应当指定一位律师，并且推翻了初审法院的判决，波斯纳表达了异议。他在异议中主张应当让市场力量而不是法院来配置律师服务。他指出：原告提出了此类人身伤害侵权案中常见的风险代理付费安

---

① *Davenport v. DeRoberts*, 844 F. 3d 1310, 1317（7th Cir. 1988）（Cudahy, J., dissenting in part and concurring in part）.

② 697 F. 2d 761（7th Cir. 1983）.

排，但未能吸引到一个律师，这反映出他的起诉本身是站不住脚的。这个案件被发回地区法院重审，法官指定了一名律师，最终达成了一项和解协议，狱方同意为原告提供某种类型的医疗诊治。当这个案件因为某些基本上不相关的争点再次来到第七巡回上诉法院的时候，原来的合议庭作出了全体同意的判决，波斯纳利用他的附议解释了无意义的囚犯诉讼如何耗损着司法资源，并再次主张应该让市场力量而不是法官来决定律师代理的配置。卡达希也利用他的附议来主张，法院面对的是公平问题，而不是资源分配问题。这本身似乎不足为奇，也没什么值得关注的方面——如果不是因为卡达希在 2000 年发表了一篇名义上是表达致敬的文章，题为"异议者眼中的波斯纳法官"①，在其中他自豪地回忆了几次狙击波斯纳的经济分析应用的场合，包括这一次。

对波斯纳的经济分析的一次更重要的反对发生在前面讨论过的美国医院用品诉医院产品公司案②中。在此案里，波斯纳试图将一种改编版的汉德过失计算公式整合到对是否应当签发禁制令的分析之中。斯威格特对波斯纳使用代数公式而不是文字语言来表述这个公式感到不满，他表达了异议，不是因为他不同意卡罗尔拖船公司案（即汉德法官发明过失计算公式的场合）的判决，而是因为卡罗尔拖船公司案中的过失问题是一个法律

---

①　17 *Journal of Contemporary Health Law and Policy* xxxi（2000）.

②　780 F. 2d 589（7th Cir. 1986）.

问题。而禁制令问题是一个衡平（equity）问题，在这种问题上法官需要代数公式无法给予的更大的灵活性，即使这个公式中的数值没有被填上，即使如波斯纳所承认的那样，没人强迫地区法院法官采用这个公式并且把他们套进"定量分析的紧身衣"。然而，斯威格特并没有被说服，他认为，第七巡回上诉法院的判决毫无疑问会迫使本辖区初审法院在禁制令问题的分析中适用汉德公式。他写道："地区法院法官承受着果断决策和精准决策的巨大压力。即使在最微不足道的判决也是如此。多数派意见中提供的公式就像荷马史诗中的海妖，提供了一种诱人但具有欺骗性的保障。进而，多数派意见中的公式诱使律师们拂去计算器上的灰尘，用定量分析的外衣来包装他们的论辩。由此导致的景观或许是很有趣的，但我一点儿也不羡慕本巡回区的地区法院，也并不为我们交给它们的任务感到骄傲"。①

弗劳姆（Flaum）法官在 1986 年的劳森产品诉安富利（Lawson Products v. Avnet）一案②中，试图避开波斯纳打算搬到禁制令司法考量之中的与汉德公式相关的那种数学式滑动标尺。他尝试重新恢复滑动标尺的传统文字表达方式，为初审法官的自由裁量留下空间，并包含上诉法院对初审法院表达尊重的"滥用裁量权"审查标准。为了让自己的意见看起来不像是一种严厉的驳斥，他不得不一方面说公式表达方法与第七巡回区的

---

① *American Hosp. Supply Corp. v. Hospital Products Ltd.*, 780 F. 2d 589, 609-10（1986）（Swygert, J., dissenting）.

② 782 F. 2d 1429（7th Cir. 1986）.

法律并无矛盾，另一方面又指出这种方法导致了困惑，而用文字来表述滑动标尺分析似乎更加容易理解和获得接受。他未加引用地重复了斯威格特法官在美国医院用品案中的异议，指出禁制令具有衡平性，法官在此类问题上应当有自由裁量权，而且无法给出精确的答案，但使用公式方法却给人造成他们可以做到的假象。他写道，使用公式方法的提议会改变本辖区的法律。波斯纳要等待 6 年才找到机会在维拉诺瓦诉阿布拉姆斯（Villanova v. Abrams）案①中，对弗劳姆的意见做出尖锐的回击。

最高法院的复核

在波斯纳几十年的法官生涯中，最高法院总共复核了 32 个波斯纳贡献过司法意见的案件，涉及各种各样的法律问题。其中有 26 个案件是由他撰写的多数派意见。他的意见 13 次获得支持，10 次被推翻（不过其中有 2 次肯定了他曾经采取的立场），还有 3 次被撤销。他在 2 个被推翻的案件中表达了附议。他还在 4 个案件中表达了异议，其中 3 个案件在推翻原判决的时候肯定了波斯纳在异议中表达的意见。他表达附议的 2 个案件被最高法院推翻，可以说是他的附议也被推翻了。波斯纳撰写的多数派意见获得支持或者被推翻的比例是非常重要的评价尺度，

---

① 972 F. 2d 792（7th Cir. 1992）.

就像棒球卡一样。

　　但是，如果我们不止步于查看获得支持以及被推翻的比率（波斯纳的得分与第七巡回上诉法院的平均分很接近），而是更仔细地考察在这些案件中最高法院如何回应或不回应波斯纳的方法，我们就会看到波斯纳处理各类案件的方法在多大程度上与主流相吻合。毕竟，最高法院定义着何为主流。进而，考察波斯纳的这些被最高法院复核的司法意见，还有助于描绘他在第七巡回上诉法院所做工作的性质。展现一位法官如何从事法律工作终究是法官传记的目的之一，而通过追溯一位法官处理特定问题的案件来进行法教义学分析是最受欢迎的方法。不过，更广泛地展现一位法官处理过的案件才能提供更真实地对这位法官所做工作的回顾，因为这种工作就是一个一个地处理来到法院的案件。其中有些案件，无论它们是否一开始就被看得重要或者是否会进入法教义学分析者的法眼，最终来到了最高法院。对这些案件进行考察为理解一位法官的工作提供了一条跨部门法的法理学路径。用这种方法来理解波斯纳在第七巡回上诉法院所做的工作，强调的是广度，而不是对某一特定领域进行典型的法教义学分析所能提供的那种深度。对于了解作为一位工作中的法官的波斯纳而言，广度似乎比深度更加重要。

　　波斯纳的多数派意见在 1980 年代并不走运。在这个期间，最高法院总共复核 6 个波斯纳代表多数派撰写判决书的案件，而仅在 2 个案件中支持了他。除了前面提到过的德尚尼案（最高法院在此案中并不完全满意波斯纳的意见，只表达了部分支

持），最高法院在芝加哥教师工会诉哈德逊（Chicago Teachers U-
nion, Local No. 1, AFT, AFL CIO v. Hudson）案①中，也是夹带
着批评支持了波斯纳的多数派意见。② 最高法院同意波斯纳的意
见，非工会雇员需要缴纳一定的会费才能享受由该工会作为集
体谈判代理人带来的好处，而这些雇员对缴纳的标准存在异议，
最高法院支持了波斯纳的意见，认为这些人的异议无法在工会
的程序范畴内得到解决，但最高法院同时也限缩了波斯纳拓宽
非工会会员无需缴费支持的工会活动范围的努力。阿布德诉底
特律教育委员会（Abood v. Detroit Board of Education）案③确定
的规则是：非工会会员无需缴费支持工会的意识形态活动，如
果这种互动与工会作为集体谈判代理人的角色没有密切关系。
然而，波斯纳认为，非工会会员不用缴费支持的工会活动，不
仅包括阿布德案所描述的政治或意识形态方面的活动，还包括
任何与集体谈判功能无关的活动。最高法院不愿触及宪法问题，
它采纳了弗劳姆法官关于这个问题的附议意见，将自己打算回
答的问题明确限定为：在不对工会要求每位雇员分担集体谈判
活动成本的能力造成不利影响的情况下，工会是否有充分的程
序保障来防止强迫不愿意出钱支持意识形态活动的非工会会员
缴费。最高法院的这一做法实际上是未曾明言地拒绝了波斯纳
扩展阿布德规则的建议。不仅如此，怀特大法官还专门在自己

---

① 475 U. S. 292, 106 S. Ct. 1066 (1986).
② *Hudson v. Teachers Union Local No.* 1, 743 F. 2d 1187 (7th Cir. 1984).
③ 431 U. S. 209, 97 S. Ct. 1782 (1977).

附议中表示同意弗劳姆法官的观点，并写道："［波斯纳］就这个问题所作评论明显属于附带意见。而且，就我们所处理的案件而言，这种附带意见是很成问题的"。

波斯纳的确看到自己的异议在两个案件中获得了最高法院的肯定。其中之一是博伊尔诉美国（Boyle v. United States），此案涉及的诉讼请求是：一位遗嘱执行人要求律师偿付因为迟填退税申请而导致的退税金额上的损失，声称律师应当对此负责。① 最高法院采纳了波斯纳在异议中表达的观点，即：如果要遵从法律的目的（实际上理应如此），我们就可以清楚看到纳税人不能将填报税单的责任委诸他人，也不能像本案中发生的那样将保税方面的疏漏透过于人。纳税人应当败诉。但最高法院在此处并没有提到这是波斯纳的意见。另一个案件是弗雷斯特诉怀特（Forrester v. White）②，一个司法豁免权案，涉及一位被解雇的缓刑执行官起诉解雇她的法官，理由是该法官涉嫌性别歧视，侵犯了她的公民权利。最高法院遵循了（如果不是采纳了）波斯纳的异议，认为在解雇这位缓刑执行官时该法官是在行使行政权力，而司法豁免权仅适用于法官的司法行为，并不适用于法官的行政行为，因此法官在原告提起的诉讼不受豁免权保护，理应下场参与公平竞技。最高法院精心制作出一种功能测试标准来区分这两种行为，在此过程中并没有表示注意过

---

① 164. 469 U. S. 241, 105 S. Ct. 687（1985）.
② 165. 484 U. S. 219, 108 S. Ct. 538（1988）.

波斯纳用来区分二者的详尽的经济分析。不过最高法院还是非常省略地援引了波斯纳异议中这样一个观点：只有在关系到官员能否有效履行职责时，才有必要进行这样的保护，因为"绝对的豁免是一剂猛药"。① 这句话后来经常被面对同样的问题的巡回上诉法院法官们引用。

最高法院在纽曼－格林公司诉阿方佐－拉兰（Newman－Green, Inc. v. Alfonzo-Larrain）案②中推翻了波斯纳的多数派意见，此案试探性地触及了民事诉讼法中的一个深奥问题，即：当一个上诉法院发现一个当事人不符合"异籍当事人"（diverse party）* 资格条件时，能否溯及既往地排除一个当事人的诉讼资格，从而剥夺联邦地区法院的管辖权，即便此案已经走完它的程序流程到了终审阶段。波斯纳在多数派意见中认为没有任何司法权威表明上诉法院可以回溯性地重新决定管辖权问题，并且认为这样做会给正在为防守联邦法院管辖权堡垒而战斗的地区法院法官发出一种错误的信号。③最高法院认为波斯纳在这个问题上的寸步不让体现了一种"超级技术化的管辖权纯粹性"

①　*Forrester v. White*, 484 U. S. 219, 230, 108 S. Ct. 538, 545（1988），quoting from *Forrester v. White*, 792 F. 2d 647, 660（7th Cir. 1986）（Posner, J. , dissenting）.

②　490 U. S. 826, 109 S. Ct. 2218（1989）.

③　*Newman-Green, Inc. v. Alfonzo-Larrain*, 854 F. 2d 916, 919（7th Cir. 1988）.

*　异籍管辖权（diversity jurisdiction）是美国诉讼法中的管辖权规则之一，对于并非法定由联邦法院管辖的案件，如果双方当事人属于不同的州（或国家）而且争议金额超过一定数量，也可以由联邦法院受理。—译者

旨趣，反之，它在自己的推理中更加注重案件的实际情况。它甚至把波斯纳的一句评论（波斯纳在这里借用了诗人雪莱的比喻）剥离出原来的语境，用来批评波斯纳本人："法律是一种治理工具，不是为智识上的美而唱的赞歌，实用性必须得到考虑。"为加强讽刺效果，最高法院还（正确地）指出这句话"写得很漂亮"。①

最高法院在马雷克诉切斯尼（Marek v. Chesny）案②中也推翻了波斯纳的合议庭多数派意见。这是一个适用1871年《民权法案》的案件，涉及的问题是《联邦民事程序规则》中关于审前和解提议的条款所提到的"费用"是否包括律师费。相关规则规定，如果一方当事人不接受对方当事人及时提出的审前和解协议提议，而"被提议人最终在审判中获得的结果并不比和解提议对其更有利，被提议人就必须支付提议发出之后产生的费用"。波斯纳主张这里的"费用"必然包括律师费，方能"维持该条文在一个法定律师费时代的效用"。波斯纳指出，当《联邦民事程序规则》中的第68条规则在1939年被起草出来的时候，费用转移类制定法的数量远远少于当下，这使得起草者们可能把律师费放在了未界定的其他费用类型之中。在他看来，之所以要把律师费视为包含在"费用"之中，其实践理由在于

---

① 169. *Newman-Green, Inc. v. Alfonzo-Larrain*, 490 U. S. 826, 837, 109 S. Ct. 2218, 2225 (1989), quoting Newman-Green, Inc. v. Alfonzo-Larrain, 854 F. 2d 916, 925 (7th Cir. 1988).

② 473 U. S. 1, 105 S. Ct. 3012 (1985).

鼓励律师代理民权案件，而不必担心第 68 条规则所涵盖的和解提议会给他们带来经济上的不利，因为在此类案件中费用是根据第 68 条规则来确定的，而不是根据《维护公民权利诉讼程序》（美国法典第 1988 分部），后者明确规定律师费是费用的一部分。最高法院否定了波斯纳的推理，认为它过于市场导向了，甚至没有考虑波斯纳的一项主张，即不把律师费包括在第 68 条规则所言的费用之中，会导致律师更加不愿意代理 1871 年《民权法案》案件。在最高法院看来，因为起草者们知道有费用转移方面的法律详细列举了费用种类，但是并没有在第 68 条规则中提到律师费，这就证明律师费不应当被理解为包含在该条所称"费用"之中。

评价

业内备受瞩目的《联邦司法年鉴》（Almanac of the Federal Judiciary）在 1987 年发布了首次对波斯纳的评价。法律界注意到了波斯纳的卓越才能，也注意到他正在重塑第七巡回上诉法院的司法惯例，然后列举了对他在口头辩论中的表现的正面和负面评价。我们可以从摘要中看到，"有些律师尤其敢于直言，批评波斯纳在口头辩论中在自己有强烈坚持的观点的问题上所表现出来的态度。这些律师几乎使用了相同的词汇来描述这种态度：傲慢，不耐烦，教条，固执己见，主导整个辩论，交叉质问双方律师——就好像他们是在苏格拉底式教学中接受教授盘问的法学院一年级学生，等等。"做出相反评价的律师们则认为波斯纳虽然要求比较高，但并不粗鲁或傲慢，而且对做了充分准备的律师十分礼貌。

书

《联邦法院：危机与改革》（1985）

在他被提名为联邦第七巡回上诉法院法官并获得参议院确认之前的几个月以及担任法官的头两年期间，波斯纳写了好几篇讨论联邦法院系统的论文。在他获得提名并等待确认期间——俗称"待产期"（gestation period）——波斯纳写了一篇讨论制定法解释的论文，并在出任法官之初又写了一篇，拓展了前一篇的论证。这两篇论文的高潮出现在第二篇的结论部分，在这里他聚焦于政治倾向与制定法解释方法之间的关系——自由派倾向于灵活解释，保守派倾向于严格解释，并讨论了司法能动主义的性质。他发布了一个激动人心的消息：持严格解释论的保守派也是司法能动主义者。"在我看来，没有任何基于原则的、非政治的基础让法院采取这样一种观点：国会制定了太多法律，因此应该通过严格解释它所制定的法律来控制它。"[1]

---

[1] "Statutory Construction—In the Classroom and in the Courtroom," 50 *University of Chicago Law Review* 800, 822 (1983).

之所以说严格解释论也是一种司法能动主义，是"因为它会削减立法机关的权力。"① 他声称自己的兴趣在于基于原则的审判。在他看来，评价一位法官的工作不应当看他是能动主义者还是司法克制主义者。实际上，这种评价应当考量的因素是"自律（这意味着适当尊重制定法、先例以及其他法律渊源的权威以及其他一些因素），关于法律的知识以及研究的周密性，清晰易懂的写作风格，逻辑分析的能力，常识，法律工作的经验，对理性的信奉以及与此相关的对'结果导向的'判决（这里指的是我愿意看到的这个词的狭义用法）的回避，对同事观点的开放性，智识水平，工作努力程度——无论是能动主义者还是克制主义者都会赞赏这些品质；所有这些都是司法工匠精神（judicial workmanship）的基本要素"。波斯纳把这些论文整理起来，构成1985年出版的《联邦法院》一书②的主体内容。此书不是这些论文的简单汇集，而是经过了修改和增删。例如，在

---

① 同上。

② *The Federal Courts: Crisis and Reform* (Cambridge: Harvard University Press, 1985). 此书取材于以下几篇论文："The Present Situation in Legal Scholarship," 90 *Yale Law Journal* 1113 (1981)；"Economics, Politics, and the Reading of Statutes and Constitutions," 49 *University of Chicago Law Review* 263 (1982)；"Toward an Economic Theory of Federal Jurisdiction," 6 *Harvard Journal of Law and Public Policy* 41 (1982)；"Will the Federal Courts Survive until 1984? An Essay on Delegation and Specialization of the Judicial Function," 56 *Southern California Law Review* 761 (1983)；"Statutory Construction—in the Classroom and in the Courtroom," 50 *University of Chicago Law Review* 800 (1983)；and "The Meaning of Judicial Self-Restraint," 59 *Indiana Law Journal* 1 (1983).

第二篇制定法解释论文中，有一部分明确表示，严格解释论者与那些适用灵活解释方法的法官一样，都是司法能动主义者，这些并没有收入这本书。书中没有明说双方都是能动主义者，而是婉转地说，自由派认为国会走得不够远并想让法官去做立法者未做的事情，而保守派则认为国会已经走得太远并想让法官去控制立法者的工作。其结果是"每个学派都发展出适合于它的政治目的的解释技术"。[①]

此书分为 4 个部分。第一部分向读者介绍了司法制度，描述了联邦法院系统及其人员构成。第二部分详细讨论了案件负荷危机，揭示了冗长的、平庸的、小心翼翼的、由法官助理撰写的司法意见的暗淡未来，并提出了若干缓和治疗方案，比如提高案件受理费，以遏制案件数量上升的趋势。第三部分"重新思考"了联邦司法程序，并提出了应对案件负荷危机的大胆建议，例如，根据经济学原理来重塑司法管辖权，让法官给予司法克制立场更多的同情式考虑——当他们与案件负荷危机近身肉搏的时候，有必要重新想象一下政府各部门之间的分工，寄望于让其他部门多分担一些法院的压力。在讨论司法技艺的那一章里，我们看到波斯纳在其职业生涯中首次讨论联邦地区法院的失败之处（这是他此后多次谈论的话题），在这里他将其描述为"反复出现缺陷的领域"，包括维持联邦管辖权的边界、

---

① *The Federal Courts: Crisis and Reform* (Cambridge: Harvard University Press, 1985), p. 293.

案件管理、在法官之间分配工作、以及把压力传递给它们之上的联邦巡回上诉法院。第四部分采取了不同的策略，在制定法和宪法、普通法审判以及法律教育和法学的语境中考察了联邦法院。

　　此书吸引来了若干篇书评。一个共同的抱怨是它其实应该是两本书（第一部分到第三部分是一本书，第四部分是另一本书），而评论者们只对其中关于联邦法院核心职能的讨论感兴趣。在某些批评者看来，即使是前三个部分也缺乏连贯性，其结果是让读者很费劲地在各个部分和章节之间去寻找统一的主题。此类批评中的一个极端情况是，一位书评作者写道："寻找统一主题这个说法或许夸大了作者本人的意图，他或许不过是想把自己最近写的关于联邦法院的各种断想拼凑成一本书。"[1]有些评论者非常严厉地批评波斯纳是在推进一项保守主义的谋划。他发现自己找不到人来接受自己关于重塑联邦管辖权的建议。一位评论者暗示波斯纳是在用这本书来提升自己进入最高法院的机会。还有人指出波斯纳想要把民权诉讼和人身保护令案件排除出联邦法院的管辖范围。一位评论者写道："通过挑战联邦法院是保护联邦宪法权利的必要条件这一观念，波斯纳已经挑战了当代法律意识的基础"。[2]

---

[1]　Samuel Estreicher, "Conserving the Federal Judiciary for a Conservative Agenda?," 84 *Michigan Law Review* 569 (1986).

[2]　Jack Beermann, "Crisis? What Crisis," 80 *Northwestern University Law Review* 1383, 1405 (1986).

保罗·巴托（Paul Bator）在《芝加哥大学法律评论》上发表了一篇细致的、表达认同的书评，这篇书评不仅有着对联邦法院和司法功能的深刻理解，还因为作者本人与波斯纳的私交而增色不少。巴托是波斯纳在哈佛法学院的刑法学老师，他还指导了波斯纳关于人身保护令的三年级论文，并在波斯纳从法学院毕业后成为他的朋友。当巴托从哈佛转职到芝加哥大学之后，他们的职业道路又发生了交汇。巴托的书评给人的感觉是，我们应当庆幸自己能够读到天才的波斯纳关于联邦法院和审判技艺的论著。他的评论除了非常精到地评价了这本书以外，对我们这些希望获知波斯纳的人格对他的工作和职业之重要性的人尤多助益。虽然很长，巴托关于波斯纳风格的段落点出了我们需要知道的波斯纳的某些方面，假设巴托与波斯纳足够亲近，可以支持他形成这些观点。他写道：

> 波斯纳的风格是一种既全情投入、充满关怀又超然物外、有时甚至带点儿嘲讽的医生的风格。他已经给病人做了体检；他以天才的智识能量和速度完成了望闻问切，测了身高，量了体重，读了病例，做了研究；现在他正在提交一份诊断报告。这份报告是低调的、只讲事实的、"科学的"以及教学式的。人们认为，发现和报告事实，想出并检验可能的解释是有趣和值得的。发现和报告事实并且推测和检验可能的解释，被认为是有趣的和值得从事的工作。那些能够确

认显而易见之事的解释和那些与显而易见之事相抵触
的解释都值得认真思考，并能带来乐趣。尽管其中充
满怀疑精神和尘世智慧，这种风格假定事情（或多或
少）可以被搞清楚，改进它们的尝试或多或少是合乎
情理的。它是高度知性和复杂的，但它的智识专注点
保持在一个狭小的范围内，并且受到一个设定好的罗
盘的指引。波斯纳医生在很大程度上是一位说话直白、
时而显得有些简化主义的美国社会科学家，而不是一
位哲学家、社会理论家或道德说教者。他从不浪漫或
诗性。即使是那些最有可能冒犯人们虔诚相信的知识
的建议也被表述得直截了当，就好像它们是世界上最
不证自明的东西……波斯纳的文字不会提高音量或欺
负你。偶尔一句挖苦话会打断总体上没有废话的氛围，
其中表达着智识上闪闪发光的常识和非常识以及偶尔
出现的胡言乱语。[1]

当然，尽管巴托很熟悉波斯纳，他也有可能没把波斯纳看
清楚。

---

[1] Paul Bator, "The Judicial Universe of Richard Posner," 52 *University of Chicago Law Review* 1146, 1146-47（1985）.

法官和律师

波斯纳在就任后的头 10 年做了他在《联邦法院》一书中写道的事情：以直率、严厉、有时咄咄逼人的姿态迫使法官和律师在其对司法程序的贡献方面达到他的预期，这后来成为贯穿他整个法官生涯的主线之一。事实上，波斯纳的很大一部分尝试在于重塑法律的运作方式。

在地区法院（district court）法官的表现没有达到他的期望时，波斯纳对他们的处理也并没有表现出什么委婉（subtle）之处，尤其是当他们影响到上诉法院的表现的时候。毕竟上诉法院在大部分情况下只能审查基层法院的最终判决（如《联邦民事诉讼规则》第 58 条所述），这就要求地区法院法官必须明确其裁定是否为最终判决。除此以外的其他的表述都不能被接受。

在某案中，地区法院法官明显有意驳回原告诉求，但判决又不够精确，波斯纳就此阐述了他对管辖权的基本立场："我们重申我们的立场，即地区法院需要通过遵守第 58 条规则的完整表述来阻止虚假的上诉管辖权产生"①。在纽曼-格林案中，他直言不讳地写道："如果我们在案件提出上诉时才试图弥补司法管辖权的不足，那地区法院将没有动力去亲自审核管辖权。他们

---

① F. & H. R. Farman-Farmaian Consulting Engineers Firm v. Harza Engineering Co. , 882 F. 2d 281, 283 (7th Cir. 1989).

很忙，如果他们知道我们会帮他们清理这些杂乱的管辖权问题，他们便会继续处理其他紧迫的事务，然后将晦涩的管辖权问题留给上诉法院。这并不是我们希望在巡回上诉法院层面上看到的对权力限制的鼓励方式；如果让诉讼当事人在无权采取行动的司法机构面前提起诉讼，将会给公众带来沉重的经济负担。我们（上诉法院）的职责不是在毫无根据的情况下审理（基于联邦法律的）诉讼，也不是通过推翻我们先前的（基层法院的）决定来建立属于我们（上诉法院）自己的权威"①。然而，正如我们在先前的章节中所探讨的那样，联邦最高法院采取了不同的观点，并且推翻了波斯纳的意见（这也许正中第七巡回上诉法院其他法官和律师们的下怀），并且在没有特别考虑到这段引文的情况下认为，波斯纳的兴趣似乎在于超技术性的管辖权纯洁性。

波斯纳的其他观点则着眼于法官如何工作和如何及时开展工作方面。他对懒惰和游手好闲的法官没有耐心，他会毫不考虑修辞地敦促下级法院法官提高办案效率。比如，他曾经在一个案件中说一个法官"慢条斯理"——这位法官在上诉法院驳回初审判决 18 个月后才开始着手核查事实和重新考量法律结论。② 在另一个案件中，一位基层法官任命了一名特别专家

① *Newman-Green, Inc. v. Alfonzo-Larrain R., Inc.*, 854 F. 2d 916, 923 (7th Cir. 1988).

② *Louis Vuitton S. A. v. Lee*, 875 F. 2d 584, 587 (7th Cir. 1989).

(special master) 来帮助他，原因是这位法官发现自己正"面临着一个极其拥挤的日程表"。虽然相关的联邦规则确实允许在特殊情况下任命特别专家，但波斯纳明确表示，这位基层法官通过让特别专家准备一个意见，然后采纳这个意见作为他自己的意见的行为，已经在本质上放弃了他的法官责任。波斯纳写这份意见的目的，似乎是警告地区法官，不要用这条关于特别专家的规则作为拐杖，帮助他们处理过于拥挤的案卷。这不是这条规则的意图，该规则不是想让被任命为特别专家的律师来担任法官。①

在澄清了这个问题之后，波斯纳并没有对败诉方表示同情，这方当事人的上诉理由之一是"初审法官超出了统计专家的证词范围进行了自己的统计分析"。这个败诉方显然认为法官在审判期间只需要被动地坐在那里。但这一主张促使波斯纳写道："法官不是墙上贴的花或盆栽；基层法院法官通过考量一方当事人的统计证据对抽样设计的敏感程度（这是一种评估统计证据的标准方法），以此来检验该当事人的统计证据是否有证明力，这样的努力值得赞扬而不是谴责"。②

针对律师，波斯纳会因为他们在分工协作的审判过程中没有扮演好自己的角色而批评甚至惩罚他们。在多个场合，他批

---

① *Jack Walters & Sons Corp. v. Morton Building, Inc.*, 737 F. 2d 698, 713 (7th Cir. 1984).

② *Tagatz v. Marquette University*, 861 F. 2d 1040, 1045 (7th Cir. 1988).

评律师没有在案情摘要中说明初审法院适用的是哪个州的法律，① 没有理清管辖权问题，②在一起民权案件中，没有明确说明被起诉的政府官员既因其职业身份也因其个人身份而被起诉，③没有在案情摘要（brief）中说明适用的审查标准，④或者是没有在诉讼时效届满之前确定是否可以获得属人管辖权（personal jurisdiction）。⑤他对仲裁案件中的有些律师越来越失望，在他看来，这些律师似乎未能理解（这个时候他通常会说"我们已经说过了太多遍，不能再重复了"），联邦上诉法院唯一可以回答的仲裁问题是仲裁员是否已经解释了合同，而不是仲裁员是否错误地解释了合同。⑥

波斯纳希望自己像掌舵着一艘精致的航船一样驾驭司法过程，为此，他曾经因为一名律师撰写的案情摘要超过页数限制而责备他，⑦ 也曾经处罚过另一名不按时提交案情摘要的律师，并写道："如果联邦法院的业务要以适当的速度进行，那就必须

---

① *Central Soya Co. , Inc. v. Epstein Fisheries , Inc.* , 676 F. 2d 939, 941 (7th Cir. 1982).

② *Dimmitt & Owens Financial, Inc. v. United States*, 787 F. 2d 1186, 1189 (7th Cir. 1986).

③ *Duckworth v. Franzen*, 780 F. 2d 645, 650 (7th Cir. 1985).

④ *Hospital Corp. of America v. F. T. C.* , 807 F. 2d 1381, 1384 (7th Cir. 1986).

⑤ *Cote v. Wadel*, 796 F. 2d 981, 984 (7th Cir. 1986).

⑥ *Hill v. Norfolk and Western Ry. Co.* , 814 F. 2d 1192, 1194 – 95 (7th Cir. 1987).

⑦ *United States v. Mazzone*, 782 F. 2d 757, 765 (7th Cir. 1986).

遵守确定的案情摘要提交时间表，我们应当对此严肃对待"①。他曾经因为律师没有充分调查地研究一份诉状而处罚（sanction）了他，命令律师本人而不是委托人支付对方律师的律师费。②他处罚那些提出轻率论点的律师。③那些提交不充分案情摘要的律师会在波斯纳法官这里遇到麻烦。在一个案件中，他警告说，对于这份"拙劣"的案情摘要，包括用特大字号写的 6 页纸论证构成，没有一个权威引注，可能会令上诉被驳回。④而在另一个案件中，案情摘要被认为关系到非常严肃的律师底线能力问题，他选择将这份案情摘要和他的司法意见一同寄送给伊利诺伊州的律师注册与惩戒委员会（Registration and Disciplinary Commission）。⑤在另一个案子中，波斯纳解释了这种情况下律师应当受到惩戒的原因：不仅仅是因为其论辩看上去写得心不在焉，更是因为其案情摘要中"充满了错误表述、语法错误和拼写错误，还有很多不着边际的高谈阔论"。⑥

《侵权法的经济结构》（1987）

从 1978 年开始，兰德斯和波斯纳就侵权法的各个方面，如

---

① *Stotler and Co. v. Able*, 837 F. 2d 1425, 1427 (7th Cir. 1988).

② *Sparks v. N. L. R. B.*, 835 F. 2d 705, 707 (7th Cir. 1987).

③ *Foy v. First National Bank of Elkhart*, 868 F. 2d 251, 258 (7th Cir. 1989).

④ *Pearce v. Sullivan*, 871 F. 2d 61, 63 (7th Cir. 1989).

⑤ *S. E. C. v. Suter*, 832 F. 2d 988, 991 (7th Cir. 1987).

⑥ *Fox Valley AMC/Jeep, Inc. v. AM Credit Corp.*, 836 F. 2d 366, 368 (7th Cir. 1988).

过失、严格责任、因果关系、产品责任和共同过失，发表了一系列文章。他们在 1987 年出版的《侵权法的经济结构》一书中充实了自己的观点，认为"对侵权行为的普通法角度的最好解释是，通过以判例先例的判决来制定法律的法官试图促进资源的有效配置。"强调的是普通法寻求效率的积极意义，而非这种效率的规范性是否为一个好的结果。在当前的辩论中，他们倾向于认为侵权法的目的是阻止事故而不是赔偿受害者。财富最大化是一个目标，但不需要为之辩护，因为学术实践是为了解释侵权法积极的内部运作机制，这一举动通常回避了财富最大化是否应被辩护这一分散注意力的问题。这并不能阻止一些评论家抨击波斯纳和兰德斯提出的一个积极的理论，其特点是评论者厌恶的财富最大化。评论家们只局限于本书的目的，赞扬了积极的经济理论在侵权法下的清晰阐述，同时也抱怨本书的"一个包含所有的假设"。① 其中一个评论家最为尖锐的非意识形态的挖掘是质疑原创性，并提到"事实上，这本书的结论与波斯纳法官在《法律的经济分析》中对侵权法的处理没有太大的不同。"②

　　事实上，波斯纳在《侵权法的经济结构》出版一年前就已经出版了《法律的经济分析》的第三版。这第三版吸引了约

①　Peter Carstensen, "Explaining Tort Law: The Economic Theory of Landes and Posner," 86 *Michigan Law Review* 1161 (1988).

②　J. M. Balkin, "Too Good to Be True: The Positive Economic Theory of Law," 87 *Columbia Law Review* 1447 (1987).

翰·多诺霍三世和伊恩·艾尔斯的目光，也许是因为它增加了超过25个章节和大约150页的新材料。[①] 他们认为新材料令人震惊，其目标受众是里根政府中负责为最高法院物色补缺人选的人。但他们撤回了这一推测，因为一些新的材料，如波斯纳关于强奸行为的经济学角度的分析讨论，是如此具有挑衅性——任何人去涉及这样的论述都将遭受政治上的损害，很明显，波斯纳更感兴趣的是表达他的思想远见，而不是争取保守的共和党人的支持。他们很想引起波斯纳的注意，尽管总是在承认他的伟大甚至大胆无礼背景下。他们想去掉第三版加入的关于第四修正案和排除规则的一章，因为它对阻止证据出示规则的价值的理解过于模棱两可。然而，更令人不安的是支持财富最大化和反对财富再分配的意见和论据。他们指出这些新的论据，例如财富最大化的目标反对财富再分配，他们写道，波斯纳感到有足够的勇气，发出了"可能是第三版最高高在上的宣言"，也就是说，"非自愿的再分配是一种强迫性的转移，不以高昂的市场交易成本为理由；从效率的角度来看，它是一种盗窃。"[②] 他们在他的财富再分配分析中发现了"三个严重缺陷"：他认为没有问题，即使有，法律和社会政策也无法解决问题，而且"在收入不平等存在的情况下，它往往是有效率

---

① John J. Donohue and Ian Ayers, "Posner's Symphony No. 3: Thinking the Unthinkable," 39 *Stanford Law Review* 791 (1987).

② 同上，第798页。

的。"① 他们接着指出波斯纳在其他主题的实证分析中的一些缺陷，如贷款真实性法案、通奸双重标准、公共土地和排他性规则，但财富再分配的批判是一记刺痛的耳光。至于波斯纳，他在 1992 年出版的第四版中，放弃了财富再分配的立场，并感谢多诺霍和艾尔斯"在他们的评论中对第三版的富有洞见的批评……我试图从中得到教益。"②

《法律与文学》（1988）

《法律与文学》③ 发端于刊登在 1986 年的《弗吉尼亚大学法律评论》的一篇文章"法律与文学：一种关系的重新审视"④。这篇文章以波斯纳的学识和敏锐的批判眼光以及热情、谦虚和认真的语调而著称。它阅读起来令人愉悦，其中波斯纳作为文学评论家对许多诗歌的解读，令人想起他本科阶段提交给柯林斯·布鲁克斯的那篇评论叶芝晚期诗歌的论文。事实上，他在这本书里也经常借助叶芝的作品——《1916 年复活节》、《库尔的野天鹅》和《第二次降临》——来阐述他关于文学解释的观点，以及论述文学解释方法作为宪法解释工具的局限性。

---

① 同上，第 800-801 页。

② *Economic Analysis of Law*（Boston：Little，Brown，1986），p. xx.

③ Richard Posner，*Law and Literature：A Misunderstood Relation*（Cambridge：Harvard University Press，1988）.

④ Richard Posner，"Law and Literature：A Relation Reargued，"72 *Virginia Law Review* 1351（1986）.

正如他的标题所表明的，他的论点是，法律和文学虽然有时可能重叠，例如在司法意见的风格上，但实际上是两个不同的领域，需要两种完全不同的解释方法。可以成为不受约束的文学批评的那些内容，根本不适用于法律解释，法律解释必然受到权威文本的制约。法律是主题而不是技术。

波斯纳认为这篇文章没有完成需要完成的工作。这项工作在一定程度上促使他为法律和经济学辩护，应对来自法律与文学学者的批评。这种辩护导致了一种明显不同于弗吉尼亚州法律评论文章的论调。在《法律与文学》第三版中，波斯纳回过头来，将第一版的基调描述为消极的和防御性的。① 他没有错，当他进一步写道此书第二版已经没有了消极的和防御性的基调时，他可能对自己过于仁慈了。尤其是在第一版中，当与不适合讨论法律的文学理论和文学理论家打交道时，他既表现出对论敌的无情，又表现出不耐烦甚至愤怒。

波斯纳在法律和文学领域有着广泛的涉猎。他对复仇文学进行了深入的分析，讨论了法律在文学作品中的镜像，也许这本书中最有张力的部分是借助当代文学评论家们对法律和文学的评论来论证：尤其是在法律解释方面，法律在体现其作者的社会力量方面与文学有着本质的区别，因此必须实践性和实用性地阅读法律，以尊重法律的目的。

---

① Richard Posner, *Law and Literature* (3rd ed., Cambridge: Harvard University Press, 2009), p. 6.

许多评论者注意到这本书的基本论调，这没问题。但评论者们在批评这本书时与其说是在批判波斯纳，不如说是在捍卫自己的领地，他们把波斯纳标记为政治上保守的那种最恶劣的闯入者，对他发起了一场攻击。他的书被指责成是试图阻挠法学院教师向交叉学科研究迈进的一种尝试，法律与文学批判正是这场运动的组成部分。大卫·雷·帕普克（Dauid Ray Papke）将他的评论命名为"不速之客的问题：理查德·波斯纳与法律和文学运动"①。波斯纳在各种评论中被描述为（对文学）所知甚少和不深入。帕普克指出，波斯纳对文学巨著的阅读出于一个天真的业余爱好者的热情，而不是像他帕普克那样拥有文学博士学位的人的专业素养。此外，波斯纳偏爱用美学的方法研究文学，他在贯彻这种方法的时候将文学与政治脱钩，这是他所犯下的主要错误。他的第二个更严重的错误是用自己的文章站在了强者而不是弱者的一边，这也使得他成了保守派的代表人物，而没有成为自由派的代言人。评论认为，后现代自由主义理论可以也应该重塑包括法律世界在内的社会领域，波斯纳选择背道而驰——质疑后现代自由主义理论可以为法律世界提供何种基本要素。对波斯纳而言，司法裁判是重要的，因为它影响人的生活且必须要被包含倾向性解释在内的法律解释所支撑。即使是像广受尊敬的评论家斯坦利·费什，在回答这个问题上也多多少少显得有些愚蠢。波斯纳的主要论点认为法律和

_____

① 　69 *Boston University Law Review* 1067（1989）.

文学评论被用来做不同的事情，这两者所导致的后果也不相同，而费什反对道，"文学评论者的行动可以有和法院裁定一样深远且实际的效果，它们（文学评论和法律）在产生后果方面只有影响范围和路径上的不同，而不存在是否导致实际后果方面的区别。"① 而这一观点本身看起来支持了波斯纳认为评论家将现实生活与文学生活混同的观点。

有一位评论者认为，波斯纳在"法律学术史上的这一刻"写出这本书并不是偶然。这位评论者认为，这本书是"一场更大争议的组成部分，法学界关于条款和条件的争论进入一个越来越跨学科的时代，法律和经济将自己树立成这场争论中的一股（通常在政治上保守的）力量"。② 在《法律与文学》中，波斯纳提到他曾在1981年的一篇关于法律学术现状的文章里写过"控制法学权利"，他为传统学术法律的衰落惋惜，认为这些传统法律学术有助于律师和法官，对于跨学科学者也有助益。但仅仅为这些特定领域的学者不能帮助少数领域像法律和经济，认知心理学和女权主义法律通过相关性和实践性的门槛。波斯纳在未来几十年里通过另外3篇关于"法律学术现状"的文章拓展了他的观点。1981年关于跨学科法学的文章没有变成《法律与文学》的一部分，而是被用在了《联邦法院》一书中。

---

① Stanley Fish, "Don't Know Much about the Middle Ages," 97 *Yale Law Journal* 777, 788-89 (1988).

② J. M. Balkin, "The Domestication of Law and Literature," 14 *Law and Social Inquiry* 787 (1989).

联邦法院研究委员会

首席大法官伦奎斯特在 1988 年 12 月将波斯纳任命为 15 人组成的联邦法院研究委员会的成员，国会授权委员会处理关于"公众和专业人士所关心的联邦法院增多阻碍，延迟，开销，以及扩张"的问题。委员会成员包括法官、立法者、学者和律师。在领域内权威的专家和顾问则负责研究和分析。成员根据不同的管理构架、工作量、州与联邦关系而分配至不同的小组委员会。委员会强调它更加关注制度而不是实体的问题。换句话说，委员会负责提出让联邦法院运作得更好的建议，而不是重新审理案件或者法律。它的最后产物是 1990 年 4 月 2 日发表的 200 多页的和同年 7 月 1 日发表的 2 份千页的"联邦法院研究委员会报告"，前者文章包含了浅层的制度问题，后者是小组委员会依据整个委员会的工作文件。

波斯纳是"联邦法院的角色"和"联邦与州关系"小组委员会的主席，其中"联邦与州"关系是 3 个被任命为研究国会所提出的问题的小组委员会之一。与他一起工作的有 3 名委员会成员，包括前司法部副部长及时任杨百翰大学校长雷克斯·李（Rex Lee）[1]。波斯纳还聘请了拉里·克雷默（Larry

---

[1] Richard Posner, "The Present Situation in Legal Scholarship," 90 *Yale Law Journal* 1113 (1981).

Kramer），克雷默在芝加哥法学院教书而出名，是斯坦福法学院院长候选人，他在小组委员会中担任报告人。

波斯纳和克雷默撰写了小组委员会 645 页的打印报告，全面考虑了联邦法院的案件量问题，同时在多个领域内提出了具体的建议。报告没有采纳波斯纳在"联邦法院：危机与改革"一文中提到的为了重塑联邦管辖权的经济性提议。但报告确实建议了排除极特殊情况下的不同州（国）籍管辖权。报告还提出了其他的建议，包括在所有民事税务相关的案件中，授予少数的管辖地授予单个法院以专属管辖权；为伤残诉讼请求创造新的法律结构（新的第一条）；撤销《联邦劳动责任条例》中有利于联邦或者州雇员赔偿的系统，为联邦侵权诉讼请求设立10000 美元的最低补偿金；撤销琼斯条例，修改长岸和港口工人赔偿法案①使之涵盖海员，同时扩充未决管辖权。整个委员会将所有的积极建议全部采纳在最终报告中，同时也采纳了小组委员会关于反对建立特别第三条款的建议，该条款将建立对于联邦机构裁定具有专属管辖权的行政上诉法院。

---

① Richard Posner, "Legal Scholarship Today," 45 *Stanford Law Review* 1647（1993）; Richard Posner, "Legal Scholarship Today," 115 *Harvard Law Review* 1314（2002）; and "The State of Legal Scholarship Today," 97 *Georgetown Law Journal* 845（2009）.

最高法院的考量

波斯纳常常被认为是罗纳德·里根提名最高法院法官的候选人之一。《华尔街日报》特意推动了他的提名。在 1987 年 6 月 29 日的一篇关于总统第二次提名的可能人选（第一次是斯卡利亚）的社论中，列出弗兰克·埃斯特布鲁克、劳伦斯·西尔伯曼、拉夫·温特等其他可能之前，报纸花大力气着笔于罗伯特·博克，然后就是波斯纳。

波斯纳先前作出一副对最高法院没有兴趣的样子。比如他曾在写给亨利·弗伦德利的一封信中说自己从未想过晋升的可能性。① 但是在最近的采访中，波斯纳承认自己在 1980 年代中期想过最高法院提名，他在公开承认自己的这一雄心的同时也做了一下辩解，说任何新上任的巡回上诉法院法官都梦想过被提名为最高法院大法官。② 但无论如何，波斯纳始终没有得到被提名至最高法院的机会。他也说过，帮助总统筛选提名名单的人从未跟他联系过。几位曾经属于里根总统比较核心的顾问圈子的人士也在采访中说，在里根总统提名大法官时考虑过的十

---

① William Domnarski, "The Friendly-Posner Correspondence 1982 – 86," 51 *Journal of American Legal History* 395, 411 (2012).

② Ronald K. L. Collins, "The Man behind the Robes—A Q&A with Richard Posner," Concurring Opinions, December 1, 2014, found at www. concurringopin-ions. com/ archives/ 2014/ 12/ the - man - behind - therobes - a - qa - with - richard - posner. html.

几位人选中并不包括波斯纳。不过，波斯纳在 1970 年代发表的关于收养的冷经济分析（其中有赞同婴儿买卖的观点）的文章并不是他未能获得提名的原因。正如里根总统的一位最亲近的顾问所言，总统想要的是一位信奉原旨主义的法官（originalist）。当另一位顾问被问到，为什么如此具有讽刺意味，汉德、弗伦德利以及如今的波斯纳，作为他们各自时代最卓越的上诉法院法官，都未能被提名为最高法院大法官的时候，他不禁笑了起来。他对此坦言道，波斯纳之前的伟大法官，跟波斯纳没有去成最高法院的原因如出一辙，他们有自己的想法，而提名大法官的总统想要他们像他那样思考。①

---

① 本段所含信息依据的是对里根政府行政官员的 6 次采访，这些官员了解有关最高法院大法官遴选以及对波斯纳的考察的内情。

第四章

攻击法律，主张实用主义（1990-1999）

在 1990 年代开始的时候，波斯纳在法庭之外的场合，用一种类似于进度报告的方式描述了自己在 1980 年代在法庭上做的事情，这补充了他在判决书中已经表达的内容。他所描述的内容中有些部分已经在 1980 年代末发表的文章里显露出来了，其中最重要的有两篇，一篇是论述法学作为一门自治的学科，另一篇是讨论他所称的怀疑主义法理学。但是，当这些以及其他一些文章被汇编起来并且重整为 1990 年的《法理学问题》一书的时候，波斯纳可谓呈现出了他的思想的全貌，他还专门为这本书写了一篇新文章作为结语，并且有力且鼓动性地将之冠名为"一个实用主义者的宣言"，以确保它会受到重视。①

"法学作为一门自治的学科"② 是为庆祝《哈佛法律评论》
创刊 100 周年而写的，但它丝毫也没有向法律形式主义表达敬
意，这可是令哈佛法学院得享盛名并且在波斯纳就读的 1959-
1962 年仍然非常盛行的法学流派。这篇文章挑战了这样一种核
心观念：形式主义——即遵循先例中的法律推理并据此回答所
有问题——足以完成法律在我们这个现代复杂世界所需要做的
事情。波斯纳指出，在这样一个世界，法官在处理疑难案件时
必须借助其他学科提供的其他工具，了解经济学家、统计学家
和社会科学家能够为法律补充些什么。法学不再是一个自治的
学科，它是一门交叉学科。在发表了这份"宣言"之后不久，

---

① Richard Posner, *The Problems of Jurisprudence* (Cambridge： Harvard
University Press, 1990). 此书汇编了如下论文并在此基础上做了修改： "The
Concept of Corrective Justice in Recent Theories of Tort Law," 10 *Journal of Legal Stud-
ies* 187 (1981); "Lawyers as Philosophers： Ackerman and Others," 1981 *American
Bar Foundation Research Journal* 231 (1981); "Wealth Maximization Revisited," 2
Notre Dame Journal of Law, *Ethics*, *and Public Policy* 85 (1985); "The Decline of Law
as an Autonomous Discipline： 1962 - 1987," 100 *Harvard Law Review* 761 (1987);
"Legal Formalism, Legal Realism, and the Interpretation of Statutes and the Constitu-
tion," 37 *Case Western Reserve Law Review* 179 (1987); "The Regulation of the Market
in Adoptions," 67 *Boston University Law Review* 59 (1987); "The Law and Economics
Movement," 77 *American Economic Review Papers and Proceedings* 1 (May 1987);
"Conventionalism： The Key to Law as an Autonomous Discipline?," 38 *University of To-
ronto Law Journal* 333 (1988); "The Jurisprudence of Skepticism," 86 *Michigan Law
Review* 827 (1988); and "Conservative Feminism," 1989 *University of Chicago Legal
Forum* 191.

② 100 *Harvard Law Review* 761 (1987).

他又从自己的法官经验出发撰写了第二份宣言。在"怀疑主义法理学"一文中，他指出，法官应该保持一种健康的怀疑主义，既怀疑形式主义回答所有问题的能力，也怀疑形式主义营造出的确定性假象。他写道："怀疑主义是一种心态或态度，而不是一种理论，持这种态度的人倾向于嘲笑伪装的确定性、质疑某些人（包括自己）宣称的对建立在专业知识基础上的强大方法的掌握，并且不相信任何绝对的和不可观察的事物。"① 作为《法理学问题》一书结语的"一个实用主义者的宣言"给波斯纳的司法工作进展报告画上了句号，它描述了波斯纳在每一个案件中实用性地寻找正确答案的努力。他希望法律的实践变得有所不同。他想让法律分析（以及法律学术）变得更加"大胆、科学和描述性"。他想要改变现状。在他看来，他周围人所做的工作都是"缺乏原创性的、非经验性的、循规蹈矩的和不接地气的，压倒性地注重遣词造句和论辩风格（实际上是啰唆和好辩），狭隘地专注于教义问题（doctrinal questions），如痴如醉地研读最高法院的最新判决，并且专心致志地辨析微小和转瞬即逝的区别"② 。奇怪的是，评论者们大体上都错过了这篇结语中的要点。仿佛是为了证明波斯纳所指出的法哲学与法律很少交汇，评论者们没有就波斯纳的法官生涯与这本书之间的关系提

---

① Richard Posner, "The Jurisprudence of Skepticism," 86 *Michigan Law Review* 827, 829 (1988).

② Richard Posner, *The Problems of Jurisprudence* (Cambridge: Harvard University Press, 1990), p. 468.

出任何问题。进而，评论者们也没有深入到他的审判方法和他转向实用主义的过程中去。没有人注意到这两者之间的关联：一方面，波斯纳坚持公允和语境化的解释方法，反对意识形态化的解释方法（比如原旨主义）；另一方面，他相信实用主义能够产生出最好的结果。

波斯纳在通信中对审判工作有更加个性化的描述。他首先解释，正像其他游戏一样，司法游戏也有其规则，还有科学游戏，其中的主要规则就是让理论与观察相吻合，然后他写道："我就是想把司法游戏往科学游戏的方向推近一点儿。这就是我的法理学精要。"① 他明确做实了读他的判决书的人们常有的怀疑，说"我的目的就是尽可能忠实地让判决书再现产生判决结果的思想过程。"他还确认了自己反对李尔王所说的从虚无中只能产生虚无。他在给法学教授拉里·克雷默的信中写道："关于伟大判决的问题，我的确认为自己经常面对微不足道的案件，并且把它们变成具有某种意义。我的大多数案子放到其他法官手里都会是微不足道的案子。我时不时会尝试探索一个新的领域——判例法、防欺诈法、执行仲裁裁决的管辖权问题、裸体舞蹈（我尤其有专长的领域）、商标法中的功能性，严格责任，等等。但我有一种强烈的、或许是错误的感觉，那就是法官不应当尝试做严肃的学问。那是学者们的事儿。"他的异议意见中

---

① 除非另有说明，本章所提到的所有通信都来自芝加哥大学馆藏的波斯纳档案，经允许在此使用。

体现出来的一贯克制也有一个很清楚的解释。在给丹尼尔·法伯（Daniel Farber）（当时是明尼苏达大学法学教授）的一封信中，他写道："当我持异议的时候，我会尽量少去评论多数派意见。我喜欢让异议自成一体。同样，在写作多数派意见时，我也尽量不去提及异议或协同意见。我可能会重新表述异议或协同意见中的论点并尝试作出回应，但我不会明确地说这是本案中的另一种意见。这也是为了使我的意见显得完全独立。"他还向玛莎·努斯鲍姆这样的局外人解释过司法敏感性以及与案件保持一定距离的必要性。他写道："法官没有时间或情感弹性来同情诉讼当事人。他们就像医生一样。作为一位医生，你不可能在年复一年之后还不发展出一种特殊的铁石心肠，一层自我保护的皮；同样的道理也适用于法官。一个法官一年之中可能会给 100 个人量刑。我每年会在超过 200 个案子中投票表决。如果没有一种对当事人的不知所措和绝望视而不见的强大定力，一个人不可能在这样一种工作中保持运转。这和陪审员不一样——对他们来说，这是一辈子只干一次的工作。"在另一封给努斯鲍姆的信中，他又扩展了自己在这个问题上的论述，写道："对法官而言，一定程度的铁石心肠是一种职业要求。"在第三封信中，他解释道："对诉讼当事人的内心世界漠不关心是限制国家权力的古典自由主义政策的一个组成部分。这并不是说人们没有内心世界，而是说那个世界不关国家的事儿。国家所要去的遵纪守法仅限于外部行为，悲悯是一种太过个人化的情感，所以它在自由主义的国家理论中不可能有一个稳固的位置，所以它被赶到边缘（作为赦免权）在政治上是完全合情合理的。
行为主义或许不是一种关于心灵的好的哲学，但它是一种关于
惩罚的好的政治理论。"

重新审视个性

波斯纳在这个 10 年一直在奋力往前冲，与 1970 年代相比看
不到有明显的个性变化，那时他的通信中显示出了与他人交往
时毫不留情、不留活口的风格。很可惜的是，波斯纳就任法官
之后头几年的通信由于档案管理上的失误而丢失了。①

从档案里保存的 1990 年代之后的通信来看，直截了当的批
评仍然是家常便饭。他仍然是一个固执、追求纯粹、保持不时
髦的语言习惯的人。他指责一位同事使用"分解"（unpack）这
个词，说这样的用法应当被命令禁止。他认为"尊享视角"
（privileged perspective）、"阐释转向"（interpretive turn）和"对
话转向"（dialogic turn）是陈腐的词汇。他说，"随着时间的推
移"（over time）是"一个恶词（vile phrase），波洛尼乌斯一定
会这样说"。他不喜欢"和怕的法条主义"（awful legalism）、
"表面上中立"（facially neutral），并取笑说"要把表面
（facials）留给美容院"。他说，作为一位语言纯粹性的支持者，

---

① 幸运的是，亨利·弗伦德利保留了 1982–1986 年之间波斯纳写给他的
信，这些信现在保留在哈佛大学的弗伦德利档案中。

在表达"禁止做某事"的时候，他坚持使用 forbid to，而不是 forbid from。当一位学者同事使用"看到他们神秘的内心世界"这种表达方式的时候，他看穿了这种修辞，说这是矛盾修辞术。他写道："内心世界对外人来说是不可见的，正因如此它才显得神秘。"他纠正一位诺贝尔奖得主对"乌合之众"（hoi polloi）*一词的用法。这位诺奖得主写了一篇定义这个词汇的文章，因为他是波斯纳的好朋友，这导致波斯纳嘲讽道："所以'乌合之众'意味着不熟悉希腊语法——而这种知识上的欠缺如今又与'乌合之众'联系起来了"。

波斯纳对语气的兴趣不亚于他对词语用法的兴趣。他提醒一位同事：你的论文"过于充满敌意和蔑视了"。对另一位同事，他写道："大作中用了太多的形容词和副词（其中有许多空洞无物，比如"字面上的"和"无可争议的"），这导致了一种尖锐的、刺耳的、挑衅式的语气"。他还给另一位同事写道："大作中偶尔出现了恐吓式的、古板的、小学校长式的语气"，导致这种语气的原因是使用了诸如此类的表达方式："虽属常见，亦是错误""这是完全不可能的""一种奇怪的主张""往轻里说"，等等。还有一位同事得到的评论为，您所选择的"突兀的、自我中心的、自我意识太强的、卖萌的写作风格"妨碍了读者对文义的理解，这十分令人失望。因为这位同事如果想要写好一篇文章，往往会写得很好。但他却常常选择一种带有

---

* 来自希腊文中的 οἰ πολλοί，本意就是"民众"。——译者

"引起不适的聪明家伙（自以为是）特征"的文风。

他在编辑或实质性地批评别人的作品时十分严格，甚至是冷酷无情。如果某位作者对一个论题知之甚少却又忍不住就这个论题写点儿东西，这便会遭到他的斥责，玛莎·努斯鲍姆就是这样的幸运儿之一。波斯纳在一封给努斯鲍姆的信中写道，听说过经济学和经济学家不等于知道和理解此二者。她对芝加哥学派经济学的批评让他感到很困扰，"因为您对经济学的了解似乎完全基于道听途说"。他指出，这种了解主要来自与某些经济学家的聊天，他们"要么简单粗暴地敌视经济学本身，要么出于方法论和政治立场的原因，敌视加利·贝克尔和我，以及其他一些经济学家所从事的经济学，也就是您所批评的那种经济学"。当努斯鲍姆试图论证租金限定型公寓的好处，而不顾波斯纳先前一封信中告诉她的，尽管可能有些违反她的直觉，已有的学术文献支持他的立场，即租金调控阻碍了经济适用型住房的产生的时候，波斯纳旗帜鲜明地提出了批评："请恕我无礼，您关于租金调控的观点在我看来源自对关于此问题的大量经济学文献的无知"。另一次，努斯鲍姆指出当代美国工厂工人与19世纪中叶英国工厂工人的处境类似，这一观点也遭到了波斯纳的迎头痛击："您实际上认识任何一位工厂工人吗？"提出这个问题后，他解释道："我国的工厂工人实际上领取着高工资（平均每小时10-20美元），高于服务业的大多数雇员，而且他们的工作环境远比19世纪的工厂工人更为安全和舒适。当下美国的被压迫阶级并不存在于在工厂上班的人士当中，在很大程度上他们是那些没有工作的人。"针对努斯鲍姆所说的美国人感觉低人一等，因为他们没文化，只知道经济学、电影和瓦格纳，波斯纳回应道："即使不谈经济学和瓦格纳，这种说法也是错误的。我不认为您知道自己处在哪个国家和哪个世纪。"

努斯鲍姆并不是为波斯纳的尖锐批评提供机会的唯一一人。在1992年的一封不同寻常的信中，他也没有放过自己的同事理查德·艾普斯坦。艾普斯坦加入了法和经济学的阵营，但他坚持认为自己应当被放到此阵营名人榜的前列。波斯纳对这一索取荣誉的行为给予了不留情面的痛击。最让波斯纳无名火起的可能是这样一件事：艾普斯坦本来长期与法和经济学格格不入，但有一次他参加了一次法和经济学的会议并提交了一篇论文，他把这个场合当成一次首秀和夺权的机会。波斯纳也参加了那次会议，并被主持人点名评论艾普斯坦的论文，但他只做了随感式的评论。但这封信却大不相同。在详尽分析了这篇文章的具体细节之后，波斯纳指出：尽管艾普斯坦的论文踏上了波斯纳所称的"已被人踩熟的地面"，但它仅仅提到罗纳德·科斯，把他作为这个领域的先行者，却没有提到任何其他人。"如今，您突然改变了对于法和经济学的调门，这没什么问题，但人们期待您至少应该稍许提及构成新的法和经济学主力的那些人的名字。"紧接着，他质疑了艾普斯坦所说的他完全是自己"找到了通向罗纳德·科斯这位法和经济学的奠基人的道路"这一说法。他写道，当然这也是可能的，"不过我发现自己很难接受您在会议上的一个说法，即我和比尔（兰德斯）的工作的唯一意义就是以其中的法律错误（什么法律错误）令您感到困惑，并耽误了您认同经济学方法。"他首先写道："我们所有人都有过这样的经历，就是自己想到了某个点子，然后发现它在文献中的某个地方早已存在了。但当这种事情发生的时候，我们应当承认是某个人先于我们走到那一点，然后我们从那一点继续往前走。"然后，在打出致命一拳之前，他表扬艾普斯坦在普通法的实证分析方面做出了重要贡献："所以，即便您不是重新找到归途的回头浪子，您加入法和经济学运动并摈弃矫正正义门派的行动也是值得欢迎的。但您说是自己首次提出了对普通法进行稳妥的实证经济学分析的方法，也就是说在罗纳德和您之间架起的那座彩虹桥，未曾触及我们这些匍匐在地忙于犯下可悲错误的凡人，这实在让人不敢恭维。"

有时，在提出批评的同时，波斯纳也会退而反思，讲述自己对批评之重要性的信念。有时他也会因未能把握好批评的分寸而让自己陷入困境。当被他批评过头的通信者提出抱怨的时候，他才认识到这一点。有一次他评论了他所欣赏的拉里·莱西格的一篇论文，在一封后续的信件中他写道："从你昨天发来的传真的最后一段中，我推测我的评论可能是过于粗暴了。重读了一遍我的上一封信后，我看出自己可能确实传递出一种恐惧和愤怒的印象。这不是故意的。当我说你的论文令人赞叹的时候，我是认真的。"正像其他每一个人一样，波斯纳也喜欢听到表扬，但他也发现了批评的价值，不过他发现了与表扬有关的一件奇怪的事情："人们享受表扬，即便是当他们不相信这种表扬的时候"。当努斯鲍姆告诉他，自己被《新共和》杂志约稿评论《性与理性》的时候，他写道："我很高兴地得知您将评论我的书。当然，您千万不要手下留情。不管您写了什么，都不会损害我们之间的友情。对于批评，我时常不同意，偶尔也会受伤（是指感情上，而不是任何更有形的意义上），但我不允许自己把批评个人化。比如，我从来没有气到不再跟某人说话的地步。我不是控制不住自己情绪的人。"

他相信总是对批评敞开怀抱对作者而言是十分重要的。当一位通信者写道，到了自己这个年龄（她40多岁），自己有权享有舒适的氛围，也隐含地包括恭恭敬敬的批评。波斯纳对这种态度一点儿也不认同。他写道："我认为，随着我们年事渐长，社会地位渐升，我们最不应当奢望得到的就是舒适、顺从和荣誉；我们应当想要——我们应当坚持欢迎挑战和批评；越不留情面越好；因为变得德高望重的最大危险之一就是别人不敢批评你，于是你就终老于傻瓜的天堂里。法官和哲学家都会面临这种危险，这是两种盛行对权威的谄媚和过度尊重的职业（出于根本上的知识不牢靠）。"对另一位通信者，他直截了当地写道："你需要的是批评，而不是舒适和赞美。正如布雷克所言：诅咒使人振奋，祝福让人懈怠（damn braces; bless relaxes.）。"

不过，我们看到他对某些类型的明显批评十分敏感。有时候他会在某一观点上让步，但非常不情愿。一位评论者指出他的一本书里的某一章未能恰当区分一个一般性的论点和一个具体的论点，并建议他修改这一章，他对此表示了感谢。不过，他在同一段的其余部分都在用这位评论者自己的语言来论证这个批评是错的。一位学者认为，法和经济学运动未能认识到法官所践行的法律分析和经济学分析之间只有名义上的区别，法律分析之所以占据主导地位，是因为它更有效率。波斯纳在回应中非常细致地指出，自己在《法律的经济分析》中已经提出过这位学者在论文中提出的所有观点。这位学者所写的东西里没有任何新的内容。

有一次，他和普林斯顿大学的经济学家奥雷·艾申菲尔特（Orley Ashenfelter）向剑桥大学出版社提交了一份建议书，打算创办一份新的同行评审的经济学杂志，而剑桥大学出版社在回函中表示不理解他们二位在建议书中所罗列的内容，也不知道他俩是谁，波斯纳为此火冒三丈。他写道："我毫不怀疑剑桥大学出版社在审批一份新刊物时要走一系列流程，跨越一道道很高的门槛。但艾申菲尔特教授和我在这个阶段不是在寻求审核批准。我们是在寻求竞标——你们可能会认为这纯属试探性的行为，但这将使我们能够决定我们想跟哪家出版社合作。为什么你们在这个阶段需要我们的简历？你们难道不知道我是谁吗？你们难道从来没听说过奥雷·艾申菲尔特吗？他是一位非常著名的普林斯顿大学经济学教授，是《美国经济评论》的编辑，这份刊物的发行量高达80000份。"最后，艾申菲尔特和波斯纳把《美国法和经济学评论》的出版发行交给了牛津大学出版社，两人从1998年到2005年一直担任共同主编。

当他被指责没有遵守芝加哥大学图书馆的借阅守则的时候，

他也没有乖乖就范。法学院院长的好几封信都显示波斯纳无视召回通知，而且屡次未能按期还回大量书籍，以至于图书馆需要暂停他的借阅特权。他的回信辩解说大多数超期未还借阅记录都是由于图书馆未能及时更新记录造成的，而且，由于他每年都会借阅非常多的书籍，难免有时会过期忘记归还。他写道，如果这些都不成其为理由，"我更愿意你们不要用这种粗暴的威吓手段来让我知晓"。在表达了抱怨之后，他在信的结尾处表示自己会尽一切可能避免类似问题的再次出现。一年之后，当另一位大学行政管理人员来信谴责他再次无视书籍召回通知时，他又采取了另一种辩解路数。他写道："我想请您考虑一下这样一个假设：一位读者过期未响应召回通知的次数是他所借阅的书籍数量的线性函数……如果您有信息显示我过期未响应召回通知的百分比较高（也就是这种超期的次数与我所借的书籍的数量之比较高），而不是我超期的绝对次数较多——这是一种无意义的统计数据（因为这意味着图书馆的理想用户是一位不做研究因此不借书的学者），那么我会脸红。但现在不会。"这位行政管理人员似乎对经济学和统计学都颇有涉猎，他就超期未响应召回通知的线性函数表达了不同意见，但认为这与此事并不相关。即使一位图书馆用户的超期未响应召回通知次数相对于他所借阅的图书数量而言比较低，这也不意味着他可以对图书馆的召回通知置之不理。这位行政管理人员然后称，自己已经着手调查波斯纳所宣称的未能按期归还图书馆召回的图书是由于图书馆方面的记录错误。他不愿让这件事儿就这么过去。

波斯纳在他的回信中还是重复了他前一封信的主张，指出一位像自己这样的高度活跃的学者会受到惩罚，因为批评信是基于未归还图书的绝对数量、而不是基于该数量与用户借阅的图书总量的比率而发出的。因此，一位过期未能归还他一年当中借阅的唯一一本书的用户，比一位借走 100 本书但未能按时响应 5 份召回通知的读者表现好（不会收到批评信）。

评价伟大的法官

波斯纳在这个 10 年的前 5 年分别在 3 个场合考察了伟大的法官如何成就其伟大的问题，他探讨了卡多佐①、汉德②和霍姆斯③的生活、职业发展以及司法表现。在第四个场合他讨论了法官传记这种特殊的文学形式，但对伟大法官的品质这一问题着墨甚少。在那篇文章里，他总体性地考察了法官传记作品的全貌以及其中隐含的缺陷，然后指出法官传记作者应该放弃寻找传主的"本质性自我"的企图，而应当专注于法院和法官如何工作，要处理好这个主题，最好的方法不是意识形态的或传记

---

① Richard Posner, *Cardozo: A Study in Reputation* (Chicago: University of Chicago Press, 1990).

② 8. Richard Posner, "The Learned Hand Biography and the Question of Greatness," 104 *Yale Law Journal* 511 (1994).

③ Richard Posner, ed., *The Essential Holmes: Selections from the Letters, Speeches, Judicial Opinions, and Other Writings of Oliver Wendell Holmes, Jr.* (Chicago: University of Chicago Press, 1992).

性的，而应当是社会科学方法、法学方法和统计学方法的组合。①

他对卡多佐的兴趣更多在于名气而不是一位法官传记作家那种典型的兴趣。他想要选取一个像卡多佐这样的有着好法官（如果不是伟大法官）的名气的传主，弄清楚这种名气是如何获得的，不过在描述过程中波斯纳也发挥自己的分析技巧追踪了卡多佐的个人、职业和司法生涯。他指出，他的分析是我们最为需要的那种评价性研究。他应用了统计学分析（如果可以用统计学方法来研究棒球运动员，为什么不能用它来研究法官呢？他自言自语道），主要根据的是法院判决书和法律评论中的引用率计算和规律分析，在确认了卡多佐排名靠前之后，他又对卡多佐的判词进行了文学分析和实质性的法律分析，条分缕析了卡多佐最著名的几份判词，包括帕尔斯格拉夫诉长岛铁路公司案（*Palsgraf v. Long Island R. Co.*）② 和麦克弗森诉别克汽车公司案（*McPherson v. Buick Motor Co.*）③。他将卡多佐迄今为止仍经久不衰的名气归功于他令人记忆深刻的遣词造句、凝练流畅的行文风格以及实用主义倾向。

大多数评论者认为波斯纳选择的主题和方法很有意思也很值得关注，但其中一些人质疑计算引用率的分析前提。也有些

---

① Richard Posner, "Objectivity and Hagiography in Judicial Biography," 70 *New York University Law Review* 502（1995）.

② 248 N. Y. 339, 162 N. E. 99（1928）.

③ 217 N. Y. 382, 111 N. E. 1050（1916）.

评论者质疑这种研究的目的，其中一位把这种研究称为"名气学"（reputology），认为它"代表着学术唯我论（academic solipsism）的终极版本"。① 有些评论者机智地提到波斯纳本人的名气（一位评论者认为达到了"显赫"级别，另一位认为是"令人敬畏"），还有一位评论者把波斯纳的名气放到讨论卡多佐的名气的语境中加以比较，在开篇处宣称："一本书往往不仅让读者看到它的主题，也会让读者认识它的作者。这一命题的最好证明就是波斯纳的《卡多佐：一项关于名气的研究》。"② 在这篇书评的结尾处，作者非常严肃地用2页的篇幅讨论了卡多佐和波斯纳这两位法官之间的个人履历和职业关联。从正面讲，卡多佐的反形式主义的实用主义和他在修辞上的雄辩也体现在波斯纳身上。但是，谈到负面评价的时候，作者的个人好恶清晰表现出来，他说卡多佐有一种迷人的个性，他充分利用自己的这种个性来为自己赢得优势，这正是我们尊重他的原因，"而波斯纳不具有这种讨喜的个性"，③ 他在脚注援引了《美国法律人》和《全国法律杂志》中的文章来佐证这个说法，并跑题到了波斯纳据称的缺乏领导才干、他在智识上的咄咄逼人和傲慢无礼、他缺乏让智识上不及他的人感到舒适的能力。他还引用

---

① Mark Arkin, "Judging by Reputation," 60 *Fordham Law Review* 739, 740 (1992).

② Donald Logan, "The Man in the Mirror," 90 *Michigan Law Review* 1739 (1992).

③ 同上，第 1769 页。

波斯纳的话说，在同时代的伟大法官里，卡多佐"最为中立、最为公允、在法律职业中最是如鱼得水、是最不会让人不自在的圈内人：一句话，是最专业的法官"，紧接着便揶揄道："1980 年代早期那个咄咄逼人、教条古板的波斯纳显然不具备这些特质。"①

在 1992 年出版的一部选录霍姆斯的司法和司法外作品的文集（即《霍姆斯精选集》）中，波斯纳开始讨论霍姆斯。他写了一篇很长的导读，描绘了霍姆斯生涯的不同侧面，并强调霍姆斯一生奉行的主导哲学的要点在于怀疑主义、实用主义以及他的写作人生。正如他在评论卡多佐的时候写道的一样，他指出，霍姆斯的生花妙笔延长了他的作品的保质期。一篇书评说仅这篇导读就值回了票价，另一篇书评说这篇导读十分精巧别致，② 把霍姆斯置入了美国政治和哲学的语境，描绘了他看待生活和法律的哲学思路及其对他的司法意见的影响，并总结出霍姆斯"作为一个法律人、一位法官和法学理论家的卓越之处，正在于他将文学技艺和哲学洞见揉合进了自己的法律工作当中。"评论者们都同意波斯纳通过他精选的霍姆斯作品集给法律界做出了贡献。有两位评论者注意到了作为法官的波斯纳与霍姆斯之间的关系。一位评论者顺带提到了霍姆斯在他那篇著名

---

① 同上，第 1770 页。

② Jeffrey O'Connell and Thomas O'Connell, review of The Essential Holmes, 44 *DePaul Law Review* 513（1995）and "Review," 106 *Harvard Law Review* 1703（1993）.

的"法律的道路"中写下的这句话："对于理性的法律研究而言，目前的主流或许是法教义学学者，而未来则属于精通统计学和经济学的人"，并且将霍姆斯提到的未来法律人与波斯纳联系起来："波斯纳法官正是这样一位属于未来的人。"

另一篇注意到波斯纳与霍姆斯之间的关联的书评不是发表在法学期刊上，而是发表在《伦理学》上。它指出波斯纳编的这本书之所以重要，部分原因是它让我们能够更好地理解波斯纳。这本书是"一位有影响力的当代学者和法官唱给他的智识导师的赞歌"。或许更切中要点的是这句："波斯纳的精彩导读让我们清楚看到了波斯纳眼中霍姆斯的职业生涯与波斯纳的职业生涯之间的相似性。"① 这篇书评列举了传记意义上的相似性（两位法官都是在年轻的时候就写出重要著作的一流学者，波斯纳的《法律的经济分析》让人想起霍姆斯的《普通法》）以及他们在偏爱实用主义、经济学和社会科学这一点上的相似性。最后，这两位法官的声望都因为同一个原因而受损，用波斯纳评论霍姆斯的话来说，就是：他在"法律人以及其他对法律和公共政策感兴趣的人士当中没有天然的拥趸"。这位作者或许还可以补充这么一句：这两位法官都曾因为冷酷的、不近人情的判词而收到抨击。这篇书评还指出，波斯纳编选这本书的目的之一或许是想矫正这样一个问题：霍姆斯"虽然备受尊崇，但

---

① David E. Van Zandt, review of The Essential Holmes, 104 *Ethics* 643, 644 (1994).

却没有得到他值得拥有的那种理解或爱戴"。①

在档存的波斯纳信函中，我们可以看到他在公开发表的作品中未曾出现过的关于他为何对霍姆斯感兴趣的解释。波斯纳认为霍姆斯是一位法律界伟人。在写给斯坦福大学教授汤姆·格雷（Tom Grey）的信中，波斯纳写道："您让我不得不承认我将霍姆斯评价为'最伟大的'法官是很成问题的。让我们把'法学家'（jurist）定义为包括任何从事法律事业的人，从查士丁尼到纳德尔*，从执业律师、法学教授、法官到政府律师及其他。然后我会说霍姆斯至少是现代最伟大的法学家，因为他的思想、比喻、判决、异议和其他贡献超过其他任何现代法学家的成就。"毫无疑问，波斯纳看到了霍姆斯的某种特殊性。在提到《霍姆斯精选集》的时候，他宣布："我是霍姆斯的不带任何批判色彩的舔狗，尽管我在导读中装模作样地摆出不带感情色彩的架势。"波斯纳对另一位霍姆斯研究者 G. 爱德华·怀特（G. Edward White）不像自己那样崇拜霍姆斯感到困惑。在读了怀特"作为笔友的霍姆斯"一文的初稿后，他写信给怀特，质

---

① David E. Van Zandt, review of The Essential Holmes, 104 *Ethics* 643, 644（1994）.

* 此处应当是指拉尔夫·纳德尔（Ralph Nader, 1934-），美国著名政治活动家、作家、演说家和律师，1955 年毕业于普林斯顿大学，1958 年在哈佛大学法学院获得法律学位（LL. B.），之后曾短暂从军，当伙食兵。之后他便投身于推进法治事业的社会运动，从交通安全到环境保护，他推动了一系列立法的出台。到 1990 年代，纳德尔已经成为美国家喻户晓的公众人物。他曾参与 2004 和 2008 年两次总统竞选。——译者

问"为何……您拒绝得出结论说霍姆斯是一个神奇的人物、一位英雄、一个伟大的美国人、一名法律史上的首要人物呢？我不明白"。在写给努斯鲍姆的信中，他自己揣测着答案。他解释道："当怀特写关于霍姆斯的论著的时候，他的障碍在于他并不喜欢霍姆斯，以至于他无法进入霍姆斯的世界，而这正是我们期待传记作者能够做到的。我感觉自己能够进入霍姆斯的世界，或许这是我的一厢情愿吧。"

波斯纳在 1994 年给杰拉德·君特（Gerald Gunther）的勒恩德·汉德法官传记写的书评，是他思考伟大法官问题的下一个场合。在对君特的写作方式的某些方面做出了充满感情色彩的赞扬之后，他批评君特未能充分描写作为法官的汉德。在他看来，君特对汉德在法官任上的日常工作，以及他与那些同他有工作关系的人物（包括律师）的交往着墨甚少，而对汉德在除宪法案件以外的其他案件中表达的司法意见则基本未曾提及。君特的兴趣主要在于汉德的私生活，而他写作的结果就是一部关于汉德人生的"老派的叙事史"，他在这个方面做得很好，为法官传记这一文学类型做出了重大贡献，但也有严重的瑕疵。

波斯纳的这篇书评细致入微而又颇具启发性，它可以被看成是一篇解释汉德为什么是一位伟大法官，以及伟大在审判工作中意味着什么的文章，虽然他承认判断法官的伟大十分困难。他提出了 3 种评估方法。第一种是看一位法官的创造性。第二种是看一位法官的行文风格，它是否对人们熟悉的命题做出了令人记忆深刻的表述，并在此过程中为一项原则增添了动力，促进了人们对该原则的更加深刻的理解，乃至激发出了对这一原本被认为耳熟能详的命题的新思考。第三种是看一位法官的司法意见是否伟大。正是在这个方面波斯纳发现了汉德的伟大之处。如他所言："汉德的成就之精髓"要到他的司法意见集中去寻找。① 波斯纳告诉我们，不能因为某份司法意见碰巧成为经典就认定它伟大。因为伟大与否在于一位法官的司法意见的实质内容，伟大的司法意见必须是对法律规则和原则的发展做出过贡献。正因如此，波斯纳对君特竟然没有提及汉德用来衡量过失的著名公式感到恼怒。

在法官席上

律师

坐在法官席上，波斯纳对表现平平、达不到职业标准的律师极不耐烦的态度在 1990 年代继续延续。一位申请退出口头辩论的律师差点儿受到制裁，波斯纳认为这相当于遗弃当事人。② 提起草率上诉的律师受到惩戒。③ 他斥责了一位无凭无据说另一位律师的行为违反职业道德的律师，认为这种无端指责他人的

---

① Richard Posner, "The Learned Hand Biography and the Question of Greatness," 104 *Yale Law Journal* 511, 514 (1994).

② *United States v. Adeniji*, 179 F. 3d 1028, 1030 (7ᵗʰ Cir. 1999).

③ *Matter of New Era, Inc.*, 135 F. 3d 1206, 1209 (7th Cir. 1998).

行为才是不道德的。① 他还警告过一位在明知有假的诉讼文件上签名的律师。这位违规的律师来自另一个州，因此法院决定将惩戒意见寄给其所在州的律师惩戒机构。② 政府律师也难以幸免。一位来自伊利诺伊州总检察长办公室的律师，因为故意不向辩方提供自己掌握的非保密信息以帮助一位州政府官员避免"因践踏囚犯的联邦权利而被绳之以法"而受到申斥。③ 忘记援引相关权威文本的懒散律师受到提醒：本法院没有义务帮你做法律研究。④ 还有的律师被指责未能援引直接相关的权威，因此放弃了有力的论据，特别是在一个案件中，诉讼一方未能援引对此案有直接约束力的先例，导致波斯纳说要判此方胜诉就需要推翻那个未被援引的先例。⑤ 波斯纳还曾提醒律师"没有义务代表他们的客户做徒劳无益的辩解"，⑥ 而在另外的案子中，律师因为提出了离谱的主张而被点名批评，比如在一个刑事案件中，辩护律师在辩论中说警察国家正在萌生，波斯纳说这种与案件无关的危言耸听"将律师辩护带入了夸夸其谈的新高度"。⑦ 一位律师在另一个案件中的论辩导致的反馈是："这样

① *United States v. Stafford*, 136 F. 2d 1109, 1113 (7ᵗʰ Cir. 1998).

② *United States v. Oberhellmann*, 946 F. 2d 50, 54 (7ᵗʰ Cir. 1991).

③ *Anderson v. Romero*, 42 F. 3d 1121, 1123 (7ᵗʰ Cir. 1994).

④ *United States v. Giovannetti*, 919 F. 2d 1223, 1230 (7ᵗʰ Cir. 1990).

⑤ *Matter of Hendrix*, 986 F. 2d 195, 200 (7ᵗʰ Cir. 1993).

⑥ *United States v. Zafiro*, 945 F. 2d 881, 886 (7ᵗʰ Cir. 1991).

⑦ *United States v. Feliciano*, 45 F. 3d 1070, 1073 (7ᵗʰ Cir. 1995).

的论辩让律师成为法律共同体的笑料。"①

　　波斯纳法官有时候会拿律师开玩笑。在一个案件，一名精神错乱的被告怀疑自己的律师，我们看到波斯纳插话说："这没什么特别！"② 这些评论可能会让我们认为波斯纳对律师职业本身持否定态度，但这种印象有失偏颇，波斯纳在一个案件中对律师的赞扬就是一个有助于纠偏的例子。他表扬律师"在他们的辩护状和口头辩论中展现出了卓越的素质"，并总结道："我们曾经毫不犹豫地批评那些达不到出庭的最低职业水准的律师；同样，那些表现得远超职业平均水准的律师也值得我们的公开认可和感谢。"③

　　他还对律师的收费权给予了强有力的维护，反驳了一位过于热情地挥舞裁刀的地区法院法官在一个费用申请案中的意见。④ 不过，遗憾的是，此案中的那个律师，其实是从他所代理的遗产案中拿走了 75000 美元，而没有能够证明自己做了理应获得这笔报酬的工作。他被迫全数返还了这笔钱，而且被禁止从这个案件中进一步收取费用。⑤ 那些未能尽自己的责任在需要留下视频证据时留下这种证据的律师只能怪自己。波斯纳曾经

---

　　① *United States v. Daniels*, 902 F. 2d 1238, 1245 (7th Cir. 1990).

　　② *United States v. Grimes*, 173 F. 3d 634, 636 (7th Cir. 1999).

　　③ *United States v. Gerber*, 999 F. 2d 1112, 1117 (7th Cir. 1993).

　　④ *Matter of Continental Illinois Securities Litigation*, 962 F. 2d 566 (7th Cir. 1992).

　　⑤ *Matter of Taxman Clothing Co.*, 49 F. 3d 310, 316 (7th Cir. 1995).

抱怨律师在一个涉及一本书的封面设计的案件中，提交这本书的照片。① 在一个铁路雇员伤残案件中，当谈到雇员"注意到车厢"意味着什么时，他抱怨说"双方当事人都未曾为我们提供地图、照片甚至空间尺寸数据"。② 这段话透漏出的信息是：律师们倾向于认为所有的律师活动都可以用语词来进行。波斯纳写道："上诉审过程的律师活动是一种过度语词化的活动。正如我们此前已经指出的那样，律师们低估了案件中图像的力量，比如在商标案中，图像表达具有压倒一切的法律意义。"③ 他非常严肃地总结道："上诉律师的信条或许是：一语胜千图。但我不这么认为。"

地区法院法官

在波斯纳法官的训诫对象中，律师并不孤独。数名法官也被认为表现不佳。波斯纳不止一次地恳求他们"仔细注意有关命令和判决的规则的要求，以避免对上诉管辖权的争议。"④ 地区法官应该为上诉法院撰写有用的意见，而不是像某些地区法

---

① *Publications Intern. v. Landoll, Inc.*, 164 F. 3d 337, 343 (7th Cir. 1998).

② *Spurlin v. Director, Office of Workers' Compensation Programs*, 956 F. 2d 163 (7th Cir. 1992).

③ *United States v. Barnes*, 188 F. 3d 893, 895 (7th Cir. 1999).

④ *Chicago & North Western Transportation Co. v. Railway Labor Executives' Ass'n*, 908 F. 2d 144, 151 (7th Cir. 1990).

官那样，在合同案件的主要争议焦点——估价问题上保持沉默，也不去分析与估价有关的证据。① 混日子的法官在案件退回他们手上时被提醒在处理案件中要及时取得进展，例如有的法官让一项初步禁令事项拖了 20 个月（都没解决）。② 在两个案例中，向地区法官下达指令并不能起到满意的效果。在一个费用申请案件中，上诉法院下达指令，要求地区法院在司法审查中考虑受审查律师业务的市场价格，但该指令被地区法官无视；案子被拖延了 4 年，波斯纳在第二次将该案发回地区法院时告诉地区法官，"司法命令必须得到遵守，诉讼必须有个了结。"③在第二个案件中，一名法官在量刑问题上被推翻，他并在重新量刑的庭审中表达了他对上诉法院决定的不满。他不喜欢进行这个重新量刑的工作，也不喜欢上诉法院的这个导致其原判被推翻的量刑指导意见。这使得上诉法院不得不指派另一位法官对被告进行重新量刑的工作。基于此，波斯纳指出："在文明社会中，公正的形式，例如核心的司法中立和冷静，（应当）以一种可以看得见的方式在法庭中保持（体现）。"④ 在另一个案件中，一个地区法官在宣判时发表了令人惊讶的评论，他在宣布判决时对被告说："你是个怪人，事实上，你是个怪胎。"这件事促

---

① *Duff v. Marathon Petroleum Co.*, 985 F. 2d 339, 341 (7th Cir. 1993).

② *IDS Life Ins. Co. v. SunAmerica, Inc.*, 103 F. 3d 524, 530 (7th Cir. 1996).

③ *Matter of Continental Illinois Securities Litigation*, 985 F. 2d 867, 869 (7th Cir. 1993).

④ *United States v. Thomas*, 956 F. 2d 165, 167 (7th Cir. 1992).

使波斯纳写道："我们不是处处都要讲隆重仪式的人，但在某些场合，严肃仍然是恰当的情绪，量刑就是其中之一。"①

汉德公式

在 1990 年代，波斯纳继续推行他具有野心的尝试，即竭尽可能地运用汉德公式塑造法律。例如，他想将汉德公式的适用范围扩展到美国宪法第四修正案（搜查与没收）案件分析，以及与之相关的刑事案件因果关系分析过程中去。这使得地区法院所作的近因（probable cause）分析与判定，在上诉审查时（被上诉法院）更倾向于依从"明显错误"标准"（"clearly er-roneous" standard）而非原来更受欢迎的"实质基础"标准（"substantial basis" test）来进行分析。② 但由于波斯纳在裁判文书中的这一主张，是作为一个并存意见（concurring opinion）体现在裁判文书当中，所以该意见并无作为先例的法律拘束力。在维拉诺瓦诉艾布拉姆斯（Villanova v. Abrams）一案③中，波斯纳再次使用了汉德公式进行近因分析，尽管这次的主要争议焦点在于，对于精神病医生对原告进行了 24 小时的限制人身自由一事，合理依据是否存在？他提出了一项合理拘禁检验标准，

---

① *United States v. Schneider*, 910 F. 2d 1569, 1571 (7th Cir. 1990).

② *United States v. McKinney*, 919 F. 2d 495, 419, 429 (7th Cir. 1990) (Pos-ner, J. concurring).

③ 972 F. 2d 792, 796 (7th Cir. 1992).

并指出了该项检验所采用的数学表达公式（CPH：Cost, Probability, Harm）与汉德法官的过错认定公式（BPL：Burden, Probability, Loss）之间的相似性，同时注明此种相似并非偶然。他写道："普通法上的过失检验标准和挑战美国宪法第四修正案的非法搜查或扣留（民事拘禁显然包含在内）的检验标准是一致的：（是否存在）具体情形中的非合理性。"他在兄弟会船运公司诉圣保罗火灾和海损保险公司（Brotherhood Shipping Co., Ltd. v. St. Paul Fire & Marine Ins. Co.）这一海事诉讼案①中再次运用了这一公式，并表明美国联邦上诉法院第七巡回法庭在美国富达担保公司诉普罗维达一案②中，肯定该公式为海事案件的正确审理标准（虽然并未提及该案审理法官即为他），而且普罗维达案还被其他法院在海事诉讼案件中认可并引用（为此他将这些法院一一作出列示）。他在随后的范德·赞德诉威斯康星州行政部（Vande Zande v. State of Wisconsin Department of Administration）一案③中再次调用了此公式，该案涉及《美国残疾人法》并开创了雇主对截瘫雇员的残疾失能应负合理包容义务的先河。在提出合理注意与最大注意并非同义之后，他在过失侵权法中寻找了相关论证，以表明增加注意义务的成本应当作为合理性分析的一项考量因素，并写道："类似说理可被用于充

---

① 985 F. 2d 327, 327（7th Cir. 1993）..

② 683 F. 2d 1022（7th Cir. 1982）.

③ 44 F. 3d 538, 542（7th Cir. 1995）.

实'合理的包容'一词中'合理的'的内涵。"如果没有这些约束，雇主们可能将承受4300万残疾雇员所带来的无限制财务负担，而这在最终效果上相当于向雇主们征收了一道潜在的在金额上远高于国债的间接税。对此他总结道："无论从该法的文义解释还是历史解释中，我们都无法寻找到引入这样一种激进后果的合适动机。"①

经济学分析似乎无处不在。举例来说，在一项涉及两个不同市场的 T 恤的分析中，他助推了经济学分析用语的传播，并用专业性的经济学术语评论道，"问题的根源在于需求的交叉弹性。"② 在一个破产案件中，他通过说明"尽可能使债务人存续"这一规则制定目的，解释了债务人申请破产保护之后所承担的债务在随后的债务人财产分配中所享有的高优先级，并附言："在经济学术语中，对申请破产保护后所承担债务的优先级化能够使债务人（或受托人）忽略沉没成本（通俗来说即'让过去的过去吧'），并在能实现净经济收益的情况下继续经营。"③ 他利用经济学分析对诸如侵权法上任意雇佣原则的适用边界④、集体诉讼案件中律师费用⑤的相关规定等法律规则和原

---

① 同上，at 542 – 43。

② *Ayres v. City of Chicago*, 125 F. 3d 1010, 1013 – 14 (7th Cir. 1997).

③ *Matter of Handy Andy Home Improvement Centers, Inc.*, 144 F. 3d 1125, 1127 (7th Cir. 1998).

④ Konradi v. United States, 919 F. 2d 1207, 1210 (7th Cir. 1990).

⑤ *Matter of Continental Illinois Securities Litigation*, 962 F. 2d 566 (7th Cir. 1992).

则加以解读。当然他也运用这些经济学术语解决问题，例如在一个涉及公职人员豁免权的案件中，他建议废除此项豁免权并以加诸雇主责任的方式取而代之，即让雇主（政府）对雇员（公务员）在受雇过程中发生的侵权行为负责，即使该想法早在十几年前就已被最高法院否定。①

波斯纳想努力让读者更加接受的这种经济学分析语言，引起了关于法官能够在何种程度上将他们的想法加入《联邦法院判例汇编》中的重要讨论。法院有一项不成文规则是其他合议庭成员一般会遵循撰写多数意见的法官想要使用的风格和语言，而在波斯纳任职法官的前 10 年他的同事们却不常遵循这一惯例。美国联邦第一巡回上诉法院的布鲁斯·赛利亚是一个很喜欢用晦涩语言来表达其观点的法官，他曾提及他在审理的第一起案件中因使用了一些晦涩语言而收到一位合议庭成员的严肃提议，坚持让他删除这些奇怪的词汇。赛利亚不想删除，于是向当时的第三位合议庭成员卡尔·麦克高恩求助。麦克高恩是一位出色的联邦上诉法院哥伦比亚特区巡回法庭法官，此次恰好作为客席法官来参与庭审。麦克高恩对那个抱怨赛利亚判决书用语的合议庭成员说，撰写多数意见的法官拥有选择心仪风格和语言并且被其他合议庭成员遵循的特权，正如合议庭成员亦会尊重这位抱怨赛利亚用语的成员，在其未来撰写的判决意

---

① *K. H. through Murphy v. Morgan*, 914 F. 2d 846, 850 (7th Cir. 1990).

见中的风格选择。① 合议庭成员可以对多数意见撰写者提出一些
实质性考虑，并为防止反对意见和并存意见而提供一些可行的
修改建议，而在行文风格上，撰写多数意见的法官应当不受任
何阻碍。这也解释了为什么波斯纳能够同时将经济学语言用于
其判决意见，并暗示这些术语并不可怕且能帮助其他法官更多
地使用经济学分析方法。

首席法官

1993 年时波斯纳已满 54 岁，达到了有关年龄、资历和服务
年限的法定要求，并接替任期 7 年的威廉·鲍尔而成为美国联
邦上诉法院第七巡回法庭的首席法官。这项工作主要涉及行政
事务，但是首席法官能够对诸如其他地方的联邦司法机构法官
是否可以被任命为第七巡回法庭的客席法官等问题作出决定。
首席法官一般总是合议庭中起主要作用的法官（审判长），如果
他站在多数意见一方则有权分配该判决意见的撰写。首席法官
还会参加由最高法院首席大法官主持的司法委员会半年度会议。
尽管会议上有许多来自其他巡回法庭的杰出的首席法官，有些
甚至拥有一流的学术水准，波斯纳发现这些会议就是一些由显
而易见的无趣人士主持的总体乏善可陈的会议，其中无趣人士
特指虽然受尽背部疼痛折磨但却十分能干可亲的雷恩奎斯。波

---

① 作者 2014 年对 Bruce Selya 的访谈。

斯纳在1997年还曾向第一巡回法庭法官迈克尔·布丁抱怨上次会议"无聊透顶。"

波斯纳将在各自巡回法庭的首席法官们的问题总结为："观念过分狭隘，法官固步自封又如何能在其带领下点亮司法之光，等等。"他建议第二巡回法庭的拉尔夫·温特尽可能将那些令人乏味的行政性事务委派出去。在委派问题上，他与吉多·卡拉布雷西开玩笑称他曾告诉第二巡回法院即将卸任的首席法官乔恩·纽曼："第二巡回法院首席法官所做之事我连十分之一都没有做过，我把其他的十分之九也都委派出去了。因此他毫无疑问会公正地将我作为一个司法机关的闲游懒人而从其名单中剔除。"他对第一巡回法庭的布鲁斯·赛利亚开玩笑称他正享受着这份首席法官的工作，"尽管如此，"他写道，"自成为首席法官以来我感到自己日渐愚蠢，看来行政性职务确实不利于大脑运转。"他的日常通信邮件回复压力很大以至于他开始使用签名章。

首席法官的管辖范围不仅包括他自己所在的巡回法庭，还有巡回法庭内的所有地区法院。首席法官体现了该巡回法庭的对外形象，其在提升巡回法庭内部精神面貌、维持内部平稳运作，以及建立巡回法庭和地区法院之间良好关系等方面发挥着重要作用。为了更好地了解其所管辖的巡回法庭，波斯纳拜访了玛莎·努斯鲍姆，一位如其所言是"在深耕于当地的外来法官"，从而为其上任首席法官做好准备。他继续说道："这些都是很有价值的拜访——通过拜访一个组织中一些此前无人认为值得拜访的地方，很容易能在该组织中建立起一个良好印象。"
此外，他还整理了一本所在巡回法庭的首席法官手册，并将其
发送给联邦司法中心和美国法院行政办公室。

波斯纳很在意第七巡回法院同事们之间保持融洽的关系。
他的同事哈林顿·伍德（Harlington Wood）寄给了他一份第九巡
回法庭在重大案件汤普森诉卡尔德隆（Thompson v. Calderon）
案①中的法官意见。在该案中，史蒂芬·雷恩哈德（Stephen Re-
inhardt）发表了一份赞同阿列克西·柯金斯基（Alex Kozinski）
但理由不同的意见，波斯纳觉得有必要写信给雷恩哈德，批评
他对其同事的粗鲁无礼。同时，他也对发表相反意见的法官的
语气感到震惊。波斯纳写道："我认为我从来没有读过比这更过
分的意见。""我不明白您为何在祝贺法院的'合议'的同时，
又用如此粗鲁无礼的方式对待同事。"他认为，法官的意见应
"至少在其法官意见的言辞中努力保持尊重和克制，并避免被解
释为对同事的辱骂。"在给哈林顿·伍德的回信中，波斯纳写
道："愿我们的巡回法庭中永远不会出现（像第九巡回法庭）这
样的情况。"

抵制

在 90 年代的时候，波斯纳在第七巡回法庭执笔的多数意见

---

① 120 F. 3d 1045, 1060 (9ᵗʰ Cir. 1997) (Reinhardt, J., concurring).

受到了最多的反对意见，高达44份，尽管这个数字本身并不能反映波斯纳的一些同事对他推动经济分析的抵制的性质和深度。在90年代，弗劳姆法官再次成为抵制波斯纳提出的法学变革的堡垒。弗劳姆引导第七巡回法院在预先禁令案例中避开使用汉德公式这一数学模型进行案例分析，而是回到使用口头表达。在本世纪初，在较早讨论第四修正案的美国诉麦金尼（United States v. McKinney）一案①中，弗劳姆特地在其审判意见中对波斯纳的结论相同但理由不同的意见进行了反驳。波斯纳认为，在审查地方法官签发的逮捕令时可能的原因，适用的审查标准应该是"明显错误"标准，而不是"实质性证据"标准。弗劳姆很有才气地反驳道，不同于波斯纳的主张，最高法院从来没有放弃过"实质性证据"标准："我们必须等待上级的明确命令，才能绕开第四修正案。"②波斯纳察觉到的稳定趋势是对初审法官的判决更加尊重，这一观点同样遭到了严厉的批评。弗劳姆写道："我们承认，波斯纳认为的以司法经济性的名义限制对事实相关问题进行上诉审查的'稳定趋势'，既不是确定稳定的，也不是一种趋势。"③波斯纳追求的简洁、统一，以及最大限度地减少法官适用的法律惯用语句，这些本身也不符合弗劳姆的价值追求。

---

① 919 F. 2d 405（7th Cir. 1990）.

② *United States v. McKinney*，919 F. 2d 405，409（7th Cir. 1990）（Flaum, J.）.

③ 同上，at 411。

波斯纳不愿放弃战斗。两年后，波斯纳在维拉诺瓦诉艾布拉姆斯一案中直截了当地告诉他的同事，他们是错的。他认识到，在预先禁令问题上，地方法院行使自由裁量权仍然是最重要的，但必须重述汉德公式的优点。他写道，要是他的同事们没有对这个公式进行如此晦涩的解读就好了。很明显，这种分析方法虽然不是解决司法决策困难的灵丹妙药，但"在简洁地表达规则、澄清复杂关系、确定不同法律学说之间的相似性，以及将注意力引向可能被忽略的相关变量方面都有价值"。①

他的同事肯尼斯·瑞波（Kenneth Ripple）则提出了另一种抵制态度，他抱怨波斯纳对判决附带意见的使用。在米尔纳诉埃普赛尔（Milner v. Apfel）② 平等保护案中，那些因精神病而被无罪释放，但却以公共费用进行民事违法活动的人是否应该被剥夺社会保障福利的问题很容易得到回答。因为没有有争议的分类，如种族或性别问题，因此中止社会保障福利的立法只要有一个合理的目的就可以实现。这是法院发现的合理依据，用来作为暂停向已犯罪但患有精神病的人提供福利的立法理由，它也适用于无罪但精神失常和犯罪的人。在瑞波所指责的长篇的判决附带意见中，波斯纳探讨了道德运气的概念，立法机关可以就道德问题立法，而不是仅限于可证明的危害，或者约翰·斯图亚特·密尔所谓的"关涉他人的行为"。正如波斯纳所

---

① *Villanova v. Abrams*, 972 F. 2d 792, 796 (7th Cir. 1992).

② 148 F. 3d 812 (7th Cir. 1998).

看到的那样，"允许立法机关对待罪犯比对待守法者更恶劣，而不必为区别对待设立功能上合理性的依据。"但瑞波的问题在于，占多数的法官意见没有理由超越简单的理性基础分析并考虑道德，尤其是因为"我们的普通法并没有反映出一个普遍的根深蒂固的传统，即在道德或宪法上，惩罚那些对自己的行为不负责任的人是可以接受的"。①

最高法院复核

最高法院复核了波斯纳撰写多数意见的 8 个第七巡回法院案件。最高院支持了其中 4 个，撤销了 2 个，废止了 2 个。法院还审查并推翻了波斯纳持反对意见的一个案例，确认了他持反对意见的另一个案例，以及撤销了波斯纳持相同观点但理由不同的一个案例。

扎菲罗诉美国（Zafiro v. United States）一案②探讨了在多被告案中应何时对被告进行分开审判的问题。在该案中，各被告提出相互对抗的辩护，该案中波斯纳的法律意见受到了最高法院的热烈欢迎。对他来说，解决这个问题的关键通常是法官们不需要理清相互对立的辩护与相互指责之间可能存在的差异，尽管前者可以作为被告分开审判的理由而后者不能。波斯纳在

① *Milner v. Apfel*，148 F. 3d 812，818（7th Cir. 1998）（Ripple, J., concurring in the judgment）.

② 506 U. S. 534，113 S. Ct. 933（1993）.

他的小组意见中想要"深度挖掘规则背后的涵义"①，而不仅仅停留在这些经典的规则的表面含义上。他还提到霍姆斯曾警示过"停留在规则之表面含义是一种沉睡，长时间的睡眠意味着死亡"。他提出的检验标准是"作为最初的事项，只有存在联合审判会使陪审团无法对一名或多名被告的有罪或无罪作出可靠的判断这一严重风险时，才应对与同一罪行有关的人进行单独受审"。② 从波斯纳的提出的原则出发，即关于被告提出相互对抗的抗辩问题阐明了法院试图辨别的内容，最高法院制定了一项与波斯纳的提议相近的关于被告分开审判的新规则。③ 在法院对波斯纳的支持中，唯一缺失的是波斯纳对默认立场和联合审判的好处的解释。这一观点中，波斯纳使用了经济分析的语言，并指出"就像在许多其他案件中一样，联合审判不仅减少了诉讼的直接成本，还减少了错误成本。"④这种经济分析和语言并没有成功纳入最高法院的意见。

美国医院协会诉全国劳资关系委员会（American Hospital Association v. N. L. R. B.）一案⑤，正是一个关于美国国家劳资关系委员会规定在急诊医院就有独立交涉权的工会单位的数量

---

① *United States v. Zafiro*, 945 F. 2d 881, 885 (7th Cir. 1991).

② 同上。

③ *Zafiro v. United States*, 506 U. S. 534, 539, 113 S. Ct. 933, 938 (1993).

④ *United States v. Zafiro*, 945 F. 2d 881, 886 (7th Cir. 1991).

⑤ 499 U. S. 606, 111 S. Ct. 1539 (1991).

的案例，这案例证实了波斯纳的观点并追随了他的做法。① 也许是因为这对意见来说是不必要的，也许是因为法院想要避开隐含价值的判决，法院没有提及波斯纳的解释，即劳资双方在有独立交涉权的工会单位的数量上的斗争，是双方各自表达自我利益的一种方式。劳动者想要更多的有交涉权的谈判单位，因为它在劳动问题上会更统一，更容易达成一致；而出于完全相反的原因，管理层则更需要相互有异议的谈判单位，以削弱工会对公司的抵抗力。法院回避了这些关于"香肠是如何制作的"经济事实。

在另外两个被最高法院维持原判的案件里，波斯纳法官实际上失败了，因为最高法院认可的并不是他在主要意见书中提出的观点。这两个案件都和《美国法典》第 1983 条有关。其中一个是奥尔布赖特诉奥利弗案（Albright v. Oliver）②，该案涉及实质性正当法律程序，原告的诉由是缺乏正当逮捕依据和恶意检控。波斯纳法官认为对该案中的争议，即形式自由和权利剥夺，不至于"大动干戈地提起合宪性诉讼。"③ 最高法院对这一结论未置可否，而是认定第七巡回上诉法院对该案的分析有误，认为原告的诉求应放在美国宪法第四修正案而不是实质性正当法律程序的框架下进行分析。另一个案件是赫克诉汉弗莱案

---

① *American Hospital Association v. N. L. R. B.*, 899 F. 2d 651（7th Cir. 1990）.

② 510 U. S. 266, 127 S. Ct. 114（1994）.

③ *Albright v. Oliver*, 975 F. 2d 343, 347（7th Cir. 1992）.

（Heck v. Humphrey）①，在该案中，一个囚犯依据《美国法典》第1983条对他的定罪是否违宪提出质疑，但是在波斯纳法官看来，如果把他的诉求看作是为了获释而提出的人身保护令申请，那么他就需要先在地方法院穷尽救济途径，而他并没有做到这一点。不过，因上述理由而驳回该囚犯的起诉并不是最高法院要解决的问题。最高法院直接忽略了波斯纳法官撰写的多数派意见书②中的观点，认定原告依据《美国法典》第1983条的主张并不成立，因为原告没有满足须在上诉中翻案的前提条件。本案到此了结。

在另外两个被最高法院改判的案件中，波斯纳法官得到了胜负参半的结果。其中一个是布莱西诉格拉姆利案（Bracy v. Gramley），该案的关键点是芝加哥存在司法腐败的具体事实，以及一名人身保护令申请者的诉求。这位申请者声称他应该被允许调取本案法官有失公允的证据，因为这项证据让他有资格申请再审，而这名法官随后确因受贿而被定罪。③ 第七巡回上诉法院本来支持了初审法院拒绝此项申诉的决定④，但最高法院最终改判。第七巡回上诉法院认为该申请者也许永远无法找到支持他胜诉的证据，最高法院尽管赞同这一点，但也同时认为该申请者应该有尝试的机会，因为他的诉求符合"正当理由"的

---

① 512 U. S. 477, 114 S. Ct. 2364（1984）.

② *Heck v. Humphrey*, 997 F. 2d 355（7th Cir. 1993）.

③ 520 U. S. 899, 117 S. Ct. 1793（1997）.

④ *Bracy v. Gramle*, 81 F. 3d 684（7th Cir. 1997）.

标准。这个例子体现出上级法院会得出不同的事实结论，而与此形成鲜明对比的是，在苏达尔诉伊利诺伊州库克县案（Sodal v. Cook County, Ill.）① 中，最高法院一致决定改判，并全盘否定了波斯纳法官在全院法官满席听审后代表多数派撰写的意见②，这在前文已有提及。在该案中，原告的拖车住房被库克县副警长收缴并清走。波斯纳法官这一次采取了一个大胆的策略，他没有援引正当法律程序条款来强调公民应有不受他人侵扰的自由，而是指出第四修正案禁止不合理的搜查和收缴，这也是为正当法律程序条款所保护的权利。波斯纳法官指出，该案的争议点不是原告的隐私权而是其财产所有权，原告的财产没有被实际收缴，而且对隐私权的侵犯并不足以将一个普通的住房问题变成合宪性问题。然而，最高法院一致认为波斯纳法官的观点不足为训③，并且认为对涉及《美国法典》第 1983 条的案件，第七巡回上诉法院的处理方式很不令人满意。④ 怀特法官代表最高法院写道："本案中一个人的住房被无情夺走，对于像这样的案件，我们无法认定它不属于第四修正案所保护的强制收缴情形。"⑤ 最高法院随后对强制收缴的不合理性继续展开讨论，它把第七巡回上诉法院依据第四修正案所作出的判决称作是

---

① 506 U. S. 56, 113 S. Ct. 538 (1992).

② *Sodal v. County of Cook*, 942 F. 2d 1073 (7th Cir. 1991).

③ *Sodal v. County of Cook*, 942 F. 2d 1073 (7th Cir. 1991).

④ *Sodal v. Cook County, Ill.*, 506 U. S. 56, 113 S. Ct. 538 (1992).

⑤ 同上，at 506 U. S. 61, 113 S. Ct. 543 (1992).

"新颖的"，并表示无法理解在波斯纳法官观点中，所援引的一篇讨论第四修正案在形式上应如何应用和隐私应不受侵犯的文章。在判决的其他部分，最高法院提到，下级法院力求发挥第四修正案的规范保护功能，这一做法"既有趣又富有创造力"。① 波斯纳法官认为第四修正案保护的法益是隐私权而非财产权，对于这种重新界定第四修正案应用范围的行为，最高法院虽可以理解，但坚定地予以回绝并做了详细的说理，表示没有被说服并且"没有理由偏离我们一贯的做法"。②

在3个被最高法院再审的七巡案件中，波斯纳法官持异议，但这些异议总体而言效果不是很好。第一个案件是国际工会，美国汽车、航空和农业器械工人联合会诉强生控股公司案（International Union, United Auto., Aerospace and Agriculture Implement Workers of America v. Johnson Controls, Inc.）③，该案被最高法院维持了原判，案涉争议由一个制造厂的规定引发。根据此项规定，除了那些有医学资料证明不能生育的女性，其他女性不能从事有实际或潜在铅暴露的工作。波斯纳法官在该案中持异议，认为法院掌握的资料太少，需要另开一庭来获取更多的事实资料。尽管该案当时由第七巡回上诉法院的全体法官出席听审④，

---

① 同上，at 506 U.S. 69, 113 S. Ct. 547 (1992).

② 同上。

③ 499 U.S. 187, 111 S. Ct. 1196 (1991).

④ *International Union, United Auto., Aerospace and Agriculture Implement Workers of America v. Johnson Controls, Inc.*, 886 F. 2d 871 (7th Cir. 1989).

但后来最高法院仅注意到了波斯纳法官的异议意见。第二个案件是查普曼诉美国（Chapman v. United States）①，一个有关新型毒品的案件，最高法院在该案中判定，出于量刑目的，应当将毒品载体的重量算入毒品的总重量。尽管主要意见书中没有提到波斯纳法官的异议，但是史蒂文斯法官在他的异议意见书中引用了很长一段波斯纳法官的观点。波斯纳法官认为，如果出于量刑目的，将吸附纸的重量也算入毒品的总重量，那么这会造成非常荒唐和不公平的结果。② 然而，在第三个案件法雷诉桑德富特案（Farey v. Sanderfoot）③ 中，最高法院采纳了波斯纳法官的异议并推翻了第七巡回上诉法院的判决。该案涉及破产法上的一个漏洞，债务人（也就是前夫）得以借此漏洞来规避他的前妻在婚房上设置的留置权。④ 由此牵扯出一个近乎形而上的问题，即如果夫妻离婚时同意将之前双方共有的婚房移交给男方所有，那么男方会不会同时获得规避留置权的权利？面对这一问题，其他巡回上诉法院都和波斯纳法官的结论一致，尽管理由不尽相同。但是最高法院认为波斯纳法官的说理更能够达到预期结果，即拒绝该债务人规避留置权的请求，这一结果也符合案涉争议条款的设置目的。毕竟比起律师的诡辩，立法目的更具说服力。

---

① 500 U. S. 453, 111 S. Ct. 1919 (1991).

② *United States v. Marshall*, 908 F. 2d 1312 (7th Cir. 1990).

③ 500 U. S. 291, 111 S. Ct. 1825 (1991).

④ *In re Sanderfoot*, 899 F. 2d 598 (7th Cir. 1990).

评价

《联邦司法年鉴》分别在 1992 年和 1997 年版对波斯纳法官做出了评价。律师们对他的才智敬仰无比，但又似乎对他在口头辩论时的咄咄逼人心存龃龉。他们并不介意被他问到颇具挑战性的假设性问题，但是他们无法容忍他的心高气傲。一名律师认为波斯纳法官并不尊重律师，不过与此同时，其他几位律师在评价波斯纳法官时也提到了他近年来的一些变化。其中一位说："当他在逼问你的时候，他似乎不像过去一样对你的回答那么感兴趣。"另一位提到波斯纳法官现在变得愈发积极，"几乎对生活充满肯定"。他继续说道："他现在写的一些判决，在 5 年前，甚至是 3 年前，你肯定不会觉得是他写的。"法和经济学的锋芒也有所收敛。"当他出庭审理的时候，他不再像以前那么固守自己的原则，尽管他还是十分钟情于他的经济学理论。"另一位律师这样说。又有人补充道："他还是会用经济学的分析方法，只不过用得十分有限。他现在更倾向于实用主义的分析方法，不再是简单的'成本–收益'分析框架。现在的他更像是一个能够针对具体问题提供解决方案的法官。"

《联邦司法年鉴》上还出现了一些新的抱怨，涉及对波斯纳法官是否杰出的评价。一些律师强调波斯纳的才智未经讼争和初审经验之锤炼。"他没有在地区法院工作的经验"，一位律师指出，"而这，恰恰就是问题所在。"因为他对律师业务的性质缺乏同情式理解。律师们抱怨波斯纳把他们看成是象棋里的小卒，或者像电影《平步青云》（The Paper Chase）* 里金斯菲尔德教授对待他的学生一样。"他接二连三地提出问题，却毫不关心律师的回答，"一位律师抗议道。另一位律师说波斯纳"没时间听无力或愚蠢的论证，也没时间陪没做准备的律师"。年鉴中的评价指出，"极少数"受访律师觉得波斯纳的法官意见不具备法官意见所应当具有的启发性，律师们相信，波斯纳的判词代表了"他对法律一连串的观念，这些观念都是他个人的，源于他经济学的思考方式。""他似乎乐于通过他的法官意见来制定法律。"

评价波斯纳的律师，可不止《联邦司法年鉴》里所引用的那些。"由于众多领域的律师担心其他的地方律师协会不愿意批评当今的法官，并且目光过于偏狭于协会自身利益"而成立的芝加哥律师协会（Chicago Council of Lawyers），也加入了评价波斯纳的行列，该协会发布了针对第七巡回上诉法院管辖区及其法官个人的研究①。这项为了公众利益而做的研究，本来怀着这样的信念，即法官界应该了解所在巡回区内执业的律师们对他

---

* 上映于 1973 年的法学院题材的电影，中译名又叫《力争上游》，基于 1971 年 John Jay Osborn Jr. 的同名小说改编而成。电影讲述主人公——哈佛法学院一年级新生 James Hart，和他的合同法教授 Charles Kingsfield 及其女儿之间的故事。教授的扮演者 John Houseman 因此部片子获奥斯卡最佳男配角奖。电影中，金斯菲尔德教授聪明绝顶，对待学生十分严苛。——译者

① "Evaluation of the United States Court of Appeals for the Seventh Circuit," 43 *DePaul Law Review* 673（1994）.

们的评价,最后却变成恳请第七巡回区的法官们倾听该协会的集体苦恼。该研究紧接着《联邦司法年鉴》中的抱怨以第二种方式提出诉苦,这使得整个气氛显得律师界马上就要造反了。在该研究总体评价法院的部分,尖锐的抗议直指法院的构成;抗议还指向程序规则,认为这些规则仅为法官的方便而设计;抗议还瞄准对不守规则的律师过快予以惩罚的倾向。

针对波斯纳法官个人,协会对他在口头辩论阶段表现的评价承认,波斯纳运用了最高的标准,代表着对在他跟前出庭者的"巨大的专业挑战",这使得在波斯纳面前的良好表现成为律师高度成就的标志。评价还指出,波斯纳的问题"几乎总是富于洞见,并且常常显示他看待案件的方式与律师不同"。律师们写道:"波斯纳比律师们更理解他们的案子。"不过,一些律师对波斯纳在辩论阶段的表现持批评态度。他似乎并不关心律师的观点,有时候利用口头辩论的机会来探索他自己感兴趣的议题,而这是以律师们的论辩为代价的。他太过乐于指出那些诉讼要点没有用处。他傲慢自大,"到了无礼冒犯的程度,"但这些年来温和了一些。最后的总结是"尽管他在口头辩论阶段没有公然表现出粗鲁或敌意,但据称他对律师保持着某种优越感"。

芝加哥律协的评估严厉批评了波斯纳对待律师界的方式。评估抗议道,他太频繁地惩罚律师,并且未基于充分完备的记录;他太愿意公开说律师们表现不足,使律师难堪;他过于僵化和严格地执行巡回区的程序规则。评估还批评他热衷于抓住弃权问题(waiver)和管辖权问题不放。批评之下,波斯纳写信给芝加哥律协作出回应，信中对弃权和管辖权问题采取了强硬态度。"然而，一旦某个领域恰当呈现在法庭上，"他写道，"我旨在这样来处理它，即就我的处理方式给读者一个完整而直率的解释。如果坦率要求我承认：不同意先前判例，困惑于双方为什么没能探究某种分析思路，对律师的无能感到沮丧，相信双方没有看出某个与案件的恰当处理密切相关的争点，我就会指出来。这就是为什么我的法官意见给一些律师这样的印象：超出了法律专业的常规。我对其他法官避而不谈的东西直言不讳。"

芝加哥律协的评估还批评波斯纳滥用附带意见，批评他借判词扯一些如何适用法律普遍原则的离题话。他没有展现出对"先例、历史和上诉审的合理边界"的充分尊重。他的判词太长，未充分组织，有时"超出了判词应有的理解难度"。他的判词展示了一种"意识流式的法学论理进路"，并且，他低估了他的判词造成的混淆。

引用

相较其他巡回法官，波斯纳在引用数方面一骑绝尘。1990-1999 间，第七巡回区以外的巡回法官点名引用波斯纳达 269 次。这些引用直接提到"波斯纳法官"的大名，这还不包括此 10 年间 346 次法官们引用案件后在括号里标注"（波斯纳法官）"。1982-1989 年间，第七巡回区之外的法官们也直接点名引用他达 86 次。这些 1990-1999 年间的"法官波斯纳"的场景告诉我们一些事，关于波斯纳本人，也关于那些引用他的人。法官们直引波斯纳之名为自己的判词增加分量、权威性和某种荣誉。说得更具体些，他们用波斯纳来帮他们阐明某些争点，利用那些精心锤炼的语词——因为波斯纳评论的洞见性，因为他做的分析的实质，因为他愿意直切争点的心脏，因为他重新审视某个争点的无畏。法官们常常表达对他的著名作品的钦佩。值得注意的是，这些引用很少援引波斯纳在他的判词里推进的经济分析。这些年来在巡回法庭案例中，有很多对他的《法律的经济分析》一书的引用，显示了波斯纳作为一位学者的影响力，但是当法官们求助于波斯纳，是为了他判词中的经济学分析之外的其他原因。法官们引用他是因为他们与波斯纳的共同点——巡回法官们也碰到了波斯纳曾回应过的普通议题。

法官助理

波斯纳1990年代的助理们在电子邮件和访谈中提供了只有内部人员才能提供的独特信息和评价。① 一位法官助理解释说，他为波斯纳工作时，所有他为法律意见而做的研究都是以书本形式进行的："我们会用图书馆推书装满一车车的书，里面夹着便利贴，然后将推车推到他的办公室，附上一份备忘录，解释

---

① 本节中所提供的信息来自作者对1990年代做过波斯纳法官助理的十几位人士的访谈。他们要求匿名。

了这些书的意图。"这些职员当然使用了万律（Westlaw）和律商联讯（Lexis-Nexis），但没有将电子版的研究结果交给他。那将是下世纪初的事了。

一位助理回忆说："迪克的步骤最显著的特征是，他将在口头辩论之后的第二天（或可能在两夜之内）起草自己的观点；这些草稿看起来像是最终意见，但没有出于任何目的引用任何权威，只是在他想要它们的每个地方标上［引用］二字。然后由助理去寻求支持他所说的话的权威。"通常这并不难，因为他想要支持的主张很简单。但是有时候助理会确信波斯纳的事实或法律有误，并会寄回一份备忘录。一名普通的助理一年会有几次说服波斯纳以这种方式改变案件的理由或结果，而这总是让人感到惊讶和满意的。一位助理曾经将裁判理由的改变当做橄榄球中的任意球得分，而将结果的改变当做达阵。

这位助理指出，波斯纳"具有令人难以置信的记忆力，可以记住他在先前的观点中所说的话（令人惊奇，因为有很多）。有时，他会在法律意见草案中加上"［引用］"后发表其中的一种说法，而你可能会花上几个小时尝试而根本没有运气找到支持该主张的语句。你会尽职尽责地向他报告失败，他会向你保证他之前曾说过类似的话，并且可能会提及他这样做时的一些事实。果不其然，这个找不到的案子会出现，他以前也确实曾说过类似的话，那就是他所寻求的引用。"

波斯纳在判词写作中强调从分析入手。正如助理所言，这不是"自下而上"的角色。"在法律方面，他首先撰写分析，然后再寻求法律支持；他不会先去阅读所有权威就得出结论。同样，在事实方面，他陈述案件的故事，强调了他认为重要的事实，而这可能不是当事方认为重要的事实。波斯纳的助理最重要的工作可能就是检查案件记录，以确保迪克的事实陈述是准确的。但即使是这种检查时常也会漏掉那种令失败者恼怒的重点强调。"

几位助理报告说，当你和波斯纳面对面打交道的时候，会感受到他春风化雨般的温和，友善和幽默。一位助理写下了详尽的评论：

> 关于他像鸟一样敏捷轻快的大脑，飘忽不定的行为风格，他的高音，都是有些奇奇怪怪、与众不同。因此，听到关于他也会接触普通事物（例如欣赏摇滚音乐或 B 级片电影）时总是有些搞笑或难以置信。对他来说，每天的工作都很愉快。他一定经常以为我（像他的任何职员一样）在很多时候很笨（因为我们当然是这样），但是他总是很慷慨，没有给出任何暗示。当然，主要是因为他不在乎；他几乎不需要我们，只是为了节省时间。有时我觉得他雇用我们当法庭小丑：我们的工作是帮助他保持逗乐，并在我们认为他错了时告诉他，因为有时候我们可能是对的。尽管他拥有出色的才华，并且毫无疑问地享受着自己的高度评价（或者也许正因为如此），但他从不介意被告知自己正

在搞砸。他会很乐意接受劝说，偶尔会直说我们是对的。

在谈到口头辩论问题时，助理们提到波斯纳有时会被律师惹恼。一位助理回忆道：

> 我记得他有一次听取口头辩论回来后说，与其中一位律师讨论问题就像在与犀牛争吵一样。我还看到他在芝加哥大学的教职员午餐会上表现得很生气，当时他与某位学者发生了争论，这个人身上带有的某种形式主义特质在波斯纳看来是一种智识上的恶习。在这样的场合，他平时隐藏得很深的带有侵略性的藐视就会暴露出来。他会告诉对手，您说的这些东西具有欺诈性，或者纯粹是一派胡言，而且这样说的时候语气一点儿也不像开玩笑。律师可能遇到的最糟糕的命运是同时面对迪克和弗兰克（即伊斯特布鲁克）——至少如果该律师不是足够聪明而且有备而来的话。对于一个熟练的律师来说，最终的经验可能会成为一种收获，尽管过程毫无疑问会令人恐惧。迪克和弗兰克毫无疑问会立即意识到案件中的问题（他们通常会事先就此事进行讨论），并且会相互煽风点火，将律师撕成碎片，有时还会彼此充当逗哏和捧哏（公平地说，弗兰克大部分时候是充当捧哏的那位）。有时候，这以

一种让出庭律师十分尴尬的方式给观众带来了乐趣。
迪克和弗兰克喜欢用假设来折磨律师，以检验他提出
的任何主张，这是法学教授的习惯。

谈到伊斯特布鲁克和波斯纳在口头辩论中的表现时，一位助
理说，他见过波斯纳折磨律师，但"这总是以并非针对个人的方
式来进行的。弗兰克法官的情况则有所不同。当我与从未见过迪
克但读过他的著作的人交谈时，他们常常会以为他本人一定是蛮
横的。实际上，我认为他们想象出的迪克更像是弗兰克。"

另一位助理则提道：

他对政府律师期待更高（因为他自己曾经就是政
府律师），但经常感到失望。他对大公司的律师期待更
高，但有时也会感到失望。当律师更多是讼棍而不是
实际意义上的法律专家时，他感到沮丧。这是我听到
过的波斯纳对律师工作的精妙评论之一："当他实际上
想要'真正的理由'（real reason）时，律师的回答不
过是'口水话'（mere words）。"他想问律师一些棘手
的问题，当他比律师更了解律师的案件时，就经常会
感到恼火。他在口头辩论中可能显得非常难搞和苛刻，
但那是一个错误的印象。相反的是，他要求专业和卓
越，他希望律师能够解决棘手的问题。当他们不这样做
时，他是不宽容的。话虽如此，他的做法与伊斯特布鲁

克法官的做法大不相同。有时，我真的以为伊斯特布
鲁克法官的目标是使律师感到尴尬和羞辱，但这绝不
是迪克的目标。迪克的目标是进行对话，以找到正确
的答案。

在这一点上，接受《联邦司法年鉴》采访对法官作出评价
的律师们，对伊斯特布鲁克在口头辩论时的表现及其与波斯纳
的对比有着与法官助理们一样的评论。在 1992 年版的《联邦司
法年鉴》中，律师们赞扬了伊斯特布鲁克的睿智、对案卷的了
如指掌以及时而会令律师陷入尴尬的尖锐提问。一位律师提到
伊斯特布鲁克"钻进一个案子的弱点里并且越钻越深"，以及他
在口头辩论时"经常发出笑声并且给别的法官递小纸条"。1997
年版中的评论变得愈发带有普遍的否定性，用语也更加尖刻。
超过半数接受采访的律师抱怨了伊斯特布鲁克法官的态度。有
人抱怨伊斯特布鲁克法官不顾正在辩论的律师们的感受而作出
嘲讽的评论，"他有时会笑得前仰后合，并且用眼神鼓励自己的
助理们笑话律师刚刚说过的话。"律师们指出他的风格是伤人
的、粗鲁的、居高临下的以及草率冒失的，不过也有少数律师
形容他的言行举止总体上说是好的，只是有时有点儿盛气凌人。

关于影响力和引用率的文章

波斯纳的被引用率在这个 10 年的后半期开始引起注意。芝

加哥律师协会的调查中包括一份由拉里·莱西格准备的关于引用次数的附录，其中显示波斯纳在第七巡回上诉法院一骑绝尘，遥遥领先。一篇由莱西格与威廉·兰德斯和迈克尔·索里迈恩（Michael Solimine）合写的文章，探索了将引用率作为影响力指标的方法，同时考虑了其他各种因素，将波斯纳排名为所有在任巡回上诉法院法官中的第一名。[1] 这项研究考虑到了一位法官在自己的巡回上诉区与管辖区以外的地方得到引用的次数之间的差异，认为后者更能体现这位法官的影响力。

他的司法意见在另一种非司法性的门类中也占据领先地位。从 1999 年 6 月到 2000 年 5 月，他的司法意见出现在 300 来本法学院使用的案例汇编中。[2] 波斯纳有 118 份意见被采用，而离他最近的竞争者弗兰克·伊斯特布鲁克只有 56 份被采用。在被采用的 118 份意见中，26 份是关于合同法的，12 份是关于侵权法的，此外涉及反托拉斯法和救济的各有 10 份。从法院转到学术界，我们发现波斯纳仍然是领头羊。弗雷德·夏皮罗（Fred Shapiro）在他的文章"引用率最高的法律学者"中，将波斯纳列为法学研究数据库中远超其他人的第一名。[3] 到 1990 年底，

---

[1]　William M. Landes, Lawrence Lessig, and Michael E. Solimine, "Judicial Influence: A Citation Analysis of Federal Courts of Appeals Judges," 27 *Journal of Legal Studies* 271 (1998).

[2]　Mitu Gulati and Veronica Sanchez, "Giants in a World of Pygmies? Testing the Superstar Hypothesis with Judicial Opinions in Casebooks," 87 *Iowa Law Review* 1141 (2002).

[3]　29 *Journal of Legal Studies* 409, 424 tbl. 6 (2000).

他总计被引用了近 8000 次。离他最近的竞争对手罗纳德·德沃金被引用了大约 4500 次。

书和论文

重大社会问题

在 1992 年到 1993 年间，波斯纳出版了 3 本书，每本都是某一重大社会问题的研究：《性与理性》、《个人选择与公共卫生：经济学视角中的艾滋病流行》和《衰老与老龄》。① 1996 年，他与凯瑟琳·希尔堡（Katherine Silbaugh）合著了《美国性法导引》② 一书，作为对《性与理性》的补充。尽管这几本书分别讨论了不同的社会问题：老龄问题、性问题和艾滋病问题，但它们有着 3 个共同的特征。首先，它们都是原创性的专著，而不是把以前发表过的论文改写成书的形式重新发表。其次，它们所采用的方法都是加利·贝克尔在他关于家庭问题的书里首倡的那种经济分析方法，波斯纳只是把这种方法应用到别的领

① Richard Posner, *Sex and Reason* (Cambridge：Harvard University Press, 1992); Tomas J. Philipson and Richard Posner, *Private Choices and Public Health：The AIDS Epidemic in an Economic Perspective* (Cambridge：Harvard University Press, 1993), and Richard Posner, *Aging and Old Age* (Chicago：University of Chicago Press, 1995).

② Richard Posner and Katharine Silbaugh, *A Guide to America's Sex Laws* (Chicago：University of Chicago Press, 1996).

域。最后，它们都是概要性（synoptic）的作品。关于艾滋病和性的书承继了《法律的经济分析》一书的那种冷酷无情的语调和论证方式。不过，关于老龄问题的那本书却呈现出浓厚的个人色彩，一方面大量援引了波斯纳最喜欢的诗人叶芝关于变老的诗句，另一方面以他自己的母亲、岳父和祖父为例讨论了与衰老相关的问题。

与经济学家托马斯·J·菲利普森（Tomas J. Philipson）合著的关于艾滋病的那本书的核心观点是：经济分析比流行病学在预测艾滋病的传播范围方面更为有效。流行病学预测最终每个人都会得艾滋病，这种方法没有考虑到作为经济分析之核心的两个因素：意志与理性选择。波斯纳和菲利普森提出了一个模型，分析了理性行动者如何作出选择，并将其应用于揭示人们面对危险的性选择时如何决策。最后得出的是一个似乎反直觉的结论：在艾滋病问题上，政府干预和公众介入是浪费资源且毫无必要的。

波斯纳采用经济分析方法考察了本身作为一个主题的性以及作为受社会规制的活动的性。《性与理性》一书从讨论性史开始，后面的章节分别讨论了一种性与生物学理论、经济学视角中的性史以及对性活动的优化规制。他对所有这些问题的处理都是采用经济分析的方法，认为性问题与其他问题在分析方法上不应有什么不同的地方。他分析了婚姻与性的问题、怀孕控制、同性恋、成年人的性虐待、对儿童的性虐待、收养与人工授精以及色情问题。他的倾向是功能主义、世俗主义和功利主义的，也是约翰·斯图亚特·密尔意义上的古典自由主义的，或许还有一点儿契约论，因为他不介意废除婚姻，代之以基于合同的同居。他的方法是学科交叉的，但始终把经济分析作为最有用的工具。不过，他也承认自己的以社会生物学为特色的经济分析是有争议的。他说，之所以采用经济学方法，是因为经济学是一种"酸浴"（acid bath），可以溶解掉"一层层的无知、意识形态、迷信和偏见。"① 他眼中的性世界是一个关于"激励、机会、约束和社会功能"的世界。②

除了经济学以外，波斯纳在《衰老与老龄》一书中用到了进化生物学、认知心理学、哲学和文学，尽管"经济学在他的多学科乐队中挥舞着指挥棒。"③ 波斯纳的经济分析中凸显的是加利·贝克尔的人力资本理论及其对我们对自己的投资的强调，以及偏好的时间连续性理论，这种理论提出了"多重自我"问题。他主张，经济分析在帮助我们理解衰老作为一种心态和行为现象，以及解决政策问题方面比其他任何理论都更有用。作为背景考量，他先讨论了衰老和老龄作为社会、生物和经济现象的性质，然后将自己那套以经济学为主的模型适用于各种问题，包括强制性退休、安乐死与医生协助自杀、《就业者退休收

---

① Richard Posner, *Sex and Reason* (Cambridge：Harvard University Press, 1992), p. 437.

② 同上，第30页。

③ Richard Posner, *Aging and Old Age* (Chicago：University of Chicago Press, 1995), p. 1.

入保障法》、《就业中的年龄歧视法》以及《社会保障法》。这些分析得出的结论是：《就业者退休收入保障法》是没有必要的，它并未产生其承诺产生的效果；《就业中的年龄歧视法》没有什么效果，反而对老龄职工十分不利；废除强制退休制度的运动是错误的；作为年轻人与老人之间的公平契约，社会保障系统可以经受住检验；严格规制下的医生协助自杀是可欲的。

在 20 世纪 90 年代，波斯纳在往来书信中所展现出的对老年和死亡的研究兴趣恰好与他在相关学术领域的创作相契合，尤其是他父母逝世的那段经历对他的影响。他母亲的逝世便是一个时常出现的话题。他告诉努斯鲍姆："我的母亲于两年前去世，享年 89 岁。那一年我 51 岁。由于母亲已经尽显老态多年，她的逝世并没有让我太过悲伤。"事实上，他父亲的逝世也曾让他略感哀思，不过他很快便从悲伤中走了出来。努斯鲍姆母亲的去世再次凸显了这一问题。波斯纳问努斯鲍姆是否还记得托马斯·斯特尔那斯·艾略特（T. S. Eliot）对哈姆雷特的评论，也就是哈姆雷特对母亲逝世所带来的哀痛表现得略显刻意了。波斯纳对努斯鲍姆说："对于令堂的去世，我和你同样感到悲伤。我希望我那样说不会显得过于苛刻。"一次，当他们的往来书信提及一位正因母亲去世而沉浸在悲伤中的同事时，那种难以产生共鸣之感再次呈现。然而，这对波斯纳来说是难以理解的，因为那位同事反感他的母亲。他写道："我想通过这样一个问题表现我情感上的质朴（如果这不是冷漠的话）—— 既然我们这位同事如此厌恶他的母亲，他为何又会对母亲的去世感到悲伤呢？可能是对年龄日益增长的惊恐，抑或是对未来难以预期的不安。然而，为何他会感到悲伤呢？"努斯鲍姆写道，当他所喜爱的一位朋友于80岁的高龄去世时，他并不会因她的去世感到太过沉重的伤痛。当一个人在80岁的高龄去世时，生者对她的逝去不应太过慌乱。这是一种我们可以默默承受的悲痛。

至于当波斯纳听闻努斯鲍姆母亲去世的消息时为何没有因同情而太过悲伤，波斯纳解释道："我似乎显得过于冷漠了，因为我从未料到令堂的去世会对你造成如此沉重的打击。正如我所说，我的母亲在将近90岁的高龄去世，去世前她已经尽显老态多年了。而在她生命的最后一年半时间里我再也没有见过她，因为她不再能认出我来了。一个人竟然不能被他的母亲认出来，这种感觉简直是太怪异了。当然我不会因此而埋怨她；然而，在这种情况下，她的去世并不会让我怅然若失；显然，你的情况与我并不相同。"当努斯鲍姆写道她已故的母亲是一位出色的母亲时，波斯纳对此感到无所适从。波斯纳问："令堂的出色之处在哪里呢？我认为我的母亲并没有什么太过出色之处，尽管我从小就非常爱她，直到我20岁左右。"

努斯鲍姆认为他对母亲的评价并非发自肺腑，对此波斯纳的反应几乎是暴躁的。首先，他稍作退让。他写道："我对母亲并没有过多的不舍之情，因为她在去世前的多年中已经尽显老态，由此产生的厌恶之情使我对她的大部分美好记忆都消散了。"然后，他继续谈论似乎更关键的问题——他不曾选择过父母。他写道："继而她也不是我所钟意的那类人。我更愿意自己选择我的亲密朋友，而不是让父母为我选择，尽管我也曾为我的孩子们选择了他们的妻子。"他用略显调皮的幽默总结了自己的想法。"我的朋友乔·爱泼斯坦（Joe Epstein）最近在他发表于《美国学者》（American Scholar）杂志'阿里斯蒂德'（Aristides）专栏上的文章中写道，他有多么想念他的母亲——他年近80岁的母亲最近去世了——以此来证明他的专栏并非不近人情，事实上也不会搬弄是非。我认为这篇专栏文章就如同在向一位阉人描述关于性爱的乐趣。"波斯纳为了更清楚地表达这一观点，在写给努斯鲍姆的信中说道，当提及他的父母时，他并不会产生很强烈的亲情感。

当一位通信者表示父母的去世是一件糟糕的事情的时候，波斯纳以类似的方式回答道：那种感觉可能取决于父母的年龄和孩子的年龄。当一位不是十分熟悉的通信者谈及他父亲去世时，波斯纳的劝导略显不近人情。其父亲去世时，波斯纳作出了不动声色的劝告。他写道："得知您父亲去世，我感到非常遗憾。"他写道："我对令尊去世的消息深感遗憾！然而这也是我们所有人迟早都要经历的事情。我在此表示深切哀悼。"即使面对一位接触时间较长，他感到比较熟悉的通信者，他依旧纠结于如何使用正确的语气写一封哀悼信，以达到坚持自身立场和表示同情的契合。他写道："我在此表示深切哀悼。我曾听闻您的夫人患有肌萎缩性侧束硬化症，但我不曾想到您夫人的病情进展如此迅速；不过这并不见得一定是件坏事；一个人如果得以免受晚年的不堪，这未必是一件坏事。（我对此感受颇深，因为我正在准备一系列有关这一主题的讲座）。当然这对您来说是一件无比痛苦的事情，我对此深感遗憾。"当一位亲近的导师失去孩子时，波斯纳写了一封有礼的哀悼信，这次并没有被他更深层次的理解和观察所破坏。"夏琳（Charlene）［波斯纳的妻子］和我向您和您的夫人表示最诚挚的慰问；同样作为父母，我们非常理解两位的丧子之痛以及深深的震惊和悲伤。"当学院中一位年长的教授失去配偶时，波斯纳给他写了一封令人动容、情感真挚的哀悼信。上面写着："言语已经无法表达我内心的伤痛，但我想对你说的是，无论如何，我的心与你同在。在我最近所有逝去的亲友中，我对您夫人的逝世最难以接受，因为她风华正茂，和蔼可亲，且充满活力。如果我有宗教信仰的话，这将是一场考验，可惜我并不信仰宗教。我坚信埃德加的名言：'人必须忍受他们的死亡，正如忍受他们的出生一样。'"

《超越法律》

波斯纳在 1995 年将过去 10 年中撰写的作品汇编成了《超越法律》一书。其中包括文章和书评 19 篇，1989 年以来完成的两篇文章，少量的新论文，还有一篇长篇幅的导论。[1] 在导论中，他用简练的语言将书名中的"法律"解释为"一个在法律意义上代表着自命不凡、无知、偏见和虚假的专业化标志。"[2]

---

① Richard Posner, *Overcoming Law* （Cambridge：Harvard University Press，1995）.

② 同上，第 21 页。

他解释道，经济学分析方法只是法律理论的重要内容之一。此外还包括实用主义和自由主义。他还将这本书的主要目标之一归纳为"推动司法活动的科学化"。① 然而，这篇导论可能是这本书中最重要的部分。正如其中所总结的那样，他的论述"是对事实的品味，对社会科学的尊重，对折衷主义的好奇，对实践的渴望，对个人主义的信仰以及对新观点的开放性——这些相互关联的实用主义的特征，或者经济学或自由主义的特征。凡此种种，将法律理论变成了理解和完善法律的有效工具，并形成了一套总体上的社会机制。以此来说明现有法律思想的不足之处，并为之提供进一步发展的参考"。②

该书所涉及的主题十分广泛，包括但不限于：中世纪的冰岛、黑格尔（Hagel）、理查德·罗蒂（Richard Rorty）的政治学、法律职业、法律推理、实用主义、经济分析方法、平权行

① 同上，第8页。
② 同上，第viii页。

动、法律和文学以及罗纳德·科斯。① 在两篇论文中，波斯纳还继续运用批判主义的方法分析法律学者的行为以及法官的职业和职业习惯。其中，后一篇文章延续了他在 1985 年的《联邦法院》中表达的不满，即法官不亲自撰写判决意见书的问题，但

----

① 此书取材于以下论文："Hegel and Employment at Will: A Comment," 10 *Cardozo Law Review* 1625（1989）; "The Depiction of Law in The Bonfire of the Vanities," 98 *Yale Law Journal* 1653（1989）; "What Has Pragmatism to Offer Law?," 63 *Southern California Law Review* 1653（1990）; "Bork and Beethoven," 42 *Stanford Law Review* 1365（1990）; "Duncan Kennedy on Affirmative Action," 1990 *Duke Law Journal* 1155; "Democracy and Distrust Revisited," 77 *Virginia Law Review* 641（1991）; "Foreword," James Fitzjames Stephen, *Liberty, Equality, Fraternity* 7（Indianapolis: Liberty Fund, 1992）; "Legal Reasoning from the Top Down and from the Bottom Up: The Question of Unenumerated Constitutional Rights," 59 *University of Chicago Law Review* 433（1992）; "Medieval Iceland and Modern Scholarship"（review of William Ian Miller, *Bloodtaking and Peacemaking: Feud, Law, and Society in Saga Iceland*）, 90 *Michigan Law Review* 1495（1992）; "Ms. Aristotle," 70 *Texas Law Review* 1013（1992）; "Democracy and Dualism"（review of Bruce Ackerman, *We the People*, vol. 1: *Foundations*）, Transition no. 56, at p. 68（Summer 1992）; "The Strangest Attack Yet on Law and Economics," 20 *Hofstra Law Review* 933（1992）; "Law as Politics: Horwitz on American Law, 1870 – 1960"（review of Morton J. Horwitz, *The Transformation of American Law: 1870 – 1960, The Crisis of Legal Orthodoxy*）, 6 *Critical Review* 559（1992）; "Ronald Coase and Methodology," 7 *Journal of Economic Perspectives* 197（1993）; "The New Institutional Economics Meets Law and Economics," 149 *Journal of Institutional and Theoretical Economics* 73（1993）; "Richard Rorty's Politics," 7 *Critical Review* 33（1993）; "The Material Basis of Jurisprudence," 69 *Indiana Law Journal* 1（1993）; " Legal Scholarship Today," 45 *Stanford Law Review* 1627（1993）; "The Radical Feminist Critique of Sex and Reason," 25 *Connecticut Law Review* 515（1993）; "The Deprofessionalization of Legal Teaching and Scholarship," 91 *Michigan Law Review* 1921（1993）; and "What Do Judges and Justices Maximize? (The Same Thing Everybody Else Does)," 3 *Supreme Court Economic Review* 1（1994）.

同时还在分析中进一步引出他对法官职业生活的认识，也就是说——尽管在纸面上很少能看出来——法官是人，应当把他们当作人来对待。

他在关于法学研究的文章中哀叹道，传统教义学的研究正在凋零，法学会沉迷于对各种理论和法学与其他学科交集的研究，这些都对法官工作鲜少助益。出版标准逐渐放宽，再加上不断扩大的法律评论市场，使学院开始自成一派，与法律界和司法实践越来越脱节。

这本书得到了广泛的称赞，许多人认为书中包含的主题非常多样，但也有些人认为这对于一本合集来说过于杂糅了。比如，有一篇评论就认为，尽管这"确实是一本非常好的书"，但波斯纳似乎忙于将各种文章系统地综合起来，使得"这本书在各种意义上来看都是一本杂锦。"① 另一位评论家写道："这本书就是不折不扣的折衷主义，其程度甚至超过那些编辑过的由一些不相关的文章组成的文集。"②

《法律与道德理论的疑问》（1999）

在《法律与道德理论的疑问》一书中，波斯纳集合并重新编写了关于法律理论、道德理论和法律职业的 4 篇演讲稿。他

---

① Matthew H. Kramer, "The Philosopher- Judge: Some Friendly Criticisms of Richard Posner's Jurisprudence," 59 *Modern Law Review* 465 (1996).

② Joshua Getzler, "Pragmatism and the End of Ideology," 17 *Oxford Journal of Legal Studies* 525 (1997).

以自己在哈佛做的霍姆斯讲座的题目为书的标题。① 这本书的主题，"法律的去神秘化：将法律从道德理论中解脱出来，"对他来说并不是新起炉灶。②《法律与道德理论的疑问》是一套三部曲的尾声，它们阐述了被波斯纳称为"困扰现代法官、道德主义者和政策制定者的主要规范性问题"。③ 毫无疑问，波斯纳认为，实用主义是比道德哲学更好的司法工具。通过对比自己的和德沃金的定义，他定义了实用主义法官的工作方式。德沃金认为，"在实用主义者眼中，法官应始终为将来竭尽所能，不要处处考虑是否与过去的权威保持了原则上的一致，并因此被束缚手脚。"④波斯纳调整了德沃金的定义以使其更加准确。波斯纳认为，"实用主义者的法官应始终为现在和将来竭尽所能，不要处处考虑是否与过去的权威保持了原则上的一致，并因此被束缚手脚。"⑤

---

① Richard Posner, "The Path away from the Law," 110 *Harvard Law Review* 1039（1997）；Richard Posner, "The Problematics of Moral and Legal Theory," 111 *Harvard Law Review* 1637（1998）；Richard Posner, "Against Constitutional Theory," *New York University Law Review* 1（1998）；and Richard Posner, "Professionalisms," 40 *Arizona Law Review* 1（1998）.

② Richard Posner, *The Problematics of Moral and Legal Theory*（Cambridge：Harvard University Press, 1999）, p. vii.

③ 同上，第 vii 页。

④ Ronald Dworkin, *Law's Empire*（Cambridge：Harvard University Press, 1986）, p. 161.

⑤ Richard Posner, *The Problematics of Moral and Legal Theory*（Cambridge：Harvard University Press, 1999）, p. 241.

波斯纳以一种锋芒毕露的方式论证道德哲学、法律和审判工作不是一回事儿。道德哲学不能帮助法官审理复杂案件。为了寻求帮助，他们需要转向社会科学领域，正如他在 10 年前在《法理学问题》和《超越法律》中所提出的那样。他声称："无论就审判，还是法理学或法教义的阐释而言，道德哲学都没有什么可提供给法官或法律学者的，"而且"道德哲学也对任何从事跟法律无关的规范事业的人几乎没什么帮助"。① 至于理论哲学家，他断言，理论哲学家对法官用来断案的司法工具毫无助益。他写道："甚至没有证据或理由相信，理论道德主义者比其他人具有更高的道德洞察力。"② "理论哲学家所展示的智力天赋不需要，也没有在他们的规范工作中，产生积极的社会产出"。③ 学院与这些失败的理论哲学家串通一气。学术界将资源浪费在理论哲学家身上，这些资源本可以更好地用于社会科学家，从而为法官提供他们可以使用的信息。④

《哈佛法律评论》专门邀请了一组评论者来回应波斯纳的霍姆斯演讲，他们的评论反映了批评者的总体态度。这些评论带有复仇的色彩，其中甚至有许多人身攻击的色彩。来自第九巡回上诉法院、与波斯纳同为联邦上诉法官的约翰·诺南，是其中唯一一个称赞波斯纳的人。他认为波斯纳的坦率、勇气和清

---

① 同上，第 viii
② 同上，第 81 页。
③ 同上，第 80 页。
④ 同上，第 xi 页。

晰的表达令人印象深刻。在反对者中，德沃金以"达尔文的斗牛犬"一文进行了尖刻的评论，查尔斯·弗里德（Charle Fried）将那些演讲定义为"消化不良的表现"和"对道德和政治哲学的抨击"。安瑟尼·克朗曼（Anthony Kronman）认为波斯纳的总体思路"充满愤世嫉俗"，似乎"从头到尾都很绝望"。玛莎·努斯鲍姆认为波斯纳是在为"令人难以置信的僵化人格"辩护，这使得整个事业变成"悲哀的事情"。波斯纳将自己的霍姆斯演讲改编成书时对这些批评进行了回击，承认有必要在几个细节上加以补充和修正，但在阅读这些批评之后，他对自己的立场更加坚定。

评论者们主要对波斯纳的那种性质的实用主义表示不满，也痛恨他否认道德哲学及道德哲学家对法律和社会生活的贡献。他们不认同波斯纳的阐释，即社会共识的价值观，而不是道德价值观，以其模糊的、非普适的样态，协助构建了法官作出裁决的基础。波斯纳认为，在疑难案件中，法官无法从道德哲学中得到帮助。"实用主义不会告诉我们什么是最好的，"他说，"但是，如果法官之间有一个公平的价值共识，正如我认为的那样，它可以帮助法官寻求不受哲学怀疑影响的最佳结果。"[①] 评论者丹尼尔·法伯承认有两点被大家忽视了。法伯在波斯纳身上察觉到某种接近煽动者的敏感，正如他的标题"道德心的震动"所暗示的那样。他形容波斯纳执着于让自己"偶尔对某些

---

① 同上，第262页。

道德价值不敏感"。① 评论家中，只有法伯一个人基于波斯纳作为法官的工作去评价他的著作和他对道德价值观的看法，他能够写出"波斯纳作为法官的工作表明他自己对这些价值观并不麻木不仁"，尽管"这些价值观在他的理论叙述中似乎有奇怪的缺陷"。②

《英国和美国的法律及法学理论》

波斯纳在这 10 年中发表了其他著作，进一步提出了他支持实用主义、反对道德和法律哲学的主张。他的著作《英国和美国的法律及法学理论》篇幅不长，对他在牛津大学举办的克拉莱顿系列讲座进行了扩充，这使他有机会告诉英国读者，他们可以从美国在法律上运用社会科学的例子中吸取经验，且对与法律有关的哲学思考是无用的。在第一次演讲并再次提到德沃金时，波斯纳谈到了德沃金提出的问题："法律是什么？"他认为，不应该问这种问题，"因为它只会使一切变得混乱。"③ 实用主义应该不在"法律是什么？"所构想的范围之内。

---

① Daniel A. Farber, "Shocking the Conscience: Pragmatism, Moral Reasoning, and the Judiciary," 16 *Constitutional Commentary* 675, 676 (1999).

② 同上。

③ Richard Posner, *Law and Legal Theory in the UK and the USA* (Oxford: Oxford University Press, 1996), p. 3.

一项重大政治问题

波斯纳于 1999 年出版了《国家大事》一书，为他这个 10 年的出版目录画上了句号。该书讲述了前总统克林顿在 1998-1999 年经历的弹劾危机。这本书与他之前的著作完全不同。①它几乎汇集了他所有感兴趣的以及事实上正在进行的学术研究。弹劾危机的特点是事实的复杂性以及法律议题的多种多样，涉及刑法、宪法以及所有与弹劾相关的法律。这当然也包括了一些法理学，私人和公共伦理道德以及政治理论等方面的问题，更不用说波斯纳所提及的"道德右翼"和"学术左翼"行为背后的政治和文化社会学因素了。为了得到广泛理解和确切评估，波斯纳在《性与理性》和《衰老与老年》等早期著作中，针对一系列复杂的事实和叠加的问题需要，采用了比如"迫切需要""概括性的、简明扼要的论调"这种描述，但却没有对其做任何经济分析。

在这本书中，波斯纳所讲的内容包括：克林顿总统在弹劾前的所作所为，以及详细阐述了控方和辩方之前对克林顿犯罪行为的评估；弹劾的历史、范围和形式；弹劾中的公共和私人道德问题；克林顿总统是否应该被弹劾，以及如果被弹劾是否

①　Richard Posner, *An Affair of State*: *The Investigation*, *Impeachment*, *and Trial of President Clinton* (Cambridge: Harvard University Press, 1999).

该被定罪;"知识阶层"在弹劾危机中所起的作用,他指的是受过高等教育的人,主要是撰写有关重要社会和政治问题书籍和文章的学者和记者;以及我们可以从弹劾危机中汲取的教训。为了方便起见,他还草拟了一份资产负债表,用以判断这场弹劾危机是否对我们有利。这本书里他定了3个目标。一是在参议院投票宣告克林顿总统无罪的4天之后,迅速写下事件本身的进展情况,并把手稿交给出版商哈佛大学出版社,使叙述和分析得以"新颖而即时"。实现这一目标的关键在于不偏不倚的态度。二是引用前人观点,例如塔西佗、修昔底德和苏埃托尼乌斯,来创造他所描述的"卓越的现代史"。三是将对危机的解读与分析作为法律与哲学领域的一项实证检验,以此来评判其所支持的实用主义。他的实用主义方法一方面可以与形式主义、哲学和历史方法相抗,另一方面也可以用于评价在弹劾危机中所用到的相互冲突的宪法和道德理论。

尽管波斯纳认为这本书具有学术性,但从风格上看,该书与他之前发表的学术著作和文章截然不同。对这本书的写作,他借鉴了其在司法意见书中会运用的观点、语言以及读者的参与。正如我们在他的司法意见中所看到的,这种方法更具对话性。与他的司法意见类似,波斯纳在《国家大事》中也经常引用文学和历史典故,其中最常见的就是莎士比亚。为提高读者参与度指标,他经常使用以下短语与读者交谈,如:"我们现在必须考虑""记住那个""假设那个",以及"我们必须记住"。对于同样的问题,他也会用与其分析相关的观点来思考,并以

"这个问题可能是有争议的"或具有类似含义的短语作为序言。正如他在司法意见中所做的那样，他也在书中用了更好的解释方法，并提出了更务实的建议。波斯纳有理由认为，他所查阅的材料，如《斯塔尔报告》，与他为获得司法意见而查阅的资料相似。正如他将弹劾案的初审描述为"一个极为庞大的上诉论据""斯塔尔报告取代了初审法院的裁决，这是上诉通常的出发点"，并指出他自己的书是对国会和最高法院所做工作的下一层次的审查。① 正如他在其司法意见中所做的那样，他在思考弹劾议题时，也考虑到了各种支持、反对和牵涉到的论点。

根据波斯纳的评估，只有新闻媒体在报道危机时表现良好，其他人都不及格。在 1988 年的"莫里森诉奥尔森"案（*Morrison v. Olsen*）② 中，最高法院曾有机会但并未扼杀独立辩护律师的法律，因此，在本应早就认识到宝拉·琼斯案（即克林顿诉琼斯案）③ 政治层面问题的情况下，最高法院放任了危机的发展。

在最高法院对"琼斯"案的意见中，波斯纳指出，最高法院似乎并不理解正在发生什么以及什么是利害攸关的。他写道，最高法院的意见缺少的是"一种思想灵活性、实用性和现实主义。这是法官和律师都应该具备的，因为在这样一个社会里，

---

① 同上，第 127 页。
② 487 U. S. 654 (1988).
③ 117 S. Ct. 1636 (1997).

重大政治事件的纠纷通常都提交法院解决。"① 同时，他也指责了弹劾案双方的律师，指责克林顿的律师对事实过于轻率，还指责了国会律师的言过其实。波斯纳还批判道，学者和评论员失去了客观性，在观点的表达中超越了自己的专业领域，比如自由派学者还签署了写给编辑的信。波斯纳写道："我们很容易得出这样的结论（尽管在这里过度概括是危险的）：即左翼知识分子缺乏道德核心，而右翼知识分子则病态地害怕道德松弛。"② 至于克林顿本人，波斯纳的结论是，克林顿犯下的一系列重罪玷污了总统职位。如果克林顿不是总统，并被联邦法院起诉，根据审判准则，他将面临 30 到 37 个月的监禁。但是波斯纳指出，实用主义者认为，克林顿是否是总统很重要，因为这会影响我们对宪法弹劾条款的理解。但在提出总统应该在宪法方面有更大的容错空间之后，波斯纳在终极问题上模棱两可地写道："道德严苛者倾向于认为总统犯下了可弹劾的罪行，实用主义者则得出了相反的结论，尽管可能只是轻微的。"③ 在 2002 年 C-SPAN 的采访中，波斯纳给出了一个有点不同的结论。他说："我的结论是，毫无疑问，克林顿总统犯下了本可以让他被起诉的严重罪行。但是从另一个角度来说，我认为真的进行弹劾判断是不可能的，因为宪法或者政治理论没有足够的指导原则。

---

① Richard Posner, *An Affair of State* (Cambridge: Harvard University Press, 1999), p. 228.

② 同上，第 240 页。

③ 同上，第 87 页。

因此，即使事实上我也认为他的行为不端是十分严重的，但是公开这一点已经足够了，我并不认为参议院应该判他有罪并罢免他的职务。所以我对结果相当满意。"

波斯纳在这个10年之初提出了一份进展报告，介绍了自己的审判方法，并在接下来的10个年头里，将他所描述的那种实用主义付诸实践，他认为这种实用主义最适合于关注当前和未来的法官们。在这10年结束时，波斯纳用他那本关于克林顿弹劾危机的书表明，他不再是一个小圈子的学者，他更感兴趣的是通过分析、阐述和评论，撰写一些对国家具有紧迫意义的话题。整整10年里，他似乎一直在宣称，国家需要他独一无二的声音和智慧，而他的确做到了。

第五章

公共知识分子（2000–2009）

　　21 世纪的头 10 年[*]见证着波斯纳走向全国公共舞台的历程，这并不是说他在 2000 年前只在学术圈子里有名气。毕竟早在 1980 年代中期的时候，他就作为可能的最高法院法官提名人选而成为话题人物。但随着新世纪的到来，他变得更加出名。他于 1999 年出版的关于克林顿弹劾案的书到 2000 年已经广受关注，精装本销量达 25000 册，并被《纽约时报》列为年度最佳图书之一。在 1999 年底的时候，波斯纳因为在每天都占据报纸头版的微软反托拉斯诉讼中充当调解员而持续得到媒体关注。同一年，他介入或者说被卷入了与德沃金的激烈争论，争论的舞台是美国最有影响力的知识分子刊物《纽约书评》。在 2001 年的时候，他关于 2000 年选举的危机的书又溅起了一片浪花，其中关于最高法院布什诉戈尔案判决的分析引发了热烈讨论。

---

　　[*] The decade of the aughts，是指每个世纪的头 10 年，比如 1900–1909 年、2000–2009 年。——译者

同年，《纽约客》发表了一篇专门写他的人物志。在这 10 年中，他似乎无处不在，通过博客和网上杂志发表来适应出版界的急剧变化，同时以惊人的速度出版了 15 本新书，还不算先前著作和主编书籍的再版，这些书里有许多讨论的是全国人民都感兴趣的话题，比如 2000 年总统选举、国家安全和恐怖主义、以及 2008 年的金融崩溃。所有这些都是在出色完成第七巡回上诉法院法官工作的背景下利用业余时间做到的，

微软案调解员

广受关注的微软与政府之间的反托拉斯官司经过几个月的庭审之后，到 1999 年末差一点儿就在杰克逊法官*的法庭结案了。杰克逊法官已经整理好了他的事实认定卷宗，但想给当事人一个和解的机会，从而避免他打算作出的判决所提出的救济方案可能带来的不确定性。他相信只有波斯纳有足够的威望可以让双方当事人都洗耳恭听，所以征求波斯纳的意见，问他是否愿意主持调解，波斯纳同意了，然后在不耽误他在巡回上诉法院已经排满的工作日程的情况下全力投入了调解工作。

波斯纳关于这场调解的存档卷宗虽然很薄，但充分展示了

---

* Judge Thomas Penfield Jackson（1937-2013），毕业于达特茅斯学院和哈佛法学院，1982 年被里根总统提名为华盛顿哥伦比亚特区的联邦地区法院法官，直到 2004 年退休。他主审过的最著名的案子就是美国诉微软案（2001），该案以美国司法部与微软公司和解而结案。——译者

他对待反托拉斯问题、诉讼和当事人的立场和方法。卷宗中包括第一次调解会议日程的草稿,其中描述了他对这场调解的总体思路;2000 年 3 月初的一系列的信函和电邮,都围绕比尔·盖茨已经签字的和解协议第 14 稿(当时希望是最后一稿,但后来又经过了好几稿)而展开;还有一份波斯纳写给自己看的分析案情的 30 页备忘录。在第一次调解会议上,他向双方当事人说明了自己处理这次调解的通盘打算,并且表示整个调解过程将完全保密,他也愿意将就当事人的日程安排,包括牺牲周末休息时间进行调解。他准备了一份按字母顺序罗列的和解方案表并分享给当事人,其中考虑了原告的最低要求、被告的最高出价,以及和解条件的范围。除了他写给自己的备忘录以外,他介入的深度体现在他会见当事人的次数(有十几次),以及在关键时刻与司法部的乔尔·克莱恩*和盖茨谈话的长度上。波斯纳经常与盖茨谈话,有时是长时煲电话粥。肯·奥乐塔在《第三次世界大战》一书中引人入胜地讲述了整个诉讼过程以及波斯纳介入调解这段插曲的故事,为此他访谈了微软公司、政府、州检察官办公室的代表,其中提到波斯纳与盖茨通了 4 次话,

---

* Joel Klein(1946 年 10 月 25 日出生),美国著名律师和教育家。他毕业于哥伦比亚大学和哈佛法学院,1996-2000 年担任克林顿政府的助理司法部长,负责反托拉斯事务。2002 年又被纽约市长迈克·布鲁姆伯格任命为纽约市教育总监(他担任此职直到 2011 年),主管美国最大的公立学校系统(有 1600 所学校,110 万名学生),被称为美国公立教育最有影响力的人物之一。——译者

总计谈话时间超过 11 小时。①

　　波斯纳写给自己看的 30 页备忘录是对这个案子的完整的事实和法律分析，其中包括对所有证人证言的评价，以及对此案在华盛顿哥伦比亚特区的各种上诉庭可能遭遇的结果的靠谱猜测。它的开头几页罗列了波斯纳调解的基本操作原则：他认为这个案子呈现出了实用主义方法与恪守原则的方法（principled approach）之间的对比，他把这个案子的驱动力理解为一种投资决策：微软必须用较小的当下责任来交换自己可能面对的巨额潜在责任，这种安排能否实现取决于和解协议的条款。他写道，法律的相关性只是微软必须作出的经营决策中的一个考量因素。他用霍姆斯的话来提醒自己：法律只是关于法院在某一特定情形中将如何行为的预测。他还提醒自己要注意律师可能带来的危险，这些输掉了初审的律师可能会为了自己的利益而不是客户的最大利益而反对和解。

　　波斯纳向盖茨提出了好几个问题都涉及盖茨的 1995 年 5 月 26 日内部备忘录，其题目是"互联网大潮"。这份备忘录被纳入了证据范围，其中赤裸裸地（如果不是大胆挑衅式地）表明了微软在竞争方式上的立场。他也写下了一些涉及盖茨是否会以实用主义的方法来处理这起诉讼的问题。一个旨在促使盖茨换一种眼光来看诉讼的问题是：如果你认为和解条款不公平，

---

① Ken Auletta, *World War* 3.0 （New York：Random House, 2001）, pp. 309 - 62.

你是否会拒绝和解，即使你知道你在法院能够得到的结果只会更糟糕？用更准确的话来说，这个问题问的是：假如你在一个有着腐败司法的第三世界国家投入了大量资金，你是否会用实用主义的眼光来看待诉讼？

信件和电邮证明波斯纳是一位驾轻就熟的管理者和写作者。他把另一方的抱怨转达给他正在约谈的一方，然后帮助这一方来应对这种抱怨。例如，在2000年3月3日给克莱恩的一封信中，他转达说，盖茨在最近一次通话中说政府有义务提出一份足够明确的要求清单，以作为和解协议的第14份草稿获得接受后谈判过程中最后冲刺的基础。波斯纳然后说他愿意帮助克莱恩来准备这份清单，以确保上面包括他认为重要的所有事项，但同时又留有妥协的余地。他还说，这份清单的内容和语气同样重要。他进一步为克莱恩提出了如何与州检察官打交道的建议，主张他们组成一个团队来起草一份统一的要目清单。

他的技巧在一个关键时刻得到突出展现。在调解过程中，波斯纳曾一度质疑政府在谈判中的诚意，他后来很大度地承认这是一个误会。导致波斯纳对政府的诚意产生怀疑的是政府似乎在放弃初审法院的事实认定这个关键问题上改变了立场。它转而反对放弃这个事实认定并主张这个立场是不容谈判的。这个不容谈判的要求加上另一个不容谈判的要求，即要求微软披露其操作系统的某些技术信息，似乎使波斯纳相信政府在谈判中是另有所图。

但是，波斯纳很快觉得自己或许是反应过度了，他试图安抚政府，首先是解释说自己可能误解了政府在事实认定问题上的立场，然后试图弥补克莱恩在诚信质疑问题上可能感到的冒犯，他告诉克莱恩自己对他评价很高，并说自己曾经对微软方面说，他认为克莱恩是一位最正直的法律人，而且是带着诚意来进行谈判的。而且，他还告诉微软，他不认为克莱恩是个对金钱感兴趣的人，他不是在利用代表政府的机会作为跳板来谋求一个高薪的律所职位，以便日后代理微软的竞争者。波斯纳解释说，他做这些不是作为谈判谋划，而是因为他相信这些。他甚至告诉克莱恩自己从调解一开始就相信他，而且对他比对任何其他人都感到亲切，这让克莱恩很吃惊。他写道，自己在调解中当然是中立的，但也可以表达自己的个人好恶，如果他自己有任何法律问题，都会委托给克莱恩，因为他完全相信克莱恩的能力和品格。致克莱恩的这封信使谈判得以重回轨道，继续进行了几个星期，直到所有的希望都破灭而波斯纳宣布调解陷入僵局，然后把案子送回到杰克逊法官那里。

罗纳德·德沃金

　　波斯纳关于克林顿弹劾案的书引来了德沃金的批判。他给《纽约书评》写了一篇批判性的评论，其中也评论了波斯纳的

《法律与道德理论的疑问》。① 德沃金向任何可能的方向都开了
火。他首先指出波斯纳是一个被罗纳德·里根任命为联邦法官
的保守派。然后批判了法学院中的法和经济学课程。他甚至从
波斯纳放弃对作为法律的经济分析之基石的财富最大化的坚持
这一点，来抨击波斯纳作为一个学者的素质。不过，对波斯纳
造成最大困扰的恐怕还是他质疑波斯纳是否违反了法官伦理，
因为他的学术作品评论了正在审理的案件，而他作为一位法官
的观点可能对案件的审理产生影响。其余的部分就是对波斯纳
书中对一批自由派教授的批评的逐条反驳，这些教授以发表于
《纽约时报》的联名信的方式介入了弹劾案斗争。他以波斯纳的
《法律与道德理论的疑问》中对道德和法律哲学及其从业者的批
评作为证据来说明波斯纳的偏见。他谴责了波斯纳针对这些哲
学家的"反智怒批"，并且回击了波斯纳所宣称的他写克林顿弹
劾案这本书是为了证明"《法律与道德理论的疑问》一书的主要
论点，即道德哲学是毫无用处的，事实就是一切。"德沃金反唇
相讥道，波斯纳自己的这些书恰恰证伪了这个论点。② 他指出，
这些书，再加上波斯纳最近所写的其他书，放到一起来看都展
现了波斯纳针对道德哲学和哲学家的自我毁灭式的愤怒。③

　　波斯纳写道，他感到自己不得不作出回应，这倒不是因为

---

① Ronald Dworkin, "Philosophy & Monica Lewinsky," *New York Review of Books*, March 9, 2000.

② 同上。

③ 同上。

他有抱怨负面评论的习惯，而是因为德沃金的评论"很明显是一种人身攻击，以至于不回应就显得太懦弱。"① 他首先在《纽约书评》上做了回应，然后又在《西北大学法律评论》上发表了一篇回应文章，其中重复了《纽约书评》文章里的许多内容，但也增加了一些新的内容。他为自己作为一位在任法官写这本书的做法作了辩护，因为整件事与他作为法官的角色距离遥远，而且因为他的分析完全是基于国会所汇集和使用的记录，而不是弹劾事件如果外溢到刑事法庭将会采用的任何证据。他还逐项辩解了自己对相关事实的评析，解释了自己对道德和法律哲学家的态度，并再次强调了实用主义作为一种高超的解决问题方法的地位。

参与这场争论的每一位斗士如何看待对方的攻击？他们私下如何评论这场争论？这些都是没有现成答案的问题。波斯纳在1991年和1992年曾经参加过纽约大学哲学、法律和政治理论研讨班，这个课程是由德沃金和学院派哲学家托马斯·内格尔（Thomas Nagel）共同主持的。在向一位朋友描述1992年的研讨班活动时，他说这个活动非常不错，其中有一位参与者在某些哲学观点上善意地批评了他，而德沃金"超级棒"（super）。② 他还参加了由德沃金和斯蒂芬·盖斯特（Stephen Guest）在伦敦大学学院主办的同一性质的研讨班。这些互动导致波斯纳在

---

① "An Affair of State : An Exchange," *New York Review of Books*, April 27, 2000..

② Posner to Martha Nussbaum, September 13, 1993.

2007 年一篇向德沃金致敬的文章中，把他描述为一位理想的知识讨论主持人。他写道，他曾经"很荣幸也很高兴地在德沃金主持的研讨班上，三次就自己正在写作的书稿中的主要内容做了报告。无论是德沃金在这些场合慷慨地与报告人分享的洞见、他所引导的讨论以及我的书因此得到改善，还是他提出具有穿透力的批评时表现出来的礼貌，都使得这些交流场面令人难忘，并抚平了我们之间交锋带来的伤痛"。① 在同一篇致敬文中，波斯纳提到，他们之间在智识上的关系"基本上是针锋相对乃至相互憎恨的"。② 但这种学术上的关系似乎并没有影响到他们之间的私人关系。

《打破僵局》（2001）

波斯纳像讨论弹劾危机那样介入了对大选争议这个公共话题的讨论，为此写了一本书，采用了同样的提纲挈领式论述方法和总体上相同的风格，但其中所包含的大量统计分析和详细的宪法学分析，却使得关于弹劾危机那本书所擦出的火花变得黯然无光。他笔触恢宏地讨论了宪法、政治理论和政治科学、激进政治、最高法院的性质以及与计票机和选举相关的技术问题。他还用统计分析方法梳理了佛罗里达的选票问题。这本书的目的与关于弹劾案那本书是一样的，那就是显示实用主义方

---

① Richard A. Posner, "Tribute to Ronald Dworkin," 63 *New York University Annual Survey of American Law* 9, 11 (2007).

② 同上，第 9 页。

法在解决政治和法律问题上相较于其他方法的优越性。他先是写了一篇充满统计学分析和关于最高法院布什诉戈尔案判决的纯技术分析的学术文章①，但在发现这篇文章尚未发表之前就获得了广泛认可的情况下，决定把它扩充为一本书。② 除了鼓吹实用主义的好处之外，他写这本书的目的是用清楚的叙事、解读和分析来帮助人们理解这场争议，同时也在最后提出若干改革建言。他的结论是：即使重新计票，戈尔也不可能被宣布为赢得大选的人；最高法院的判决是一项在专业上值得尊敬的工作，它提供了一份不那么精致的正义，其生命力在于提供政治稳定的需要；即使公众认识到最高法院就其性质而言是一个政治法院，天也不会塌下来。

波斯纳的文章没有包括关于选举争议的这本书里最精彩的那部分内容，这就是他对公共知识分子的一般性攻击以及对法学家的专门批判。从他一贯的热衷于毫不留情地批判某些人的作风来判断，这才是他写这本书的真正目的。正像他在关于弹劾案的那本书里对公共知识分子和学者的批评一样，波斯纳认为公共知识分子和法学家对此事的评论"缺乏有分量的专业能力的展示和利益无涉的中立性"。③ 他指出，这个问题在选举争

---

① "Florida 2000: A Legal and Statistical Analysis of the Election Deadlock and the Ensuing Litigation," 2000 *Supreme Court Review* 1 (2001).

② Richard Posner, *Breaking the Deadlock: The 2000 Election, the Constitution, and the Courts* (Princeton: Princeton University Press, 2003).

③ 同上，第199页。

议中表现得更加严重，因为尤其是法学家这次扮演了更重要的角色。法学家们偏向一方，这本身就是一种罪孽，而且他们并不知道自己在说些什么、写些什么，这使得他们为害多于为善。法学家们当然感到受到了冒犯，但是除了几乎完全贬低他关于公共知识分子和法学家的评论外，他们从这本书里各取所需，就像他们在选举争议本身中各自站队一样。他们从自己的党派偏见出发来看待选举争议，并据此来抨击或赞同波斯纳的观点，只有少数评论者注意到他们所称的波斯纳的中立性，或波斯纳在自己的叙述和分析中体现出来的"奥林匹亚山上的超然姿态"。他在这本书里把实用主义界定为"一种这样的审判，其指导原则是比较不同的案件处理方式的后果，而不是一种旨在引导法官经过一套逻辑的或其他形式化的过程来得出唯一正确决定的算法（在此过程中仅仅利用司法决策的权威材料）。"① 这种实用主义在书评中遭到普遍批评，一位评论者称波斯纳的审判方法是反民主的，并且指出这种方法正是勒恩德·汉德所说的"由一群柏拉图作品中的卫士"来统治的做法。② 他在 2003 年出版的《法律、实用主义与民主》一书后来也遭遇了类似的批评。

---

① 同上，第 186 页。

② H. Jefferson Powell，"Overcoming Democracy：Richard Posner and Bush v. Gore，" 17 *Journal of Law and Politics* 333，335（2001）.

《纽约客》人物志

在写作人物志的时候，《纽约客》会采取一种已经成为定制的做法，来对它的一百多万名读者负责。记者拉瑞莎·麦克法夸尔花了几天时间跟着波斯纳，有时直接与他谈话，有时与他的朋友或熟悉他的工作的人交谈，并且归纳总结他迄今为止的职业生涯。波斯纳在微软案中的调解员角色在人物志里面被提及，但波斯纳并未回答任何关于此事的问题，也没有主动提供任何相关信息。他说自己与自己的猫有着相同的个性，都很"冷酷、狡猾、无情、势利、自私、爱玩儿，还有一点儿残酷"，① 这一点后来广为人知，除此以外，他关于自己父母和作为法官的工作的评论非常有趣。他的这些说法与他在通信中对这些主题的更加充分的讨论完全一致。在谈到自己双亲的去世时，波斯纳说他们对自己丝毫没有影响。他还告诉麦克法夸尔说自己从未感到在法律中如鱼得水，而在谈到自己为什么没有被社会化到法律之中的时候，他说自己是一个没有被完全驯服的宠物。他说："大多数人在进入法学院之后的头两周就会在这个问题上想通，但我至今仍然搞不懂律师为什么可以滔滔不绝地讲他们不信的东西。如果一个明显有罪，为什么他们必须走

---

① Larissa MacFarquhar, "Bench Burner," *New Yorker*, December 10, 2001, 78, 80.

完所有这些冗长的程序？"① 在 2014 年的一次访谈中，波斯纳被问到为什么在《纽约客》的人物志中表现得那么坦诚，他回答说拉瑞莎·麦克法夸尔非常善于从他那里抓取没经过大脑的评论。②

《公共知识分子：衰落之研究》

《公共知识分子：衰落之研究》③ 考察了公共知识分子及其观念的市场，此书的目的与波斯纳在《法律与道德理论的疑问》中对道德和法律理论家的考察如出一辙。他解释说，此书之缘起在于他对公共知识分子在弹劾危机中的角色和表现很失望，他当时就注意到这一点但没有机会来深入探讨。于是他写了这本书，用经济分析和社会学方法来研究这种现象，他在本书的最后把这种现象描述为一个"古怪而有趣的市场。"④ 波斯纳分析了这个市场上充斥的各种瑕疵，这主要是因为该市场"缺乏

---

① 同上，第 78 页。

② Ronald K. L. Collins, "The Man behind the Robes— A Q&A with Richard Posner," Concurring Opinions, December 3, 2014, found at www. concurringopin-ions. com/ archives/2014/12/ the－judge－companyquestions－for－judge－posner－from－judges－law－professors－a－journalist. html

③ Richard Posner, Public Intellectuals: A Study of Decline (Cambridge: Harvard University Press, 2002).

④ 同上，第 397 页。

守门的消费者中介组织。"① 他使用了许多例子，这里只挑出两个：一个是德沃金在《纽约书评》上对他的攻击，这展示了一位学者如何变成杀气腾腾的公知；另一个就是他此前曾经批判过的许多学者以联名信的方式不负责任地介入选举危机的事情，他批评这些学者廉价出售了自己的可信度，他们既缺乏相关的宪法学专业素养，又缺乏利益无涉的中立性，而只有这些才能正当化他把自己的观点灌输给公众的企图。

在波斯纳看来，现代大学对于公共知识分子的衰落难辞其咎，因为它永不停歇地追求专业化，或者用他自己的说法，追求"专业能力的区隔化"（compartmentalization of competence）。② 真正的问题在于被区隔化之后的学者无法认识到自己专业知识的短板，作为公共知识分子涉足到超出他们的专业能力所及的范围之外。这种现象促使波斯纳写下了这样的判断："一位成功的学者，或许可以利用自己的成功在他其实像白痴一样一无所知的问题上影响一般公众的判断。"③ 然后，为了给他正在讥讽的公知型学者再补上一刀，他非常霸气地写道："成功人士倾向于夸大自己的多才多艺，这几乎是情不自禁；变态的自信往往可以导致巨大的成功，同时也是获得巨大成功后几乎不变的效果。"④

他提到，根据他们作出的预测的准确度以及所包含的他指

---

① 同上，第77页。
② 同上，第51页。
③ 同上。
④ 同上。

的"真理价值"来衡量，公共知识分子的表现很糟糕。换句话说，他们不断犯下巨大的错误，但却不用为这些错误或未能说服别人而被问责。他举了许多不同领域的例子来说明某些学者在扮演公知角色时是多么离谱，在经济学领域，莱斯特·瑟罗（Lester Thurow）是他最钟爱的出气筒。由于缺乏有同行评审机制的学术出版过程所提供的准确性和专业能力把关，学者的公知作品变成了粗制滥造之物。波斯纳指出，公知产品的市场需要得到改进，主要是通过强化问责制。他提议的应对方案之一是把公知的作品存档，并在检验其正确性的事件发生之时再贴出来示众。

不过，这本书里的任何分析、吐槽和建议所获得的关注都比不上他对公知的排名。他整理出了一个很长的公知名单，经过筛选后剩下 586 个名字，然后利用律商联讯数据库（Lexis-Nexis）里的数据和引用率统计得出了前 100 位的排名。排名第一的是亨利·基辛格（Henry Kissinger），而波斯纳本人排在第 70 名。这本书获得了广泛的评论，而波斯纳也因此获得了很多关注，但是以一种比较小众而安静的方式，比如 2002 年 4 月 15 日在美国有线电视网（C-SPAN）的读书栏目出镜，接受了一个小时的访谈。

大多数评论者不太喜欢这本书。他们中的许多人指责波斯纳法官书中名单的武断性，并且列举了一些被不公平地包括在内或者排除在外的人的例子。有些评论（比如来自《纽约时报》

的评论）认为这本书写得草率马虎。[①] 还有些评论超出这本书本身的内容，而提出了一些尖锐的问题。比如，一位评论者在注意到《纽约时报》上的评论后写道，这本书应该使波斯纳思考"一个最严重的问题：他那惊人充沛的生产力如今是否已经到头了?"[②] 著名学院派哲学家托马斯·内格尔还在《泰晤士报文学增刊》上提出了有关波斯纳欲望的问题。他写道，波斯纳似乎并不满足于作为法学学者和法官的成功，这也是为什么他写了"一连串流畅、内容丰富、且通俗易懂的有关法律、政治和社会的书"。[③]

波斯纳的存档信件中有许多关于学院哲学家、公共知识分子以及一般意义上的学者的讨论。在给玛莎·努斯鲍姆这位胸怀公知之志的哲学教授的一封信中，他一再对一般学者尤其是哲学家是否适合承担公共知识分子的角色表示怀疑。他告诉努斯鲍姆，她大可以举出她认为合适的人，但是一般而言，"随着专业化进一步势不可挡地发展，无论左派还是右派的公共知识分子可能都是正在消失的物种"。他在另一封信中写道："我认为在这个专业化和复杂化的时代，我们现代的与世隔绝的学院哲学家可能不会产生很大的影响。"他还在另一封信中写道：

---

① David Brooks, "Notes from a Hanging Judge," review, *New York Times*, January 13, 2002, p. 9.

② David J. Garrow, "A Tale of Two Posners," 5 *Green Bag* 2d 341, 342 (2002).

③ Thomas Nagel, "Sheltered Lives and Public Postures," *Times Literary Supplement*, January 25, 2002.

"我认为哲学家面临的问题是，在专业化时代，哲学家很难充分了解某个领域并且写出能够说服该领域内部人士的文章。"

例如，波斯纳质疑哲学家就政治问题发表意见的能力。他写道："无论是在专业上，还是就我个人而言，我都尊重理查德·罗蒂，但他显然不适合介入公众争论，除非是去挑战谬误的哲学论点。他懂得很多，但他懂得的不过的是其他象牙塔学者的成果罢了。"与之形成鲜明对比的是波斯纳对经济学家的态度。他告诉努斯鲍姆："我太唯物主义了，以至于很难认为哲学家对世界会产生很大影响。但是经济学家就可以通过告诉政治人士和商人，如何更有效地实现目标来做到这一点。就像我一直说的那样，如果经济学家或其他有能力影响事务进程的人使用了糟糕的哲学论证，那么你就是那个（或其中一个）可以反驳他们的人。但除此之外，我认为哲学家在公共领域的作用不大。"

他对学院派哲学家很苛责。他写道："大部分的哲学家不过是学术上的趋炎附势和寄人篱下之徒。"他还在其他的信中写道，"当今的哲学家是受终身教职保障的布尔乔亚""沉浸在道德哲学中并不能使一个人变得更好"，并且他认为"哲学系的大多数成员，甚至哲学系内道德或政治哲学的大多数专家，不如任何其他部门（包括经济学系）的大多数成员更令人钦佩"。

波斯纳也对学院派知识分子有类似的鄙视。这种鄙视一部分源自他感到这些知识分子自视甚高，而且自称具有更高的道德水准。他在给努斯鲍姆的信中写道："我只是认为文化不能让人变得更好。"然而，他承认"大学的人比其他人更有趣"，不过他观察到"平均而言，他们还过着更加混乱的生活"。为了反对学术知识分子，他指出了努斯鲍姆的轶事，即1994年大选的结果使许多知识分子想移民，并说"在她的群体中的人——那些学究——对普通美国人是轻蔑的"。提到学者们威胁要移民是为了确认波斯纳本人认识到的"普通人和学术界之间有一条巨大而又不健康的鸿沟"。他进一步说，学院派知识分子们对选举感到不满，因为这"证实了他们的边缘地位"。

　　波斯纳对学者们的评论反映了他的价值观和个性。这里展现了他的价值观的方方面面，还展示了除此以外的更多内容。在他的评论中，我们看到他感兴趣的因素包括智力、个性、举止以及各种各样的弱点、缺陷和脆弱性。

　　一位法学院的同事"人真的很好，也很聪明，不过我认为他在智识上很胆怯，缺乏活力，并且因此他的学术产出不温不火，并不令人激动"。一位同事"聪明，有魅力，我认为他虽然不是学者或是有创造力的思想家，但却是出色的学术管理者，但我也可能错了。他有点自恋，情绪激动（这使管理者的生活非常艰难——我指的是他的内心），并且记不住别人的名字，但这只是些小缺陷"。另一位教授"很好，很聪明，但是太过关注自己了"。波斯纳写道他对曾经见过的一位著名经济学家有好感，"特别是他非同寻常的讲解技巧。我对他清醒的头脑尤其印象深刻"。

　　一位学院派法哲学家给波斯纳留下了非常深刻的印象，不过他接着写道："当然，他是一位糟糕的公开演说家，即使是在一小群人中，他也无法把自己想说的话讲清楚，但细心的听众会间或感受到他不知所云的长篇大论中隐含的强大的分析机制。在像他这种资历和声望的学者身上，你看不到任何虚荣和教条主义，这是与他面对面接触能感受到的最惊人特质。"波斯纳还提到，他曾遇到并非常欣赏另一位哲学家，一位世界一流的哲学家。他写道："也许他是一个老道的骗子，但他给我的印象是十分谦虚、单纯、友好、低调，他毫无保留且没有佯装谦虚。"一位同事得到"极其不愿跟人打交道"的评论，另一位则是"极其争强好胜"。一位芝加哥同事"雄心勃勃，但这不能算是一个过错。从外在看，他大概有些冷淡和高傲，因为我不了解他的内在，所以我对此无法评价。但是我很难想象他实际上是[如传闻所指]和一个热衷户外运动的女孩结婚的，因为他绝对是不爱运动的温室知识分子"。另一位教师被形容为"一个令人恐惧的人""可能会很吓人"。在参加完芝加哥大学的一次活动之后，他提到再次遇到了之前打过交道的哲学系教师，正如上次一样没留下好印象，"他是一个怯懦而无聊的家伙"。

波斯纳形容芝加哥大学另一院系的一位同事让他想起了"伊甸园里的蛇——灿烂的笑容，优美的举止，但小小的苍白的脑袋上有狡猾、警惕的表情"。他写道，一位常青藤大学的校长"是一位非常出色和有效的经理。他和他妻子的从容和优雅给我留下了深刻的印象"。一位年轻的教师"缺乏大多数优秀律师和法学教授具备的那种体面外表和外交技巧。他看起来'高人一等'，虽然这并没有打扰到我，但会让包括某些学生在内的其他人感到不快"。

在提到一次会议上发生的事情时，他形容另一个学校的一位顶尖法史学者"擅长写论文，但是本人非常不善言辞，甚至看起来很蠢。我喜欢他，但他确实缺乏闪光点，如果这个词确切的话"。一个经济部门成员在他的嘴里是"非常有想象力、聪明、高产的经济学家，但是说话没有分寸。一些人说蠢话只是为了尝试验证他们的观点"。一个著名的女性主义法学家则是"对与她的观点有冲突的观点极不开放。她就是固执己见女士（Ms. Idee Fixe），或者是固执己见本尊"。对于一位参会者，他形容道："她对会议上报告的论文做评论，其水准停留于她过去几周看的报纸的水平。"在参加完与芝加哥大学法学院有竞争关系的一所法学院的派对后，他写道：一位教授"完全不知所云"，另一位教授则"喋喋不休，废话连篇""这对他的法学院来说绝不是好的广告。"

在一次会晤曾长年执教于芝加哥大学社会思想委员会的索尔·贝娄（Saul Bellow）之后，他写道："他给人的印象不是很友善，"并补充说："他有一张鲨鱼般的脸，散发着冷漠的气息。"

无处不在

从近 10 年前开始，波斯纳似乎无处不在。他当时在为线上新闻和评论网站供稿，同时也在为各式各样的全国性杂志和报纸供稿。2001 年，他在石板（Slate）网刊上就动物权利的话题与彼得·辛格（Peter Singer）往来辩驳，并就 2000 年总统大选问题与艾伦·德肖维茨（Alan Dershowitz）进行了对话。他在《大西洋月刊》上发表了大量文章，话题涉及作为商业企业的大学、学术抄袭以及国家安全和恐怖主义。他关于学术抄袭的文章引起了众神图书公司（Pantheon Books）的兴趣，继而于 2007 年就此主题出版了波斯纳的一本简短但兼具学术性和趣味性的《学术抄袭小册子》，此书强调对一些所谓的抄袭要保持宽容态度。继 2001 年在《大西洋月刊》上发表关于国家安全和恐怖主义的文章后，他又在包括《波士顿环球报》、《华盛顿邮报》、《纽约时报》、《芝加哥论坛报》和《华尔街日报》在内的报纸上发表了多篇同主题文章。他与杰弗里·斯通（Geoffrey Stone）和大卫·科尔（David Cole）分别就第一修正案和国家安全的议题在全国进行辩论。他还针对同样的主题参与了网上讨论，先是在"法律事务"（*Legal Affairs*）上与斯通进行线上辩论，然后又在《新共和》（*New Republic*）网络版上与飞利浦·海曼（Philip Heyman）辩论。《纽约书评》的纸质版上也收录着他与大卫·科尔就国家安全和隐私问题的意见交流。他还 4 次出现在查理·罗斯（Charlie Rose）的电视采访节目中，讨论国家安全和经济问题。

他在这 10 年中的差旅行程安排当然让他看起来无处不在。根据波斯纳 2003 年到 2009 年提交给美国法院行政办公室的年度财产申报表来看，他的确去过很多地方。他平均每年出行 15

次，每年大约出行35天左右。他在2006年到达了出行巅峰，共有27次，59天。他主要在国内出差去参加各个会议和研讨会，进行辩论并做讲座，他还去了一些欧洲的城市，包括：瑞典隆德；意大利科莫湖两次，以及意大利罗马。

波斯纳也写博文。他曾为石板杂志写了一周"日志"形式的博文，并在其中5篇博文里兴高采烈地描述了包含讲座、法院聆讯、教学和写作的忙乱日程。他也分别是布莱恩·莱特（Brian Leiter）和拉里·莱西格博客的嘉宾博主。他从2004年12月开始与加里·贝克尔合开了贝克尔-波斯纳（Becker-Posner）博客，这个博客一直更新到2014年贝克尔去世。它探索了用经济学方法分析非常广泛的各种话题的可能性。该博客前两年的博文由芝加哥大学出版社集结成书，以《非常识：从婚姻到恐怖主义的经济透视》*为书名在2009年出版，① 该博客上的125篇文章和评论被归入8个类别，体现了博主的涉猎范围：性别与人口、财产权、大学、激励、工作与就业、环境与自然灾害、犯罪、刑罚与恐怖主义以及"世界"。2009年2月，紧接着他关于金融危机的《资本主义的失败》一书出版，他在《大西洋月刊》网络版上开设了个人博客，继续对金融危机进行讨论和分析，直至2010年。

---

① Gary S. Becker and Richard A. Posner, *Uncommon Sense: Economic Insights from Marriage to Terrorism* (Chicago: University of Chicago Press, 2009).

* 此书有中译本：［美］加里·S. 贝克尔、［美］理查德·A. 波斯纳著：《反常识经济学》，李风译，中信出版社2011年版。——译者

波斯纳经常为报纸和杂志写书评，所写的大部分书评是关于法律和法律界人物的。他在这10年总共为《新共和》撰写了约六万字的书评。他还为《新共和》贡献了5篇独立的观点表述文章（接近两字）。这些文章中有些预演了他在某些事件真正发生后将会采取的立场，有些则提前表明了他对世界的经济学理解中的某些核心观点即将发生的变化，比如关于凯恩斯的文章。他关于最高法院和枪支管制的文章非常详细地评论了海勒（Heller）案，这是他第一次炮轰斯卡利亚大法官的多数派意见，在2014年的一次访谈中，他说这个判决是最高法院最糟糕的两个判决之一。[1] 他撰写观点（opinion）表达类文章的习惯始于1987年的"我是谁？一个盆栽绿植"，这是他在《新共和》上发表的一篇的解构和驳斥严格解释主义的文章。[2]

国家安全和恐怖主义

机缘巧合是促使波斯纳这10年间写出6本关于国家安全和恐怖主义的书的重要原因。2002年，他在《新共和》上发表了一篇书评，评论艾伦·德肖维茨的《为什么恐怖主义会奏效：

---

[1] Ronald K. L. Collins, "The Man behind the Robes— A Q&A with Richard Posner," *Concurring Opinions*, December 3, 2014, found at www. concurringopin-ions. com/ archives/ 2014/12/ the–judge- companyquestions-for judge–posner–from–judges–law–professors–a–journalist. html.

[2] "What Am I? A Potted Plant," *New Republic*, September 28, 1987, p. 23.

理解威胁，应对挑战》。在这篇书评中，波斯纳特别赞扬了这本书展现的一种教条主义的自由派人士往往认识不到的观点，即"我们公民自由的范围不是一成不变的，而是体现着公共安全与个人自由的平衡点"。① 同样是在 2002 年，波斯纳应《新共和》之邀评论玛格丽特·阿特伍德（Margaret Atwood）的反乌托邦小说《羚羊与秧鸡》（*Oryx and Crake*，又译《末世男女》）②，这篇书评激发了他对灾难现象的兴趣，进而推动他在 2004 年出版了关于这个话题的书：《大灾难：风险与应对》③。此后，《纽约时报》邀请他对美国"9·11"事件调查委员会报告发表评论，他为此相继出了 6 本书。

这些书作为一个系列共享着一种体现在它们所展现的内容上的基调：它们都是应邀借助文件来观察国家安全和恐怖主义的现状，并就他所发现的东西进行分析和报告的作品。这几本书与波斯纳关于弹劾危机的那本书在语调和相关方法上的区别在于，在论弹劾的那本书里，波斯纳的语调更带有参与性，旨在说服读者相信他的意见值得听取；而在这几本书里，他直接推定自己的意见是应邀提出的，然后循循善诱地提出自己的分析和评估，而无须证明读者为何需要听取自己的意见。他的推定不是空穴来风，因为《纽约时报》邀请他评论美国"9·11"

---

① Richard Posner, "The Best Offense," *New Republic*, September 2, 2002, p. 30.

② Richard Posner, "The End Is Near," *New Republic*, September 22, 2003, p. 31.

③ Richard Posner, *Catastrophe: Risk and Response* (New York: Oxford University Press, 2004).

事件调查委员会报告时，的确表示读者需要他的意见。

《大灾难》（Catastrophe）从经济分析视角观察灾难现象，并将其分为4类：自然灾害（如流行病、小行星撞击）、科学事故（如一个失控的粒子加速器）、人类活动的意外后果（如全球变暖的状态）、以及蓄意策划的事件（如生物恐怖主义以及网络恐怖主义）。解决这些具有毁灭性质的威胁的方法——如果有的话——需要从概率论中寻找，而由于我们缺乏捕捉微小概率的经验，运用这一途径寻找解决办法变得十分困难。波斯纳运用成本-收益分析法揭示出我们需要对灾难现象予以关注，因为其损害是如此巨大——在某些情形下是星球灭绝——以至于我们如果对防止损害所不得不采取的措施的成本不做周详考量便是鲁莽冒失。

《大灾难》中的概率分析法成为这套书里的其余5本书分析国家安全和恐怖主义行为的方法论基础。其中3本，尽管没有事先规划，被波斯纳认为是关于美国"9·11"恐怖袭击后国家情报系统改革的三部曲，包括：《防范意外袭击："9·11"事件后的情报改革》①、《不确定的盾牌：经历改革阵痛的美国情报

---

① Richard Posner, *Preventing Surprise Attacks: Intelligence Reform in the Wake of 9/11*, Stanford, Calif.: Hoover Institution; Lanham, Md.: Rowman & Littlefield, 2005.

系统》① 以及《反恐：模糊的焦点，停滞的步伐》。② 剩下两本书，《重塑国内情报》③ 讨论的也是国家情报问题，而《并非自杀契约：国家紧急状态下的宪法》④ 讨论了在国家紧急状态下公民自由与国家安全之间的紧张关系，其中也顺带提及了国家情报。

《防范意外袭击》的前身正是波斯纳应《纽约时报》之邀撰写的对"9·11"事件调查委员会报告的评论。在撰写这篇评论的过程中，他得以接触到几位情报圈子的领导人物，比如原中央情报局（CIA）局长乔治·特尼特（George Tenet）和原联邦调查局（FBI）局长罗伯特·穆勒（Robert Mueller），并请他们点评他的分析。他对"9·11"事件调查委员会最大的不满是其成员构成，他们大多数是律师，并不能胜任眼前的工作，而他们对此前情报机构改组的尝试缺乏兴趣并一无所知，这使问题变得更加严重。更具体地说，该委员会提出的改革建议，是对它自己的叙事中所描述的管理问题提出了一个错误的（结构

---

① Richard Posner, *Uncertain Shield*: *The U. S. Intelligence System in the Throes of Reform*, Stanford, Calif. : Hoover Institution; Lanham, Md. : Rowman & Littlefield, 2006.

② Richard Posner, *Countering Terrorism*: *Blurred Focus*, *Halting Steps*, Stanford, Calif. : Hoover Institution; Lanham, Md. : Rowman & Littlefield, 2007.

③ Richard Posner, *Remaking Domestic Intelligence*, Stanford, Calif. : Hoover Institution, 2005.

④ Richard Posner, *Not a Suicide Pact*: *The Constitution in a Time of National Emergency*, New York: Oxford University Press, 2006.

性的）解决方案。波斯纳对灾难和防范意外袭击的分析则主要
采取了成本–收益分析的方法。"用成本–收益分析的语言来说，
在比较避免一场灾难的收益与防范这场灾难的成本之前，收益
必须折抵（乘以）没有采取防范措施的情况下该灾难发生的概
率。袭击发生的可见概率越低，袭击发生后所造成的损害越小，
采取某一防范措施的成本越高（其中包括错误预警的成本），采
取这种措施的可能性就越低。"①

　　下一年出版的《并非自杀契约》指出宪法不应当被解释出
与人民为敌的荒谬结论，此书延续了波斯纳对概率论的兴趣以
及他担任法官后经年不变地适用汉德公式的热情。根源于概率
学的汉德公式不仅仅预示着（尽管并不确定）情报机构的改组
问题，也预示着他在这本书中所探索的公民自由问题。当波斯
纳试图提醒读者（他可能预设这本书是为美国公民自由联盟
［ACLU］的律师们准备的）恐怖主义是一种切实存在的威胁，
基于我们对宪法权利的理解，我们必须将国家安全置于个人自
由之上，如若不然，我们可能会失去对自由国家的这种保障，
一条明显的实用主义思路在他的分析中展现出来。当波斯纳在
《重塑国内情报》中回到关于国家情报的讨论之时，他所考虑的

---

① 　Richard Posner, *Preventing Surprise Attacks: Intelligence Reform in the Wake of 9/11* (Stanford, Calif.: Hoover Institution; Lanham, Md.: Rowman & Littlefield, 2005), p. 87.

是组织问题。① 他的结论是美国需要在联邦调查局之外再行设立一个国内情报服务部门，类似英国的军情五处（MI5）或者加拿大安全情报局（Canadian Security Intelligence Service）。

经济危机

波斯纳 2008 年的《资本主义的失败》② 一书（此处的"资本主义"并不是指抽象意义上的资本主义概念，而是指资本主义的日常基础设施，包括规制）试图通过观察危机的起因以及政府的应对来诠释 2008 年经济危机。不像大多数称这次危机为经济下行（recession），他将其视作经济萧条（depression）。该书不仅仅带领读者观察了不良的经济管理以及错误的形势判断，更展现了波斯纳个人的许多方面，包括他在这个 10 年向公知转型的诸多特征。该书与《国家事务》在写作风格上具有相似的共时性，用波斯纳的术语来说，它们都是"介入事件当中"（in medias res）的作品。《资本主义的失败》的创作源于他和加里·贝克尔在博客上关于经济的探讨，波斯纳本人承诺会在该书发表一周后开始更新自己在《大西洋月刊》网站上开设的个人博客内容，持续讨论正在展开的这场危机。但是，与《国家大事》

---

① Richard Posner, *Remaking Domestic Intelligence* (Stanford, Calif.：Hoover Institution, 2005).

② Richard Posner, *A Failure of Capitalism：The Crisis of '08 and the Descent into Depression* (Cambridge：Harvard University Press, 2008).

不同的是，《资本主义的失败》并未使用脚注，也并未采用概括式方法揭示经济危机的根源。在文体上他减少了散文体的应用，有条不紊而又迅速地用说明文的方式描述事态的进展，一开始是总括性的说明，紧接着是更加细致的说明和分析。这种行文风格给人的感觉是，他并非像在《国家大事》中那样寻求与读者互动，而更像是在给总统写一份关于金融危机的备忘录。他认为自己的智慧、技能，以及在《大灾难》和《防范意外袭击》中所作的努力让他具备了应对眼前任务的能力。他写道："这是美国历史上最大的经济灾难，为我平生仅见，在世之人中也很少经历过的，面对这样的灾难，眼下最需要的是这样一本书，它应该简明扼要地、建设性地、不带缩略语和行话地、非技术性地、非感情用事地、仅含有少量传闻逸事地对灾难的主要方面进行分析性考察。"① 而他的书便是这样一本书。

虽然他在每一个重要转折点都发现了应当被指责的人，严厉指责经济学家不但未能预测危机还错误理解了危机，但令人有些吃惊的是，他也给他们打了及格分。美联储（Federal Reserve Bank）主席本·伯南克（Ben Bernanke）并未获得此等殊荣，并因其不可原谅的错误而被不断指责。他的过错在于释放了过度的乐观精神，以致扰乱市场、让人们陷入麻烦；在于等待了许久才开始行动；在于采取了不甚有效的策略来改善国民经济的健康状况。商人们并非这次事件的罪魁祸首。他们不

---

① 同上，第 xiv 页。

过是趁机而动，就像他们理应的那样，利用了政策漏洞引发的住房市场低价和高需求的现象，以及只顾眼前利益而未能察觉到他们的成功将导致所搭乘的邮轮沉没。政府的过错在于未察觉到利率是如此得低以至于产生泡沫经济，当然这一现象并非仅仅取决于利率，也和住房购买者有关，他们虽然一遇到经济下行便没有足够的储蓄维持体面的开销，但仍很自然地打算利用为他们准备的信用额度。

波斯纳总是愿意从新的角度来思考问题。从一些案件中我们可以看到，他总是将经济分析法学方法论作为核心来解读法律。但是有时，他甚至愿意放弃这种他长久以来秉承的观点去探寻新的思路。《资本主义的失败》一书就很好地展现了波斯纳这种爱思考的秉性。在这本书中，出人意料地，他多次表达了对凯恩斯的推崇，并以凯恩斯主义为前提，开展了对政府经济复苏工作的评估。如果公众因为储蓄不足和工资损失而消费不足，政府就必须通过增加需求促进经济增长。凯恩斯对消费心理的解说所针对的，恰好就是停滞不前、信贷紧缩的经济中需要解决的具体问题。

批评者指出，波斯纳已经放弃了他备受赞扬的自由市场观念，转而向凯恩斯主义发展。这些自由市场和政府不干预理论的忠实支持者，并不关心波斯纳这位他们信奉的理念的伟大鼓吹者为何突然转会。他们只知道，波斯纳转向了凯恩斯主义，那他就是错了。在他们看来，造成美国经济危机的，就是宽松的抵押贷款操作，更具体地来说，就是房利美（Fannie Mae）和房地美（Freddie Mac）这两家美国最大的提供住房抵押贷款的金融机构。

荣誉

2005年，波斯纳开始收获许许多多的荣誉。尽管他的第一个荣誉其实来得更加早一些。早在2002年，波斯纳就凭借第五版（1998）《法律的经济分析》在哈佛法学院中获得了艾姆斯奖（10000美元）。该奖项每5年一选，只会授予5年间最杰出的法律学术著作。而后在2005年，波斯纳这个名字与在各自时代被公认为杰出的联邦上诉法官联系在了一起。2005年5月，他获得了联邦律师委员会颁发的"勒恩德·汉德奖章"（Learned Hand Medal），以表彰他在联邦法学方面的卓越成就。2005年10月，他又和罗纳德·德沃金一起，在一个非常有趣的仪式上，获得了由美国法学会颁发的"亨利·弗兰德利奖章"（Henry Friendly Medal），以表彰他们在已故的亨利·弗兰德利大法官的精神引领下所作的丰富而深远的法学贡献。亨利·弗兰德利奖委员会主席迈克尔·布丹（Michael Boudin）指出，波斯纳"最突出的长远贡献在于他一直以来扮演着的帮助经济分析法学派发扬光大的角色，这对全美法学院的教学工作和学术创作产生了显著影响。"

同样在2005年，在波斯纳法官就任第七巡回上诉法院法官25周年之际，《纽约大学美国法年刊》将2005年的整期变成向波斯纳致敬的特刊。该期杂志刊登了多篇致敬文章，作者包括在哈佛法学院比波斯纳低一年级的联邦法官皮埃尔·勒瓦尔（Pierre Leval），以及波斯纳的朋友兼读书小组伙伴、曾在芝加哥大学英语系任教后转去哥伦比亚大学任教的罗伯特·弗格森（Robert Ferguson）。①像众人能够预料的那样，这些颂词充满了赞扬、崇拜和喜爱。而弗格森的颂词，基于他对波斯纳多年的了解，更是特别真诚而周到的。他这样评价波斯纳："波斯纳的温润如玉的举止和谈笑风生的姿态从未随时间的流逝而改变。他每时每刻都不会忘却自己的秉性，也不会失去探寻世界的强烈兴趣和体会世事的同理心。"他接着写道："将这种强烈兴趣定性为单纯的好奇是错误的。在波斯纳法官的作品中，它采用了一种形式，我称之为，对世间万物不失偏颇的爱。这种爱是'不失偏颇的'，因为波斯纳法官总能很容易地刺穿他在近处所观察到的许多缺点。尽管如此，它仍然是一种爱，因为它总是包含着各种可能性。它的主要优点在于，它能超越自身去看问题，为眼前的困境寻找到一条更好的出路。"②

最后在 2005 年，波斯纳成为了哈佛大学托马斯·C·谢林奖（Thomas C. Schelling Award）的首位获奖者并收到了 25000 美元的奖金。该奖每年颁发给作出"对公共政策产生了变革性影响的杰出智力工作"的个人。

---

① 61 *New York University Annual Survey of American Law* (2005).

② Robert A. Ferguson, "Tribute to Judge Richard A. Posner," 61 *New York University Annual Survey of American Law* 1, 2 (2005).

2007 年，《哈佛法律评论》和《芝加哥大学法律评论》都专门为波斯纳出了特辑，刊载了不少由著名法律学者撰写的关于他的文章。波斯纳在法官席上运用经济分析法学判案的主题引领了两份特辑。

《知识产权法的经济结构》

在这 10 年里，波斯纳对知识产权的兴趣与日俱增。这一点从他 2003 年与威廉·兰德斯合著《知识产权法的经济结构》①一书*就可以看出来。书中观点认为，经济分析法学作为法律的简化工具，对理解知识产权法及其商标、商业秘密、专利和版权 4 个主要领域有很多帮助。换句话说，虽然兰德斯和波斯纳没有在书中明确提及杰出的法和经济学提倡者乔治·普雷斯特（George Priest）的文章，但是这本书试图表明，当这位学者在 1986 年写下"在如何执行或是解释知识产权法的问题上，经济学家几乎不能给予律师多少建议"②的论断时，他是大错特错了。经济分析能够帮助解释商标法，比如通过降低搜索成本对消费者的影响，使特定产品的粉丝更容易找到它们，或是诱导制造商控制质量，以确保消费者不会基于先前使用而对后来产

① *The Economic Structure of Intellectual Property Law*（Cambridge：Harvard University Press，2003）（coauthored with William M. Landes）.

② George L. Priest，"What Economists Can Tell Lawyers about Intellectual Property," 8 *Research in Law and Economics* 19（1986）.

* ［美］威廉·M. 兰德斯、［美］理查德·波斯纳著：《知识产权法的经济结构》，金海军 译，北京大学出版社 2016 年版。

品失望。经济分析还能够帮助解释，最高法院在宪法批准对1976年版权法进行延长时没有考虑到的问题——一个更好的，尽管不容易实现的替代方案，即拥有可以无限期延长的版权。此外，只有经济分析能够帮助于化解激励与准入之间的紧张关系。因为旧的作品不太可能被更新，他们的社会成本被最小化，增加了公有领域作品的存储。而对于较新的作品来说，"合理使用"的更广泛定义将提供更多的社会效益。这本书还基于实证研究提出了其他论点，比如联邦巡回法院对专利上诉的垄断导致了专利过多的问题，因为它比地方巡回法院更倾向于专利权人。在此书之后，波斯纳还发表了许多文章，其中许多是对最高法院在埃尔德雷德诉艾什克罗夫特（Eldred v. Ashcroft）案①中延长版权保护期的判决做出的评价。

文集

在《法律理论前沿》一书中，与波斯纳以往著作中的观点一致，反对将法律当作自治学科，甚至挪用了"法律理论"一词，并赋予它一定的"光泽"以适应他的目的。他用这个词语来形容法律之外的理论，这些理论组成了他所描绘的科学法律概念。他的兴趣在于其他学科，在法律之外或者法律前沿上，包括经济学、社会学和心理学。就如书名可能引起的误解，其

---

① 　537 U. S. 186, 123 S. Ct. 769（2003）.

目录也同样令人误会。目录包含了5篇、13章和440页。它所掩盖的事实是，这些章节代表了22篇以前发表的评论和论文的重编。重编工作的难点是剪切、粘贴并重新加工以前发布的文章，以使其以新的形式呈现。书中的5篇，分别列出了经济分析中着重历史方面的论文，与这些论文所提供的前景及其兴趣点；法律与历史之间的相互关系；行为法和经济学中的法律心理学；法律认识论，主要涉及证据领域；以法院和法官对引证计数研究的关注和有用为代表的法律经验主义。一位审稿人曾抱怨说，这本书不仅"固有地参差不齐"、各章似乎相互脱节，而且回收了太多回应性的会议论文，这些论文并没有为读者提供足够的背景知识来理解论点。[①] 这本书未获得广泛的评论。

《法律、实用主义与民主》这本书的书名真实地反映了波斯纳的立场，他在这本书里阐明（或重申了）他对实用主义判断的立场，这使其成为他所谓的"日常实用主义"的一部分。他将其与约翰·杜威（John Dewey）这样的哲学家所理解的实用主义区分开来。批评家认为实用主义对快速出结果过于强调，抑或与其他方法相比，它赋予了法官更多的裁量权和权力，致使其变得反民主，并使法官更像柏拉图的监护人，而不是国会基于宪法第三条下所认为的法官所应履行的职责。针对这些基于实用主义的批判，波斯纳进行了辩驳。他仰赖首席大法官约翰·马歇尔（John Marshall）的实用主义，来看实用主义被适用

[①]　Mark Weinstein, "Review," 41 *Journal of Economic Literature* 239（2003）.

正确的情形；他在另一个章节中回顾了克林顿弹劾案和 2000 年大选，与他以往书籍中所展示的观点一致，回顾的目的是要显示在克林顿案中尚无实用主义的踪影，而在 2000 年选举案中则已呈现出了对实用主义的运用和辩护。在回应反民主论点时他解释说，他所主张的实用主义与美国的精英民主——而非公众参与性民主——理念相契合。精英民主"接受民众的现状，认为试图将民众转变为具备公众意识和知识渊博的公民（即在理想化的参与性民主中的公民）是不可取的。对于有序的官员选任方法，精英民主将代议制民主视为一种控制和提供民主的实用方法，且官员（不是人民）才是国家的真正统治者"。① 该书的中心主题是这种司法实用主义的功效。在引言中，他以定义的方式解释说："务实的法官旨在考虑了方方面面之后作出最合理的决定，其中'方方面面'既包括具体案例又包括系统性后果"。② "日常实用主义是一种思维方式，使用日常用语中的'实用'一词表示的是务实精神和商事思维，反对'胡说八道'，鄙视抽象理论和知识自负，蔑视道德家和乌托邦式的梦想。"③ 杰出的政治哲学家理查德·罗蒂在他的评论中，尽力找出是什么使他对波斯纳的民主观感到困扰。他称，波斯纳的现实主义和犬儒主义"是对左派幻想的一剂健康解药，因为这一

---

① Richard Posner, *Law*, *Pragmatism*, *and Democracy* (Cambridge：Harvard University Press, 2003), p. 14 .

② 同上，第 13 页。

③ 同上，第 14 页。

幻想建立于以大学研讨会为模型的选举机制"。但他认为波斯纳
对"乌托邦梦想家"的鄙视太过分了，连带批判了包括林肯在
内的许多怀有"乌托邦梦想"的美国杰出人物。因为如波斯纳
所说，美国民主很可能是"利益集团之间务实妥协的产物"，但
现实往往不仅仅如此。①

其他著作

2009年，波斯纳出版了第二版《联邦法院》② 和第三版
《法律与文学》。关于《法律与文学》，他称这本书不是关于该
主题的专著，而是"最接近法律与文学运动之关系的书籍。"③
此外，波斯纳在经济分析方面的学术研究持续了10年，建树包
括第二版《反托拉斯法》④，第六版和第七版《法律的经济分
析》。爱德华·埃尔加出版社（Edward Elgar）还出版了一系列
书籍，这些书籍的出版始于20世纪90年代与弗朗切斯科·帕里
斯（Francesco Parisi）合编的三卷本《法律与经济学》，并延续
了十多年。所有这些都是波斯纳经济学著作的收藏，涉及各种
各样的主题。它们或由帕里斯独自编辑，或由波斯纳与帕里西

---

① Richard Rorty, "More Than Compromise," *Dissent*, Fall 2003, p. 101.

② *The Federal Courts: Challenge and Reform* (2d ed., Cambridge: Harvard University Press, 2009).

③ Richard Posner, *Law and Literature* (3d ed., Cambridge: Harvard University Press, 2009), p. xv.

④ *Antitrust Law* (2d ed., Chicago: University of Chicago Press, 2001).

共同编辑，涉及包括科斯定律在内的许多不同课题。①

在法庭上

适用或倡导的经济学分析

在 2000-2009 这 10 年间，波斯纳将汉德公式推向了更前沿的适用领域。例如，他将其适用到了最不可能适用的案件中，即一个基于《国际儿童绑架救济法》提起的儿童绑架诉讼。② 该法落实了《关于国际儿童绑架民事问题的海牙公约》。一位美

---

① *Law and Economics* (3 vols.) (Cheltenham： Edward Elgar, 1997)，coedited with Francesco Parisi；*The Collected Economic Essays of Richard A. Posner*, vol. 1：*The Economic Structure of the Law* (Cheltenham： Edward Elgar, 2001) (edited by Francesco Parisi)；*The Collected Economic Essays of Richard A. Posner*, vol. 2：*The Economics of Private Law* (Cheltenham： Edward Elgar, 2001) (edited by Francesco Parisi)；*The Collected Economic Essays of Richard A. Posner*, vol. 3：*The Economics of Public Law* (Cheltenham： Edward Elgar, 2001) (edited by Francesco Parisi)；*The Economics of Private Law：The Collected Economic Essays of Richard A. Posner* (Francesco Parisi ed. 2001)；*he Economics Structure of the Law：The Collected Economic Essays of Richard A. Posner*, vol. 1 (Francesco Parisi ed. 2001)；*Economic Foundations of Private Law* (Cheltenham： Edward Elgar, 2002) (coedited with Francesco Parisi)；*The Coase Theorem* vol. 1：Origins，*Restatements and Extensions* (Cheltenham： Edward Elgar, 2013) (coedited with Francesco Parisi)；and *The Coase Theorem* vol. 2：*Criticisms and Applications* (Cheltenham： Edward Elgar, 2013) (coedited with Francesco Parisi).

② *Van De Sande v. Van De Sande*，431 F. 3d 567 (7th Cir. 2005).

国母亲想把来探望她的子女留下，尽管基于监护令，他们与原告父亲一同常住于比利时。她的行为，将使其根据该法构成绑架，而原告父亲将获胜，子女将被送还给他。但是，该法的一个例外规定是，如果返送儿童使他们面临严重的身体或心理伤害风险，则无须送还。下级法院没有重视被告母亲提交的宣誓证词，其中详细描述了孩子们在身体和语言上受到的虐待（导致在所有波斯纳的意见中所使用过的最粗俗的语言），对于波斯纳而言，这似乎是不正确的。海牙公约所述的风险需要被评估，而评估该风险的最佳方法是考虑风险和损害的几率，同时也要考虑损害的严重性。他阐述了该规则，即"风险的严重性不仅涉及伤害发生的可能性，还包括在该可能性实现时这一伤害的严重程度"，援引了汉德法官在卡罗尔拖船公司案中的观点，其中阐明了汉德公式。① 最终，这些孩子没有被送返比利时。

更为常规但仍然有些别扭的是，他将汉德公式应用在了印第安纳州的一个过失案件。该案的别扭之处在于，原告按照印第安纳州的产品责任法而提起侵权诉讼，即当案涉外观设计缺陷是由外观设计过失所导致的结果时，该法允许被害人提出索赔请求。换句话说，它是过失侵权的另一种说法。毕竟，过失的存在才是汉德公示得以适用的前提。本案更容易应用汉德公式。案件中，原告所称有缺陷的起重机导致载荷物坠落在了原告身上，并且查清了制造商为防备该风险的发生而改变设计所

---

① 同上，第570页。

需成本的事实。①

　　与过去几十年一样，波斯纳在这10年中继续使其听众适应经济术语，以之作为将其方法进一步融入主流的部分尝试。例如，他在一宗涉及捆绑协议的反垄断案件中引入了"互补产品"这一经济分析术语；并将其解释为"提高原产品价格会降低对其互补产品的需求（比如，若钉子的价格上涨，对锤子的需求就会下降）。"② 他还对共同资金原则（common fund doctrine）进行了解释，该原则旨在探讨当某人支付法律费用并得到使他人获利的判决时会发生什么。他解释道："这一理论关乎受惠者是否应对他人在法律救济方面作出的努力付出相应成本。否则，便没有人愿意付出了。"波斯纳进一步解释说，"从经济的角度来看，如果这类案件中胜诉的原告没有得到补偿，其囊中利益便会被'外化'。除非他得到补偿并使这些利益内化于自身，否则他将没有动力作出自我牺牲。"③ 在最后一个例子中，他还利用经济分析来解释侵权法中的慈善豁免这一过时却具有类比功能的原则。依照该原则，慈善组织无须承担侵权责任。"在经济术语中，豁免是一种通过将成本转移给他人（如侵权行为受害者）而实现成本外部化的方法。其目的在于通过降低企业成本，

---

①　*Mesman v. Crane Pro Services*，409 F. 3d 846, 849 – 50（7th Cir. 2005）.

②　*Sheridan v. Marathon Petroleum Co. LLC*，530 F. 3d 590, 593（7th Cir. 2008）.

③　*Blue Cross Blue Shield of Illinois v. Cruz*，495 F. 3d 510, 511（7th Cir. 2007）.

鼓励如给予他人利益等对收益的外部化。"①

从强调术语和解释到仅仅强调经济分析的解释力，波斯纳在一系列涉及豆豆娃（Beanie Baby）制造商的商标和版权案件中借助了经济分析。鉴于他在 2003 年与威廉·兰德斯合著的《知识产权法的经济结构》一书，以及其中的主题——经济分析在知识产权法解释上的威力，人们并没有充分认识到。这一举动可谓意料之中。在一个关于对人人喜爱的豆豆娃的收集指南案中，波斯纳借助明确的经济分析术语探索了"合理使用"——这一原则的内涵。他关注该原则的目的，并通过这一视角而非依赖于对判例法的法律解释，得出收集指南不会侵犯豆豆娃制造商版权的结论。波斯纳采取上述分析方法的部分原因是判例法缺乏启发性；而主要原因则是：从原则的目的出发能够更好地揭示它与案件事实的契合之处。② 在一起以个人姓名作为商标的案件中，豆豆娃公司的竞争对手生产了一种名为奈尔斯（Niles）的豆袋填充骆驼。在审查"个人名称在没有证明其次要含义的情况下不能为注册商标"的规则时，波斯纳聚焦于规则的目的，并将保护消费者权益和促进竞争纳入考量范畴，从而表明"奈尔斯"虽然没有次要含义，但仍受法律保护。③ 他还运用经济学分析来探讨在反稀释法规中的二级市场概念。

① *Metheny v. United States*, 469 F. 3d 1093, 1096 (7th Cir. 2006).

② *Ty, Inc. v. Publications International, Ltd.*, 292 F. 3d 512 (7th Cir. 2002).

③ *Peaceable Planet, Inc. v. Ty, Inc.*, 362 F. 3d 986 (7th Cir. 2004).

在此过程中，由于判例法尚未涉及反稀释法规的基本原理，他选择明确超越判例法的边界而依赖于经济分析。上述种种正是经济分析带给他的收获。①

抵制

作为过去十余年的时代引领者，针对波斯纳的反对意见屈指可数。他共计经历过 29 次裁决意见上的不一致，比伊斯特布鲁克法官多 1 次，不仅如此，对波斯纳的公开反对更是寥寥无几。波斯纳的主要反对者是埃文斯法官。在 2004 年"古契申科夫诉艾什克罗夫特"（Guchshenkov v. Ashcroft）一案②中，埃文斯法官不仅对移民法官表现不佳的说法表示反对，更不支持多数意见对移民法官的能力作出明确批评。波斯纳则认为，移民法官的裁判意见总是敷衍了事、理由不足。他特别在其判决意见和对移民问题的意见中表示，移民法官的"分析远远低于支持一项行政决定的最低要求。移民部门的司法官员未能对其拒绝庇护申请的决定提供合理分析，这恰恰表明了这一系统中存在缺陷。我们注意到，移民法官和移民上诉委员会的工作人员承载了巨大的案件数量。同样的情况也发生在联邦地区法官身上。但我们从未听到过有人以工作负荷为借口，认为联邦地区

---

① *Ty, Inc. v. Perryman*, 306 F. 3d 509 (7th Cir. 2002).

② 366 F. 3d 554, 560 (7th Cir. 2004) (Evans, J., dissenting).

法官太过忙碌而无暇思考，因此他们无须作出有根据、有理由的判决"。与波斯纳法官的意见相反，埃文斯法官则关注对移民法官工作量及工作条件的统计数据，并采取了更具同情色彩的立场。针对案中对移民法官的批评，以及当时出现在第七巡回法院判决意见中的认为移民法官分析不足、忽视证据、逻辑失误、频频犯错和不愿倾听的指责，埃文斯法官则不以为然。

他总结道：总而言之，移民法官做得相当不错。

最高法院复核

在 2000 至 2009 年间，美国最高法院审查了波斯纳作为多数意见的 8 项判决并确认了其中 6 项，推翻了 2 项。在近十年被确认的案件中，"美国诉布克案"（United States v. Booker）[①] 最为著名。在本案中，波斯纳遵循最高法院最近裁决的"布莱克利诉华盛顿案"（Blakely v. Washington）[②] 以证明在法官根据裁判方针作出的事实裁决的基础上，量刑的增加违反了被告依据宪法第六修正案而享有的由陪审团裁决案件事实的权利，并得出了合乎逻辑的结论。最高院同意上述分析，而这给法官裁判方针的应用带来了翻天覆地的变化。第七巡回法院将本案视作对布克案程序方面的遵循。最高法院对此意见作出了极大的扩张。

---

① 375 F. 3d 508 (7th Cir. 2004), 543 U. S. 22, 125 S. Ct. 738 (2005).
② 542 U. S. 296, 124 S. Ct. 2531 (2004).

在"克劳福德诉马里恩县选举委员会"（Crawford v. Marion County Election Board）一案①中，最高法院维持了波斯纳在选举投票案中的多数意见，对印第安纳州要求投票时出示政府颁发照片证明的法律提出了质疑。最高法院在分析缺乏被剥夺选举权证据时，基本遵循了波斯纳的逻辑。② 而在"印第安纳波利斯市诉埃德蒙德"（City of Indianapolis v. Edmond）案③中，最高法院也遵循了波斯纳在一个涉及路障案件中的基本分析。本案中，路障不是为了寻找醉酒司机等特定问题而设置的，而是为一般的犯罪侦查而设置的。④ 虽然波斯纳在其观点中提出的"成本-收益分析"并未出现在最高院的判决之中，但他的观点可被理解为：通过着眼于车辆被拦者遭受的财产损失或隐私侵犯，进而平衡随机搜查或扣押系统（如停车）的利益与成本。在"柳树溪村诉奥莱奇"（Village of Willowbrook v. Olech）⑤ 这一涉及平等保护的案件中，最高法院凭借不同的理论肯定了波斯纳的意见。在一位房主与一个城镇之间的观点交锋中，房主方提出的指控是：该城镇向房主寻求的地役权大于向其他房主寻求的地役权。波斯纳在其判决中写道，房主的指控虽含有恶意成分但足以依据平等保护条款提出索赔。⑥

---

① 553 U. S. 181, 128 S. Ct. 1610 (2008).

② *Crawford v. Marion County Election Board*, 472 F. 3d 949 (7th Cir. 2007).

③ 531 U. S. 32, 121 S. Ct. 447 (2000).

④ *Edmond v. Goldsmith*, 183 F. 3d 659 (7th Cir. 1999).

⑤ 528 U. S. 562, 120 S. Ct. 1073 (2000).

⑥ *Olech v. Village of Willowbrook*, 160 F. 3d 386, 387 – 88 (7th Cir. 1998).

　　然而最高法院采用了一个不同的理论，并说理道：它不需要考虑恶意，在这类"自成一类"诉讼中，诉状中的"不合理和完全"武断的因素足以根据传统的平等保护分析提出救济要求。波斯纳和最高法院在罗利诉伊利诺伊州税务部（Raleigh v. Illinois Dept. of Revenue）① 这起破产法案件中都认定证明责任不在州，而在作为公司的领导层对购买飞机的州税负有责任的债务人身上。波斯纳采取了一种更基本、更简单的方法——"先付后辩，而通常由索赔人承担的举证责任则转移到纳税人身上。"② 因为将负担置于债务人身上遵循了税法的一般方法，也是最高法院自 1935 年以来采用的方法。法院没有适用波斯纳这一更简单的方法，但在举证责任落在债务人身上的问题上，也得出了同样的结论，只是经过了更为复杂的法律分析过程。

　　在托马斯诉芝加哥公园区（Thomas v. Chicago Park District）③ 这个涉及第一修正案的案件中，争点在于对使用芝加哥城市公园举办 50 人以上活动加以规制的市政公园条例的模糊性，法院通过斯卡利亚法官和波斯纳法官的推论，得出了相同的结果，但理由不同。斯卡利亚对该条例的模糊性说法提出了质疑，他说，该条例为其管理制度提供的理由是"相当具体和客观的"，并没有进入仅凭一念即实施的管理禁区。相比之下，波斯纳则

---

　　①　530 U. S. 15, 120 S. Ct. 1951（2000）.

　　② 　*In re Stoecker*, 179 F. 3d 546, 552（7th Cir. 1999）, quoting *Bull v. United States*, 295 U. S. 247, 260, 55 S. Ct. 695（1935）.

　　③　534 U. S. 316, 122 S. Ct. 775（2002）.

考虑了条例的争议性语言——如"实质"和"歪曲"——并在具体分析之前解释了语言的普遍性，"如果对措辞提出质疑，认为它不同于规则的应用，就会引起语义上的吹毛求疵和对立法起草职能的司法篡夺，即会为了不造成漏洞，最好的是去避免假设的危险，最坏的则是去规避空想的危险。"①

在他的两个被推翻的案子中，波斯纳法官可能根本不介意在钱伯斯诉美国（Chambers v. United States）案②中被推翻，但鉴于阿利托法官执笔撰写的海因诉不信宗教的自由基金会（Hein v. Freedom from Religion Foundation）一案③的多数派意见对待他的第七巡回法院多数派意见的方式，这个案子被最高法院推翻可能不太容易让他接受。④ 钱伯斯案的争点在于根据伊利诺伊法律，被告被判的逃跑罪是否符合量刑指导原则。其他巡回法院的结论是不向监狱报到或中途离开监狱可以与越狱区分开来，只有后者被认定为暴力重罪。然而，这一区别却不适用于第七巡回法院，因为该巡回法院直到最近才裁定，根据伊利诺伊州法令，所有的行为都被判定为暴力重罪，即使被告的行为仅被判定为该法令的"未向惩教机构报告"的部分。由于不能推翻巡回法院的先例而被迫反对被告的波斯纳表示，如果将

---

① *Thomas v. Chicago Park Dist.*, 227 F. 3d 921, 924 (7th Cir. 2000).

② 555 U. S. 122, 129 S. Ct. 687 (2009).

③ 551 U. S. 587, 127 S. Ct. 2553 (2007).

④ *Freedom from Religion Foundation*, *Inc. v. Chao*, 433 F. 3d 989 (7th Cir. 2006).

来法院掌握了有助于法官了解暴力行为与相关行为类型之间关系的信息，则可以摆脱之前的先例困境，从而与其他巡回法院的判法一致。"如果法官将后果的判定建立在推测的基础上，这将是法律的难堪之处。在此案中，这种推测则是关于罪犯没有进狱中开始服刑，或结束外出假后没有返回或没有前往"中途之家"所可能造成的人身伤害危险。"① 也许量刑委员会听从了波斯纳要求进行一项研究，以向法官提供他们需要的信息的呼吁。当然，在最高法院审查并依赖这一对于以下问题的否定回答具有决定性的结果之前：在不报告或离开的情况下，违法者的行为是否更有可能通过其行为构成规约中所述的"严重的潜在人身伤害危险"，最高法院一直在关注量刑委员会在第七巡回法院作出判决之后所作的研究结果。法院在意见书中指出，波斯纳曾敦促委员会进行这项研究。

然而法院采用阿利托法官建议的海因案中，法院对波斯纳法官就弗拉斯特诉科恩（Flast v. Cohen）案②，是否限制了纳税人对违反"确立条款"的指控这一问题提出的建议没有丝毫兴趣。争论的焦点在于，是由行政部门设立和资助、旨在促进宗教团体而不是世俗团体的会议。最关键的问题在于钱出自哪个部门，因为纳税人仅在国会垫资的情况下才有权质疑这样的做法。这笔资金与行政部门有关，而不是与国会有关，波斯纳对

---

① *United States v. Chambers*, 473 F. 3d 724, 726 (7th Cir. 2007).

② 392 U. S. 83, 88 S. Ct. 1942 (1968).

此并没有疑问。对他来说，资金的来源并没有功能上的区别。阿利托法官对此作出回应，断然拒绝了"没有区别"的论点，并认为弗拉斯特案对国会拨款的引用意味着行政部门支出不属于其范围。对于阿利托法官和法院来说一切都非常简单，尽管波斯纳的分析着眼于功能和目的。波斯纳在第七巡回法院没有直接采用弗拉斯特案的结论。他延伸了其内涵，而法院对此并不赞成。

指名道姓的引用

在这 10 年中，波斯纳法官的名字被第七巡回法院以外的巡回法院法官引用了 266 次，附带地点名引用了 527 次。在他的名字被引用的场合中，他被用来描述"自由时间"原则[1]的核心目的；解释为什么联邦贸易委员会有并行管辖权来执行克莱顿法案[2]；解释公平征收原则的性质[3]；表达对一项规则的基本实际考虑，即法官不得禁止在实质性休会期间所有关于当事人正在

---

[1] *Dunne v. Keohane*, 14 F. 3d 335, 337（7th Cir. 2009）；*Espinoza v. Sabol*, 558 F. 3d 83, 88（1st Cir. 2009）.

[2] *Hosp. Corp. Of Am. v. FTC*, 807 F. 2d 1381, 1386（7th Cir. 1986）；*Federal Trade Commission v. Whole Foods, Inc.*, 548 F. 3d 1028, 1043（D. C. Cir. 2008）.

[3] *Cada v. Baxter Healthcare Corp.*, 920 F. 2d 446, 449（7th Cir. 1990）, cited by *Garcia v. Brockway*, 503 F. 3d 1092, 1107（9th Cir. 2007）.

进行的证词的讨论①；陈述限制原则在评估检察不端行为时，通过判断其"可能揭示侵犯被告权利的实质"的程度来判断其相关性②；举例说明专利权人的行为超越了专利的范围，并试图绕过反垄断法③；以假设的方式表明一项原则（合并刑事案件判刑)④；描述"政府侵害排除"原则，因为宪法作为消极自由的宪章，保护人们免受政府的侵害，而不是彼此或自己⑤；解释大多数工作需要定期可靠出勤这一规定背后的原因；通过说明事务的实际运作情况来解释规定子公司承担责任的目的；以及解释反垄断行为的性质（"如果法律允许销售者建立正式、公开的串通机制，如独家销售代理，几乎任何市场都可以被卡特尔化"）。

他提供了检验法官偏离准则滥用自由裁量权的方法；对仲裁人员的公正性可产生严重怀疑所必须存在的秘密关系的检测方法；对"获胜政党"的最佳可用解释的测试；以及提供因犯在向联邦法院提出故意漠视指控时所必须证明的内容测试。

---

① *United States v. Santos*, 201 F. 3d 953, 965 (7th Cir. 2000); *United States v. Triumph Capital Group*, *Inc.*, 487 F. 3d 124, 132 (2d Cir. 2007).

② *United States v. Boyd*, 55 F. 3d 239, 241 (7th Cir. 1995); *Conley v. United States*, 415 F. 3d 183, 190 (1st Cir. 2005).

③ *Asahi Glass Co.*, *Ltd. v. Pentech Pharmaceuticals*, *Inc.*, 289 F. Supp. 2d 986, 991 (N. D. Ill. 2003); *Schering-Plough Corp. v. F. T. C.*, 402 F. 3d 1056, 1074 (11th Cir. 2005).

④ *United States v*, *Joseph*, 50 F. 3d 401, 403 (7th Cir. 1993); *United States v. Feathers*, 369 F. 3d 1035, 1037 – 38 (8th Cir. 2004) (Heaney, J., concurring).

⑤ *Bowers v. DeVito*, 686 F. 2d 616, 618 (7th Cir. 1982); *Ye v. United States*, 484 F. 3d, 634, 637 (3d Cir. 2007).

法官们会引用波斯纳的可诉事实标准，即"若说话人明显在表达一个主观的看法、解释、理论、猜想或者推测，而不是陈述一个客观可诉的事实，那么这样的事实陈述就不具备可诉性"。他们会引用他为收债人提出的"安全港"语言模板。他们会用他的分析来解释除非处罚已经下达，否则律师们不能一被法官谪难就动用上诉审查制度；他们也同意他对《美国法典》第42编第1997e条（e）款的解释，并认同该条完全可以适用于第42编第1997e条（a）款；他们还很明显地借用了波斯纳的分析和观点，认为当税务法庭认定某些诉讼是终局性的或者可上诉的，那么没有处理完整案件的该税务法庭判决就可以进行上诉管辖。法官们赞同他对破产案件的处理方式，即在认定清偿管理是否"符合通常交易条款"的时候应当适用客观的判断标准；他们也借鉴了波斯纳对庞氏骗局的分析，认为一旦认定存在骗局，投资人收到的假定利润可以认定为法律意义上非法转移的资产；波斯纳对待就业歧视案件适用的"猫掌"分析也为其他法官推崇：法庭不会盲目地将名义上的决策者当作实际的控制人；还有波斯纳对劳动法上的仲裁员管辖原则的评价：看似名存实亡，但依然存在适用的价值；法官们还会引用他对垄断权力和宗教节日的认定。

他的影响使得那些和他在处理某些类型案件上有同样不满的法官得以发声。他认为裁判社会残疾保险案件的行政法法官们表现不尽如人意，这一点得到了其他法官的认同。此外还有他对律师们在认定伤残时，越俎代庖地扮演医生角色的现象表达的不满。在移民问题上，法官们也会通过引用波斯纳的不快，来表达他们自己对政府处理这类案件方式的意见。法庭会直接引用他的观点，直言移民上诉委员会多年未能给出自己审查行政法判决的标准，这是不负责任、前后矛盾且令人震惊的。法庭还会借用他的话，抨击移民案件的法官太过依赖于国务院给出的国家报告，批判政府在处理因黑肺病补助法案提出的诉讼时的程序低效。

评价

2002 年的"美国联邦司法年鉴"提出，大多数接受评估问询的律师都认为，波斯纳在口头辩论时的行为举止随着时间流逝"稍稍温和了一点"。他们说，波斯纳在辩论时态度恭谨，不偏不倚，且彬彬有礼——甚至有两条评论说他全程温文尔雅，面带微笑。有一个人形容他公正高洁；另一个则说波斯纳知道"自己是众人关注的焦点，于是非常乐意留下一个对待律师温和礼貌的好口碑"。而少数持异议的人中，有一个坚称他在质询的时候过分具有攻击性，言辞尖锐，对辩论漏洞毫不留情，而且他暴躁易怒，脾气很差。还有一个抱怨他如同法学教授教育法学生一般的辩论模式，说波斯纳"把他的庭审变成了一个冗长的苏格拉底式教学现场"。而有一个律师提出了中立的看法，有一天他去开庭发现波斯纳坐在上面，顿时感觉坐立不安。"但是我惊喜地发现，"他说："他对我态度真的很友好。"2007 年的

"联邦司法年鉴"也差不多。

　　但是，尽管对波斯纳和伊斯特布鲁克的评价在早期的年鉴中相差无几，在描述两位法官口头辩论阶段的态度时，后期的司法年鉴开始出现了变化，显示出他们二人的区别，伊斯特布鲁克的风评更差一些。2002年的年鉴中，只有少数经历过辩论的律师对伊斯特布鲁克留下好评。而那些没给好评的律师则称"他是你所能见到的最刻薄的人之一"，他对待律师的态度"轻蔑不逊"，他"丝毫也不给律师们留任何脸面"，还有"他展现出了毫无素质的一面"。人们形容他傲慢自大，甚至他对其他法官也是这个态度。"智力上的优越让他似乎觉得自己高人一等，他不仅这么想，也是这么做的。"但是也有一些律师说，伊斯特布鲁克脾气没有那么坏，他是让律师们时刻保持警觉。其他人则说他"令人完全无法忍受"，而且"他有不可一世的优越感，还以羞辱律师为乐"。在2007年的年鉴中再度提到他跟自己的助理们之间的戏码。"他喜欢炫耀他的能力，当他捕捉到他的猎物时就会冲他的助理点头或者眨眼。"另一个律师则描述了他是如何"训斥律师，并且向助理炫耀自己多么厉害和聪明的。如果他跟你站在同一阵营，那么还挺有趣的，但是如果他不赞同你的观点，那你就要小心了。礼仪教养对他不起任何作用"。年鉴中还能读到伊斯特布鲁克对律师的纠缠诘问。"这对他来说简直就是个游戏。"

法官助理

那个10年的助理从内部人的视角提供了对波斯纳的看法，以及波斯纳和伊斯特布鲁克在口头辩论中的对比。一个助理认为，总的来说，波斯纳并不是一个刻薄的人。"我觉得他真的只是感到不满而已——我认为他有更高的标准，但是他为现在的法律现状感到失望……他觉得有些证据规则或者协约规则一无是处并且浪费时间。"

在口头辩论的问题上，一个助理说如果波斯纳认为律师们在忽悠吓唬人或者试图用冗长的发言回避问题的时候，会因此生律师的气。"他不喜欢那样，"一个助理说，波斯纳觉得他坐在那里是为了得到一个真正的回答，但是律师们并不想给他。其他的助理则指出，波斯纳问了一个直接的问题的时候，会讨厌对方不给他一个直接的问答。他尤其反感的是，他问的问题可以用"是"或"不是"来回答，得到的却是别的答复。一个助理说："我给他当助理的时候，从来没看到过他情绪失控。但是他绝对会有负面情绪，在和律师说话的时候就好像在教育一个调皮捣蛋的熊孩子一样，语气会略带恼怒，有点像那样，但是也从来没有说生气到让我觉得他真的要抓狂了……而且在我为他工作的那段时间，他也从来没有因此对任何人下过任何处罚。"与此相反，这名助理还补充道，"不管他在辩论的时候有多生那个律师的气，辩论结束的时候，就好像有个开关，他会变回到那个温和友好的波斯纳。他总是会说类似'非常感谢你的辩论'之类的话，即使他讨厌那个人的辩论，觉得毫无意义。"

相比之下，助理们则反映伊斯特布鲁克会对律师们发火而且不屑一顾。波斯纳会从守口如瓶的律师那里逼问出他问题的答案，但是伊斯特布鲁克会直接放弃。就像一个书记员说的那样，"很明显，他会直接告诉自己'你永远给不了我一个有用的答案，'随后就会作出放弃那个律师的样子。他会直接坐回椅子，再也不在辩论环节问任何的问题。因为那个人不值得他浪费一丁点时间"。

写作关于审判的著作

读过波斯纳的审判意见和2008年《法官如何思考》一书的读者，可以看到法官的抱怨。在《法官如何思考》中，波斯纳法官让读者们知道，在一个现实的评估中，法官如何思考，法官所做的事情，法官所使用的使他们远离所做之事的技术，以及他们如何回应对个案和审判本身的要求。所有的评估都意在说明判断中的现实主义对各方都是好事，包括对法官自己。作为背景，波斯纳提到了9种判断理论，并例举其中的两个：一个是以法官的政治偏好为特点的态度模型，这个模型会作为决策的动力；另一个是审判的经济学理论，这一理论将法官视为"理性的、自利的效用最大化者"。波斯纳讨论了为什么我们对法官和司法功能没有一个现实的理解，以及为什么我们沉迷于审判的神话而非它的现实本身。在工作方式上，法官和其他人一样，他们会将个性、经验决策和偏见带到决策中来。不这样去想对谁都没好处，尤其是教授们一直告诉学生一个童话：法官代表智慧权威，为公正无私服务，他们写下意见，以及一条通往法律的学术之路。波斯纳写道："是时候在法律教学中注入一些关于审判的现实主义了。"除此之外，如果律师对法官的工作方式有一个现实的理解，他们在辩护时会做得更好。如果人们承认，法官是"在不确定的海洋中航行的、拥有有限人类智慧的人"，法官的处境也会更好。也许，如果法官们认识到这一点，他们会更愿意撸起袖子，写下自己的观点，迎接挑战，学习更多的知识，以跟上当今案例中经常出现的科技挑战。这一讯息出现在 2004 到 2008 年间的文章中时已是十分振奋人心，等到收入书本中时就更是如此。

读到其中一些评价时，地区法官会感到尴尬。在一宗案件中，判决被宣布存在"根本缺陷"。另一个被评价为"一个可怕的糟糕禁令"。一名拒绝让政府驳回一个刑事案件的地区法官被以和缓但坚决的语气告知，他这是在行使检察裁量权的职责，他已经担任了美国检察官的角色。波斯纳说："毫无疑问，他可以很出色地担任这个职位，但它被另一个人占据了。"批评和指责指向了一个始终微妙的话题——游手好闲的法官。对于一个 10 年前的简单侵权案件，波斯纳写道："现在是地区法官的时代。地区法官从一开始就主持（这个案件），扼住案件的咽喉，使劲摇一摇，让它走上快速判决的道路。"波斯纳没有暗示说，法官控制他待审目录的能力可能是问题所在，相反，在一个简单的案件中，他明确提出："我们遗憾地认识到，在一个涉及简单事实和适度风险的案件里，在下达缺席指令和宣告最终判决之间相隔差不多两年时间，由此可以判断案件管理得糟糕。"

　　但是，也有法官受到了表扬。一位法官在一起复杂案件中适用简易程序的决定虽然被推翻，可他因"耐心地引导了这场令人生畏的诉讼"而受到赞扬。一个法官因一份 35 页的细致的意见而受到赞扬，该意见"透彻考虑并正确解决"了上诉法院最终可能忽略的所有问题，这使得波斯纳实际上可以放心引用地区法官的意见，将其并入他自己的意见中。在一宗复杂的民事案件中，一名法官从刑事审判管理中借鉴经验，分离出两个可能会混淆的主张，并组成了两个陪审团来审理两个不同的主张时，他的创新受到了赞扬，虽然其判决还是被推翻了。波斯纳写道："只要不违反任何法律规范，可以避免陪审团的错误，富有想象力的程序就应得到鼓励，而非打击。"① 在立案时，如果有法官对起诉书进行审核，以剔除那些轻浮草率的诉讼，那么该法官会受到赞扬。但同时，法官也受到提醒，审核必须认真进行，而且是由地区法官而不是由他们的助理来完成。

　　波斯纳对法官、律师的批评是他的法理学中法的运行论的

---

① *In re High Fructose Corn Syrup Antitrust Litigation*, 361 F. 3d 439, 441 (7th Cir. 2004).

重要组成部分，如若不这样做，将使波斯纳的法理学在特殊领域譬如过失法、反垄断法上大失光彩，因为对法官和律师的评论将直接深入到法是如何运行的领域。这些批评以一种十分重要的方式反映了波斯纳的责任感和信念，即他有更好的方式来解决法律问题。

他在下一个 10 年的上半叶不断试图让法律屈从于他的意志——他的个性与自我感知的一项机能，对自己在影响法律时受到的制约表现出了不满、烦闷乃至全然的愤怒。这是一幅令人振奋的景象。

第六章

推动改革与确立尺度（2010-2014）

很明显，进入 2010 年代之后，波斯纳又迈向了与前 10 年不同的方向。在公知战线上，波斯纳关于 2008 年金融危机的第二本书《资本主义民主的危机》出版于 2010 年，此书接续了他关于同一题材的第一本书《资本主义的失败》，对那场经济危机进行了描绘和分析，并且使用了他的《大西洋月刊》博客和贝克尔-波斯纳博客上的材料，但仅限于在该书的第一部分。他作为叙事者和阐释者的公知职能在该书第二部分消失，此后再也没有重现过，无论在这本书还是其他他书中。他在 2010 年代的头 4 年出版的另外两本书，《司法反思录》和《联邦法官的行为》（与威廉·兰德斯和李·爱泼斯坦合著），更像他那些比较传统的学术著作，主要由经过修改的先前发表过的论文构成。在司法战线上，波斯纳在这个 10 年一开始就报告说自己正以一种不同的方法来处理自己的工作。在给戴维·多尔森的弗伦德利传所写的前言中，他说自己从阅读关于弗伦德利法官的文献中学到了许多，这"促使我在自己的司法实践中做出某些改变"，但他并未说明是哪些改变。① 在 2013 年的一次访谈中，他进一步澄清了这个话题。他说他未曾料到弗伦德利的确名副其实，而他希望像弗伦德利一样好。他承认自己并不具备弗伦德利那样的律师实践经验，但将"与弗伦德利一样好"作为一个奋斗目标没有什么错。他说，为了实现这一目标，他调整了自己的时间安排，将更多的时间投入本职司法工作之中。他说，"我觉得这样做以后我的表现已经改善了。"② 但是，至少就风格和结构而言，波斯纳在阅读弗伦德利传之前和之后的唯一变化，就是在此之后他的许多判决意见变得更短了，而这只是因为他仓促收尾。就连这种收尾在一两年之后也不存在了，让波斯纳又回到了 2010 年代初他那由弗伦德利促发的自我评估之前的状态。表现改善意味着什么？这个问题始终笼罩着波斯纳的这个阶段。

正像在此前阶段一样，在他的司法意见和学术写作中，波斯纳继续关注着法官和律师的工作表现问题。在他 2013 出版的《法官反思录》中，波斯纳继续展开对司法的批判，尽管不时采用一种更轻巧、更有趣的风格，这本书比《法官如何思考》更加直接地抨击了法官的表现不佳（underperformance）问题。联邦法官受理的案件向法官们提出着体现现代世界特征的日益复杂的问题，但法官们并没有通过更加努力学习和工作、通过对

---

① Richard Posner, Foreword, in David Dorsen, *Henry Friendly*: *Greatest Judge of His Era* (Cambridge: Belknap Press of Harvard University Press, 2012), p. xi.

② 作者于 2013 年 5 月 8 日对波斯纳的访谈。

他们手边的案件所提出的科学和技术问题的浓厚兴趣来迎接这些挑战。关于技术和科学挑战的那一章有一节的标题是"司法对现实的不在乎"①，这很好地呈现了此书的主旨和语气。在题为"应付策略"的一章里，波斯纳毫不留情地揭示了法官借以避免直面复杂性以及学习新知的必要性的各种方法，比如诉诸于司法自我节制和原旨主义。

在他的司法意见中，他可以指名道姓地批评某些法官，比如，在一个因当事人属于不同的州而由联邦法院管辖的违约案中，陪审团基于一份专家证词而确定了损害赔偿，专家证词中出现了错误的回归分析，但法官并没有看出来。此案到了上诉法院后，波斯纳尖锐地批评初审法官不愿撸起袖子更新知识，学点儿统计学。② 这位法官本来可以通过任命一位中立的专家来教育自己，正像规则所允许的那样，或者他可以坚持要求律师们用简单易懂的英语而不是统计学术语来解释这份统计学证据，虽然这一方法不一定行得通，因为联邦地区法院的审判记录显示没有哪个律师懂回归分析。波斯纳花了大量笔墨来向初审法官清楚呈现了第三种可能，初审法官读到这部分可能会非常痛苦，这就是他本来可以参考联邦司法中心出版的统计学指南。如果他这样做了，他就会认识到"摆在他眼前的这项回归分析

① Richard Posner, *Reflections on Judging* (Cambridge：Harvard University Press, 2013), p. 78.

② *ATA Airlines, Inc. v. Federal Express Corp.*, 655 F. 3d 882 (7th Cir. 2011).

是有致命硬伤的"。① 波斯纳随后解释了回归分析的性质，以说明初审法官如果参考了统计学指南本来可以学到什么，他甚至根据初审证词做出并解释了自己的回归分析，以显示正确的回归分析应该是什么样子。初审法官在统计学上的怠懒没有被明确指出，但已被暗讽得淋漓尽致。

法官没有做好份内工作这个主题在一起影响深远的囚犯民权案件中得到进一步展现，该案涉及一家监狱未能注意到一名囚犯患有高血压，这让包括法官和律师在内的整个法律职业都受到了集体惩罚，如果法官和律师所受到的谴责可以算是一种的惩罚的话——人们谴责法官和律师在事关科学和技术问题的案件中，认为科学和技术超出他们的理解范围。② 波斯纳说，律师们老生常谈自己不熟悉科技，他们开玩笑说，"数学障碍"阻止了许多律师不去涉足新兴技术、交叉学科领域；但是随着"诉讼中涉及的科技的飞速发展"，无法掌握自己手边的案件所涉及的必要统计和科学技能的现象已变得无法容忍。③ 这个案件的诉讼主张是说当事人受到了残酷和不寻常的惩罚，因为一位护理人员和一位惩教顾问都故意无视了该囚犯患有高血压，在整整 3 周的时间里没有给他提供处方药。而律师、治安法官和地区法官面对高血压这种据称很严重的病情时，完全缺乏理解

---

① 同上，at 889。
② *Jackson v. Pollion*, 733 F. 3d 786 (7th Cir. 2013).
③ 同上，at 788。

和判断能力。在这个案件中没有人注意到该囚犯的血压在这 3 周的时间里至多只有部分时间略有升高，而这种程度的升高不具有医学上的显著意义。原告律师在口头辩论中承认，他没有对高血压进行任何研究，而且他的案情简报中也没有引用任何医学文献。法官们也没有引用任何医学文献，没人理解囚犯用药暂时中断其实并没有给他的健康造成太大影响。"为了确定暂时停药对原告的健康造成的影响，如果初审的时候律师做了工作，第二审的法官将不得不也学习相应知识。"由于律师和法官并没有这样做，导致波斯纳不客气地指出："法律界必须克服对科学的恐惧和厌恶。"①

最高法院的司法复核

最高法院在审查波斯纳的意见时，仍未采纳他所采取的方法。最高法院在 2010－2014 年期间审查了 4 项由波斯纳撰写的判决书，其中 1 项维持原判，2 项予以驳回，另有 1 项撤销原判，发回重审。在支持其判决的桑迪弗诉美国钢铁公司案（*Sandifer v. U. S. Steel*）② 中，由斯卡利亚大法官撰写的判决书是一次法律定义和成文法解释上的冒险，它所针对的是 1938 年《公平劳动标准法》（Fair Labor Standards Act of 1938）和该法中

---

① 同上，at 790。
② 571 U. S. 220 (2014)；187 S. Ct. 729 (2014).

的一个特定条款,该条规定,劳动者和管理人员可以在合同中自行约定劳动者用于工作服穿脱的时间是否计薪,这在劳动法术语中被称为"穿脱工作服"(donning and doffing)问题。在此案中,原告与自己的工会发生了意见分歧,原告主张:如果系争服装属于保护性装备,那么即使合同中没有如此规定,这也构成一种法定例外,在该例外情况下应当将他们穿脱保护性装备的时间纳入有偿范围。当此案在第七巡回上诉法院审理时,波斯纳采取了一种基于常识的方法,这种方法着眼于工人正在做什么,而不是考虑他们穿戴的服装是否特殊,例如安全帽和安全眼镜。在波斯纳看来,为工作做准备只是准备,并不是工作本身。斯卡利亚大法官在最高法院对波斯纳撰写的意见进行审查时明确指出波斯纳的方法有缺陷,他转而采取了一种原意论的解释方法,即查看立法颁布时的词典,并对所穿和所脱衣服与该法描述的工人被雇佣从事的主要活动之间的关系进行考查。上述两种方法得出的结论一致,都不支持适用工作服例外条款,即穿衣和脱衣时间不属于有偿范围。但是,除了波斯纳和斯卡利亚试图用不同的方式来理解人们在提及工作服时的一般含义外,波斯纳还强调了签订工会合同时必然发生的经济谈判动力机制,该合同也不认为准备性的穿衣和脱衣时间属于受偿范围,并着重指出,工会在这一点上的让步会在合同谈判中以其他方式得到经济性的补偿。另一个不要进行太限缩的定义的原因是,雇主和工会组织知道他们正在做什么。斯卡利亚大法官在撰写多数意见时没有采纳这种路径。

相较于穿衣脱衣案，波斯纳的法律解释方法在涉及对性犯罪罪犯进行登记的卡尔诉美国（*Carr v. United States*）案中遭到了更严重的冷遇。在该案中，争议焦点在于，法院在理解法规的特定部分的含义时，对于法规的文义及其动词时态的使用与法规的立法目的之间的平衡。[1] 被告在 2006 年颁布《性犯罪登记和通知法》（SORNA）之前已从被定罪的州迁徙至印第安纳州，并辩称该法规中对于迁徙所使用的动词是一般现在时态（to travel），表明法案通过前就已经完成迁徙的人并不负有该法案规定的报告义务。这是第十巡回法院在 2008 年的判决中所确立的规则，即该法案所指的迁徙不包括已经发生的迁徙。[2] 但是波斯纳认为，法规中的动词时态的选择并没有解释这一点，第十巡回法院的意见与法规的立法目的不吻合。他认为保护公众免受性犯罪者侵害更重要，因此在法案颁布之前迁徙或之后迁徙没有任何影响。比起看动词的时态，他更信赖《性犯罪登记和通知法》与联邦法案第 18 章第 922 条（g）款下的"法规规定的重罪"之间的相似之处和州际贸易因素。他解释说，第 922 条（g）款也使用了一般现在时的动词表述，但法院在解释该法规时却忽略了该动词的时间含义，并认为在法规颁布之前或之后，武器或弹药的移动都将承担刑事责任。索托马约尔大法官

----

[1]　United States v. Dixon, 551 F. 3d 578 (7th Cir. 2008)，最高法院复核时更名为 Carr v. United States, 560 U. S. 438, 130 S. Ct. 2229 (2010)。

[2]　545 F. 3d 1240 (10th Cir. 2008).

代表最高法院撰写的意见采用了第十巡回法院的观点，并引用了几起有关国会选择动词时态的重要性和法律解释的重要性的案例，而忽略了波斯纳引用权威法源得到的相反结论。作为对波斯纳意见的有意敲打，索托马约尔大法官援引最高法院1993年的一个先例指出："在考虑本案的争议焦点时，关于成文法立法目的的模糊概念不足以压倒法条中文字的文义。"索托马约尔大法官强调说，本案中有争议的登记条款只是《性犯罪登记和通知法》中的一项规定，并且是一个更大的计划的一部分，整个计划是为了修补以前的登记法中可以为性犯罪者所利用的漏洞。认识到这一点，法律解释的重点必须是在解释特定条款（例如本案中的系争条款）时，应严格遵循法律文本的语言本身。倒数第二段明确地推翻了波斯纳曾经使用的解释方法，并指出："我们一次又一次地表示，法院必须假定立法机关在法律中所说的正是它想要的，而它想要的正是法律所说的。当成文法的语言清楚明了的时候，法院的唯一职能按照其文义去执行它，至少在文本所要求的处理方法并不荒谬的情况下如此。"①

在一桩涉及芝加哥消防员和书面资格考试的差别影响就业

① *Carr v. United States*, 560 U. S. 438, 457, 130 S. Ct. 2229, 2242 (2010).

歧视*案①中，波斯纳的意见也被驳回。波斯纳将法律规定的立
法目的作为解释的指南，而最高法院只希望遵循法律的文义，
如果严格根据文义进行解释产生了不合理的结果，那么应当由
国会承担责任。此案涉及诉讼时效条款的解释，即诉讼时效是
从芝加哥市采用歧视性的聘用操作，并宣布分数低于某一分数
线的人员不予录用开始起算，还是从芝加哥市此后在各轮消防
员招聘工作中采取这种做法时开始起算。对波斯纳而言，但并
非对最高法院而言，对这个问题的回答，取决于一个具体案件
提出的是差别影响主张还是差别对待主张，前者不要求证明歧
视意图，而后者要求证明歧视意图。

　　目前被承认的规则是，在差别对待就业歧视案中，执行和
采用政策之间确实存在差异，并且对执行政策提起诉讼必须在
规定的诉讼时效期间内进行。波斯纳认为，既然差别影响歧视
案和差别对待歧视案具有根本上的相似性，对于芝加哥市的消
防员而言，差别影响歧视案的起诉期限应该和差别对待歧视案
的起诉期限一致，即对于执行政策提起诉讼必须在规定的起诉

---

①　*Lewis v. City of Chicago*, 560 U. S. 205, 130 S. Ct. 2191（2010）.

　　* 差别影响就业歧视（disparate impact）是美国联邦法律所禁止的就业歧视
类型之一，与此相对的是差别对待就业歧视（disparate treatment employment dis-
crimination）。差别影响就业歧视有时被称为非故意歧视，因为其中所涉及的政
策、做法、规则和标准从表面上看是中立的，但却会对受保护的群体（女性或
少数族裔）产生不成比例的负面影响。例如，采用统一的考试方法（比如体能
测试）并以考试结果作为唯一的录用考量标准，如果造成了受保护群体被排除
在某一工作岗位之外的结果，便有可能构成差别影响就业歧视。——译者

期限内进行，而本案原告并没有在诉讼时效期内提起诉讼。波斯纳在其撰写的审判庭意见中，引用了自己早先的一份意见（尽管并没有提到自己的名字）来完成他认为必要的前提性论证，得出结论说：对就业歧视条款的立法目的而言，差别影响就业歧视和差别对待就业歧视是一样的。为什么两种类型的就业歧视案的诉讼时效起算点会不一样？仅仅因为它们依据的理论不同？他完全看不到这样做有什么理由。[1] 然而最高法院指出，如果将两种形式的就业歧视同样处理不符合从法律文本中推导出来的国会意图，那么在两者之间画等号的做法就应当被无视。而在此案中，国会的意图的确可以从它制定的法律的文本中推导出来，因为这部法律明确写道：要确定一种做法构成基于差别影响的非法就业歧视，需要通过证明一位雇主"采用了某种造成差别影响的特定就业操作"。动词"采用"终结了追问。最高法院说，立法采纳一种理论而不是另一种理论，这是国会有权决定的事情。立法的逻辑应当通过妥帖领会法律的文义来理解。像第七巡回上诉法院那样另辟蹊径就相当于是重写法律，"使其仅仅涵盖我们认为实现国会真正意图所需的内容。"[2]

如果说此案算是发回重审而不是撤销，那么波斯纳在布莱克诉美国（Black v. United State）一案中便受到了更多的驳斥

---

[1] *Lewis v. City of Chicago*, 528 F. 3d 488, 492 (7th Cir. 2008).

[2] *Lewis v. City of Chicago*, 560 U. S. 205, 213, 130 S. Ct. 2191, 2198 (2010).

（严词驳斥）。① 该案涉及被告是否丧失了在上诉时提出如下主张的权利：法官应当采取特别裁定而不是一般裁定的形式要求陪审团表明，其定罪所依据的是常规的财物诈骗犯罪理论还是"诚信服务"诈骗罪理论。波斯纳看到的问题是被告两边的好处都想要。政府提议以特别裁定的形式来作出有罪与否的决定，这便要求陪审团如果作出有罪决定便须说明自己依据的是哪一种理论，但被告表示反对，据波斯纳猜测，个中原由在于他们想要在被定罪的情况下提出一般裁定的含糊性问题，而他们在初审法院和第七巡回上诉法院的确这样做了。② 为了防止这种操纵获得成功，波斯纳得出结论，在拒绝接受政府提议的特别裁定形式这一机会的时候，被告已经放弃了以后对一般裁定形式提出争议的权利。最高法院认为这样做太过分了，并且相当严厉地将波斯纳所说的弃权形容为"司法发明"。被告没有义务要求采用特别裁定形式，因此针对法官向陪审团所做的财物欺诈罪定罪指引，被告应保留提出异议的权利。法院将波斯纳的弃权结论理解为对被告的无理制裁，这在"任何联邦成文法和刑法中都找不到依据"。③进而，政府有能力仅通过提议一项特别裁决就触发这一制裁。最糟糕的是（"再者！"），波斯纳的这种方法在适用这一制裁的时候并没有给予被告任何事先的提醒，

---

① 561 U. S. 465, 130 S. Ct. 2963（2010）.

② *United States v. Black*, 530 F. 3d 596, 603（7th Cir. 2008）.

③ *Black v. United States*, 561 U. S. 465, 474, 130 S. Ct. 2963, 2970（2010）.

告诉他们：如果不同意政府提议的特别裁定的形式就等于放弃了以后反对陪审团指引的权利。"有一项规则旨在防止这种司法发明。《联邦刑事程序规则》57（b）告诫：'不得因人不遵守没有包含在联邦法律或联邦规则中的要求而施加任何制裁或不利……除非在被指控的违反者不遵守之前就向他们实际告知了该要求。'"①

批判者开始行动

除了我们在前面几十年中看到的情况之外，波斯纳在这个10年的前4年以一种前所未有的方式批判了他为之工作的系统，并对其进行了重塑，使其更加符合他的构想。我们在几个方面可以看到这一点。

最高法院

波斯纳在2010年代对最高法院有自己的回应方式。波斯纳经常以前所未有的方式，在各种各样的出版物中，包括在与威廉·兰德斯和李·爱泼斯坦合著的《联邦法官的行为》一书中，对最高法院的大法官整体和具体的大法官都提出了严厉的批评。他发表批判的媒介不仅有读者有限的学术出版物，还包括像线

---

① 同上。

上杂志《石板》这样的拥有大量读者的新媒体。① 他写道，最高法院的司法意见（几乎都是法官助理写的）都写得很好，但篇幅太长，因为法官的时间太多，案件太少，法官助理太多。这些意见缺乏成功的意见必备的要素，即坦诚，因为即使大法官基于实用主义或审慎的理由作出决定，也不想承认这一点。在波斯纳看来，几乎所有的宪法解释都反映了大法官的先前经验和倾向，而不是对宪法文本的真诚阅读，因此法院应承认这就是宪法解释运作的方式。

他指出，至少是当他们的工作量和人员规模与50多年前形成对比时，大法官有太多的空闲时间，这导致了一些不良习惯。这可能导致大法官在口头辩论中提出了太多问题，那里有太多的表演，有损法庭尊严。一些法官还参与了公共知识分子的活动，例如令人遗憾的是让法官主持模拟法庭活动，把最高法院大法官和下级法院法官带到他们的智识资质不应把他们带去的地方。例如，法官或大法官是否知道，莎士比亚是不是被归诸于他的那些剧作的真正作者？好消息是，就算大法官在扮演公共知识分子角色方面做得无比糟糕——无论是在口头辩论和模拟法庭中，还是为了赚取高额预付稿酬而写书，这些都是无关紧要的，因为决定法院声誉的是它作为一种制度的功能，而不是公众如何看待其中的特定法官。但这对像他这样的人来说很重要，

---

① 波斯纳参加了《石板》组织的2012年和2013年两个年度的"最高法院评价"圆桌会议。

波斯纳告诉我们，他自认是一个"吹毛求疵的人"。

两位大法官被挑出来接受批评。首先，他批评首席大法官罗伯茨要么是管理技能不佳，要么是对首席大法官职位所包含的管理因素毫不上心。他指出，最高法院在一个司法年度行将结束时，没有理由只是为了清除其卷宗而匆匆忙忙地弄出一系列判决书。他提到，法院的判决书需要 5 年时间才能正式编入《美国判例汇编》，并且认为某种可疑的事情正在发生：在判决书写完并等待公布期间，法院常常在公众毫无觉察的情况下更改判决书的内容。但是，除了管理问题之外，波斯纳令人惊讶地质疑罗伯茨的诚实和坦率，认为他没有说出自己作出决定的真正原因。波斯纳以麦卡琴诉联邦选举委员会（McCutcheon v. Federal Election Commission）这个竞选资助案①为例，质疑罗伯茨是否真的像他听起来那样天真地看待竞选捐款问题，并通过他的质疑暗示罗伯茨并非那么天真，他所写下的政治人士不会用特定事项上的投票来回报资助人并不是出于真心，由于他所写的是一份最高法院判决书，这种不真诚是极为有害的。

如果说罗伯茨是被批评了，那么斯卡利亚则是被痛打了。他针砭斯卡利亚在案件中没有说出一位原旨主义–文本主义者通常会说的那种话，比如在《婚姻保卫法》（DOMA）案②中，斯卡利亚在异议中主张联邦法律内部一致性的美德。波斯纳写道，

---

① 134 S. Ct. 1434（2014）.

② *United States v. Windsor*, 133 S. Ct. 2675（2013）.

斯卡利亚本来应当指出（但是并没有指出）宪法中没有关于歧视的一般性内容或关于歧视同性恋婚姻的特定内容，而且，用波斯纳的话来说，制宪者们会认为提议给予同性性行为以宪法保护是荒谬绝伦的事情，更不用说同性婚姻或者同性婚姻福利了。波斯纳暗示，所有这些都意味着斯卡利亚是一个机会主义者，为了方便可以在原旨主义和语境论之间自由切换。波斯纳还审视了斯卡利亚在亚利桑那州移民案①中的异议，并直斥其鲁莽。在他看来，斯卡利亚在大选年选择了一个两极分化的话题，即移民。在这个选举年中，移民是一个重要且高度气氛紧张的问题，并使用竞选活动式的语言，以至于头脑发热地声称总统拒绝执行联邦移民政策——他没有提供任何证据来支持自己的这种指控，没有用任何证据来支持他关于亚利桑那州移民侵犯私人财产、滥用社会服务，甚至危及公民生命的说法。一项更加尖锐的批评针对的是斯卡利亚在戴克诉西北环境保护中心（Decker v. Northwest Environmental Defense Center）一案②中撰写的协同意见，其中斯卡利亚说无法根据自己的知识，或是乃至是自己的信念同意多数派意见中某一部分的细节，因为这一部分的内容涉及他所称的分子生物学的精微细节。出于这个原因，他无法加入多数派意见的那个部分。在波斯纳看来这里存在两个问题：斯卡利亚怎么能做到一方面不理解他不能赞同的那部

---

① *Arizona v. United States*, 567 U. S. 387（2012），132 S. Ct. 2492（2012）.
② 133 S. Ct. 1326（2013）.

分意见，同时又说自己已经研究了下级法院的意见和提交到最高法院的专家意见简报，并且能够确认争议中涉及的两条 DNA 是相同的，而第三条是合成的？他如何能够胜任对法律意见和专家意见作出评价，而对自己无法加入的那部分多数派意见却无法理解？波斯纳的批评中更重要的一点，在于斯卡利亚公开宣布自己对科学无知并且不愿意去弥补这方面的知识缺陷。波斯纳指出，斯卡利亚使用着所谓熟悉的解释工具，这不需要任何对科学的理解。斯卡利亚以及法官群体应该做的是学习一点科学知识。

单挑斯卡利亚

比波斯纳对最高法院的攻击或许更加广为人知的是他与斯卡利亚大法官的纠葛。其中，斯卡利亚大法官在一个场合说波斯纳对最高法院的批判是一种犯上作乱，而在另一个场合又说波斯纳是个骗子，因为他在一篇书评中说斯卡利亚在一份司法意见中用到了立法史。

波斯纳于 2012 年 6 月 27 日在《石板》上发表了一篇文章，批评斯卡利亚在亚利桑那州移民案中表达的异议，这篇文章在波斯纳针对斯卡利亚和布莱恩·加纳合著的《解读法律》① 所

---

① Antonin Scalia and Bryan A. Garner, *Reading Law: The Interpretation of Texts* (St. Paul: Thomson/West, 2012).

写书评引发的争吵中扮演了重要角色。一个月后，斯卡利亚在
福克斯新闻台接受了克里斯·华莱士（Chris Wallace）的采访，
在其中，华莱士提到了波斯纳对斯卡利亚的异议的评论，尤其
是针对斯卡利亚所说的"总统拒绝在亚利桑那州执行联邦移民
法"，波斯纳认为这使得该异议带有"竞选演说的味道"。当华
莱士问斯卡利亚如何回应时，斯卡利亚回答说："他只是一个上
诉法院法官，对吧？……据我所知，他没有权力对我的意见说
三道四。"当被问到他是否有权力评判波斯纳的意见时，他回答
说："这正是我所做的事情。"① 大约一个月后，波斯纳在《新
共和》上发表了书评，然后又过了三周，斯卡利亚及其合著者
加纳在汤森路透接受了斯蒂芬·阿德勒的采访。阿德勒说他阅
读了他可以找到的关于《解读法律》的所有书评（专门提到波
斯纳的书评是其中最具批判性的），并当面追问斯卡利亚，如何
回应波斯纳所说的，他在涉及宪法第二修正案持枪权问题的哥
伦比亚特区诉海勒案（District of Columbia v. Heller）② 中采用了
立法史解释方法。斯卡利亚否认他曾在其法律意见中使用过立
法史，并区分了他所称的"当时的历史"（history of the times）
和"制定法案的历史"（history of the enactment of the bill），前者

---

① "Justice Antonin Scalia on the Issues Facing SCOTUS and the Country," Fox News Sunday, July 29, 2012, found at http：// foxnews. com/ on- air/ foxnews-sun-day-chris-wallace/ 2012/ 07/ 29/ justice- antonin- scalia- issues- facingscotus-and country#p//v1760654457001.

② 554 U. S. 570, 128 S. Ct. 2783（2008）.

意味着"第二修正案颁布之后的那个时间点"人们对它的理解，后者则包括立法机关的会议讨论和先前的委员会草案。他说，波斯纳之所以能够指责他使用了立法史解释方法，是因为波斯纳是在面向非法律专业读者写作。他进一步指出，"说我使用立法史，简单地讲，就是撒谎。"路透社后来又联系了波斯纳，请他回应斯卡利亚的撒谎指责，波斯纳在回应中直接援引了斯卡利亚在海勒案判决书中的原话，指出：无论你如何剪裁原文，都无法否认斯卡利亚在他的意见中使用了立法史。①

波斯纳通过他对《解读法律》的书评来指出：斯卡利亚对成文法解释中的文本主义的信守并不像他希望我们认为的那样，不足为奇的是，他和加纳合写的关于法律解释的书扭曲了他们所使用的例子，借以造成他们偏爱文本主义的印象。他的书评简明扼要地对照了他自己的审判观与斯卡利亚的审判观。与他在法庭内外已经通过写作表明的立场一致，波斯纳认为"法官倾向于否定审判工作的创造性（即立法性）维度，尽管这个维度在我们的体制中十分重要，因为他们不想给人留下他们正在与立法者竞争的印象，他们希望自己看上去只是在使用深奥的法律分析工具，进行客观而如实的阐释，是一种毫无政治威胁

---

① "Richard Posner Responds to Antonin Scalia Accusation of Lying," found at http：// www. newrepublic. com/ article/ 107549/ richard－posner－respondsantonin－scalia－accusation－lying.

的活动。"① 相反，斯卡利亚完全不理睬这些，坚持将自己打扮成语境论原旨主义的捍卫者和立法史的反对者。

我们只能推定斯卡利亚作为加纳的合著者了解并支持加纳提出的辩解。加纳表面上的抱怨是：在批评他和斯卡利亚用来赞美做得好的文本主义，并嘲讽文本主义被忽视所导致的结果的那些例子时，波斯纳搞错了事实。他在《新共和》上的回应既显示出莫名其妙的委屈又带有令人费解的傲慢，这种复杂的情绪在他抱怨波斯纳没有回应他和斯卡利亚在书中给出的批评时展现得最为明显，仿佛波斯纳有义务回应似的。

事情似乎到此为止了，直到《全国法律杂志》的托尼·毛罗（Tony Mauro）在2014年5月报道称，加纳已委托他所称的客观的仲裁人来评审《解读法律》和波斯纳在《新共和》上发表的书评，以确定波斯纳的批评是否站得住脚。仲裁人是史蒂芬·赫希（Steven Hirsch），他是旧金山的律师，也是加纳的老相识。加纳付给他500美元，但他可以独立地得出自己的结论。根据毛罗的报道，他的结论是：波斯纳的12项批评中有8项毫无根据，但其余的4项有程度不等的正确之处。然后他又奇怪地补充道，这4项批评中没有一项"构成质疑该书作者诚信品

---

① Richard Posner, 'The Incoherence of Antonin Scalia," *New Republic*, August 24, 2012, found at http：// www. newrepublic. com/ article/ magazine/books- and- arts/ 106441/ scalia- garner- reading- the- law- textual- originalism; "The Spirit Killeth, but the Letter Giveth Life," *New Republic*, September 13, 2012, p. 18.

格的有效理由"。① 此外，赫希还写道，他对"波斯纳毫无必要
地进行人身攻击"感到震惊。② 当毛罗问他如何看待加纳找仲裁
人这件事的时候，波斯纳回复道："请传达我对布莱恩·加纳发
明一种新形式仲裁的祝贺。当两方存在争议时，一方指定一名
仲裁员来解决争议；而争议的另一方未与之协商。"他继续说
道："这种对仲裁的简化何其漂亮！各方不需要先商议由谁来仲
裁，也不需要美国仲裁协会先列出一系列可选的仲裁方，再由
各方划掉他们不喜欢的那些。"③加纳在收到由毛罗转达的波斯纳
回应时，转向《解读法律》中对波斯纳的批评，并说："波斯纳
法官从未尝试过捍卫我们在《解读法律》中批评过并证明过其
荒谬性的几段话，这不是很有意思吗？"按照加纳的说法，"这
份报告不证自明。"④

　　斯卡利亚所表现出的傲慢态度与加纳并无二致，不过原因
可能不同。斯卡利亚的立场在他回应波斯纳对他的海勒案判决
的批评时已经表现得很明显，即作为下级法院法官的波斯纳没
有资格评判他的判决。这表明斯卡利亚是科层等级制的坚定信
奉者，他直接把联邦司法系统中的三个等级（地区法院法官、

---

① Tony Mauro, "New Study Revisits Scalia- Posner Feud," Legal Times , May 8, 2014, found at http://www.nationallawjournal.com/ legaltimes/id = 12026545115592/ New-Study-Revisits-ScaliaPosner-Feud.

② 同上。

③ 同上。

④ 同上。

上诉法院法官和最高法院法官）适用到了更广阔的知识界。加纳在《新共和》上对波斯纳的回应似乎正是在替斯卡利亚表达愤怒（如果不是暴怒的话），因为斯卡利亚经常讽刺立法史解释方法，但却被波斯纳抓住使用了立法史。即使立法史可以按照斯卡利亚的意愿来狭义地定义，即使我们忽略斯卡利亚就第二修正案通过之时的时代氛围实际上作何评价，说波斯纳撒谎也是完全站不住脚的。波斯纳最多不过是以斯卡利亚反对的方式对立法史的含义进行了解释，所有这些都表明斯卡利亚对波斯纳和立法史的抱怨针对的是别的事情。

在接受《美国律师协会杂志》（ABA Journal）采访时，波斯纳不认为自己攻击过斯卡利亚。"我不认为'攻击'在这里是个恰当的用词。他写了一本关于司法解释的书。他的书里有错误……我并没有说作者是坏人，说他们贪得无厌或是在说谎。我说的是这本书不准确，而且我恰好不同意斯卡利亚大法官的原旨主义哲学。我认为这是合理的批评。"① 波斯纳在接受我的采访时认为，斯卡利亚对他的书评的过激反应有两种解释。第一种解释是，在斯卡利亚看来，"下级法官不应批评上级法官。"第二种解释是，"斯卡利亚坚信自己的立场是正确的，任何有善意的人士是不会反对的。任何研究过该问题的人都会同意他的意见，因此，如果有人不同意他的说法，那便是出于坏的理由。

---

① "An Interview with Judge Richard A. Posner," ABA Journal , July 2014, a-vailable at http：// www. abajournal. com/ magazine/ article/ an_ interview_ with_ judge_ richard_ a_ posner.

这个理由可能是嫉妒，一种竞争感，或是企图诋毁最高法院，无论如何绝不是善意的。"①

支持专利法改革

继对联邦司法机构、最高法院和斯卡利亚大法官进行批判后，波斯纳似乎又针对专利法需要改革这一想法采取了一系列行动。首先，他在主审一件地区法院初审案件时对现有专利法进行了重大改革；然后，他展开了一系列媒体舆论攻势，加深公众对他在专利法中发现的问题的认识，并提出一系列改革建议。

2012年，波斯纳被指定担任苹果和摩托罗拉案件的首席初审法官，这个案件涉及苹果和谷歌控股的摩托罗拉各自拥有的智能手机专利，波斯纳在这个案件中发表了他对专利诉讼的看法。由于双方均无法证明损害赔偿事由，波斯纳在审判前将案件撤销，此案突然终止。② 由于没有损害赔偿，摩托罗拉也无法对苹果寻求禁令救济。在这个案件中，波斯纳有一个司法创新涉及高技术专利案件中的一般性损害赔偿，更具体而言，涉及与特定专利有关的市场损害赔偿证据的要求。另一个创新是通过设立一个证词本身规则，来更加严格地检验专家证词是否可

① 本书作者2013年5月8日对波斯纳的访谈。
② *Apple v. Motorola, Inc.*, 869 F. Supp. 2d 901 (N. D. Ill. 2012).

以被法院采信。这与一项基本上已经变成标准的操作规程相抵触，这种操作规程规定：如果专家是为其各自公司工作的，则无法获得出庭作证资格。

审判之后，波斯纳随即向媒体宣传，他将会通过重塑专利法，来使专利法能够对高科技世界作出更迅速的反应。在这个世界中，专利往往令人反感，人们甚至可能会质疑软件和高科技产业是否需要专利，苹果和摩托罗拉及其各自的智能手机技术就是例证。在苹果案之后，波斯纳在线上和传统杂志上发表了很多文章，在文章中，他谴责了美国专利法的现状并提出了可能的改革方案。2012 年 10 月 15 日，他在为《石板》撰写的文章中谈到了由部分公司（所谓的专利巨魔）造成的损害，这些公司购买了大批专利，然后威胁对使用相似专利技术的公司提起侵权诉讼。波斯纳认为，应该修改法律，让只有积极使用专利的公司才能提起侵权诉讼。

他在 2012 年 7 月的《大西洋月刊》中解释了为什么美国拥有非常多的专利，以及为什么过多的专利会伤害创新。他提出了许多改革建议，其中最重要的是修改法律以区分不同的行业，以便只有需要专利保护的行业（例如制药行业）才能获得专利法的保护，而高科技行业则不会获得专利法的保护，因为其更新换代较快，发明成本较低。波斯纳在 2013 年 7 月 21 日撰写了一篇有关专利巨魔的文章，在贝克尔-波斯纳博客上发表，以向更加熟悉经济学的读者介绍他为《石板》写的内容。他于 2012 年 9 月 30 日撰写了另一篇有关专利和版权的文章，他在其中进行了经济分析，以证明为何过多专利和版权对商业不利。在苹果案结束后的一个月内，他接受了路透社和 SRR 杂志的采访，在采访中，他描述了时下专利制度的弊端，该弊端与联邦巡回上诉法院审判有关，指出专利上诉应退回到地方巡回法院，应当废止专利案件中的陪审团制度，而更多的地区法官应在经过专利诉讼处理培训以后，自愿参加专利案件审判工作。① 在路透社采访中，他再次探讨了专利法的问题和可能的解决方案，他也指出公司本身不应该因为利用了有问题的法律制度而受到指责。他说："这是一场为了生存而不断进行的斗争。就像丛林一样，动物们必须尽其所能，使用一切手段，包括牙齿和爪子，这是生态系统允许的。"② 商业新闻记者兼专栏作家乔·诺塞拉（Joe Nocera）根据对波斯纳的采访在《纽约时报》中发表了一篇文章，文章特意将波斯纳修改专利法的兴趣与苹果案的审判工作联系在一起。乔·诺塞拉一开始谈到了波斯纳的观点，波斯纳认为进行专利审判会很有趣，然后乔·诺塞拉又解释道，波斯纳一直主动请缨担任专利案件的初审法官。在接下来的一个并没有援引波斯纳本人的原话而且显得非常具有挑衅性的段落中，我们读到："但是'有趣'并不是波斯纳唯一的动机。坦

---

① "An Interview of Judge Richard A. Posner on Patent Litigation," *SSR Journal*, Fall 2013, found at http：// www. srr. com. com/ article/interview‐ judge‐ richard‐ posner‐ patent‐ litigation.

② Dan Levine，" Judge Who Shelved Apple Trial Says Patent System out of Sync," July 5，2012，found at http：// www. reuters. com/ article/ 2012/ 07/ 05/us‐ apple‐ google‐ judge‐idUSBRE864OIQ20120705.

率而言，他正通过判决专利案件来努力改变法律体系，该体系现在使公司有充分的动机来提起昂贵、耗时且通常显得非常自负的专利诉讼。改变是迫在眉睫的。"① 谈到波斯纳希望引入专利诉讼中的损害赔偿方面的改变，他要求对涉嫌侵权的技术及应用这种技术的产品的市场需求进行更加精准的计算。波斯纳说："如果他们能够迎接这一挑战，那当然很好。但这很难做到。"②

不到两年后，联邦巡回上诉法院在复审时对该案和专利法采用了不同的观点，认为波斯纳的每一项创新都走得太远。该意见用相当尖锐的语言批驳了波斯纳，指出"一位法官务必谨慎小心，不要超越他的守门人角色去进行事实权衡、评价结论的正确性、强加他所偏好的方法或者判断可信度（包括判断一名专家的可信度高于另一名专家）。这些任务完全应该交给事实调查者去完成"。③

与"无耻之徒"作斗争

对波斯纳在这 10 年间（大部分案件来自 2014 年）的一组案件中的意见的描述，有助于汇总审视他在文体和法理上的全

---

① Joe Nocera, "Innovation Nation at War," *New York Times*, February 9, 2013, p. A19.

② 同上。

③ *Apple v. Motorola*, *Inc.*, 757 F. 3d 1286, 1314 (Fed. Cir. 2014).

部特征，并显示出波斯纳与提出无耻论点的当事方针锋相对。在美国诉斯莱特（United States v. Slaight）案①中，被告对接受和持有在州际和国际商业活动中运输的儿童色情制品的指控表示认罪的同时，保留了对初审法院拒绝其撤销在警方盘问时作出的有罪供述的动议提出异议的权利。这些事实表明，米兰达规则和某些被特意设计用来规避该规则的警方做法之间存在相互冲突的一个实例。根据米兰达规则，被羁押的犯罪嫌疑人必须在警方盘问前被告知他的权利，如果没有被告知，其供述不得被采信。争议点在于警察"在米兰达规则的约束下有时会感到躁动不安"，而本案的具体事实则显示出波斯纳所形容的"别出心裁、胆大妄为、但终究（在我们看来）明目张胆地将羁押式审讯伪装成非羁押式审讯的做法"。② 执法部门在搜索互联网同类网站时得知，斯莱特下载了儿童色情制品，于是，由9名警察组成的队伍驱车前往斯莱特的家，并"用破门槌破门而入，带着准备好的手枪和突击步枪大摇大摆地走进去，当他们发现他赤身裸体躺在床上时，将枪口对准他，用'命令的口气'要求他把手举起来"。③ 他们搜查了他的家，没收了他的电脑，然后成功地坚持要求他和他们一起去警察局接受询问。他们为此已经预定好了"一间狭小的没有窗户的讯问室"。④ 这种审讯环

① *United States v. Slaight*, 620 F. 3d 816 (7th Cir. 2010).
② 同上，at 817.
③ 同上，at 820.
④ 同上，at 818.

境加上警方展示出的武力，表明被告不能自由地离开，而这正是检验一个人是否被羁押的标准，尽管警方说过他可以离开。被告知道警方已经掌握了给他定罪所需的全部证据，因此他们也没有打算让他离开。尽管如此，政府坚称斯莱特当时并没有被羁押。

　　波斯纳的意见以揭露厚颜无耻的借口为主题，展现了他最喜欢使用的各种技巧，并提出了他熟悉的一些问题。双方律师都被责备没有把会见室的面积问题写进记录，并指出"我们以前并不愉快地注意到律师对精确测量的漠不关心"，[1] 即便这里的审讯监控录像提供了足够的信息来证实房间面积之狭小。不过他对政府律师的坦诚给予了很高的评价，其在口头辩论中承认，警察确实曾想在没有米兰达警告的情况下审问斯莱特，因为他们想从他那里得到确切的供认，而他们也确实这样做了，从而阻断一条辩护途径，即其他人均无法进入被告的电脑。他用随意的语言写道，当斯莱特在检察官的指示下终于得到了米兰达警告时，他"立刻就闭嘴了——不过太迟了"。[2] 当他顺带想象斯莱特真正在离开那个促狭的房间时会遇到的困难，以及需要说点儿什么的时候，他增添了些戏剧色彩，大概是"警官，我可以跟您挤一挤吗？"[3] 之类的话。他诙谐地嘲讽警察主张他们想在警察局而不是在被告家里问询的一个原因是，被告家的

---

① 同上，at 819.

② 同上，at 820.

③ 同上，at 819.

窗户被垃圾袋遮住了，使得屋里的自然光不足，他在指出房子有电后继续写道："警官们没有给出任何理由来解释：为什么问询与绘制风景画不同而需要自然光"。① 警方认为不想在被告家里问询的另一个理由是屋子里有浓烈的猫味，这让波斯纳为猫做了辩护。他形容这种说法很可笑，并指出"警察在执行任务时会闻到更糟糕的气味"。② 他还在结尾段使用了一个文学典故，有力地直指核心问题并为案件作出了决断，他写道"关键的事实是警察在斯莱特的家中展示了武力，在警察局小人国般的会见室的幽闭环境中对他进行的旷日持久的讯问，以及如果他试图离开就会被正式逮捕的高度可能性，因为政府已经掌握了很多对他不利的证据。这些事实是无可争议的，说明在斯莱特所面临的情形下，一般人都会认为自己被羁押了。而其他任何结论都会让米兰达规则变得支离破碎。"③

在巴斯金诉博根案（Baskin v. Bogan）④ 中，他指责印第安纳州和威斯康星州，为试图维持各自不承认同性婚姻的法规的合宪性所提出的空洞论点的无耻性。这两个州并没有在反对同性婚姻的说辞上老调重弹，既没有论证同性恋不是不可改变的特质，也没有论证对同性婚姻在道德上的否定足以支撑其合宪性，更没有争辩说因为同性婚姻破坏或威胁了异性婚姻而必须

① 同上，at 818.
② 同上。
③ 同上，at 822.
④ *Baskin v. Bogan*, 766 F. 3d 648 (7th Cir. 2014).

被禁止。印第安纳州则认为，州法授权婚姻的唯一意义在于通过各种福利手段使婚姻比其他方式更具吸引力，从而引导能够繁衍后代的性行为及其产生的不想要的孩子进入婚姻制度的保护范围，而同性恋者没有缔结婚姻的必要是因为他们并不伴随有不想要的孩子的问题。波斯纳在他的意见中几乎处处嘲讽两个州的论点及其对假设的回应，他写道，关于不想要的孩子的论点漏洞百出，不能当回事儿，① "印第安纳州和威斯康星州为其歧视性政策所提出的理由不仅是臆测的，而且是完全不通情理的，"② 他怀疑 "（印第安纳州）到底是不是认真"在 "争论政府唯一的利益产生自意外生育问题"。③ 此外，"该州（印第安纳州）提出的刚到生育年龄的表兄妹结婚'为更年轻的、有潜在生育能力的男男女女'提供了'家庭生活之典范'的论点如同儿戏"。④ "再好好想想吧，"他嘲讽道。

这两个州虚伪（或者说厚颜无耻）的证明是，在提出儿童福利论点时，这两个州根本就忽略了每个州都允许同性恋者领养孩子的事实，实际上同性恋者领养孩子的比例非常高，这显然对社会有利。但同性恋者领养的孩子的境遇却不大好，因为他们不像异性恋父母的孩子，不能说他们的双亲已经结婚并以此证明同性恋者和其他人并没有什么不同。波斯纳写道：在同

---

① 同上，at 656.

② 同上，at 671.

③ 同上，at 664.

④ 同上，at 662.

性婚姻问题上，这两个州的法律是非理性的，虽然同性恋者由于其难以改变的决定性取向的生理特性，本来就有资格并可以通过采用可疑分类的分析标准，但这种方法是没必要的，因为这里的法律本身就是毫无必要的。为了论证自己的观点，他使用了大量有关被遗弃的儿童、异性恋和同性恋收养的统计数据；他援引社会科学的研究成果表明同性恋是一种难以改变的特质，甚至进一步（或许没有必要地）讨论了决定性取向的身体内部机制；他引用了霍姆斯大法官的警句：如果一项法律规则除了传统以外没有更好的存在理由，它便是令人反感的。尽管涉案各州没有举出道德理由来反对同性婚姻，但波斯纳还是花费笔墨反驳了道德理由，在这里他讨论了约翰·斯图亚特·密尔在《论自由》中的观点，区分了某人因别人针对他的行动而产生的痛苦。例如，对他的犯罪以及某人因别人并非针对他的行动而产生的痛苦，这样的行动令他感到厌恶但却伤害不到他，因为它在时空上比较遥远。比如，尽管英国人反对一夫多妻制，但不会因为犹他州存在一夫多妻制而受到伤害。波斯纳解释道，一种伤害要成为道德或法律介入的理由，它必须是有形的、世俗的和物质性的，而不是道德或精神上的。他在同性婚姻问题上的观点是，异性恋者或许讨厌同性婚姻，但同性婚姻对他们并不构成需要各州通过立法干预来防止的那种伤害。

　　威斯康星州计划生育联合会诉范霍伦（Planned Parenthood

of Wisconsin, Inc. v. Van Hollen)① 限制堕胎案，该案涉及威斯康星州模仿其他几个州的一项法令，该法令要求实施堕胎手术的医生取得其诊所 30 英里范围内的接诊特许，该案因为一项初步禁制令申请而来到第七巡回上诉法院，并不需要对案情进行全面的考量，这促使波斯纳清楚指出，按照该州的说法，这部法律的目的是限制堕胎的可获得性，而不是出于对病人健康的考虑。该法律于周五通过，定于紧接着的周一生效，即使假设医生在获得本应得到的许可特权方面没有遇到障碍，医生们需要在周末完成通常需要数月时间才能做完的工作。此案中涉及的伤害因素适用半套按比例增减方法，需要考虑的是地区法官已经发出的初步禁令在审判之前是否应当继续实施，但这种方法是如此单方面地有利于寻求堕胎的女性——如果没有暂停法律实施的初步禁令，威斯康星州 4 家诊所中就有两家半要关闭了，因此几乎不需要关注决定此案最终成功可能性的其余因素。尽管他总是警告说现有的证据可能会改变，波斯纳还是全面地分析了案情。他认为这部法律是不合理的，事实上，施行堕胎手术的医生（需遵守 30 英里接诊特许规则），和施行类似的甚至更具侵入性的手术的医生（不受此类规则约束）相比，存在接诊特许规则差异导致的区别对待，因此涉嫌违反平等保护原则。该州两次试图论证其法律的合宪性，但都被认为其理由很薄弱（feeble），这让它很恼火。在两次向美国最高法院提出但

---

① 　738 F. 3d 786 (7th Cir. 2013).

未获成功的复核申请中，该州将"薄弱"这个形容词列为一种错误。

合议庭成员马尼恩（Manion）法官在此案中表示同意波斯纳的结论，但仅此而已。对于波斯纳的论证过程，马尼恩认为他通过不必要的宪法分析为堕胎医生提供了不平等的帮助。当案件最终进入审判阶段时，在一致意见中，他以自己的宪法分析和对威斯康星州的帮助来反戈一击。马尼恩的分析与波斯纳的完全不同。他对"理性相关"这一概念给出了不同的解释，并辩称，所需的证据不必是波斯纳所要求的那种"实践中的"做法或实地研究（按照这种标准，威斯康星州将会败诉），但可以是推测性的证据。然后他进一步以美国医学协会的立场文件的形式提供了证据。他还质疑该意见的过度负担论点，并从其他司法管辖区挑选案例来表明：在其他案件中，由于新的接诊许可限制，女性需要额外行驶的英里数和需要额外承担的旅程，并没有成为过度的负担。他没有试图对抗波斯纳的市场分析解释，该分析认为医院行业正在发生变化，医院根据医生能给医院带来的业务量来决定是否给予医生接诊特许，因此这就给医生带来了与立法机关关于要求的持续治疗假设无关的障碍。尽管这个问题并没有向法院提出，但波斯纳还是指出，威斯康星州立法机关对总体上的医疗行业以及具体的接诊特许都如此缺乏了解，这无疑进一步证明了它的立法不是出于对人的健康的关心，而纯粹是为了限制堕胎服务的可获得性，这丝毫没有给该州病人能够享受到的医疗服务带来任何增益。立法机构很少了解医疗行业的常规和承认特权专门为波斯纳进一步证明，即使这个问题不是出现在法院之前，威斯康星州的立法意图并不关心病人的健康，而是立法终止了对堕胎的可获得性的限制，而没有给病人带来医疗福利。与此相反，马尼恩对威斯康星州说一套做一套并没有表示不满。

超出案卷范围去讨论问题的冲动及其遇到的阻力

正如马尼恩法官对波斯纳撰写的威斯康星州堕胎案多数派意见所提出的委婉批评中指出的那样，这份意见超出了解决案件所需的范围。在 2014 年的一个《公平劳动标准法》（Fair Labor Standards Act）案件中，一份异议中提出了一个指控，谴责波斯纳在上诉卷宗之外，利用案外找到的信息影响了米切尔诉 JCG 产业（Mitchell v. JCG Industries）案[①]的结果，此案与桑迪弗案一样涉及工作服以及工人穿脱工作服所花费的时间，需要确定这些时间是否可以得到薪酬补偿。双方对穿衣服和脱衣服所花费的时间给出了两种截然不同的估计。原告通过誓证书说需要 15 分钟，而被告说时间很短。据波斯纳称，出于好奇，也为了更好地理解这个案子，他和他的两位助理买下了涉案的衣服（或装备），并对自己在审判过程中穿衣服和脱衣服的过程进行了录像（当然还有计时）。脱下衣服花了 15 秒，穿上它花

[①]　745 F. 3d 837（7ᵗʰ Cir. 2014）.

了 1 分钟。这使波斯纳确信，根本不存在真正的客观事实争议，初审法官作出的支持被告雇主的简易判决是正确的。首席法官伍德在她的异议中谈到了穿脱衣服的实验是否得当的问题，她写道："往轻里说，我震惊于上诉法院竟然会基于在内庭进行的口头辩论后的实验来解决这样的争议。"① 在写到"法院依赖这个实验来解决争议问题的程度（即使是很小的程度），我认为它已经超出了联邦民事诉讼规则所规定的界限"之前，她似乎接受了波斯纳的多数观点，即实验结果不适合作为他可以信赖的证据，但她又含蓄地怀疑该解释（不然她为什么要提出这个？）

当原告请求以全院法官满席庭审的方式重新审理被拒绝时，其他法官也加入了进来。4 位法官反对这一决议，其中 3 位是由民主党总统任命的，1 位是由共和党总统任命的。威廉姆斯（Williams）法官撰写了异议，伍德法官和罗夫纳（Rovner）法官和汉密尔顿（Hamilton）法官复议。该异议再次提出了"穿脱实验"的妥当性问题，并提出同样的主张，明确驳斥了原告的宣誓证词，并确认被告方的论辩"忽视了最有利于员工的证据，因此没有对第 56 条进行适当的分析。"

波斯纳法官显然把这些视为挑起争端的话，他以不同寻常的方式在驳回满席听审申请的决定中撰写了协同意见。他的协同意见首先指出了自己在程序上的古怪性，这似乎表明他觉得

---

① *Mitchell v. JCG Industries*, 745 F. 3d 837, 849 (7ᵗʰ Cir. 2014) (Wood, J., dissenting).

有强烈的必要来回应那些持否定意见的法官。他接着分析道，就像伍德法官在反对意见中提出来的，穿脱试验并没有产生他所依赖的证据。波斯纳法官对罗夫纳法官的异议作出回应，解释说这项实验解决了一个证据上的难题，这个难题就是穿衣脱衣所需要的时间。考虑到双方在时间估计上的巨大差异，这个难题不易被陪审团裁定。正如实验所表明的那样，如果没有一个理性的陪审团可以相信上诉人对于穿脱实验的陈述，上诉法院就会肯定区法院的法官作出的简易判决。

波斯纳法官和他的助理们已经对此进行了多年的研究。波斯纳的法官助理手册上写道：当一个新的案件出现时，他们应该做的第一件事情就是去 Google 上搜索各方当事人尽可能多的信息。律师们对波斯纳的研究表示不满，在 2013 年，波斯纳写了一篇文章对其进行的独立研究说明理由。著名的法学教授弗雷德里克·绍尔（Frederic Schauer）认为波斯纳的方法是存在问题的，因为独立研究的通常理由在于，一个是法官调查法院可以作出司法通知的事实或者调查立法事实即不是案件的具体事实。这在绍尔看来是不适合波斯纳的。

在 2014 年的一次采访中，波斯纳法官对一个关于他进行的独立研究的问题给出了令人吃惊的答案。"我认为批评是不需要被记录的，但是裁决事实需要被记录。"他说，"因为律师希望能把控住案件，他们援引对抗式诉讼的优点，在我看来对抗式诉讼的优点被高估了。并不是说我想改用欧洲大陆（除了英国外）和世界上的大部分其他地区盛行的纠问制，而是我想压一下对抗式诉讼的锐气。"

口头辩论

尽管这在以前也发生过，但是波斯纳法官近年来更加强化了这一要求。至少在一些社会关注度较高的案件中是这样的。他要求律师在口头辩论中回答那些远远超出记录范围的问题，包括律师个人的想法或者感受，而不是在基于政策的问题上客户的立场。当律师们遇到这样的问题，试图免除以不发表意见或者是不知道，或者是在立法解释的案件中声称不知道立法机关的意图为由恳请免除责任时，双方律师就会进行激烈的争论。波斯纳法官对律师的拒绝配合感到沮丧或者是愤怒，他想让律师卸掉伪装来回答旨在解决某一特定问题的途径。那些极力要求免除回答的责任或者是挑战问题本质的律师们往往会得到一个严厉的回应。波斯纳法官会要求律师们回答他的问题，有时候他的声音会恼怒且大声。

他在最近的同性婚姻案件和威斯康星州堕胎诊所案中采用了这种方法，尽管在 2006 年的一个令人不快的监狱纪律案件中可以看到这种方式是如何运作的。这起案件涉及对一名拒绝进食并采取了各种破坏性措施的囚犯可以给予何种惩罚，以此抗议饮食制度和监狱的一般规定。在进入辩论环节不久后，波斯纳法官问政府的律师认为监狱应该怎样对待这样的囚犯，在律师还没来得及回答之前，他又问律师："如果是你在管理监狱，你会怎样做?"不能再问更不公平的问题了。

在 2014 年的同性婚姻案件中，印第安纳州的代表律师也面临着同样的压力。波斯纳法官在印第安纳州代表律师的反对下提出了一个论点，即如果养父母结婚，同性恋父母收养的子女会生活得更好。关于同性恋父母结婚是否会让他们收养的子女过得更好这一问题，律师说他不知道。"让我们来想一想这个答案。"波斯纳法官让律师回想他 6 岁时的情况，在同辈压力下，这个年龄的孩子是否会受到父母结婚的影响。代表该州的律师硬着头皮说回答这种问题超出了他的本职工作的范围，波斯纳法官反问他对此事有何看法。律师回答作出否定答复后，波斯纳法官嘲笑律师说这一定是他最不关心的问题了。威斯康星州的律师也遇到了相同的麻烦，波斯纳法官时而提高他的声音且愤怒地说律师没有回答关于立法机构的立法目的问题。"回答我的问题，"波斯纳法官命令到。律师一再回答说他不能对立法机关的选择发表意见，然而这种回答是永远不够的。代表威斯康星州的律师在堕胎诊所案件中也遇到了相同的问题，当他在回答波斯纳法官关于立法目的的提问时，他说当涉及立法选择时，他不能对没有记录的内容发表意见。以最近的案件作为最后一个例子，在一个由囚犯提起的民权案件中，审判法官是否应该为该囚犯指派一位律师。当案件的焦点涉及代理该案件所需要的技能时，波斯纳法官直接提出了针对个人的问题。他问州的代理律师是否有能力处理一个中等复杂的案件，这个案件在随后的交叉辩论环节有互相矛盾的描述和先例。这个律师坦率地回答说他没有这个能力。这个妥协可以出现在判决书中，用作证据表明被监禁的原告没有能力为自己辩护。虽然州的代表律师躲过一劫，但是波斯纳法官在判决中没有着眼于律师的让步，而是主要写了这名囚犯在监狱牢房中准备案件进行自我辩护时遇到的困难，从而得出结论认为这名囚犯需要一名律师才能使案件得到公正的审判。

波斯纳询问律师对某个问题的看法，以及他对律师们不愿意和他一起讨论案件中涉及的政策问题会感到愤怒，这有别于他的那些一般性的愤怒，比如律师不愿意回答其他类型的问题，或者有些人在他看来是在用"击剑"（fencing）的方式，在辩论中占据有利位置。近期的涉及圣母大学案遵从《患者保护与平价医疗法案》之情况的案件即说明了这点。① 在该案的口头辩论中，圣母大学的律师一直拒绝直截了当地回答波斯纳抛给他的问题，似乎洋洋得意于自己的腾挪躲闪。几个回合下来，律师的表现让波斯纳越来越恼火。令人惊讶的是，波斯纳随即向该律师表示，如果后者不回答他的问题，他将不会允许口头答辩继续进行下去。这一严厉且似乎过于激进的举动被全国媒体广泛报道。但是，口头辩论时的坏脾气或不淡定，并不等同于向律师们提出迫使他们跳出律师角色的问题。口头辩论环节的实质，是让律师基于全部证据，作为一个有知识、与案件有利害

---

① *University of Notre Dame v. Sebelius*, 743 F. 3d 547（7th Cir. 2014）（13-3853）.

关系且参与其中的人，以对抗制（adversary system）* 的方式帮助法官论证问题的解决方法，而不是仅以客户代言人的身份出现。在这个过程中，律师就案件的事实和法律的适用来主张其客户的立场。

一较高下

波斯纳想要像亨利·弗兰德利一样优秀的愿望，使得人们自然而然地回想起他在得知自己被提名为第七巡回法庭法官后写给艾伦·迪莱克特的信。在信中，波斯纳说他将有机会作为上诉法庭的法官与勒恩德·汉德法官和弗兰德利一较高下。这种较量的标准是什么？波斯纳在他衡量卡多佐法官伟大贡献的书中写道，如同棒球运动，数据是衡量贡献的重要标准——尽管用统计数据去衡量不同年代的棒球运动员或法官是不容易的。在棒球运动中，球本身的灵活程度随时都在变化，例如，投球

---

　　* 对抗制（又称抗辩式诉讼制度、辩论式诉讼制度、当事人进行主义、诉讼辩护制度、控诉制度）为英美法系国家所使用的法律制度。在这种制度下，双方辩护人，一方可为检方或原告（法定代理人，上诉人）或原告代表律师（诉讼代理人）；与之相对，另一方为被告（法定代理人，被上诉人）或被告代表律师（诉讼代理人），在试图确定真相并相应地通过判决之公正人士（通常是法官）或一群人（通常是陪审团）的面前，双方各代表其当事人（当事方）的案件、或立场所进行的辩护。与此相对的是源于罗马法的纠问式诉讼制度。——译者

丘*的高度会影响投球和击球的统计数据。当然，规则也会有变化，比如关于指定击球手的规则也会影响统计数据。在审判中，法官的姓名（Posner, J）在文书中被单独援引的次数或以案件的形式被引用的次数也是一种衡量方法，而这种方法也一直被引注规范和（法官的）裁判意见书写风格所影响。直到大约50年前，法官们才倾向于以在引注中插入法官姓名的方式为我们判断其影响力提供参照。弗兰德利法官似乎在20世纪60年代就开始了——或者至少说加速了这种实践。当然，如果我们身处20世纪60年代和70年代，我们将会在《联邦案例汇编》上看到这种插入式引用的频率是不同的，在文书中直接引用法官姓名的裁判意见的写作风格出现的频率也不同。

在2010年到2014年间，波斯纳曾被第七巡回法庭以外的法官点名引用102次。他最大的竞争对手伊斯特布鲁克法官在第七巡回法庭外被人引用了55次。更重要的是，当我们观察2014年的引用总数时，波斯纳在第七巡回法庭以外的法官意见中被点名引用了724次；位居第二的伊斯特布鲁克法官被引用了322次。但事实上，波斯纳的贡献远不止这些。

直到最近，我们还无法衡量波斯纳对法律的贡献，以及这种贡献对其他法官的影响。但我们现在有了一种非常有力的工具：在万律编辑团队（特别是罗伯特·斯密茨［Robert Smits］和大卫·卡尔森［David Carlson］）的努力下，他们不遗余力地

---

* 投球手所在的丘型装置。——译者

花费大量时间编程和运行，建立起一套内容丰富的基于汇纂（digest）和关键词码（key numbers）的检索系统。基于该系统，我们可以量化地考察法律作为以律师和法官为中心的实践活动的运行轨迹。进而，我们可以掌握波斯纳在法律领域的贡献以及其他人是如何追随他的。我们也可以将波斯纳的贡献与汉德法官、弗兰德利法官以及伊斯特布鲁克法官的贡献进行比较。

波斯纳对法律的贡献，可以通过他在其司法意见中所使用的被转译为关键词码的特定法律原则的数量来衡量。万律的汇纂系统作为一个整体，包含了 414 个主题和 115000 个具有可辨识度的法律原则或关键词码。波斯纳在他撰写的 2885 个多数派意见中，使用了 9573 个被转化为关键词码的特定法律原则。一些原则他只适用过一次，而另一些大约适用了 50 次。这些法律原则他一共用了 24574 次，也就是说，波斯纳的观点包含了 24574 个眉批（headnotes）*。这些眉批转而又通过万律的汇纂检索系统被其他法官引用了 213474 次。换句话说，在万律中，波斯纳的眉批被引用了 213474 次（当然，他的名字并没有附在眉批上）。排在第二位的是伊斯特布鲁克法官——基于其 6182 个不同的体现法律原则的关键词码——被引用了 138662 次。弗兰德利法官基于其 4151 个不同的法律原则被引用了 63915 次。

---

* 眉批也是万律的一种检索方式。——译者

结语

    在衡量波斯纳的影响的时候，我们需要考虑他在庭审论辩、对司法机构的批评、对专利法的批评以及私下评论中表现出来的最新动向，其中有些明显带有越界性质。他到底想干什么？年事渐高（他现在已是 77 岁高龄了）或许可以提供某种解释，尽管很少有直接证据表明年龄对他造成了什么影响。现在的他和数十年前的他似乎并没有太大的不同，虽然他现在更少外出旅行了。在 2002 年的一次访谈中，他说自己每周工作 7 天，这一点在 2014 年的访谈中得到重申。他最近说："只要我的身体健康能够抗得住，衰老状态尚能得到抗拒，我就会继续像以前那样工作。我是害怕退休的那一类人。我希望自己不要到变得令人讨厌时才退出工作。"①

---

① Ronald K. L. Collins, "The Man behind the Robes—A Q&A with Richard Posner," *Concurring Opinions*, December 3, 2014, 可以在下列网址阅读：http://www.concurringopinions.com/archives/2014/12/the-judge-company-questions-for-judge-posner-from-judges-law-professors-a-journalist.htmi. （作者在这里给的链接已经失效，实际有效的链接是：https://concurringopinions.com/archives/2014/12/the-man-behind-the-robes-a-qa-with-richard-posner.html. ——译者）

　　与七八十岁之后越来越右倾的勒恩德·汉德不一样，波斯纳在若干问题上已经向左转。在最近的一次访谈中，他提到自己比以往更加担心长期监禁、消费者保护、环境和收入不平等问题。他现在"不再像以往那样完全信任纯粹的经济分析"，部分原因是"2008 年的金融危机以及随之而来的经济下滑。这些事件部分动摇了我对经济分析的信心。而心理学领域的新进展则要求对经济行为的'理性选择'模型加以限定"。① 在同性婚姻问题上，他也改变了看法，不再坚持自己 1992 年在《性与理性》一书中表达的那种观点。那时他指出还没有足够的知识支持我们赞同同性婚姻，而他最近在威斯康星和印第安纳案判决书中却主张同性恋者应享有婚姻上的平等权。

　　虽然我们或许很难在这些看起来像是某种具有连贯性的寻求改变之努力的背后找到解释，我们还是可以确定地说，如果没有别的原因，波斯纳的最新动向其实吻合于他整个职业生涯中表现出的一贯风格：他总是逆潮流而动。我们可以在他的归档通信中找到这种现象的线索，而且，通过扩张解释，也可以找到他最近动向的线索。② 在这些通信中，他不仅描述了自己在总体上与法律并不完全合拍的感觉，而且特别谈到了自己的许

---

① "An interview with Judge Richard A. Posner," *ABA Journal*, July 2014，可在下列网址阅读：http://www.abajournal.com/magazine/article/an_interview_with_judge_richard_a._posner/

② 本结语所涉引文摘自波斯纳在 1990 年到 1997 年间的通信，经芝加哥大学图书馆授权使用。

多特点和个性，其中之一是喜欢当挑衅者和比喻意义上的扔炸弹者。

他贬低过法律教育和法律实践中的几乎所有事情。他在给拉里·克雷默的信中写道："现代学术中的主要部分，包括法学和其他备受攻击的人文学科，比如英语文学，都是**胡说八道**（bullshit）。"批判理论应当受到谴责。他写道："如果它持续存在下去，世上就真的没有上帝了。像弗兰克·迈克曼这种聪明人的整个大脑皮质都被来自巴黎的火焰**烧毁**了。"在通信中反复提到的更大问题是，他认为整个法学领域是薄弱的。他毫无保留地告诉试图在他的职业生涯中理出头绪的克雷默，"法学是一个有严重缺陷的领域，充斥着胡说八道并且有能力把聪明能干的人转变成胡说八道的人。这也是一个人人称王的领域：没人愿意老老实实去做'普通的学问'。相比之下经济学家要清醒许多。"他无法理解某些法学家所做工作的意义。为了支持他的这种不屑，他拿出了实证性的司法行为理论，将之与"法律人（在诉讼或法学院课堂之外）进行的一种毫无启发性的游戏——为某个预设结果寻找合理依据"作比较，这种游戏就是回过头去研读司法判决并辨析其中的推理过程，这种方法往往为试图在判决书中理出思路的法律教授自己的偏见所扭曲。他把这视为一种游戏，他写道："当我阅读［两位著名法学家的作品］时，我感到后者正是他们所做的游戏，因为他们忽略了许多因素，这些因素在我看来是实证理论必然会重视的（而且，当他们在**批判**司法判决的时候，他们到底在**解释**什么！）。"

跃出学术界的围墙之外，他写道，法律实践领域也充斥着各种会令有智识追求的人感到困惑的问题。他在给拉里·克雷默的信中写道："一位非常聪明的法律人一定知道，与伟大的科学家、哲学家或艺术家相比，最伟大的法律人处在低得多的创造性水平上。"或许更切中要点的是，他写道，法律职业如今的组织方式所提供的比所限制的多。在回复一位询问法律实践作为一种职业选择之可行性的通信者时，波斯纳写道："我担心现代法律实践无法为诗性想象力提供很大的空间，原因在于过度的专业化，这造就了狭隘的视野。但我们必须尽己所能。"当一位在英文系任教的朋友，讲述自己的儿子在试图搞清楚法律是不是自己应当选择的职业时，波斯纳回应道："我也曾经纠结于令郎所面临的困惑，但我已经学会如何处之泰然了。顺便提一下，奥利弗·文德尔·霍姆斯也曾经非常怀疑：法律对于具有敏感心智的人来说是不是一个值得选择的志业。"而当一位刚毕业的本科生来信询问法律是不是一种值得从事的职业——尤其是对有文学敏感性的人而言——的时候，他的回答在一定意义上总结了自己在这一重要问题上的观点："不过，我想提醒你，对于有文艺范儿的人而言，法律从总体上说是一个很有局限性的领域。霍姆斯的这个说法没错；'以法律为业也可以成就伟大的人生，就像从事别的职业一样'，但我想要强调的是'可以'，因为这事儿并不是那么确定。"他接下来说："要想任教或当法官，并没有可靠的职业道路可循，而这两者是法律领域最能发挥文学天赋的工作。不管情愿还是不情愿，大多数法学院毕业生最终都是从事某种形式的律师业务，这种工作虽然能赚到不少钱，但却十分枯燥乏味。你是否知道梅尔维尔的《书记员巴特比》以及托尔斯泰的《伊凡·伊里奇之死》？这些都是关于律师生涯的警示性寓言。我一般不会建议人们学法律，除非他们有此爱好，或者生命中没有更好的事情可做。当然，你还是得自己作出决定。"在别的场合，他又补充道："甚至法律学者都比执业律师更有活力。这是一种让它的大多数从业者都变得沉闷无聊的职业。"

谈到审判工作，他会根据法律职业者希望看到法官如何工作这一标准来衡量自己的表现，说自己是"不可救药地乖僻"，而且"从未完全融入法律人的社交圈"。这后一项评论，是指他无法分享法律职业的那种相当低标准的根据既定表达方式来敷衍了事的表面正当化。如他所言，"我感兴趣的是靠谱，而不是花哨。"对他的身份认同感的观察可以帮助我们理解这一自我评价。在一次与拉里·克雷默就他应当选择的职业道路是当法官还是当律师或法学教授而进行的讨论中，克雷默指出审判工作对于波斯纳的职业生涯而言是最重要的组成部分。但波斯纳对此表示不同意。他写道："我认为审判是我的'饭碗'（day job），正像好莱坞的人们常说的那样。别误解我的意思。我喜欢这个工作，而且我的时间会优先分配给这项工作。但我认为一位（最高法院以下的）联邦法院法官已经越来越难以对法律、法律思想、社会思想或任何别的事情产生重要的影响。"说完这些以后，波斯纳总结了自己的职业生涯："汉德和弗伦德利可以影响法律，部分原因是他们（尤其是汉德）生活在一个学术专业化程度不是那么高的时代（如今，任何一位法官对某一法律领域的了解都很难企及该领域的某些法学教授的水平），部分原因是某些类型的联邦法律（比如著作权法和证券法）的集中化，相关的业务都集中在纽约（这一点正在改变），还有部分原因是那时法官的工作负荷比现在轻很多，因此他们有时间和精力深入下去。弗伦德利每年写 30 份判决。什么？我每年写的判决数量是 3 倍。我想用我的判决意见在历史上留下痕迹，但我对此并不乐观。我的学术写作是不一样的，我关于法律的经济分析的著作产生了巨大的影响。我认为自己关于法律与文学、特别是关于法理学的著作也会产生一定的影响。"

他对自己的描述并不是始终如一的。他经常把自己描述成过着受庇护的生活。例如，"受庇护"（sheltered）一词在他的这段自我描述中第一个出现："一个受庇护的、被娇惯的、胆小怯懦的、作为离散犹太人的美国知识分子，"作为证明，他在好几封信中提到自己从未听说过酵母菌感染（"你现在相信我所说的我过着受庇护的生活了吧"），以及他看到"膀胱炎"一词的时候不得不去查字典（"这就是我的人生的受庇护特质"）。不过，他过着受庇护的生活的真正证据来自他得知自己认识的人干出庸俗不堪、残酷对待他人以及故弄玄虚、欺世盗名之事时表现出的惊讶乃至震惊。在听说一位曾经的同事的系列淫乱（serial philandering）之事后，他写道；"我的熟人圈子里发生的任何事情本来都不应该让我感到震惊，但我被震惊到的能力却毫发无损。我一定是经历了受庇护的童年，这使我很难理解世界上到底发生着什么事情，除了在最缺乏感性认识的纯粹认知意义上。"另外一位曾经的同事写了不止一封恶毒的匿名信诋毁别人，这也让他目瞪口呆："我从来没想到我会认识一个写匿名信——相当于我们法官有时会收到的仇恨邮件和威胁——的人，这并不比我认识一个杀人犯的概率更高。我对人性的理解太不完整了。"在给一个由于同性恋和通奸等事情而导致婚姻破裂的人提供了分析和建议之后，他写道："但我未曾直接经历过此类情形，并且不认为亨利·詹姆斯是个现实主义小说家，所以我的这番话可能并无道理。"一位通信者就自己的职业和个人纠结写了几封扣人心弦的来信，波斯纳在回信中写道："你写的关于你自己以及你认识的人的那些浪漫故事真是引人入胜，对我而言可以说是让我大开眼界，因为我过着受庇护的人生。"几天以后，在收到同一位通信者的包含更多复杂关系纠葛之描述的信后，他写道："你的来信非常精彩。它们为我打开了一个小窗口，让我看到自己除了从书本上看到过以外便一无所知的强烈情感的世界，而我对那些描述这个世界的书也没像你那样把它们当真。我知道有人拥有充满秘密的人生，但这种意识对我而言只是一种没有切身体会的东西。"

"作为犹太美国知识分子"这个词汇中的犹太因素并没有因为波斯纳出生于一个父母都是犹太人的家庭而变得明确。提到波斯纳的犹太人身份的文献表明，这对他来说是一个复杂的问题。他一有机会就表示试图跟自己的犹太人根源保持距离。有一次他说犹太节日对他来说只是他所称的"真正无聊透顶的事情"（a real yawn），还说他喜欢的唯一宗教节日是圣诞节，因为有圣诞颂歌、圣诞树、灯火以及其他欢乐的元素。随后他写道，自己是"被同化的犹太人的典型例子（但不是那种反犹的犹太人，这种类型也十分常见），而且，与我的很多犹太人同胞不同，我并没有随着年事渐长而回归自己的民族根源——这或许是因为我还不够老吧。"随后他又补充道："我不喜欢民族性，正像我不喜欢宗教一样，而犹太教当然结合了这两种因素。"他没有把自己定位成一位犹太人法官，当史蒂芬·布莱耶在刚刚就任美国最高法院大法官之际将自己描述成一名犹太美国人的时候，波斯纳大吃一惊。他写道："如今犹太人和天主教徒在美国社会已经完全变成主流，他们毫无必要通过宣示自己是犹太人或天主教徒来把人们的关注点引到这方面。"为了点明自己的意图，他写道："我认为法袍象征着中立，法官应当尽可能不仅在审判当中而且在所有公共表达当中避免性别、种族和宗教身份认同。"但是，尽管有所有这些表述，尤其是他说过自己不喜欢民族性就像不喜欢宗教一样，他还是会因为这个问题而发怒，比如在一次关于文学解释的交流中，他被称为威权主义者，"这听起来近乎'法西斯主义者'，我也的确曾经被贴上这个标签，这使得我的犹太血统成为给我套上的马笼头。"这些通信表明，不喜欢民族性并不意味着否认它在某些层面的适用性。他曾经主张："卡夫卡是另一位无法被非犹太人完全理解的作家，一个人必须属于犹太民族才能理解卡夫卡的幽默。"他相信自己正是在这个意义上理解了卡夫卡。

他热衷于挑战、甚至是扰乱现状，造成某种震动。这方面的例子非常多。玛莎·努斯鲍姆在一次与他交流对他的《性与理性》一书的意见时说，像波斯纳那样用经济学概念来讨论性是极其非理性的，他拿出了一个现成的答案，可以适用于远远超出该书范围的议题。他解释说："这是我让资产阶级大吃一惊的方法"，显然，努斯鲍姆对他的方法的批判并没有使他懊恼，反而激发了他的斗志。另一次，他向拉里·莱西格谈到自己在美国企业公共政策研究所（American Enterprise Institute）做了一场"弄脏老巢"的关于实用主义的讲座，波斯纳说自己"在美国有线电视网 C-SPAN 的摄像机前被一群真正愚钝的右翼人士围攻。我很开心。"在这封信的结尾，波斯纳机智地说："我现在成了左翼和右翼都深恶痛绝的人。我获得了中立性。"

另一个例子是，他会在社交场合冒犯或惹恼别人，而且似乎很享受在通信中讲述这些事情。在一封写给努斯鲍姆的信中，他讲述了自己在一次晚宴上将犹太人的高智商，归因于"由各种项目来执行的达尔文主义的筛选机制，这些项目的巅峰是纳粹的大屠杀。"这让一些在座的客人感到震惊，同样令人震惊的还有他说如果犹太人最终通过跨种族通婚而消失了，这不是什么大不了的事情，因为这样他们的"血脉就能绵延得更长久——比如比罗马人更长久"。这段话的结尾是"我是个魔鬼"。这种自诩为魔鬼的说法在通信中出现过很多次，并且在跟努斯鲍姆讨论何谓完整的人时得到了某种定义。他指出，如果一个人的生活中没有欢笑、没有玩耍、没有同理心、没有家庭关系、没有对自然的感受，努斯鲍姆就会认为这不是一个完整的人。对她来说，这些要素之间不能相互折抵，它们要么全有，要么全无。波斯纳写道："但是这样似乎正好把那些最有趣、最富创造力、在我看来最有价值的那些人归入怪胎的行列，这些魔鬼包括瓦格纳、托尔斯泰、尼采、维特根斯坦、普鲁斯特、卡夫卡、牛顿和米开朗琪罗，他们当中每一个都缺少你那清单上的这个或那个要素，但是，在我看来，他们在做人的意义上，比按照你的清单组装起来的那种平庸而快乐的绵羊不知高到哪里去了。"不过，我们仍然无法在波斯纳自诩的魔鬼与任何特定要素之间找到关联。我们只能找到他把自己比作魔鬼的那些特定场合，比如当努斯鲍姆要把他介绍给自己的一位自由主义倾向的哲学教授的时候，他开玩笑地说："我敢说他见到我这样一个魔鬼出现在面前一定会很不自在，而我在他面前一定会表现得像个魔鬼"。在另一封致努斯鲍姆的信中，他说他将赴乔治城大学接受荣誉学位，然后开玩笑地说："我敢说，作为好天主教徒的他们一旦发现自己打算授予荣誉的是这样一个魔鬼，一定会取消这个仪式"。在一封致理查德·罗蒂的信中，他提到去哈佛大学做的一次讲座，讲座之后，他与迈克尔·桑德尔在一个有700多名学生的课堂上进行了一场对话。他写道："我觉得他们一致认为我是个魔鬼。"他在一封信中告诉努斯鲍姆，自己在一次会议上遇到了一位激进的女权主义者。他猜想这位女士一开始认为他是"常见的那种共和党魔鬼（'保守派恐龙'）"，直到她翻了翻他的《性与理性》这本书，才认识到他对其他观点也保持开放，而不是一个胎儿生命权的鼓吹者。

他很愿意告诉别人他在评估自己的时候有何发现。他本人为《纽约客》人物专栏将他比作猫的著名比喻提供了支持："我通常不喜欢住在别人家里。我宁愿住酒店。这是因为我高冷的猫性。"他认为自己是米尔顿·弗里德曼式的右翼自由主义者（libertarian）。他也认为自己是一个实用主义者："这意味着我不相信形而上学意义上的确定性，但是相信小写的真理。"他向一位同事保证他不会泄露这位同事刚刚告诉他的小道消息，他写道："我愿意把自己想象成那种口风很紧的律师，就像《荒凉山庄》里的图金霍恩。"他或许不是一个彻头彻尾的怀疑论者，但他觉得自己跟怀疑论者以及他所称的温和的怀疑主义更投缘。他认为温和的怀疑主义会使一个人更不容易愤怒，并且提供了他所说的"超脱、疏离与客观判断力"。温和的怀疑论者"通过避免与理念之间的情感纠葛"而得以更加清醒地思考。作为一位不是那么强硬的怀疑论者，他不觉得自己像他的通信者描述的那样，缺少为所爱的人承受艰辛的意愿。他机智地写道："我不会冒着生命危险捍卫科斯定理，但我希望自己能够为家人含辛茹苦"。

一位通信人认为他难以相处、铁石心肠以及暴躁易怒，他否定了这种描述，并接着说："但我也不认为自己深藏不露（undisclosed），律师用'未披露的委托人'这个词来描述这样一种情形：代理人在签订合同时没有告诉对方自己是在代表其他人签订合同。真相是：我实际上是一个很墨守成规的人，生活在一个只有一只猫的家庭。"当有人问他，为何早该知道却直到很晚才知道一位很年轻的同事与一位年长很多的同事之间的风流韵事的时候，他又再次并更强烈地表达了这种情绪。他解释道，其中的一个原因是"我实际上是极端墨守成规的，虽然也有点儿开明"。如果有人考察过他在各种活动之间如何分配时间，就会发现他"一以贯之地按照效用最大化原则来工作"。他不认为自己是富裕的，因为"富裕开始于超出个人收入之上的部分，不论这个点在哪里"。他不愿意为了一位朋友做的错事而表达愤怒，"但这是因为我看事情的方式是审美的而不是伦理的。我会责备，但不会走心。"这种态度与他阅读文学作品的方式完全一致，他只关心其中的审美因素，而不关心比如像伦理这样的因素。"我对文学的全部兴趣都是审美的（我同意奥斯卡·王尔德的说法：只有写得好的书和写得差的书，没有道德的书和不道德的书），所以我颇能接受支持我不喜欢的立场的书，无论是革命还是反犹。"

他曾经表达过某种意义上的遗憾：在写下自己敬畏所有科学家，特别是敬畏在当时的语境中所谈论的那位科学家——罗伯特·特里弗斯（Robert Trivers）——之后，他写道："我希望自己像特里弗斯或加里·贝克尔那样聪明，我早年曾下定决心要毕生从事学术研究并试图把自己的量化分析技能打磨得更好，就像他们做到的那样。"他解释了自己为何在知识上涉猎如此广泛，写道："像我这样潜入不同学科领域的人，这样做的原因是内心躁动不安。"按照芝加哥大学的标准,他不是一位好老师,"这个标准实际上非常高。"他写道:荣誉头衔"完全没有意义,如果我真有性格,我会拒绝一切荣誉头衔和荣誉学位"。在评论一位著名哲学家完全不了解作为社会政策之基础的社会现实的时候,他还果断地写道:"毫无疑问,我也基本上生活在自己的梦幻世界里,但审判工作、经济学以及我做过的咨询工作和政府工作,使我得以了解一些政策问题,或者是我自以为如此。"

当他批判性地讨论不打算让人读懂,并参与对话的学术写作风格这一关键问题的时候,他使用了一个关于猫的笑话。在写给努斯鲍姆的信中,他说:"完全坦诚地说,我认为我之所以用一种冷漠的语气来写作,是因为我对喵星人以外的物种相当冷漠。"继续喵星人的话题,他不喜欢在公开场合表露自己的情感,而且,和猫一样,他和婴儿在一起会不自在。当周围没有人时,他会跟名叫蒂娜的家猫说话,他开玩笑地解释说,这时他会把聊天话题限定在猫感兴趣的范围内。在讨论现代美国英语中"愤怒"(anger)一词的模糊性的时候,他说:"我对愤怒有一种简单的理解,喜欢这或多或少会有些帮助。愤怒是一种无益却又难以避免的情绪。它对肠胃不好,而且会扰乱清醒的思考。它甚至对复仇都没用:最不饶人的那种复仇者,也就是最让人害怕和有效率的那种,是不愤怒的。"他承认自己服从于中产阶级的礼仪和习惯,并承认"这听起来过于老古板,但我的确看不惯(只是在内心里——你知道我不会在公共场合引人侧目),一位受过高等教育的中产阶级中年男子在他工作的场合

（比如教室里）穿得像个学生或工人"。当他应邀撰写一篇关于
"经济学家如何工作"的文章时，他没把自己描述成一位经济学
家，他写道自己从未在经济学系任过教。而当他被《边际：应
用经济学研究学刊》评选为 25 位引用率最高的经济学家之一的
时候，他写信给编辑说："我的确愿意把我自己当成经济学家，
同时也是一个法律人，虽然我没有受过正规的经济学训练；而
'真正的'经济学家们总体上讲非常慷慨大度，把我看成他们中
的一员。"

　　他如何看待舞台上的自己？这或许赋予了一种更加具体的
自我感。当他获得机会参加一个舞台剧小品的表演时，他激情
澎湃地写道："我喜欢表演阅读这个想法，"然后他解释说自己
在高中和大学本科阶段就参加过一些表演。"我愿意演担任公职
的人，就像我自己：克劳狄乌斯、尤里乌斯·恺撒、当然还有
科里奥兰纳斯。"他还在另外两个场合提到莎士比亚。1992 年克
林顿赢得大选之后，有传闻说他可能会被克林顿提名为最高法
院大法官，当一位通信者提到这事儿时，他断然否认并解释了
克林顿为什么不会待见他，他也不待见克林顿以及其他参与提
名的政治人士。他不无傲娇地写道："还有谁能写得出如此不招
人待见的东西？而且，给参议员和其他政治人士打躬作揖这种
事儿让我很反感；我也许提到过，除了哈姆雷特外，我还认同
另一个莎士比亚笔下的角色，那就是科里奥兰纳斯。"实际上，
当努斯鲍姆问他是否对任何莎士比亚角色有亲和感的时候，他
便提到过哈姆雷特和克里奥兰纳斯。收到的爆炸式回应导致他

写道："我不认为自己是一个单一的莎士比亚角色，而是具有他们中许多人的特征——但我想是哈姆雷特最多，有点儿麦克白，还有大量的科里奥兰纳斯。"

在一个很容易被忽略掉的评论（因为它涉及的是男人如何选择跟自己的年龄相称的着装）中，他描述了自己生命中的一种张力。他说，每当面对着装问题时，他总是感到自己在两个考虑因素之间左右为难，一是着装的方式，二是真实的自己。一方面他觉得人们"应当穿着与自己的年龄相称的得体服装，而他喜欢穿得像个成功的商务或职业人士，不是所有时候，比如在家的时候，而是在公众场合"。另一方面他"想要呈现为一个保守的建制派形象"。他继续说："还有一部分的我想要成为一个普罗米修斯式的智识英雄。"他写道，在着装问题上，他的保守人格胜出了，"这让布鲁克斯兄弟*多赚了些钱。"这一段就结尾写道："这是我能坦白的最私密的内容了。"

波斯纳把自己想象成一个普罗米修斯式的智识英雄，这可以解释他职业生涯中的许多（如果不是全部）矛盾、做正确的事情的信念以及为改善他人的表现而提供教导和指引的冲动。他希望削弱抗辩式系统的影响力，从而降低律师的作用而提升法官的作用。这种努力虽然不能与普罗米修斯盗火给世人相提并论，但是，与波斯纳的更小的离经叛道行为一样，体现了一种摇散原有的结构以便将各种零件组装成更好的系统的惊人企

---

* Brooks Brothers，是美国历史最悠久的男装品牌，创立于1818年。——译者

图。将经济分析方法引入法律也是这样一种尝试。对波斯纳而言，这是毕生的事业。或许构成巨大反讽的是，他之所以得到法官同行的普遍尊重，不是因为他的经济分析，而是因为他作为一以贯之的批判者直面真实世界的方式。

致谢

在本书的写作过程中，我获得过许多人的帮助，让我首先感谢所有提供过帮助的人（超过 200 名），他们要么与我进行过直接交流，要么通过其他方式使我从他们那里获得了教益。

兰博约（John Langbein）、杰弗里·柯尔（Jeffrey Cole）和理查德·波斯纳阅读了本书的初稿，并以他们的建议使本书有了改进。波斯纳还进一步阅读了本书最后一稿，并找出了其中的若干错误。

波斯纳从一开始就十分配合这本传记的写作。他授权我使用芝加哥大学雷根斯坦图书馆（Regenstein）里收藏的他的档案资料，接受面对面访谈，与我分享家庭逸事，回复我频繁的电邮提问，并且给了我一本他的耶鲁大学本科毕业论文。

芝加哥大学雷根斯坦图书馆特藏部的工作人员十分礼貌周到并且乐于助人，他们允许我手机拍摄档案文件，从而使我的写作计划得以顺利进行。芝加哥大学法学院图书馆的工作人员也十分乐于提供帮助并且友好待客，帮助我找到了波斯纳的若干难得一见的文章。

由罗伯特·斯密茨和大卫·卡尔森领导的万律集团的编辑团队，回应了我帮助量化分析一位法官对其他法官之影响的请求，慷慨大方地利用他们所掌握的资源制作出了针对这个问题的前人未曾尝试的分析。

对于我的妻子凯瑟琳·皮奇（Kathleen Peach），我所欠最多。她阅读了本书的每一稿，并且花费了大量时间来誊写我所做访谈的录音。没有她的帮助，我不可能写成此书。实际上，没有她的帮助我写不成我的5本书中的任何一本。

图书在版编目(CIP)数据

波斯纳/(美)威廉·唐纳尔斯基(William Domnarski)著;郑戈译.—北京:中国民主法制出版社,2022.4

书名原文:Richard Posner

ISBN 978-7-5162-2797-8

Ⅰ.①波… Ⅱ.①威… ②郑… Ⅲ.①理查德·波斯纳–传记

Ⅳ.①K837.125.31

中国版本图书馆 CIP 数据核字(2022)第 119573 号

本书中文简体版经过版权所有人授权北京麦读文化有限责任公司,由中国民主法制出版社出版。

著作权合同登记号:01-2021-0100

图书出品人:刘海涛
图书策划:麦 读
责任编辑:陈 曦 逯卫光
装帧设计:组配の匠

书名/波斯纳
作者/[美] 威廉·唐纳尔斯基(William Domnarski)
译者/郑 戈

出版·发行/中国民主法制出版社
地址/北京市丰台区右安门外玉林里 7 号(100069)
电话/(010)63055259(总编室) 63057714(发行部)
传真/(010)63056975 63056983
http://www.npcpub.com
E-mail:mzfz@npcpub.com
经销/新华书店
开本/32 开 880 毫米×1230 毫米
印张/14.5 字数/288 千字
版本/2022 年 8 月第 1 版 2022 年 8 月第 1 次印刷
印刷/北京天宇万达印刷有限公司

书号/ISBN 978-7-5162-2797-8
定价/79.00 元
出版声明/版权所有,侵权必究

(如有缺页或倒装,本社负责退换)